Hinter dem Sachregister befindet sich ein ausführliches Verzeichnis der

Guttentagschen Sammlung

Deutscher Reichs- und Preußischer Gesetze

— Textausgaben mit Anmerkungen; Taschenformat —,

die alle wichtigeren Gesetze in unbedingt zuverlässigem Abdruck und mit mustergültiger Erläuterung wiedergibt.

Guttentagsche Sammlung
Nr. 165 Deutscher Reichsgesetze Nr. 165
Textausgaben mit Anmerkungen und Sachregister.

Handbuch der Erwerbslosenfürsorge

Mit einer Einführung und Erläuterungen

von

Dr. jur. Herbert Schmeißer
Regierungsrat im Thüringischen Ministerium
für Inneres und Wirtschaft, stellvertr. Vorsitzender
des Thüringischen Landesamts für Arbeitsvermittlung

Zweite Auflage

Berlin und Leipzig 1926
Walter de Gruyter & Co.
vormals G. J. Göschen'sche Verlagshandlung — J. Guttentag,
Verlagsbuchhandlung — Georg Reimer — Karl J. Trübner —
Veit & Comp.

Vorwort

zur zweiten Auflage.

Die erste Auflage des Buches ist seit längerer Zeit vergriffen. Von der Herausgabe einer neuen Auflage ist bisher abgesehen worden, da sie die dauernden Aenderungen der gesetzlichen Vorschriften der Gefahr ausgesetzt hätten, daß sie schnell wieder unvollständig gewesen wäre. Jetzt besteht diese Befürchtung nicht. In der unterstützenden Erwerbslosenfürsorge ist erst beim Wiederzusammentreten des Reichstags im Spätherbst mit der Beratung der sehr wichtigen Frage zu rechnen, ob das jetzige System der Höchstsätze durch ein Lohnklassensystem ersetzt werden soll und dadurch die Unterstützungssätze dem bisher verdienten Lohn angepaßt werden sollen. Ob und wann es jedoch durchgeführt werden wird, steht noch dahin. In der produktiven Erwerbslosenfürsorge wird sich das Hauptaugenmerk der nächsten Zukunft auf die Durchführung des großzügigen Arbeitsbeschaffungsprogramms der Reichsregierung richten, wodurch man hofft, zahlreiche Erwerbslose wieder in das Wirtschaftsleben zurückführen zu können. Im übrigen ist wohl weder hier, noch auf dem Gebiete der Nebenvorschriften mit grundlegenden Aenderungen zu rechnen. Deshalb kann der jetzige Zeitpunkt als besonders geeignet bezeichnet werden, mit einer neuen Auflage hervorzutreten.

Die erste Auflage hat in der Praxis guten Zuspruch gefunden. Die zweite geht in denselben Bahnen weiter.

Bei der Fülle des Stoffes mußte besonders darauf Bedacht genommen werden, bei den Erläuterungen den rechten Mittelweg zu finden und vor allem das Grundsätzliche hervorzuheben, um die verwickelten Vorschriften auch für den Nichtfachmann verständlich zu machen. Denn die vielen, zum Teil grundsätzlichen Aenderungen haben das Gebiet derart unübersichtlich gemacht, daß es nur schwer möglich ist, sich darauf zurechtzufinden. Dabei handelt es sich um ein Gebiet, das von außergewöhnlicher Bedeutung ist und dessen Vorschriften in politischer, volkswirtschaftlicher und finanzieller Hinsicht zur Zeit weit schwerwiegender sind als die mancher sonstiger sozialer Gesetze. Deshalb sind den meisten Abschnitten Einführungen vorangestellt worden, die ihre allgemeine Bedeutung zeigen sollen. Auch die zweite Auflage hat sich zum Ziel gesetzt, vor allem den Bedürfnissen der Praxis zu dienen. In größerem Umfange verwendet sie die grundlegenden Bescheide des Reichsarbeitsministers; denn ihnen hat das Reichsgericht durch Urteil vom 7. März 1922 (Neue Zeitschrift für Arbeitsrecht 1922 S. 320) die Bedeutung von maßgeblichen Erläuterungen des Willens des Gesetzgebers bei Auslegung unklarer Gesetzesstellen beigelegt.

Eine allgemeine Einführung soll die Entwicklung des ganzen Aufgabenkreises dem Leser näher bringen und zeigen, wie weit die Umgestaltung der Erwerbslosenfürsorge in eine Arbeitslosenversicherung fortgeschritten ist. Der Aufbau der künftigen Arbeitslosenversicherung nach dem vorliegenden Entwurf konnte dabei naturgemäß nur in großen Zügen dargestellt werden.

Dagegen wurde, um den Preis gleichwohl niedrig

zu halten, davon abgesehen, die Ausführungsbestimmungen der Länder abzudrucken, obschon sie von nicht zu unterschätzender Bedeutung sind.

Der Titel des Buches lautete in der ersten Auflage: „Die Reichsverordnung über Erwerbslosenfürsorge in der Fassung vom 16. Februar 1924." Er ist jedoch nicht mehr geeignet, den Inhalt des Buches genügend zu kennzeichnen, da auch die Nebenbestimmungen und die produktive Erwerbslosenfürsorge aufgenommen worden sind. Da das Buch eine Darstellung des gesamten Rechtsstoffes der Erwerbslosenfürsorge geben soll, wurde es als Handbuch der Erwerbslosenfürsorge bezeichnet. Möge es den Absichten des Verfassers entsprechend der Praxis ein Helfer und Wegweiser sein.

Weimar, den 1. August 1926.

Dr. Schmeißer.

Inhaltsverzeichnis.

Schrifttum.

Albrecht-Wilhelmi, Die produktive Erwerbslosenfürsorge, 1926, Reimar Hobbing, Berlin.

Böhm-Eichelsbacher, Arbeitsnachweisgesetz und Verordnung über Erwerbslosenfürsorge, 1924, C. H. Beck, München.

Jaeger-Neuburger, Verordnung über Erwerbslosenfürsorge, 2. Auflage, 1925, J. Heß, Stuttgart.

Lehfeldt, Die Erwerbslosenfürsorge, 2. Aufl., 1925, Carl Heymanns Verlag, Berlin.

Syrup, Die Aufbringung der Mittel für die Erwerbslosenfürsorge, 1926, Reimar Hobbing, Berlin.

Wahrburg-Berndt, Verordnung über Erwerbslosenfürsorge, 1924 und Nachtrag 1925, Grüner Verlag, Bernau.

Weigert Die Anordnung über Kurzarbeiterfürsorge, 1926, Reimar Hobbing, Berlin.

Zschucke, Die Erwerbslosenfürsorge, 1924 und Ergänzungsband 1925, C. Heinrich, Dresden.

Abkürzungen.

Abgedr.	=	Abgedruckt.
A. M.	=	anderer Meinung.
A. N.	=	Amtliche Nachrichten des Reichsversicherungsamts.
ANG.	=	Arbeitsnachweisgesetz vom 22. Juli 1922.
Anm.	=	Anmerkung.
Arb.-Vers.	=	Arbeitslosenversicherung.
Ausf.-VO.	=	Ausführungsverordnung.
Ausf.-Vorschr.	=	Ausführungsvorschriften.
AVG.	=	Angestelltenversicherungsgesetz.
Besch.	=	Bescheid.
ggf.	=	gegebenenfalls.
Ges.-S.	=	Gesetzsammlung.
öff.	=	öffentlich.
OLG.	=	Oberlandesgericht.
OVA.	=	Oberversicherungsamt.
RABl.	=	Reichsarbeitsblatt.
RAM.	=	Reichsarbeitsminister.
RAV.	=	Reichsarbeitsverwaltung.
Rdschr.	=	Rundschreiben.
RGBl.	=	Reichsgesetzblatt.
RVO.	=	Reichsversicherungsordnung.
VO.	=	Reichsverordnung über Erwerbslosenfürsorge vom 16. Februar 1924.

I. Einführung.

Wie weit ist die Umgestaltung der Erwerbslosenfürsorge in eine Arbeitslosenversicherung fortgeschritten?

Die Arbeitslosenfrage beschäftigt schon seit Jahrzehnten die öffentliche Meinung in Deutschland, ohne daß es jedoch bis zum Ausbruch des Weltkrieges zu einer gesetzlichen Regelung gekommen wäre. Wie auf so vielen anderen Gebieten hat auch hier der Krieg den Anstoß zu rascherer Entwicklung gegeben. Schon während seiner Dauer machte es sich nötig, eine gewisse Fürsorge einzurichten für die Arbeitnehmer einzelner Industriegruppen, die unter seiner Einwirkung besonders zu leiden hatten, für die Textil-, Bekleidungs-, Schuhwaren- und Tabakindustrie. Allerdings hat diese Fürsorge keine erhebliche Bedeutung gewonnen, da infolge der ungeheuren Anforderungen des Heeres an Mannschaftsersatz und durch die starke Ausdehnung der Kriegsindustrie die Arbeitslosen immer schnell wieder untergebracht werden konnten.

Um so gefahrdrohender wurde die Lage, als mit einem baldigen ungünstigen Ausgang des Krieges gerechnet werden mußte. Es war ein Gebot der Staatserhaltung, vorzusorgen, daß die zurückkehrenden 6 Millionen Demobilisierter nicht plötzlich vor dem Nichts standen, zumal vorauszusehen war, daß auch die Kriegsindustrie ihre Arbeiter nicht mehr würde beschäftigen können und die Umstellung der Kriegs- in die Friedenswirtschaft längere Zeit dauern würde. Deshalb ließ die kaiserliche Regierung, als Anfang Oktober 1918 das Waffenstillstandsangebot ergangen war, durch das neugebildete Reichsarbeitsamt unter Mitwirkung der Gewerkschaften eine Verordnung über Erwerbslosenfürsorge ausarbeiten. Sie wurde als erste nach der Staatsumwälzung am 13. November 1918 (RGBl. S. 1305) von dem neugebildeten Reichsamt für die wirtschaftliche Demobilmachung erlassen.

Diese Verordnung war grundsätzlich auf die Versorgung der durch den Krieg plötzlich erwerbslos gewordenen Massen zugeschnitten. Man rechnete offenbar nicht damit, daß sie längere Zeit in Kraft sein würde. Ihre Geltungsdauer war auf ein Jahr festgesetzt worden. Deshalb war es richtig, grundsätzlich nur die für unterstützungsberechtigt zu erklären, deren Erwerbslosigkeit Kriegsfolge war. Deshalb war es aber auch das Gegebene, die Fürsorge vollständig auf dem Grundsatz der öffentlichen Fürsorgepflicht aufzubauen. Reich, Länder und Gemeinden sollten die Lasten tragen, das Reich zu 6/12, das Land zu 4/12, die Gemeinde zu 2/12. Selbstverständlich konnte diese Art der Fürsorge nur eine beschränkte Zeit aufrecht erhalten werden. Denn es war vorauszusehen, daß durch sie die öffentlichen Mittel außerordentlich stark in Anspruch genommen werden würden. Das war von besonderer Bedeutung für die Gemeinden, die als Träger der Fürsorge bestimmt worden waren, und für die Länder. Denn durch die Steuerreform war ihnen ihre Haupteinnahmequelle, die Einkommensteuer, entzogen worden, sie waren Kostgänger des Reichs geworden. Da zu erwarten war, daß für viele Gemeinden die Lasten der Erwerbslosenfürsorge untragbar sein würden, war deshalb schon in der Verordnung vom 13. November 1918 vorgesehen worden, daß für leistungsschwache Gemeinden die Reichsbeihilfe erhöht werden konnte.

Die Lage der Länder war im allgemeinen nicht günstiger, und als später die Fürsorge für die Gemeinden ihnen überlassen worden war, mußte wiederum für sie, soweit sie durch die Fürsorge übermäßig belastet wurden, das Reich einspringen. So war die natürliche Folge, daß durch die Erwerbslosenfürsorge ganz besonders stark die Reichskasse belastet wurde. Das war in unserer politischen Lage bedenklich, zumal infolge der erheblichen Teuerung in Deutschland die Erwerbslosenunterstützungssätze höher sein mußten als in den Ländern der Entente und deshalb dauernd die Gefahr bestand, daß die interalliierte Kontrollkommission dagegen Einspruch erheben würde, was sie ja tatsächlich auch getan hat. Dann spielte die Erwerbslosenfürsorge aber auch eine besonders ernsthafte Rolle bei der fortschreitenden Entwertung unserer Mark.

Abgesehen von dieser finanziellen Auswirkung bestand aber die weitere Gefahr, daß die auf Grund der Demobilmachungsbestimmungen erlassene Verordnung, die auf dem Grundsatz höchster sozialer Fürsorge aufgebaut war, allmählich antisozial wirken mußte, je mehr Zeit seit dem Ende des Krieges verstrich. Hier half man mit einer möglichst weitherzigen Auslegung des Begriffs „Kriegsfolge". Als solche wurde auch die Erwerbslosigkeit angesehen, die infolge der durch den Krieg hervorgerufenen Wirtschaftslage eingetreten war. Man ging noch weiter und stellte sich bei der Erwerbslosigkeit der Saisonarbeiter (Maurer usw.), ebenso aber auch bei selbstverschuldeter Erwerbslosigkeit auf den Standpunkt: es könne angenommen werden, daß diese Personen bei normalen wirtschaftlichen Verhältnissen Arbeit gefunden haben würden, was ihnen infolge der durch den Krieg hervorgerufenen Wirtschaftslage nun unmöglich geworden sei; deshalb sei es gerechtfertigt, ihnen nach mehrwöchiger Wartezeit Erwerbslosenunterstützung zu gewähren.

Es konnte nicht wundernehmen, daß eine Fürsorge solchen Umfangs viel angefeindet und ihr vorgeworfen wurde, sie fördere die Arbeitsunlust. Diese Vorwürfe gingen fehl. Selbstverständlich gab es hier wie bei jeder Wohlfahrtseinrichtung Personen, welche die Fürsorge auszunutzen versuchten. Doch war das nur ein kleiner Bruchteil, den man stets bald aus der Fürsorge ausschloß. Der weitaus größte Teil aller Erwerbslosen war und ist durchaus arbeitswillig. Diese aber zu unterstützen und dafür zu sorgen, daß ihre Arbeitskraft bis zu dem Zeitpunkte, wo sie wieder der Volkswirtschaft nutzbar gemacht werden kann, möglichst ungeschwächt aufrecht erhalten wird, ist nicht nur Pflicht der Menschlichkeit, sondern Staatsgebot im höchsten Sinne. Nur ein starkes Volk ist lebensfähig. In der Erkenntnis der Bedeutung dieser Frage bestimmt deshalb auch der Artikel 163 Abs. 2 der Reichsverfassung vom 11. August 1919: „Jedem Deutschen soll die Möglichkeit gegeben werden, durch wirtschaftliche Arbeit seinen Unterhalt zu erwerben. Soweit ihm angemessene Arbeitsgelegenheit nicht nachgewiesen werden kann, wird für seinen notwendigen Unterhalt gesorgt. Das Nähere wird durch besondere Reichsgesetze bestimmt.“ Und immer wieder darf nicht vergessen werden: die Erwerbslosenfrage war und ist eine der Schicksalsfragen Deutschlands. Hätte die Erwerbslosenfürsorge nicht wenigstens die drückendste Not von den ohne ihre Schuld Erwerbslosen ferngehalten, so wäre innerpolitisch unser Land nicht zur Ruhe gekommen und der Wiederaufbau unserer Volks- und Staatswirtschaft nicht so weit fortgeschritten.

Die besondere Bedeutung der Erwerbslosenfrage veranlaßte den Reichsarbeitsminister zu versuchen, die

Fürsorge so schnell als möglich in eine geordnete Arbeitslosenversicherung umzugestalten. Bereits 1920 wurde der erste Entwurf vorgelegt, dann aber wieder zurückgezogen. Die Gründe dafür werden weiter unten erörtert werden. 1921 folgte ein neuer Referentenentwurf, den Mitte 1922 der Kabinettsentwurf ablöste. Aber auch dieser Entwurf teilte das Schicksal des ersten. Infolge der inzwischen ausgebrochenen Geldentwertungskrise machten sich so einschneidende Aenderungen der Verordnung notwendig, daß der bisherige Entwurf nicht mehr aufrecht erhalten werden konnte. An seine Stelle trat der Entwurf vom September 1925 (Reichsarbeitsblatt Nr. 34 S. 423).

So blieb denn die Erwerbslosenfürsorge als Fürsorge länger bestehen, als man erwartet hatte und als wünschenswert war. Der Reichsarbeitsminister sah sich deshalb genötigt, durch Abänderungsverordnungen sie weiter auszugestalten und den Verhältnissen anzupassen.

Wie schon erwähnt, brachte nun die nach Beendigung des Ruhrunternehmens immer schneller fortschreitende Geldentwertung die Entwicklung zur Arbeitslosenversicherung hin in rascheren Fluß.

Durch die Verordnung über die Aufbringung der Mittel für die Erwerbslosenfürsorge vom 15. Oktober 1923 (RGBl. I S. 984) wurde zum ersten Male bewußt der Weg der öffentlichen Fürsorge verlassen und der Gedanke eingeführt, daß die an der Fürsorge Beteiligten verpflichtet seien, einen Teil der erforderlichen Mittel selbst aufzubringen. Als „Beteiligte" sollten in Betracht kommen die Arbeitgeber, in deren Wohl es liegt, daß für die erwerbslosen Arbeitnehmer während der Zeit der Beschäftigungslosigkeit gesorgt wird, die Arbeitnehmer als die durch die Erwerbslosigkeit Bedrohten. Um einen festumrissenen Kreis der Beitragspflichtigen zu bekommen, setzte § 2 der Verordnung vom 15. Oktober 1923 fest: „Beitragspflichtig sind die Arbeitnehmer, die auf Grund der Reichsversicherung oder bei einer knappschaftlichen Krankenkasse für den Fall der Krankheit pflichtversichert sind, und ihre Arbeitgeber."

Die Krankenversicherung zugrunde zu legen, schien besonders geeignet, da sie die den größten Kreis umfassende soziale Versicherung ist. Als oberste Beitragshöhe wurden 20 v. H. des Krankenkassenbeitrages festgesetzt. Im Gegensatz zu diesem, von dem der Arbeitgeber $\frac{1}{3}$, der Arbeitnehmer $\frac{2}{3}$ zu tragen hat, entfiel der Fürsorgebeitrag je zur Hälfte auf Arbeitgeber und Arbeitnehmer. Diese Art der Festsetzung erstrebte eine möglichst gleichmäßige Belastung aller Zahlungspflichtigen, wirkte sich in der Praxis aber in unsozialer Weise aus. Denn während ein Teil der Ortskrankenkassen 10 v. H. des Grundlohns als Krankenkassenbeitrag erhob und demgemäß 20 v. H. davon als Erwerbslosenfürsorge-Beitrag 2 v. H. des Grundlohns darstellte, zogen andere, vor allem Ersatz- und Betriebskassen, niedrigere Beiträge ein, herab bis zu 4 v. H., so daß im letzten Fall der Fürsorgebeitrag nur 0,8 v. H. des Grundlohns betrug. Das wirkte verbitternd auf die Zahlungspflichtigen und hatte zugleich den weiteren großen Nachteil im Gefolge, daß bei weitem nicht so viel Geld durch die Beiträge einging, um die Erwerbslosenfürsorge damit mindestens zu einem großen Teile zu finanzieren.

In dieser Erwartung auf erhebliche Mittel aber und in der Absicht, die Gemeinden zu entlasten, war zugleich verordnet worden, daß sie nur noch höchstens $^1/_4$ der Summe aufzubringen hätten, die aus den Beiträgen der Arbeitgeber und Arbeitnehmer einging. Dieser Betrag wurde immer geringer, je mehr gegen Ende des Jahres 1923 die Zahl der Erwerbslosen stieg und damit die Zahl der Beitragspflichtigen abnahm. War somit die Entlastung der Gemeinden erheblich, so zeigte sich doch als Nachteil, daß sie damit auch an Interesse für die Erwerbslosenfürsorge verloren hatten und zum Teil die strenge Einhaltung der Vorschriften der Verordnung, die bei einer so weitgespannten Fürsorge ganz besonders bedeutsam ist, zu vermissen war.

Ein weiterer Schritt der Verordnung vom 15. Oktober 1923 auf dem Wege der Umgestaltung der Fürsorge in eine Versicherung war, daß die Durchführung der Fürsorge nicht mehr allgemein den „Gemeinden" übertragen wurde, sondern einem ihrer Organe, das infolge seines Aufbaues besonders dazu geeignet ist, dem öffentlichen Arbeitsnachweis. Damit wurde engstes Zusammenarbeiten auf diesen beiden zusammengehörigen Gebieten gewährleistet.

Das zweite Ermächtigungsgesetz vom 8. Dezember 1923 bot die rechtliche Möglichkeit, die Bestimmungen, soweit sie sich nicht voll bewährt hatten, zu ändern. Das geschah durch die Verordnung vom 13. Februar 1924 *) (RGBl. I S. 121). Sie geht bewußt weiter auf dem Wege der Ueberführung der Fürsorge in die Versicherung. Zunächst wurde die Beitragsleistung so geregelt, daß sie die Beitragspflichtigen gleichmäßiger belastet, indem der Fürsorgebeitrag nicht mehr von der

*) Durch Artikel 5 dieser Verordnung ist der Reichsarbeitsminister ermächtigt worden, die Verordnung über Erwerbslosenfürsorge und die über die Aufbringung der Mittel für die Erwerbslosenfürsorge unter Berücksichtigung der Aenderungen, die diese Verordnungen durch spätere Gesetze und Verordnungen bis einschließlich der vom 13. Februar 1924 erfahren haben, unter der Ueberschrift „Verordnung über Erwerbslosenfürsorge" neu bekannt zu machen. Das ist geschehen in der Verordnung über Erwerbslosenfürsorge vom 16. Februar 1924 (RGBl. I S. 127).

Höhe des Krankenkassenbeitrages abhängig gemacht wird, sondern als Hunderteil des Grundlohns zu erheben ist. Als Höchstsatz wurde 3 v. H. festgesetzt. Das bedeutet allerdings gegenüber der bisherigen Regelung zugleich eine erhöhte Belastung der Beitragspflichtigen, gestaltet aber damit eben den Grundsatz weiter aus, daß die Erwerbslosenfürsorge sich selbst durch ihre Einnahmen tragen müsse.

Auch die Gemeinden hat man wieder stärker belastet. Sie haben 1/9 des Aufwandes der Erwerbslosenfürsorge zu tragen, das vom 1. Juli 1924 ab bis auf 1/6 erhöht werden kann. Außerdem tragen sie die Kosten des öffentlichen Arbeitsnachweises, von denen ihnen aus den Beiträgen der Arbeitgeber und Arbeitnehmer 2/3 erstattet werden, soweit es sich um notwendige Kosten handelt.

Durch das stärkere Heranziehen der Beitragspflichtigen und der Gemeinden sind Reich und Länder wesentlich entlastet worden, ein Umstand, der nicht ohne erhebliche Bedeutung für die Stützung der Reichswährung war und ist.

Die Verordnung vom 13. Februar 1924 ging aber noch einen wesentlichen Schritt weiter auf dem Wege der Ueberführung der Fürsorge in eine Versicherung. Sie bestimmt (Artikel 1 Ziffer 6):

„Die Erwerbslosenunterstützung wird Erwerbslosen nicht gewährt, die in den letzten 12 Monaten vor Eintritt ihrer Unterstützungsbedürftigkeit weniger als drei Monate hindurch eine Beschäftigung ausgeübt haben, in der sie gegen Krankheit pflichtversichert waren."

Wer aber eine krankenversicherungspflichtige Beschäftigung ausübt, muß grundsätzlich Beiträge zur Erwerbslosenfürsorge zahlen. Damit nähert sich also die Fürsorge dem versicherungsrechtlichen Grundsatz: nur der hat Anspruch auf Unterstützung, der Beiträge gezahlt hat, Leistung — Gegenleistung. Sie führt ihn allerdings noch nicht streng durch. Denn Unterstützung können zur Zeit auch noch die erhalten, die von der Beitragspflicht befreit sind, ja selbst die, für welche der Arbeitgeber Beiträge zu leisten versäumt hat. Und auch bei den Beiträge zahlenden Personen wirkt sich zur Zeit noch dieser Grundsatz nur in beschränktem Umfange aus. Denn während bei der Versicherung Anspruch auf Leistung der hat, bei dem der Versicherungsfall eingetreten ist (Unfall, Brandschaden, Hochzeit bei der Aussteuerversicherung), müssen bei der Erwerbslosenfürsorge in ihrer jetzigen Gestalt außerdem Voraussetzungen vorliegen, die an sich mit der Versicherung nichts zu tun haben. Auch jetzt noch kann nur der Erwerbslosenunterstützung in Anspruch nehmen, dessen Erwerbslosigkeit Kriegsfolge ist, also z. B. nicht der Arbeiter, der infolge Brandschadens in der Fabrik erwerbslos wird — er muß erst eine mehrwöchige Wartezeit durchmachen —. Eine weitere wichtige Voraussetzung für die Gewährung der Erwerbslosenunterstützung ist auch jetzt noch die Bedürftigkeit. Bei der endgültigen Ueberführung der Fürsorge in die Versicherung müssen gerade diese Voraussetzungen fallen; denn sie widersprechen dem Grundsatz der eigenen Vorsorge. Wenn man sie jetzt noch nicht beseitigt hat, so geschah es aus dem Grunde, weil man die endgültige Gestaltung der Versicherung der nach der Reichsverfassung berufenen Vertretung des Volkes, dem Reichstag, überlassen will.

In einem letzten Punkte endlich ging man zu versicherungstechnischen Grundsätzen über: im Beschwerdeverfahren. Während früher endgültig entscheidende Behörde die Kommunalaufsichtsbehörde war, hatte schon die Verordnung über die Aufbringung der Mittel für die Erwerbslosenfürsorge vom 15. Oktober 1923 als

Beschwerdezug vorgesehen: Vorsitzender des Arbeitsnachweises, Verwaltungsausschuß des Arbeitsnachweises, Verwaltungsausschuß des Landesamts für Arbeitsvermittlung. Die Verordnung vom 13. Februar 1924 fügt zwar als letzte Stelle die oberste Landesbehörde wieder ein da sie infolge ihrer geldlichen Beteiligung an der Fürsorge eine gewisse Einwirkung auf deren Durchführung haben soll. Es wurde aber zugleich vorgesehen, daß sie wieder ausgeschaltet werden kann, wenn mehr als ²/₃ des Gesamtaufwandes durch die Beiträge der Arbeitgeber und Arbeitnehmer aufgebracht werden. Dann kann das Beschwerdeverfahren nach dem Arbeitsnachweisgesetz wieder in Kraft gesetzt werden, also grundsätzlich die Selbstverwaltung wieder eintreten. —

Das war die Rechtslage im Jahre 1924, von der man annahm, daß sie nun bis zur Arbeitslosenversicherung bestehen bleiben würde. Aber auch diesmal brachte höhere Gewalt die Entwicklung wieder in Fluß. Die Wirtschaftskrise, die im Herbst 1925 mit ungeheurer Wucht einsetzte, führte zu 2 bedeutsamen Neuerungen.

Bisher waren beitragspflichtig nach § 34 nur die Arbeitnehmer, die auf Grund der Reichsversicherung oder des Reichsknappschaftsgesetzes krankenversicherungspflichtig waren, und ihre Arbeitgeber. Dementsprechend wurde nach § 4 Abs. 1 Erwerbslosenunterstützung nur den Erwerbslosen gewährt, die in den letzten 12 Monaten vor Eintritt ihrer Unterstützungsbedürftigkeit mindestens 3 Monate hindurch eine krankenversicherungspflichtige Beschäftigung ausgeübt haben. Dadurch waren aus dem System der Erwerbslosenfürsorge ausgeschaltet die höheren Angestellten, deren Einkommen über der Höchstgrenze der Krankenversicherung lag. Die Rückführung der durch die Geldentwertung aufgeblähten Wirtschaft auf normalere Verhältnisse und die fortschreitende Rationalisierung der Betriebe führte zu einem starken Abbau auch bei diesen Berufsgruppen und machte es wünschenswert, sie bei Erwerbslosigkeit nicht der Wohlfahrtspflege anheim fallen zu lassen, sondern der Erwerbslosenfürsorge zu unterstellen. Auf Grund des Abänderungsgesetzes vom 17. Januar 1926 (RGBl. I S. 89) wurde deshalb durch die VII. Ausführungsverordnung vom 21. Januar 1926 in Artikel 1 bestimmt: „Für den Erwerb der Anwartschaft auf die Erwerbslosenfürsorge steht die Beschäftigung eines Angestellten, der auf Grund des Angestelltenversicherungsgesetzes, jedoch nicht nach der Reichsversicherungsordnung für den Fall der Krankheit pflichtversichert ist, einer Beschäftigung gleich, in der ein Arbeitnehmer gegen Krankheit pflichtversichert ist." In Artikel 2 sind diese Angestellten und ihre Arbeitgeber dann ebenfalls für beitragspflichtig erklärt worden. Da jedoch bisher die Erwerbslosenunterstützung noch nicht nach Bruchteilen des letztverdienten Lohnes oder Gehalts bemessen wird, sondern dafür besondere Höchstsätze bestimmt sind, die aber in ihrem Ausmaß lediglich auf die Lohnverhältnisse der niedriger entlohnten krankenversicherungspflichtigen Arbeitnehmer zugeschnitten sind, ist, um eine ungerechtfertigte Belastung zu vermeiden, bestimmt worden, daß bei der Berechnung der Beiträge der höher bezahlten Angestellten die obere Grenze der Krankenversicherungspflicht (2700 RM.) als wirklicher Arbeitsverdienst zu Grunde zu legen ist. Demnach hat also bei einem Beitragssatz von 3 v. H. jeder höher bezahlte Angestellte und sein Arbeitgeber monatlich 3 v. H. von 225 M. = 6.75 M. als Beitrag zu entrichten.

Durch die außerordentlich starke Erwerbslosigkeit machten sich derart hohe Aufwendungen für die Erwerbslosenfürsorge notwendig, daß sie selbst mit den höchstzulässigen Beiträgen der Arbeitgeber und Arbeitnehmer von 3 v. H. nur kurze Zeit gedeckt werden konnten. Das Reich und die Länder wurden bald so stark durch die erforderlichen Zuschüsse belastet, daß auch hier die Not der Zeit ein Problem zu rascher Lösung brachte, das jahrelang ohne Ergebnis erörtert worden war, den Reichsausgleich. Durch die VI. Ausführungsverordnung vom 18. Januar 1926 wird der Beitrag zur Erwerbslosenfürsorge in einen Bezirksanteil, der noch weiter teilungsfähig ist, und in einen Reichsanteil geschieden. Der Reichsanteil ist der beim Reichsamt für Arbeitsvermittlung errichteten Reichsausgleichskasse zuzuführen, sie soll einen Bestand aufweisen, der zur Unterstützung von 200 000 Erwerbslosen für drei Monate erforderlich ist. Solange das nicht der Fall ist oder wenn die Reichsregierung mit Zustimmung des Reichsrats feststellt, daß der Bestand der Kasse unter diesen Betrag zu sinken droht, hat der Verwaltungsrat des Reichsamts für Arbeitsvermittlung einen einheitlichen Beitrag für das ganze Reichsgebiet festzusetzen, unter den nirgends heruntergegangen werden darf. Die Beihilfepflicht des Reichs und der Länder tritt erst ein, wenn die Reichsausgleichskasse erschöpft ist. Das ist zwar infolge der ganz erheblichen Anforderungen schon wenige Tage nach ihrer Errichtung der Fall gewesen. Der Hauptwert liegt zur Zeit aber in der einheitlichen Festsetzung des Beitragssatzes für das ganze Reich, so daß hierdurch wenigstens in den einzelnen Landesteilen ein gewisser Ausgleich zwischen Bedarfs- und Ueberschußgebieten geschaffen wird. Die jetzige Regelung ist eine Notregelung, die Erfahrungen, die man damit macht, werden aber von besonderer Bedeutung für die kommende Arbeitslosenversicherung sein.

Eine andere nicht minder bedeutungsvolle Frage konnte noch nicht endgültig geregelt werden, die der Einführung des Lohnklassensystems in die Erwerbslosenfürsorge. Das jetzige Höchstsatzsystem war für eine eng begrenzte Uebergangszeit geeignet, zeigte aber große Mängel als Dauersystem, da immer neue Schwierigkeiten die Schaffung der Arbeitslosenversicherung verzögerten. Der größte Nachteil des jetzigen Systems ist, daß die Erwerbslosen — abgesehen von der Trennung nach über und unter 21 Jahre alten und nach den einzelnen Wirtschaftsgebieten und Ortsklassen — dieselben Unterstützungssätze erhalten ohne Rücksicht darauf, welchen Lohn sie zuvor verdient haben und ob sie ungelernte, angelernte oder gelernte Arbeiter sind. Da die Höchstgrenzen aber einmal das sog. Lebensmindest (Existenzminimum), zum andern die Lohnverhältnisse berücksichtigen mußten, erhalten die ungelernten Arbeiter im Verhältnis zu ihrem früheren Lohn höhere Unterstützungssätze, die gelernten im Verhältnis dazu zu niedrige. Dadurch wird aber die Gefahr immer größer, daß die Unterstützungssätze der ungelernten Arbeiter zu nahe an den sonstigen Lohn herankommen, in manchen Berufszweigen ihn erreichen, ja bei manchen schlechter entlohnten Berufen ihn sogar überschreiten, sodaß der Anreiz, Arbeit aufzunehmen, bedenklich vermindert wird. Daß diese unheilvollen Folgen tatsächlich eingetreten sind, hat sich in der Praxis wiederholt gezeigt. Ein weiterer Mangel liegt darin, daß fast durchweg die Höchstsätze als Normalsätze betrachtet werden, von der Möglichkeit der Abstufung nach den individuellen Verhältnissen also nicht genügend Gebrauch gemacht wird. Solche Nebenerscheinungen sind aber geeignet, die ganze, sozial so bedeutende Einrichtung in Verruf zu bringen. Erfreulicherweise haben sich auch die Gewerkschaften der Einführung eines Lohnklassensystems gegenüber nicht ablehnend verhalten. Und wie die deutsche Wirtschaft nur dann wieder sich entwickeln kann, wenn auch bei den Löhnen der Leistungsgrundsatz befolgt wird, so ergibt sich aus der Wechselbeziehung zwischen Leistung (Beitrag) und Gegenleistung (Unterstützung), daß auch die Unterstützungssätze dem bisher verdienten Lohn angepaßt werden müssen.

Aus den Ausführungen geht hervor, daß wir auf dem Wege der Umwandlung der Erwerbslosenfürsorge in eine Arbeitslosenversicherung schon ein beträchtliches Stück fortgeschritten sind. Wir hoffen, daß die letzte Strecke des Weges in erheblich kürzerer Zeit zurückgelegt werden kann.

Es erhebt sich nun die Frage: wie beabsichtigt die Reichsregierung die Arbeitslosenversicherung zu gestalten? Der Klärung dieser Frage sollen die weiteren Darlegungen dienen.

Wie schon oben bemerkt, hatte die Reichsregierung bereits 1920 dem Reichsrat den Entwurf eines Gesetzes über eine Arbeitslosenversicherung vorgelegt. Hierin waren als Träger der Versicherung die Krankenkassen vorgesehen. Da aber unter Umständen die finanzielle Leistungsfähigkeit der einzelnen Kasse den Aufgaben nicht gewachsen sein könnte, sollten die Krankenkassen bezirksweise zu Pflichtkassenverbänden zusammengeschlossen werden. Der Kassenverband sollte eine Arbeitslosenkasse errichten.

Der Entwurf der Regierung wurde fast allgemein abgelehnt. Den Weg, die Krankenkassen zu Trägern der Arbeitslosenversicherung zu machen, hatte man offenbar aus der Erwägung heraus beschritten, daß in den Krankenkassen eine durchgebildete Verwaltung vorhanden sei, deren technische Erfahrungen und Einrichtungen für die neuzuschaffende Arbeitslosenversicherung bis zu einem gewissen Grade nutzbar gemacht werden könnten. Man würde jedoch damit weder eine besondere Ersparnis noch eine glatte Organisation erreicht haben. Bei Uebertragung eines derart umfangreichen neuen Aufgabenkreises hätten die Krankenkassen mit ihren bisherigen Einrichtungen nicht auskommen können. Dabei sollte ihnen in der Arbeitslosenversicherung ein Arbeitsgebiet übertragen werden, das von ihren bisherigen Aufgaben wesentlich verschieden gewesen wäre. Weitere Bedenken bestanden gegen diese Regelung, weil der Kreis der gegen Arbeitslosigkeit Versicherten sich nicht völlig mit dem Kreis der Personen deckte, der an der Aufbringung der Mittel für die Krankenkassen beteiligt ist und weil ferner die Zahl der bei der Arbeitslosenversicherung eintretenden Versicherungsfälle und der Umfang der erforderlichen Leistungen sich im voraus auch nicht annähernd beurteilen läßt. Im Gegensatz zu den Einzelfällen der Kranken-, Unfall- und Invalidenversicherung kann hier bei einem Umschwung auf dem Arbeitsmarkt Massenerwerbslosigkeit eintreten, so daß die Leistungsfähigkeit eines Kassenverbandes sehr leicht hätte überspannt werden können.

Das hauptsächlichste Bedenken gegen den Entwurf lag aber darin, daß er den Arbeitsnachweis nicht organisch in das Gebäude der Versicherung einfügte, wenn er ihn auch nicht völlig ausschaltete. Ihm wurde nur die Prüfung aller Fragen auferlegt, die für die Feststellung des Versicherungsfalles wesentlich sind.

Nach § 9 des Entwurfs wurden Mittel nicht nur zur Gewährung einer Unterstützung bei Arbeitslosigkeit zur Verfügung gestellt, sondern auch zu deren Verhütung. Für diese Aufgaben der produktiven Erwerbslosenfürsorge sind die Krankenkassen nicht geeignet, da sie ohne Erfahrung auf diesem Gebiete sind und keine Uebersicht über die zu behandelnden Fragen haben.

Zudem würde auch die große Zersplitterung im Krankenkassenwesen die Durchführung der Arbeitslosenversicherung wesentlich erschwert haben.

Hauptsächlich aus den erwähnten Gründen wurde denn auch der von der Reichsregierung vorgelegte Entwurf fast durchweg als ungeeignet abgelehnt und von ihr selbst zurückgezogen.

Im Herbst 1921 legte sie daraufhin einen neuen Entwurf vor, den Referentenentwurf des Gesetzes über eine vorläufige Arbeitslosenversicherung, an den sich der Kabinettsentwurf fast durchweg anschloß. Grundsätzlich übertrug er dem Arbeitsnachweis die Durchführung der Versicherung, schied aber in seinem ganzen Aufbau streng zwei Aufgabenkreise, die in ihrer Tätigkeit ganz verschieden sind, einmal die Gewährung der Leistungen, das Unterstützungssystem, und sodann das Beitragssystem.

Gegebenes Organ für die Durchführung des Unterstützungssystems war der Arbeitsnachweis, während die Durchführung des Beitragssystems den Krankenkassen übertragen werden sollte. Diese Arbeitsteilung schien erforderlich, um zu vermeiden, daß der Träger der Versicherung mit Aufgaben betraut wurde, die ihm wesensfremd sind wie die Erhebung der Beiträge, die im übrigen auch zur Schaffung einer besonderen Organisation bei den Arbeitsnachweisen hätte führen müssen, wenn sie ihnen mit übertragen worden wäre.

Wie aber bereits oben erwähnt, hatte die Not der Geldentwertungszeit zu so einschneidenden Aenderungen der gesetzlichen Grundlagen auf dem Gebiete der Erwerbslosenfürsorge geführt, daß der Entwurf von 1922 nicht mehr aufrecht erhalten werden konnte. Er hatte allerdings auch nur eine „vorläufige" Regelung beabsichtigt. Denn, wie Geheimrat Dr. O. Weigert (RABl. 1925 Nr. 34, Nichtamtl. Teil, S. 551) ausführt, hatte er es sich „bewußt versagt, für die Organisation und für den finanziellen Ausbau nach einer endgültigen Lösung zu suchen". Wichtige Punkte der Versicherung hielt die Reichsregierung noch nicht für genügend geklärt oder geregelt, um schon einen endgültigen Ausbau der Versicherung vornehmen zu können. Ueber die Frage, wer Träger der Versicherung sein sollte, enthielt der Entwurf keine Bestimmungen. Und in finanzieller Hinsicht stand er noch auf dem alten Standpunkt, daß an der Aufbringung der Mittel auch die öffentliche Hand beteiligt werden müsse. Die Mittel für die Versicherung sollten aufgebracht werden zu $^2/_3$ durch die Beteiligten (Arbeitgeber und Arbeitnehmer), zu $^1/_6$ durch das Reich, zu je $^1/_{12}$ durch die Länder und Gemeinden. Die Kritik forderte aber ganz entschieden, daß die Frage der Trägerschaft im Gesetz selbst geklärt werde. Und die Mittelaufbringungsverordnung vom 15. Oktober 1923 und die Verordnung vom 16. Februar 1924 zeigten, daß es tatsächlich möglich sei, die Erwerbslosenfürsorge in normalen Zeiten wohl auch ohne Beteiligung von Reich und Ländern zu finanzieren.

Aus dem Fegefeuer der Geldentwertungszeit entstand nunmehr der Kabinettsentwurf vom September 1925 (RABl. 1925 Nr. 34 S. 423). Er regelt in § 1 die Hauptfrage der Trägerschaft:

„Träger der Arbeitslosenversicherung sind die Landesarbeitslosenkassen."

Sie sind rechtsfähig. Ihre Bezirke decken sich mit denen der Landesämter für Arbeitsvermittlung. Ihre Organe sind der Kassenausschuß, der eine Satzung beschließt und den Voranschlag für die Kasse aufstellt, und der Vorstand, der die Kasse verwaltet. Er hat die Stellung eines gesetzlichen Vertreters und die Eigenschaft einer öffentlichen Behörde. Dem Träger der Versicherung liegt die wichtige Frage der Verwaltung der Gelder ob, er bildet das Organ für die Selbstverwaltung, aber auch die Selbstverantwortung der Beteiligten, d. h. der Arbeitgeber und Arbeitnehmer. Sie stellen unter dem Vorsitz des Leiters des Landesamts für Arbeitsvermittlung die ehrenamtlich tätigen Beisitzer zum Kassenausschuß. Eine besondere Vertretung der öffentlichen Hand ist nicht vorgesehen, da sie, wie später noch ausgeführt werden wird, auch an der Aufbringung der Mittel nicht beteiligt ist. Der Entwurf beruht vielmehr vollkommen auf dem Gedanken der Selbsthilfe der Wirtschaft, die in solidarischer Verbundenheit dafür zu sorgen hat, daß durch gemeinsame Hilfe den arbeitsfähigen und arbeitswilligen, schuldlos aus dem Wirtschaftsprozeß entlassenen Arbeitnehmern geholfen wird, entweder durch Vermittlung in andere Arbeit oder, soweit das zu der Zeit nicht möglich ist, durch Unterstützung oder durch Beschäftigung bei Notstandsarbeiten.

Entsprechend dem Grundsatz der Selbsthilfe werden die Mittel für die Versicherung durch Beiträge der Arbeitgeber und Arbeitnehmer aufgebracht und zwar in voller Höhe. Zu den Kosten der Versicherung gehören auch die Kosten der Landesarbeitslosenkassen sowie $^2/_3$ der notwendigen Kosten der öffentlichen Arbeitsnachweise und der Landesämter für Arbeitsvermittlung.

Um jedoch eine zu starke Belastung der Wirtschaft für Notzeiten zu vermeiden, wird beim Reichsamt für Arbeitsvermittlung eine Reichsausgleichskasse geschaffen, an die ein Teil des Beitrags als Ausgleichszuschlag abzuführen ist. Soweit die dadurch eingehenden Mittel nicht zur Deckung von Fehlbeträgen der Landesarbeitslosenkassen, die trotz Erhebung des höchstzulässigen Beitrags in einem Kalendermonat entstehen, gebraucht werden, wird damit ein „Notstock der Versicherung" geschaffen. Er soll in der Höhe des Betrags gehalten werden, der zur Unterstützung von 200 000 Arbeitslosen für 3 Monate erforderlich ist. Besteht die Gefahr, daß sich der Notstock erschöpft, so gewährt das Reich der Reichsausgleichskasse Darlehen, die zurückzuzahlen sind.

Wie bereits S. 12 ausgeführt worden ist, hat die Not der Zeit dazu geführt, daß diese Regelung schon durch die VI. Ausführungsverordnung als vorübergehende Regelung vorweggenommen worden ist.

Aus der Darstellung ergibt sich, daß mit Ausnahme etwaiger Reichsdarlehen öffentliche Mittel für die Arbeitslosenversicherung nicht zur Verfügung gestellt werden. Die Gemeinden, die man bisher stets an ihrer Aufbringung beteiligte, um eine gewisse Gewähr für die ordnungsmäßige Verwendung der Gelder zu haben, würden nach dem Entwurf lediglich 1/3 der Kosten der öffentlichen Arbeitsnachweise zu tragen haben. Sie würden dadurch ganz wesentlich entlastet werden, selbstverständlich aber auch demgemäß einen besonderen Einfluß auf die Durchführung der Arbeitslosenversicherung nicht haben. Der Vorsitzende des öffentlichen Arbeitsnachweises kann lediglich die Entgegennahme und Vorprüfung der Anträge und die Auszahlung der Unterstützung den Gemeinden übertragen, aber nur mit ihrer Zustimmung, die durch die Zustimmung der Gemeindeaufsichtsbehörde ersetzt werden kann. Mit dieser „Entrechtung" sind die Gemeinden nicht einverstanden und haben deshalb durch den Deutschen Städtetag und den Deutschen Landkreistag einen Gegenentwurf aufstellen lassen, nach dem die Aufbringung der Mittel so gedacht ist, daß 2/3 durch Arbeitgeber und Arbeitnehmer, je 1/9 durch Zuschüsse des Reichs, der Länder und Gemeinden aufgebracht werden. Die Begründung zum Gegenentwurf sagt dazu: „Für die Städte ist es ein schwerer Entschluß, bei der gegenwärtigen trostlosen Finanzlage der Städte dafür einzutreten, daß auch sie ebenso wie Reich und Länder sich mit Zuschüssen an der Arbeitslosenversicherung beteiligen. Gleichwohl aber können sie sich den zwingenden Gründen, die für die Beteiligung der öffentlichen Körperschaften sprechen, nicht verschließen. Wenn den öffentlichen Körperschaften neben der bisherigen Belastung der Gemeinden für die Verwaltungskosten der Arbeitsnachweise noch $^1/_3$ der Kosten der Erwerbslosenfürsorge dauernd aufgebürdet werden, wovon $^1/_9$ das Reich, $^1/_9$ die Länder und $^1/_9$ die Gemeinde treffen, so können die Gemeinden dem nur mit dem Vorbehalt zustimmen, daß das Reich entsprechend den ständig wachsenden Aufgaben der Gemeinden diesen auch die zu deren Erfüllung nötigen Steuerquellen erschließt. Eine Rechtfertigung würde die Aufbürdung dieses Anteils an die Städte darin finden, daß besonders, wenn die von den Städten noch vorgeschlagenen Verbesserungen der Versicherungsleistungen Berücksichtigung finden, für die Wohlfahrtspflege der Städte die Entlastung, die zur Zeit schon durch die Erwerbslosenfürsorge zu verzeichnen ist, dauernd verankert wird." Naturgemäß verlangen sie für ihre finanzielle Leistung auch eine Beteiligung an den Rechten und die Aenderung der Organisation in der Richtung, daß an Stelle der Landesarbeitslosenkassen Arbeitslosenkassen für die Bezirke der öffentlichen Arbeitsnachweise und darüber bei den Landesämtern Landesausgleichskassen geschaffen werden. Sie begründen ihre Forderung damit, daß durch Errichtung der Arbeitslosenkassen bei den unteren Organen des Arbeitsnachweiswesens Gewähr für sparsamere Wirtschaft geboten würde. Sie berücksichtigen dabei aber nicht genügend, welche besondere Bedeutung gerade die Errichtung von Landesarbeitslosenkassen hat, deren Wirkungskreis den Bezirk eines Landesamts für Arbeitsvermittlung umfaßt. Nur eine solche Organisation kann als Träger des Ausgleichs in geldlicher und arbeitsmarktpolitischer Hinsicht dienen. Nur sie kann in geeigneter Weise den kleineren Bezirk des Arbeitsnachweises vor starker geldlicher Belastung schützen und dafür sorgen, daß bei größerer Arbeitslosigkeit in einem Teile ihres Bezirks die Arbeitslosen in unbesetzte Stellen in aufnahmefähigen Gebieten vermittelt werden. „Sie wird als überörtliche Stelle am ehesten in der Lage sein, bei diesem Ausgleich die Bedürfnisse des überlasteten Wirtschaftsbezirks mit den berechtigten Ansprüchen des aufnahmefähigen in Einklang zu bringen. So vergrößert sie die Sicherheit, daß erst dann Arbeitslosenunterstützung gewährt wird, wenn Arbeitsgelegenheit nicht mehr verfügbar ist." (Regierungsentwurf zur Arbeitslosenversicherung S. 74.). Der Gedanke, daß die Arbeitslosenkassen als solche sparsamer wirtschaften, dürfte deshalb abzulehnen sein. Im übrigen darf nicht verkannt werden: Wie der Erfolg des ganzen Arbeitsnachweiswesens lediglich eine Frage der Persönlichkeit ist, so ist es auch auf diesem besonderen Gebiete. Eine Zentralstelle, welche die Zügel straff in der Hand behält, wird genügend Mittel haben, um eine ungerechtfertigte Verwendung der Gelder auf das geringstmögliche Maß zu beschränken. Und ein besonders wichtiger Umstand darf nicht außer acht gelassen werden. Solange die Gemeinden an der Aufbringung der Mittel beteiligt sind, sind die Arbeitsnachweise als Organe der Gemeinden niemals so unabhängig an ihren Entschließungen, wie es eine für die Wirtschaft so ungeheuer wichtige Maßnahme wie die Arbeitslosenversicherung erfordert. Besteht doch jetzt nach § 28 der Verordnung über Erwerbslosenfürsorge vom 16. Februar 1924 für den Vorstand der Gemeinde sogar die Möglichkeit, auf dem Gebiet der Erwerbslosenfürsorge, insbesondere für die Entscheidungen über Unterstützungsgesuche, dem Vorsitzenden des öffentlichen Arbeitsnachweises bindende Weisungen zu erteilen, wenn er es zur Wahrung der öffentlichen Interessen für erforderlich hält. Für die Zukunft aber, wo mit normalen Wirtschaftsverhältnissen gerechnet wird, ist unbedingte Forderung, die öffentlichen Arbeitsnachweise so zu stellen und zu gestalten, daß sie unbeeinflußt ihren großen Aufgaben gerecht werden können. Daß der Kabinettsentwurf die Gerechtigten Eingriffen schützen will, ergibt sich z. B. aus § 117 Abs. 2: „Kosten des öffentlichen Arbeitsnachweises darf der Kassenvorstand [der Landesarbeitslosenkasse] nicht absetzen. Bezweifelt er ihre Notwendigkeit und ist der Vorsitzende des öffentlichen Arbeitsnachweises nicht bereit, die Anforderung entsprechend herabzusetzen, so entscheidet auf Antrag des Kassenvorstandes die Aufsichtsbehörde der Verwaltungsgemeinde."

Wie der vorhergehende Entwurf, so scheidet auch der jetzige die beiden Aufgabenkreise, das Beitragsverfahren und das Unterstützungsverfahren. Ersteres weicht in der Regelung vom jetzigen Zustand nicht wesentlich ab. Eine bedeutungsvolle Aenderung ist jedoch insofern vorgesehen, als der Höchstsatz der Beiträge 2 v. H. des Grundlohnes nicht übersteigen darf (jetzt 3 v. H.). Aus den Befreiungsvorschriften sind die Hausgehilfen wieder ausgeschaltet worden, da für sie die Befreiung nur in verhältnismäßig geringem Umfange in Anspruch genommen worden ist.

Das Unterstützungsverfahren soll dem öffentlichen Arbeitsnachweis verbleiben. Der Antrag auf Unterstützung ist bei dessen Vorsitzenden einzureichen, der darüber entscheidet. Dagegen ist Einspruch beim Verwaltungsausschuß des öffentlichen Arbeitsnachweises zulässig. Aendert er die Entscheidung des Vorsitzenden ab, so ist dieser berechtigt, die Entscheidung der Spruchkammer anzurufen, die bei der Landesarbeitslosenkasse errichtet wird. Sie soll an Stelle des Verwaltungsausschusses des Landesamts für Arbeitsvermittlung treten und außer dem Vorsitzenden des zuständigen Oberversicherungsamts mit je einem dem Kassenausschuß der Landesarbeitslosenkasse angehörenden Arbeitgeber- und Arbeitnehmerbeisitzer besetzt sein. Das Recht, die Spruchkammer anzurufen, wird auch den Arbeitgeber- oder Arbeitnehmerbeisitzern zugestanden, die bei einer Abstimmung geschlossen in der Minderheit geblieben sind. Die überstimmten Beisitzer können ihr Recht allerdings nur gemeinschaftlich ausüben. Der in dieser Bestimmung zum Ausdruck kommende Schutz der Minderheit ist sehr zu begrüßen.

Ueber der Spruchkammer steht als Spitze der Spruchsenat, der beim Reichsversicherungsamt gebildet wird. Er soll die Rechtseinheit bei Durchführung der Arbeitslosenversicherung gewährleisten und bei grundsätzlichen Entscheidungen tätig werden.

Der Gegenentwurf des Deutschen Städtetags und des Deutschen Landkreistags, der die Spruchkammer bei der Landesausgleichskasse einrichten will, fordert, daß in beiden Instanzen die öffentlichen Körperschaften vertreten sind, während der Entwurf nur der obersten Landesbehörde als Vertreterin der öffentlichen Ordnung das Recht gibt, Beauftragte — aber nur mit beratender Stimme — zu den Landesarbeitslosenkassen und zu den Sitzungen der Organe und der Spruchkammer der Landesarbeitslosenkasse und zu den Sitzungen der Organe der Reichsausgleichskasse und des Spruchsenats des Reichsversicherungsamts zu entsenden. Der Beauftragte der obersten Landesbehörde kann gegen Entscheidungen der Spruchkammer Beschwerde an den Spruchsenat des Reichsversicherungsamts einlegen. Diese Beschwerde bewirkt Aufschub.

Endgültige Entscheidungen der öffentlichen Arbeitsnachweise, der Spruchkammern und des Spruchsenats über Ansprüche auf Arbeitslosenunterstützung sind für alle Behörden, insbesondere auch Gerichte, bindend.

Die Leistungen der Versicherung gliedern sich in die Unterstützung für den Fall der Arbeitslosigkeit und die Versorgung für den Fall der Krankheit. Eine Fürsorge für Kurzarbeiter sieht der Entwurf nicht vor.

Die Arbeitslosenunterstützung besteht aus der Hauptunterstützung und etwaigen Familienzuschlägen. Ihre Höhe bestimmt sich nach dem Arbeitsentgelt. Für die Bemessung der Unterstützung sieht der Entwurf 5 Lohnklassen vor (für ein wöchentliches Arbeitsentgelt bis zu 10 RM., von mehr als 10 bis zu 20, von mehr als 20 bis zu 30, von mehr als 30 bis zu 40 und von mehr als 40 RM.). In jeder Lohnklasse wird der Bemessung der Unterstützung ein Einheitslohn zu Grunde gelegt, der bei den oben angegebenen Lohnklassen 10, 15, 25, 35 und 40 RM. beträgt. Die Hauptunterstützung soll 40 v. H. des Einheitslohnes betragen. Als Familienzuschlag werden für jeden zuschlagsberechtigten Angehörigen 5 v. H. des Einheitslohnes gewährt. Einschließlich der Familienzuschläge darf die Arbeitslosenunterstützung jedoch in keinem Falle 65 v. H. des Einheitslohnes übersteigen. Die im früheren Entwurf vorgesehenen Gefahrenklassen sind nicht wieder aufgenommen worden.

Anspruch auf die Unterstützung hat, wer

1. arbeitsfähig, arbeitswillig, aber unfreiwillig arbeitslos ist;
2. die Anwartschaftszeit erfüllt hat, d. h. in den letz-

ten zwölf Monaten während sechsundzwanzig Wochen in einer krankenversicherungspflichtigen Beschäftigung gestanden hat;

3. den Anspruch auf Arbeitslosenunterstützung noch nicht erschöpft hat. Das ist der Fall, wenn innerhalb der letzten zwölf Monate Arbeitslosenunterstützung für insgesamt sechsundzwanzig Wochen bereits gewährt ist. Der Ausschuß der Reichsausgleichskasse kann bei besonders günstigem Arbeitsmarkt die Höchstdauer der Arbeitslosenunterstützung bis auf 13 Wochen herabsetzen und bei besonders ungünstigem Arbeitsmarkt über 26 Wochen hinaus ausdehnen. Er kann auch mit Zustimmung des Reichsarbeitsministers die Höchstdauer der Unterstützung im Verhältnis zu der Zahl der Wochen abstufen, in denen der Arbeitslose gegen Arbeitslosigkeit versichert war.

Der Entwurf stellt sich auf den Boden des Versicherungsgrundsatzes: Leistung — Gegenleistung. Nur der erhält Unterstützung, der auch Beiträge gezahlt hat. Er läßt deshalb die Voraussetzung fallen, die schon jetzt als nicht mehr zeitgemäß empfunden wird, die der Kriegsfolge, ebenso aber selbstverständlich auch die der Bedürftigkeit. In einer reinen Versicherung ist für sie kein Raum mehr. Nur in dem einen Fall, wenn das Reich bei drohender Erschöpfung des Notstockes Darlehen zugunsten der Arbeitslosenversicherung gegeben hat, kann der Ausschuß der Reichsausgleichskasse die Arbeitslosenunterstützung ganz oder teilweise auf solche Arbeitslose beschränken, die hilfsbedürftig im Sinne der Vorschriften über öffentliche Fürsorge sind.

Die nach der jetzigen Verordnung über Erwerbslosenfürsorge allgemein bestehende Arbeitspflicht ist, soweit dazu Gelegenheit vorhanden ist, nur noch für Arbeitslose unter 21 Jahren und für langfristig Erwerbslose vorgesehen. Arbeitslose, deren Arbeitslosigkeit durch Ausstand oder Aussperrung ganz oder überwiegend verursacht ist, erhalten während des Ausstandes oder der Aussperrung keine Arbeitslosenunterstützung, wogegen sie sie jetzt frühestens erst 4 Wochen nach Beendigung des Ausstandes oder der Aussperrung erhalten können. Wer sich ohne berechtigten Grund weigert, eine Arbeit anzunehmen, erhält für die darauf folgenden 4 Wochen keine Arbeitslosenunterstützung. Ein berechtigter Grund liegt u. a. vor, wenn die Arbeit dem Arbeitslosen nach seiner Vorbildung oder früheren Tätigkeit nicht zugemutet werden kann. Dieser Grund fällt jedoch weg nach Ablauf von 6 Wochen seit Beginn der Unterstützung oder während einer berufsüblichen Arbeitslosigkeit, es sei denn, daß die Ausübung der angebotenen Tätigkeit dem Arbeitslosen erhebliche Nachteile für sein späteres Fortkommen bringen würde.

Im übrigen enthält der Entwurf Bestimmungen über Maßnahmen zur Verhütung und Beendigung der Arbeitslosigkeit, insbesondere über die wertschaffende (produktive) Arbeitslosenfürsorge, über die Arbeitslosenversicherung für Seeleute, über freiwillige Weiterversicherung, einige allgemeine Bestimmungen, ferner Uebergangsbestimmungen und endlich sehr wichtige Strafbestimmungen; denn es hat sich gezeigt, daß mit den jetzigen Ordnungsstrafen die straffe Durchführung der Fürsorge nicht möglich ist.

Die Begründung zum Entwurf ist inzwischen als 34. Sonderheft des Reichsarbeitsblattes veröffentlicht worden. Daran darf sich die Hoffnung knüpfen, daß der Reichstag sich mit der erforderlichen Tatkraft der Arbeitslosenversicherung als einer für Staat und Wirtschaft in gleicher Weise bedeutsamen Aufgabe baldigst und mit Erfolg zuwendet.

II. Der Rechtsstoff.

Bekanntmachung der neuen Fassung der Verordnung über Erwerbslosenfürsorge und über die Aufbringung der Mittel für die Erwerbslosenfürsorge.

Vom 16. Februar 1924 (RGBl. I. S. 127).

Die Aenderungen durch die Gesetze vom 11. August 1924 (RGBl. I S. 681) und vom 17. Januar 1926 (RGBl. I S. 89) und die Verordnung vom 23. Oktober 1924 (Reichsbesoldungsblatt S. 289) sind durch Fettdruck kenntlich gemacht.

Auf Grund des Artikel 5 der Verordnung zur Aenderung der Verordnungen über Erwerbslosenfürsorge und über die Aufbringung der Mittel für die Erwerbslosenfürsorge und des Arbeitsnachweisgesetzes vom 13. Februar 1924 (Reichsgesetzbl. I S. 121) wird nachstehender Wortlaut der Verordnung über Erwerbslosenfürsorge bekannt gemacht.

Berlin, den 16. Februar 1924.

Der Reichsarbeitsminister.
In Vertretung:
Dr. Geib.

Verordnung über Erwerbslosenfürsorge.

I. Einrichtung der Fürsorge.

§ 1.

(1) Die Gemeinden sind verpflichtet, soweit ein Bedürfnis dazu besteht, eine Fürsorge für Erwerbslose einzurichten, der sie nicht den Rechtscharakter der Armenpflege beilegen dürfen. Das Ziel dieser Fürsorge ist im einzelnen Falle die Beendigung der Erwerbslosigkeit durch die Aufnahme von Arbeit. Nur insoweit dieses Ziel nicht erreicht werden kann, sind Unterstützungen nach Maßgabe der folgenden Bestimmungen zu gewähren.

(2) Die oberste Landesbehörde kann mit Zustimmung des Reichsarbeitsministers und des Reichsministers der Finanzen anordnen, daß Gemeinden eine Fürsorge für Kurzarbeiter einrichten.

§ 2.

Gemeinden, die troß eines vorhandenen Bedürfnisses keine oder keine genügende Erwerbslosen- oder Kurzarbeiterfürsorge einrichten, werden von der Gemeindeaufsichtsbehörde oder von der Behörde dazu angehalten, die durch die oberste Landesbehörde hierzu bestimmt wird. Diese Behörden können die dazu notwendigen Anordnungen für Rechnung der Gemeinden treffen.

II. Unterstützung.

§ 3.

(1) Die Fürsorge wird vorbehaltlich der Vorschriften der §§ 20 bis 26 nur arbeitsfähigen und

arbeitswilligen Personen, die sich infolge des Krieges durch gänzliche oder teilweise Erwerbslosigkeit in bedürftiger Lage befinden, gewährt. Erwerbslosigkeit ist nicht als Kriegsfolge anzusehen, wenn sie durch Ausstand oder Aussperrung überwiegend verursacht ist. Frühestens vier Wochen nach Abschluß des Ausstandes oder der Aussperrung können die Gemeinden den Arbeitnehmern beim Vorliegen der allgemeinen Voraussetzungen Erwerbslosenunterstützungen gewähren.

(2) Angehörigen eines unterstützten Erwerbslosen, die gegen diesen einen familienrechtlichen Unterhaltsanspruch haben oder im Falle seiner Leistungsfähigkeit haben würden und bis zum Eintritt der Unterstützungsbedürftigkeit von ihm ganz oder in der Hauptsache unterhalten worden sind, darf keine selbständige Erwerbslosenunterstützung gewährt werden. In solchen Fällen ist vielmehr die Unterstützung angemessen zu erhöhen (Familienzuschläge). Stief- und Pflegekinder eines unterstützten Erwerbslosen stehen Angehörigen, die einen familienrechtlichen Unterhaltsanspruch gegen ihn haben, gleich, wenn sie bis zum Eintritt der Unterstützungsbedürftigkeit ganz oder in der Hauptsache unentgeltlich von ihm unterhalten worden sind.

§ 4.

(1) Die Erwerbslosenunterstützung wird Erwerbslosen nicht gewährt, die in den letzten zwölf Monaten vor Eintritt ihrer Unterstützungsbedürftigkeit weniger als drei Monate hindurch eine Beschäftigung ausgeübt haben, in der sie gegen Krankheit pflichtversichert waren.

(2) Der Reichsarbeitsminister kann mit Zustimmung des Reichsrats und nach Benehmen mit dem Verwaltungsrat des Reichsamts für Arbeitsvermittlung Ausnahmen zulassen.

§ 5.

(1) Erwerbslosen, die das 16. Lebensjahr noch nicht vollendet haben, wird die Erwerbslosenunterstützung nicht gewährt. Erwerbslosen, die das 16., aber noch nicht das 18. Lebensjahr vollendet haben, wird sie nur gewährt, soweit die oberste Landesbehörde oder die von ihr bezeichnete Stelle nach Anhörung des Verwaltungsausschusses des Landesamts für Arbeitsvermittlung festgestellt hat, daß es Personen dieser Altersgruppen nach der allgemeinen Lage des Arbeitsmarktes trotz besonderer Bemühungen erst nach längerer Arbeitslosigkeit möglich sein wird, Arbeit zu erlangen.

(2) Erwerbslose, die nach Abs. 1 nicht unterstützungsberechtigt sind, bei denen im übrigen aber die Voraussetzungen für die Unterstützung vorliegen, können zu den Arbeiten nach § 14 zugelassen werden. Sie erhalten dann die entsprechende Unterstützung.

§ 6.

(1) Ausländern wird die Erwerbslosenfürsorge gewährt, wenn ihr Heimatstaat deutschen Erwerbslosen nachweislich eine gleichwertige Fürsorge gewährt.

(2) Der Reichsarbeitsminister kann mit Zustimmung des Reichsrats anordnen, daß Ausländern die Fürsorge auch ohne diese Voraussetzung gewährt wird.

(3) Die Reichsregierung kann anordnen, daß gegen

Angehörige eines ausländischen Staates ein Vergeltungsrecht angewendet wird.

(4) Der Reichsarbeitsminister kann bestimmen, daß die Zugehörigkeit zu einer Versicherung gegen Arbeitslosigkeit, die im Ausland auf Grund einer ausländischen Gesetzgebung eingeführt ist, einer Beschäftigung im Sinne des § 4 Abs. 1 gleichzustellen ist.

§ 7.

(1) Eine bedürftige Lage ist vorbehaltlich der Bestimmungen in den Abs. 3 bis 6 nur insoweit anzunehmen, als die Einnahmen des zu Unterstützenden einschließlich der in seinem Haushalt lebenden Familienangehörigen derart geringe sind, daß er nicht imstande ist, damit den notwendigen Lebensunterhalt zu bestreiten und als ihm keine familienrechtlichen Unterhaltsansprüche zustehen, deren Erfüllung den notwendigen Lebensunterhalt ermöglichen würde.

(2) Einnahmen des Erwerbslosen, insbesondere Zinsen von Spargroschen und dergleichen, sind, abgesehen von den Ausnahmen in Abs. 3 bis 5, voll auf die Erwerbslosenunterstützung anzurechnen.

(3) Unterstützungen, die der Erwerbslose auf Grund eigener oder fremder Vorsorge bezieht, sowie Rentenbezüge sind zur Hälfte ihres Betrages auf die Erwerbslosenunterstützung anzurechnen.

(4) Was der Erwerbslose durch Gelegenheitsarbeit verdient, wird auf die Erwerbslosenunterstützung nur dann nicht angerechnet, wenn der Verdienst in einer Kalenderwoche 10 vom Hundert desjenigen Betrages nicht übersteigt, den der Erwerbslose bei voller Erwerbslosigkeit an Unterstützung einschließlich der Fa-

milienzuschläge für die Kalenderwoche beziehen würde. Der Mehrbetrag des Verdienstes wird zu 60 vom Hundert angerechnet.

(5) Völlig anrechnungsfrei bleiben:

1. Unterstützungen, die der Erwerbslose auf Grund eigener Vorsorge für den Fall der Arbeitslosigkeit bezieht,
2. Stillgeld, das eine Wöchnerin auf Grund der reichsgesetzlichen Vorschriften über Wochenhilfe und Wochenfürsorge erhält,
3. Zusatzrente, die auf Grund der §§ 88 bis 95 des Reichsversorgungsgesetzes in der Fassung der Bekanntmachung vom 30. Juni 1923 (Reichsgesetzbl. I S. 523) gewährt wird.

(6) Kleinerer Besitz (Spargroschen, Wohnungseinrichtungen) darf für die Beurteilung der Bedürftigkeit nicht in Betracht gezogen werden.

§ 8.

Soweit eine Fürsorge für Kurzarbeiter eingerichtet ist, finden auf die Kurzarbeiterunterstützung die §§ 3 und 6 dieser Verordnung mit der Maßgabe Anwendung, daß die Bedürftigkeit nur insoweit zu prüfen ist, als die Stelle es anordnet, die zur Entscheidung über die Unterstützung zuständig ist.

§ 9.

(1) Erwerbslosenunterstützung darf erst nach einer Wartezeit von mindestens einer Woche gewährt werden.

(2) Die oberste Landesbehörde kann mit Zustimmung des Reichsarbeitsministers die Wartezeit bis auf

drei Tage abkürzen. Eine Wartezeit besteht überhaupt nicht für

1. die im § 12 Abs. 3 bezeichneten Personen bei der Rückkehr in ihren früheren Wohnort,
2. Personen, die nach einer Beschäftigung von weniger als sechs Wochen oder nach Krankheit von mindestens einwöchiger Dauer unterstützungsbedürftig werden,
3. Personen, die unmittelbar vor Eintritt der Unterstützungsbedürftigkeit Kurzarbeit geleistet haben und deshalb Lohnkürzungen unterworfen waren.

§ 10.

(1) Ueber Art, Höhe und Dauer der Unterstützung für die Erwerbslosen und Kurzarbeiter erläßt der Reichsarbeitsminister Anordnungen nach Benehmen mit dem Verwaltungsrat des Reichsamts für Arbeitsvermittlung. Innerhalb dieser Anordnungen bestimmt der Verwaltungsausschuß des öffentlichen Arbeitsnachweises, was in seinem Bezirk zu gelten hat.

(2) Die Unterstützung darf die für die einzelnen Orte nach Maßgabe ihrer Zugehörigkeit zu den Ortsklassen A bis E vorgeschriebenen Höchstsätze nicht übersteigen. Maßgeblich für die Einreihung der Orte in die Ortsklassen ist das Ortsklassenverzeichnis, wie es für die Gewährung von Ortszuschlägen für die Reichsbeamten durch [1]) **die Fünfte Ergänzung des Besoldungsgesetzes vom 13. Januar 1922 (Reichsgesetzbl. S. 87) und die bis zum 31. Oktober 1924 dazu erlassenen Ergänzungen und Aenderungen** aufgestellt ist. Die oberste Landesbehörde kann nach Zustimmung des Reichsarbeitsministers bestimmen, daß der für einen Ort eines

einheitlichen Wirtschaftsgebietes geltende Höchstsatz auch für andere Orte dieses Gebietes zu gelten hat.

(3) Die Familienzuschläge, die ein Erwerbsloser erhält, dürfen insgesamt das Zweifache der ihm gewährten Unterstützung nicht übersteigen.

(4) Die selbständigen Unterstützungen, die mehrere in einem gemeinschaftlichen Hausstand lebenden Familienmitglieder erhalten, dürfen in ihrer Summe das Dreifache der Unterstützung nicht übersteigen, die dem höchstunterstützten Mitglied der Familie für seine Person zusteht. Der Vorstand der Familie gilt im Sinne dieser Bestimmung als ihr Mitglied.

(5) Wenn eine bedürftige Lage durch einen Teilbetrag der Erwerbslosenunterstützung behoben werden kann, ist nur der Teilbetrag zu gewähren.

[1]) Ist auf Grund der Ermächtigung im Artikel 6 der Zwölften Ergänzung des Besoldungsgesetzes vom 12. Dezbr. 1923 (Reichsgesetzbl. I S. 1181) in der Fassung der Verordnung zur Abänderung der Zwölften Ergänzung des Besoldungsgesetzes vom 11. Februar 1924 (Reichsgesetzbl. I S. 55) durch die Verordnung über die Achtzehnte Ergänzung des Besoldungsgesetzes vom 23. Oktober 1924 (Reichsbesoldungsblatt S. 289) mit Wirkung vom 1. November 1924 ab eingefügt worden.

§ 11.

Die Unterstützung darf nur für die sechs Wochentage gewährt werden.

§ 12.

(1) Zuständig für die Gewährung der Erwerbslosenfürsorge ist die Gemeinde, in der der Erwerbslose bei Eintritt der Unterstützungsbedürftigkeit seinen

Wohnort hat. Für die Unterstützung Erwerbsloser, die bis zum Eintritt der Unterstützungsbedürftigkeit infolge ihrer Berufstätigkeit entweder keinen Wohnort hatten oder sich an ihrem Wohnort in der Regel nicht aufhalten konnten, ist die Gemeinde zuständig, in der sie bei Eintritt der Unterstützungsbedürftigkeit ihren Aufenthalt hatten, im zweiten Falle jedoch nur solange, als sie sich an ihrem Wohnort nicht aufhalten.

(2) Zuständig für die Kurzarbeiterunterstützung ist die Gemeinde, in deren Bezirk der Kurzarbeiter beschäftigt wird.

(3) Gemeinden, die in die Ortsklasse A und B eingereiht sind, können die Fürsorge für Erwerbslose, die bei Eintritt der Unterstützungsbedürftigkeit in der Gemeinde noch nicht länger als sechs Wochen ihren Wohnort haben, auf vier Wochen beschränken. Endgültig zuständig für die Fürsorge ist in diesen Fällen die Gemeinde, in welcher der Erwerbslose vor dem letzten Ortswechsel während wenigstens sechs Wochen seinen Wohnort gehabt hat. Die Beschränkung findet nicht statt, wenn der Erwerbslose vor Eintritt der Unterstützungsbedürftigkeit an seinem Wohnort mit seiner Familie einen gemeinschaftlichen Hausstand begründet hat und noch führt oder wenn die Rückkehr in den früheren Wohnort tatsächlich unausführbar ist. Das gleiche gilt für einen reichsdeutschen Erwerbslosen, wenn der Ort, in dem er zuletzt während wenigstens sechs Wochen seinen Wohnort gehabt hat, im Ausland oder in Teilen des Reichsgebiets liegt, die vom Deutschen Reiche abgetrennt oder von fremden Mächten besetzt sind, sofern die Rückkehr in diese Reichsteile

aus politischen Gründen mit erheblichen Nachteilen für ihn verknüpft ist. Die Vorschriften dieses Absatzes finden auf die Kurzarbeiterunterstützung keine Anwendung.

(4) Zur Reise in den zur endgültigen Fürsorge zuständigen Wohnort ist dem Erwerbslosen von der einstweiligen fürsorgepflichtigen Gemeinde freie Fahrt sowie eine angemessene Beihilfe zu den Reiseunkosten, einschließlich der Beförderung des Umzugsguts aus Mitteln der Erwerbslosenfürsorge zu bewilligen.

(5) Abweichende Vereinbarungen der Gemeinden über die Zuständigkeit sind nur zulässig, wenn sie im öffentlichen Interesse liegen und bedürfen zu ihrer Wirksamkeit der Zustimmung der betreffenden obersten Landesbehörden oder der von diesen bezeichneten Stellen.

(6) Als Wohnort im Sinne dieser Verordnung ist der Ort anzusehen, in dem sich eine Person nicht nur vorübergehend aufhält, sondern mit der Absicht längeren oder dauernden Verbleibens wohnt.

§ 13.

(1) Die Unterstützung ist zu versagen oder zu entziehen, wenn der Erwerbslose sich weigert, eine nachgewiesene Arbeit anzunehmen, die auch außerhalb seines Berufs und Wohnorts liegen darf und ihm nach seiner körperlichen Beschaffenheit zugemutet werden kann. Die Weigerung kann nur damit begründet werden, daß für die Arbeit nicht angemessener ortsüblicher Lohn geboten wird, die Unterkunft sittlich bedenklich ist und daß bei Verheirateten die Versorgung der Familie unmöglich wird.

(2) Freie Fahrt für den Erwerbslosen zur Reise in den Beschäftigungsort nebst einer angemessenen Beihilfe zu den Reiseunkosten ist von der Gemeinde des letzten Wohnorts aus Mitteln der Erwerbslosenfürsorge zu bewilligen. Wenn die im Haushalt des Erwerbslosen lebenden Familienangehörigen zur Weiterführung des Haushalts in den Beschäftigungsort mitreisen oder nachfolgen und der Erwerbslose nachweist, daß deren Unterkunft in dem Beschäftigungsorte gesichert ist, so ist auch diesen Familienangehörigen freie Fahrt nebst einer angemessenen Beihilfe zu den Reiseunkosten zu bewilligen. Auch kann die Gemeinde des letzten Wohnorts eine Beihilfe zu den Unkosten der Beförderung des Umzugsguts aus Mitteln der Erwerbslosenfürsorge gewähren.

(3) Ist bei Verheirateten die Mitnahme der Familie in den auswärtigen Beschäftigungsort nicht angängig, so kann die Gemeinde des letzten Wohnorts für die zurückbleibenden Familienangehörigen während der Dauer des auswärtigen Arbeitsverhältnisses die Familienzuschläge der Erwerbslosenunterstützung (§ 3 Abs. 2) ganz oder teilweise gewähren.

§ 14.

Unbeschadet der Vorschrift des § 13 hat der Verwaltungsausschuß des öffentlichen Arbeitsnachweises, soweit die Gelegenheit dazu besteht, die Unterstützung von einer Arbeitsleistung abhängig zu machen. Die Arbeiten dürfen nur gemeinnützigen Charakter tragen. Als Arbeitsleistung kann auch eine Tätigkeit bei öffentlichen Notstandsarbeiten verlangt werden. Der Verwaltungsausschuß kann über die Dauer der Arbeitsleistung Bestimmungen treffen und hat dafür zu sorgen, daß den Erwerbslosen nur solche Arbeiten zugewiesen werden, die gemeinnützigen Charakter tragen und ihnen nach ihrem körperlichen Zustande zugemutet werden können.

§ 15.

(1) Für Erwerbslose unter 18 Jahren, die nach § 5 Abs. 1 Satz 2 unterstützungsberechtigt sind, hat der Verwaltungsausschuß des öffentlichen Arbeitsnachweises die Unterstützung, sofern geeignete Arbeiten im Sinne des § 14 nicht vorhanden sind, von der Teilnahme an Veranstaltungen, die der beruflichen Fortbildung oder der Allgemeinbildung dienen, abhängig zu machen.

(2) Der Verwaltungsausschuß kann die Unterstützung auch für Erwerbslose über 18 Jahre von der Teilnahme an Veranstaltungen, die der beruflichen Fortbildung oder Umschulung oder der Allgemeinbildung dienen, abhängig machen, soweit sie nicht von einer Arbeitsleistung abhängig gemacht ist.

§ 16.

Der Verwaltungsausschuß des öffentlichen Arbeitsnachweises kann bestimmte Ausschließungsgründe für den Bezug der Erwerbslosenfürsorge (Mißbrauch der Einrichtung, Nichtbefolgung der Kontrollvorschriften und dergleichen) festsetzen.

§ 17.

Gegen Beschlüsse, die der Verwaltungsausschuß des öffentlichen Arbeitsnachweises auf Grund der §§ 10

Abs. 1, 14 bis 16 faßt, ist Beschwerde an den Verwaltungsausschuß des Landesamts für Arbeitsvermittlung gemäß den §§ 51, 52 des Arbeitsnachweisgesetzes zulässig.

§ 18.

(1) Die Unterstützung darf einem Erwerbslosen innerhalb von 12 Monaten höchstens für die Dauer von insgesamt 26 Wochen gewährt werden.

(2) Abweichungen bestimmt der Reichsarbeitsminister oder die von ihm bezeichnete Stelle. Insbesondere kann die Höchstdauer der Unterstützung für Angehörige von Berufen, die einen besonders günstigen Arbeitsmarkt aufweisen, bis auf 13 Wochen beschränkt, für Angehörige von Berufen, die einen besonders ungünstigen Arbeitsmarkt aufweisen, über 26 Wochen hinaus ausgedehnt werden.

(3) Zur Vermeidung unbilliger Härten kann die Stelle, die zur Entscheidung über die Unterstützung zuständig ist, die Fürsorge ausnahmsweise über das zulässige Höchstmaß hinaus verlängern, jedoch nicht um mehr als 13 Wochen.

(4) Die für die Entscheidung zuständige Stelle hat die Erwerbslosenunterstützung auf einen kürzeren Zeitraum zu beschränken, wenn begründete Aussicht besteht, daß es dem Erwerbslosen möglich sein wird, sich innerhalb dieses Zeitraumes durch eigene Bemühung eine Arbeit zu verschaffen, deren Ablehnung die Entziehung der Unterstützung nach sich zöge.

§ 19.

Die Erwerbslosenunterstützung ist der Pfändung nicht unterworfen.

III. Versorgung für den Krankheitsfall.

§ 20.

(1) Die Gemeinde, die zur Auszahlung der Erwerbslosenunterstützung zuständig ist, soll alle Erwerbslosen, die sie zu unterstützen hat, bei der Allgemeinen Ortskrankenkasse ihres Bezirks oder einer anderen Krankenkasse (§ 225 der Reichsversicherungsordnung), die in ihrem Bezirk ihren Sitz hat und deren Leistungen denen der Allgemeinen Ortskrankenkasse mindestens gleichwertig sind, gegen Krankheit versichern.

(2) Sie hat in diesem Falle den Erwerbslosen binnen drei Wochen nach Beginn der Unterstützung anzumelden und die vollen Beiträge aus Mitteln der Fürsorge für ihn zu zahlen. Die Mitgliedschaft beginnt mit dem Tage, für den die Erwerbslosenunterstützung nach den Vorschriften des § 9 erstmalig gezahlt werden darf. Der Versicherte ist abzumelden, sobald die Voraussetzungen für den Bezug der Erwerbslosenunterstützung nicht mehr vollständig vorliegen.

(3) Nach näherer Bestimmung des Reichsarbeitsministers können Erwerbslose, die nach der Reichsversicherungsordnung oder dem Reichsknappschaftsgesetz zur Fortsetzung oder Aufrechterhaltung seiner Versicherung gegen Krankheit berechtigt sind, die Versicherung bei ihrer früheren Kasse beantragen.

§ 21.

Als [1]) Grundlohn gilt das Doppelte des Betrages, den der Erwerbslose als Erwerbslosenunterstützung für seine Person erhielte, wenn er nicht erkrankt wäre.

Die Leistungen der Krankenkasse bestimmen sich

nach den Vorschriften der Reichsversicherungsordnung. Das Krankengeld darf jedoch nicht höher sein als die Erwerbslosenunterstützung, die der Erwerbslose für seine Person erhielte, wenn er nicht erkrankt wäre. Streit über Beiträge und Leistungen wird im Verfahren nach der Reichsversicherungsordnung entschieden.

[1]) Die jetzige Fassung des § 21 beruht auf dem Gesetz zur Aenderung der Verordnung über Erwerbslosenfürsorge vom 11. August 1924 (RGBl. I S. 681).

§ 22.

(1) Hängt der Erwerb eines Rechtes nach der Reichsversicherungsordnung oder dem Reichsknappschaftsgesetz oder der Satzung einer Krankenkasse davon ab, daß eine Wartezeit bei einer Kasse zurückgelegt ist oder während eines bestimmten Zeitraums eine Versicherung von bestimmter Dauer bestanden hat, so steht die Versicherung nach § 20 einer Versicherung auf Grund der Reichsversicherungsordnung oder des Reichsknappschaftsgesetzes oder bei einer Ersatzkasse gleich. Die Zeit von mindestens zehn oder sechs Monaten nach den §§ 195a Abs. 2, 199, 205a Abs. 1 Nr. 3 der Reichsversicherungsordnung gilt als Wartezeit im Sinne dieser Vorschrift.

§ 23.

Ein Ausscheiden aus der Kasse, das deshalb erfolgt, weil eine Voraussetzung für den Bezug der Erwerbslosenunterstützung weggefallen ist, steht dem Ausscheiden wegen Erwerbslosigkeit im Sinne des § 214 der Reichsversicherungsordnung und dem Ausscheiden aus der versicherungspflichtigen Beschäftigung im Sinne des § 313 der Reichsversicherungsordnung gleich. Gehörte der Versicherte, bevor er nach § 20 dieser Verordnung versichert war, einer anderen Kasse an, so stehen ihm die Rechte aus § 313 der Reichsversicherungsordnung auch gegenüber dieser Kasse zu.

§ 24.

Die Vorschriften des § 214 der Reichsversicherungsordnung gelten nicht, soweit danach dem Erwerbslosen neben dem Anspruch nach den vorstehenden Bestimmungen Ansprüche gegen eine andere Kasse zustehen würden.

§ 25.

(1) Neben Krankengeld, Wochengeld oder den Ersatzleistungen, die an ihre Stelle treten, darf ein Erwerbsloser für seine Person keine Erwerbslosenunterstützung erhalten. Dagegen erhält er die Familienzuschläge.

(2) Neben sonstigen Leistungen der Krankenversicherung wird die Erwerbslosenunterstützung in vollem Umfange gewährt.

§ 26.

Hat die Gemeinde einen Erwerbslosen nicht nach den Vorschriften der §§ 20, 21 versichert oder die erforderlichen Meldungen oder Beitragszahlungen unterlassen und erhält er infolgedessen keine oder zu geringe Leistungen von der Krankenkasse, so wird ihm die Hauptunterstützung in Höhe des dadurch verursachten Ausfalls gewährt, soweit er nicht dauernd arbeitsunfähig ist und im übrigen die Voraussetzungen für die Gewährung der Erwerbslosenunterstützung vorliegen. Daneben hat die Gemeinde dem Erwerbslosen die gleiche oder eine gleichwertige Krankenpflege, Wochenhilfe — diese jedoch mit Ausschluß des Wochengeldes — oder Familienhilfe aus eigenen Mitteln zu gewähren. Kann die Gemeinde die ärztliche Behandlung selbst nicht beschaffen, so hat sie dem Erwerbslosen dafür drei Viertel des Krankengeldes zu gewähren, das ihm nach dem § 21 zusteht. Die Vorschriften über die Gewährung von Familienzuschlägen bleiben unberührt.

IV. Verfahren.

§ 27.

(1) Ueber Unterstützungsgesuche entscheidet der Vorsitzende des öffentlichen Arbeitsnachweises.

(2) Hat der Arbeitsnachweis mehrere Errichtungsgemeinden, so kann der Vorsitzende den Vorständen derjenigen Gemeinden, die nicht Verwaltungsgemeinde sind, mit ihrer Zustimmung die Entscheidung für ihre Bezirke übertragen. Auch ohne diese Zustimmung kann die Uebertragung durch die oberste Landesbehörde oder die von ihr bezeichnete Stelle ausgesprochen werden; gehören die beteiligten Gemeinden zu verschiedenen Ländern, so bedarf die Uebertragung einer gemeinschaftlichen Anordnung der obersten Landesbehörden.

(3) Ist der Arbeitsnachweis bei einem weiteren Gemeindeverband errichtet, so kann der Vorstand des Gemeindeverbandes die Entscheidung den Vorständen der Einzelgemeinden für ihren Bezirk übertragen. Das gleiche gilt, wenn sich unter den Errichtungsgemeinden

eines gemeinsamen Arbeitsnachweises ein weiterer Gemeindeverband oder mehrere weitere Gemeindeverbände befinden; die Uebertragung geschieht in diesem Falle gemeinschaftlich durch den Vorsitzenden des Arbeitsnachweises und den Vorstand des weiteren Gemeindeverbandes.

§ 28.

Der Vorstand der Gemeinde kann, wenn er es zur Wahrung der öffentlichen Interessen für erforderlich hält, auf dem Gebiete der Erwerbslosenfürsorge, insbesondere für die Entscheidungen über Unterstützungsgesuche, dem Vorsitzenden des öffentlichen Arbeitsnachweises bindende Weisungen erteilen. Vorher soll der Verwaltungsausschuß des Arbeitsnachweises gehört werden. Hat der Arbeitsnachweis mehrere Errichtungsgemeinden, so ist der Vorsitzende an die Weisungen des Vorstandes der Verwaltungsgemeinde gebunden. Dieser soll die Weisungen nach Benehmen mit den Vorständen der übrigen Errichtungsgemeinden erteilen. Den Vorständen der Errichtungsgemeinden, die nach § 27 Abs. 2 an die Stelle des Vorsitzenden treten, können bindende Weisungen gemäß Satz 1 nicht erteilt werden, den Vorständen der Einzelgemeinden (§ 27 Abs. 3) nur vom Vorstand ihres weiteren Gemeindeverbandes.

§ 29.

(1) Gegen die Entscheidung des Vorsitzenden ist binnen zwei Wochen nach ihrer Bekanntgabe Einspruch beim Verwaltungsausschuß des öffentlichen Arbeitsnachweises zulässig. § 50 Abs. 2 Satz 1 bis 4 des Arbeitsnachweisgesetzes findet Anwendung.

(2) Tritt der Ausschuß dem Vorsitzenden bei, so kann die Entscheidung durch ein Rechtsmittel nicht weiter angefochten werden. Andernfalls schlägt er Abänderung vor. Der Vorsitzende kann dem Vorschlag stattgeben, sofern nicht eine Weisung der Gemeinde entgegensteht. Gibt er dem Vorschlag des Ausschusses nicht statt, so hat er die Sache der obersten Landesbehörde oder der von ihr bezeichneten Stelle vorzulegen. Gegen die Entscheidung dieser Stelle ist ein Rechtsmittel nicht gegeben.

(3) Abs. 1 und 2 finden entsprechende Anwendung, wenn auf Grund des § 27 Abs. 2 der Vorstand einer Gemeinde entschieden hat.

(4) Soweit mehr als zwei Drittel des Gesamtaufwandes durch die Beiträge der Arbeitgeber und Arbeitnehmer aufgebracht werden, kann der Reichsarbeitsminister nach Benehmen mit dem Verwaltungsrate des Reichsamts für Arbeitsvermittlung die Vorschriften der Abs. 2 und 3 für das Reichsgebiet oder Teile desselben dauernd oder vorübergehend aufheben. Wenn seine Anordnung sich auf das ganze Reichsgebiet erstreckt, bedarf sie der Zustimmung des Reichsrats; wenn sie sich auf Teile des Reichsgebiets erstreckt, bedarf sie der Zustimmung der obersten Landesbehörden. Wird die Aufhebung ausgesprochen, so finden auf das Beschwerdeverfahren die §§ 50 bis 52 des Arbeitsnachweisgesetzes Anwendung.

§ 30.

Entscheidungen, die die Vorstände der Einzelgemeinden eines weiteren Gemeindeverbandes auf Grund des § 27 Abs. 3 treffen, können vom Vorstande des

Gemeindeverbandes abgeändert werden. Auf die abändernden Entscheidungen, die hiernach getroffen werden, finden die §§ 28 und 29 Anwendung.

§ 31.

Soweit eine Fürsorge für Kurzarbeiter eingerichtet ist, sind die Arbeitgeber verpflichtet, über den Arbeitsverdienst der Kurzarbeiter dem öffentlichen Arbeitsnachweis Auskunft zu geben und auf Verlangen der Gemeinde die Kurzarbeiterunterstützung kostenlos zu errechnen und auszuzahlen.

V. Produktive Erwerbslosenfürsorge.

§ 32.

(1) Der Reichsarbeitsminister kann zur Unterstützung von Maßnahmen, die geeignet sind, den Abbau der Erwerbslosenfürsorge zu fördern, insbesondere zur Beschaffung von Arbeitsgelegenheit für die Erwerbslosen, Darlehen oder Zuschüsse aus Mitteln der Erwerbslosenfürsorge bewilligen. Die Darlehen und Zuschüsse bestimmen sich in ihrer Höhe nach der Zahl der Personen, die durch diese Maßnahmen der Erwerbslosenfürsorge entzogen oder ferngehalten werden. Die Bewilligung von Reichsmitteln verpflichtet das Land, den gleichen Betrag aus eigenen Mitteln zur Unterstützung von Maßnahmen aufzuwenden, die geeignet sind, den Abbau der Erwerbslosenfürsorge zu fördern.

(2) Der Reichsarbeitsminister kann diese Befugnisse ganz oder zum Teil auf andere Stellen übertragen.

VI. Aufbringung der Mittel.

§ 33.

(1) Die Mittel, die zur Bekämpfung der Arbeitslosigkeit sowie zur Fürsorge für die Erwerbslosen erforderlich sind, werden bis zu der im § 34 Abs. 3, 4 festgesetzten Höchstgrenze durch Beiträge von Arbeitgebern und Arbeitnehmern sowie durch eigene Leistungen der Gemeinden aufgebracht.

(2) Soweit die Höchstleistungen der Arbeitgeber, Arbeitnehmer und Gemeinden den notwendigen Aufwand der Erwerbslosenfürsorge in Bezirken mit ungewöhnlich großer Arbeitslosigkeit zeitweise nicht decken, leisten das Reich und die Länder Beihilfen.

§ 34.

(1) Beitragspflichtig sind die Arbeitnehmer, die auf Grund der Reichsversicherung oder des Reichsknappschaftsgesetzes für den Fall der Krankheit pflichtversichert sind, und ihre Arbeitgeber.

(2) Die Höhe der Beiträge setzt der Verwaltungsausschuß des öffentlichen Arbeitsnachweises für seinen Bezirk in Bruchteilen des Grundlohns (Lohnstufen, wirklicher Arbeitsverdienst, Mitgliederklassen) fest, in den besonders bestimmten Fällen der §§ 39 und 45 der Verwaltungsausschuß des Landesamts für Arbeitsvermittlung. Gegen die Festsetzung durch den Verwaltungsausschuß des öffentlichen Arbeitsnachweises ist Beschwerde an den Verwaltungsausschuß des Landesamts für Arbeitsvermittlung zulässig, gegen die Festsetzung durch den Verwaltungsausschuß des Landesamts Beschwerde an den Verwaltungsrat des Reichsamts für Arbeitsvermittlung.

(3) Die Beiträge sind so zu bemessen, daß sie zwei Drittel der notwendigen Kosten des öffentlichen Arbeitsnachweises und den notwendigen Aufwand der Erwerbslosenfürsorge im Bezirke des öffentlichen Arbeitsnachweises insoweit decken, als er nicht von der Gemeinde nach § 37 getragen wird. Sie dürfen jedoch, außer im Falle des § 40 Abs. 2 Satz 2, drei vom Hundert des Grundlohns nicht übersteigen. Arbeitgeber und Arbeitnehmer tragen den Beitrag je zur Hälfte.

(4) Der Reichsarbeitsminister kann mit Zustimmung des Reichsministers der Finanzen und des Reichsrats nach Benehmen mit dem Verwaltungsrate des Reichsamts für Arbeitsvermittlung

1. einen höheren Hundertsatz des Grundlohns zulassen,
2. bestimmte Beschäftigungen oder Personengruppen für beitragsfrei erklären oder verschieden belasten.
3. **Die Beschäftigung von Arbeitnehmern, deren Arbeitsverdienst über die Grenze der Krankenversicherungspflicht hinausgeht, für beitragspflichtig erklären oder diese Arbeitnehmer zu freiwilligen Beiträgen zulassen.**[1]
4. die Bildung und die Verwendung von Rücklagen vorschreiben.

(5) Soweit Arbeitnehmer nicht gegen Krankheit pflichtversichert sind (Abs. 4 Nr. 3), bestehen die Beiträge in Bruchteilen des Arbeitsverdienstes. Der Reichsarbeitsminister kann mit Zustimmung des Reichsministers der Finanzen und des Reichsrats nach Benehmen mit dem Verwaltungsrate des Reichsamts für Arbeitsvermittlung anordnen, daß nicht der volle Arbeitsverdienst zugrunde gelegt wird.[2]

¹) Diese Fassung beruht auf dem Gesetz zur Aenderung der Verordnung über Erwerbslosenfürsorge vom 17. Januar 1926 (RGBl. I S. 89), in Kraft getreten am 1. Januar 1926.

²) Eingeführt durch das Gesetz vom 17. Januar 1926.

§ 35.

(1) Die Beiträge sind als Zuschläge zu den Krankenkassenbeiträgen und mit diesen zu entrichten. Auf die Zahlung finden die §§ 28, 29 und 394 bis 405 der Reichsversicherungsordnung entsprechende Anwendung.

(2) Die Krankenkassen führen die Beiträge unverzüglich an die Verwaltungsgemeinde des öffentlichen Arbeitsnachweises ab, in deren Bezirk sie ihren Sitz haben. Für die Krankenversicherung nach dem Reichsknappschaftsgesetze sowie für Betriebskrankenkassen und Ersatzkassen kann der Reichsarbeitsminister Abweichendes bestimmen.

(3) Die oberste Landesbehörde oder die von ihr bezeichnete Stelle kann der Gemeinde vorschreiben oder gestatten, daß die Beiträge auf eine andere Art als durch die Krankenkassen erhoben werden, und in diesem Falle auch die Beitreibung anderweitig regeln. Hierbei kann angeordnet werden, daß die Beiträge ohne Rücksicht auf den Grundlohn nach Bruchteilen des wirklichen Arbeitsverdienstes festgesetzt werden.

(4) Soweit Arbeitnehmer nicht gegen Krankheit pflichtversichert sind (§ 34 Abs. 4 Nr. 3), bestimmt der Reichsarbeitsminister, auf welche Weise die Beiträge zu erheben sind. ¹)

¹) Eingeführt durch das Gesetz v. 17. Jan. 1926, siehe § 34.

§ 36.

(1) Aus der Beitragssumme sind zunächst zwei Drittel der notwendigen Kosten des öffentlichen Arbeitsnachweises zu decken. Davon abgesehen ist durch die Beitragssumme der Fürsorgeaufwand zu decken, soweit er nicht gemäß § 37 durch Leistungen der Gemeinde zu decken ist.

(2) Aus der Beitragssumme, die im Bezirk eines Landesamts für Arbeitsvermittlung eingeht, werden zwei Drittel der notwendigen Kosten des Landesamts gedeckt. Den ungedeckten Rest trägt die Errichtungskörperschaft.

§ 37.

(1) Die Gemeinde trägt die Kosten des öffentlichen Arbeitsnachweises, soweit sie nicht gemäß § 36 durch die Beiträge der Arbeitgeber und Arbeitnehmer gedeckt werden, sowie ein Neuntel des Aufwandes der Erwerbslosenfürsorge im Bezirke des Arbeitsnachweises.

(2) Der Reichsarbeitsminister kann mit Wirkung vom 1. Juli 1924 oder von einem späteren Zeitpunkt an mit Zustimmung des Reichsrats für das Reichsgebiet oder Teile desselben den Anteil der Gemeinden am Fürsorgeaufwande widerruflich bis auf ein Sechstel erhöhen. Er kann die Befugnis hierzu den obersten Landesbehörden übertragen.

§ 38.

Hat ein öffentlicher Arbeitsnachweis mehrere Errichtungsgemeinden oder ist er bei einem weiteren Gemeindeverband errichtet, so sind die Lasten auf die einzelnen Gemeinden unterzuverteilen. Die Regelung der Unterverteilung bleibt den obersten Landesbehörden überlassen.

§ 39.

(1) Gemeinden, die Träger verschiedener öffentlicher Arbeitsnachweise sind, können durch übereinstimmenden Beschluß bestimmen, daß die Beiträge der Arbeitgeber und Arbeitnehmer nach dem Gesamtaufwande bemessen werden, der in den Bezirken ihrer Arbeitsnachweise entsteht. Der Beschluß bedarf der Zustimmung der obersten Landesbehörde oder der von dieser bezeichneten Stelle und muß bestimmen, welcher Verwaltungsausschuß die Beiträge festzusetzen hat. Die Festsetzung kann mit seiner Zustimmung auch dem Verwaltungsausschuß eines Landesamts für Arbeitsvermittlung übertragen werden.

(2) Auch ohne Beschluß der Gemeinden kann die oberste Landesbehörde anordnen, daß die Beiträge nach dem Gesamtaufwand eines größeren Bezirkes bemessen werden. Dieser Bezirk soll regelmäßig der eines Landesamts für Arbeitsvermittlung sein. Die Anordnung muß bestimmen, welcher Verwaltungsausschuß die Beiträge festzusetzen hat. Sie kann bestimmen, daß die Krankenkassen die Beiträge an eine andere Stelle als die Verwaltungsgemeinde des öffentlichen Arbeitsnachweises abzuführen haben.

(3) Der Reichsarbeitsminister kann mit Zustimmung des Reichsrats und nach Benehmen mit dem Verwaltungsrate des Reichsamts für Arbeitsvermittlung bestimmen, daß die Beiträge der Arbeitgeber und Arbeitnehmer nach dem Gesamtaufwande bemessen werden,

der im ganzen Reichsgebiet, in mehreren Ländern oder in Bezirken, die zu mehreren Ländern gehören, entsteht.

§ 40.

(1) Die Beihilfen des Reichs und der Länder werden in der Weise gewährt, daß das Reich und das Land je die Hälfte des notwendigen Aufwandes für die Erwerbslosenfürsorge trägt, der durch die Beiträge nach § 36 und die Gemeindeleistungen nach den §§ 37, 38 nicht gedeckt wird.

(2) Die Beihilfepflicht des Reiches und der Länder tritt erst ein, wenn mindestens zwei Wochen hindurch die höchsten nach § 34 Abs. 3, 4 zulässigen Beiträge erhoben worden sind. Soweit demgemäß Reichs- und Landesbeihilfen versagt bleiben, ist der Ausfall durch erhöhte Beiträge der Arbeitgeber und Arbeitnehmer zu decken.

§ 41.

(1) Gemeinden, welche die Höchstsätze der Erwerbslosenunterstützung überschreiten oder andere grobe Verstöße gegen die ordnungsmäßige Durchführung der Fürsorge begehen oder zulassen, kann die Reichsbeihilfe durch den Reichsminister der Finanzen, die Landesbeihilfe durch die oberste Landesbehörde entzogen werden. Als grober Verstoß gilt auch eine offenbar ungesetzliche Entscheidung des Vorsitzenden des öffentlichen Arbeitsnachweises sowie die Ausführung offenbar ungesetzlicher Beschlüsse des Verwaltungsausschusses eines Arbeitsnachweisamts. Die Entziehung der Reichs- oder Landesbeihilfe kann auf einen Teil des Fürsorgeaufwandes beschränkt werden.

(2) Die obersten Landesbehörden und die von ihnen bezeichneten Stellen sind berechtigt, die Durchführung der Erwerbslosenfürsorge nachzuprüfen und für bestimmungswidrige Aufwendungen die Landesbeihilfe zu versagen. Die Versagung zieht den Verlust der Reichsbeihilfe nach sich.

(3) Den Ausfall, der durch die Entziehung oder Versagung der Reichs- oder Landesbeihilfe entsteht, trägt die Gemeinde aus eigenen Mitteln. Handelt es sich um einen weiteren Gemeindeverband oder um mehrere Errichtungsgemeinden eines gemeinsamen öffentlichen Arbeitsnachweises, so kann bei der Entziehung oder Versagung angeordnet werden, daß der Ausfall von einzelnen der mehreren Errichtungsgemeinden oder von Einzelgemeinden des weiteren Gemeindeverbandes zu tragen und wie er auf die Gemeinden zu verteilen ist.

VII. Schlußvorschriften.

§ 42.

Gemeinde im Sinne dieser Verordnung ist die Errichtungsgemeinde des öffentlichen Arbeitsnachweises, soweit sich nicht aus einzelnen Bestimmungen ein anderes ergibt.

§ 43.

Der Reichsarbeitsminister, die obersten Landesbehörden und die Verwaltungsausschüsse der öffentlichen Arbeitsnachweise können Vorschriften zur Ausführung dieser Verordnung erlassen Die Ausführungsvorschriften des Reichsarbeitsministers gehen denen der obersten Landesbehörden, die der obersten Landesbehörden denen der Verwaltungsausschüsse vor.

§ 44.

(1) Der Vorstand der Gemeinde ist befugt, bei Zuwiderhandlungen gegen die Vorschriften dieser Verordnung, die zu ihr erlassenen Ausführungsvorschriften oder die Beschlüsse der Gemeinde, die zu ihrer Durchführung erlassen sind, Ordnungsstrafen zugunsten der Gemeindekasse bis zur Höhe von 150 Goldmark für jeden Fall festzusetzen.

(2) Die gleiche Befugnis haben die Stellen, die nach § 27 zur Entscheidung über ein Unterstützungsgesuch berufen sind, hinsichtlich ihrer Beschlüsse.

(3) Die Strafen werden wie Gemeindeabgaben beigetrieben.

§ 45.

In den Bezirken der Stadt Berlin und des Freistaates Hamburg können die Verwaltungsausschüsse der Landesämter für Arbeitsvermittlung ganz oder teilweise die Aufgaben übernehmen, die nach dieser Verordnung den Verwaltungsausschüssen der öffentlichen Arbeitsnachweise obliegen. Im Beschwerdeverfahren tritt dann an die Stelle des Verwaltungsausschusses des Landesamts der Verwaltungsrat des Reichsamts für Arbeitsvermittlung.

Bekanntmachung der neuen Fassung der Ausführungsvorschriften zur Verordnung über Erwerbslosenfürsorge.

Vom 2. Mai 1925.

(RGBl. I S. 63, RABl. Amtl. Teil S. 189).

Auf Grund der Nr. XVI Satz 2 der Aenderung der Ausführungsvorschriften zur Verordnung über Erwerbslosenfürsorge vom 2. Mai 1925 (Reichsgesetzbl. I S. 61) wird nachstehender Wortlaut der Ausführungsvorschriften zur Verordnung über Erwerbslosenfürsorge bekannt gemacht.

Berlin, den 2. Mai 1925.

Der Reichsarbeitsminister.
Dr. Brauns.

Ausführungsvorschriften zur Verordnung über Erwerbslosenfürsorge.

Vom 2. Mai 1925.

Auf Grund der §§ 10 Abs. 1, 18 Abs. 2 und 43 der Verordnung über Erwerbslosenfürsorge vom 16. Februar 1924 (Reichsgesetzbl. I S. 127) wird mit Zustimmung des Reichsrats, zu Art. 9 auch nach Benehmen mit dem Verwaltungsrat des Reichsamts für Arbeitsvermittlung angeordnet:

Artikel 1.

(Zu § 4 Abs. 1.)

Die Arbeitgeber [1]) sind verpflichtet, dem Vorsitzenden des öffentlichen Arbeitsnachweises über Beginn, Ende und Art sowie den Grund der Lösung des Beschäftigungsverhältnisses und über den Arbeitsverdienst der Arbeitnehmer Auskunft zu geben. [2]) Ebenso haben die Krankenkassen [3]) Auskunft zu geben, ob und in welcher Zeit eine Pflichtversicherung gegen Krankheit bestanden hat.

[1]) Jeder Arbeitgeber, nicht nur der letzte; denn der Arbeitsnachweis ist verpflichtet, die Voraussetzungen für die Gewährung der Erwerbslosenunterstützung zu prüfen. Dazu gehört auch die ordnungsmäßige Bescheinigung des Arbeitgebers über das Arbeitsverhältnis, besonders über den Grund der Lösung. Der Arbeitgeber übernimmt mit der Unterschrift die Verantwortung für die bescheinigten Tatsachen und setzt sich deshalb, wenn er unrichtige Angaben macht, z. B. als Grund der Auflösung des Arbeitsverhältnisses Arbeitsmangel angibt, während eignes

Verschulden des Arbeitnehmers vorliegt, der Gefahr strafrechtlicher Verfolgung aus (vgl. Anm. 9 zu § 3 der Verordnung).

Weigert sich der Arbeitgeber ohne Grund, die Auskunft zu geben, so kann er nach § 44 der Verordnung mit Geldstrafe bis zu 150 Reichsmark belegt werden.

[2]) Und zwar kostenlos.

[3]) Wie jeder Arbeitgeber, so ist auch jede Krankenkasse verpflichtet, Auskunft über die Zeit der Pflichtversicherung zu geben. Im Falle der Weigerung kann sie nicht nach § 44 bestraft werden. Es kann aber im Aufsichtswege gegen sie vorgegangen werden (vgl. RABl. 1924 S. 374 Nr. 145).

Artikel 2.
(Zu § 5.)

Jugendlichen Erwerbslosen, die nach § 5 der Verordnung[1]) über Erwerbslosenfürsorge nicht unterstützungsberechtigt sind, darf Arbeitsausrüstung (Art. 6 Abs. 1) und freie Fahrt zur Reise in den Beschäftigungsort nebst Reise- und Umzugsbeihilfen (§ 13 Abs. 2 der Verordnung) auch dann bewilligt werden, wenn sie zu Arbeiten nach § 14 der Verordnung aus Mangel[2]) an Beschäftigungsgelegenheit nicht zugelassen werden können.

[1]) Siehe Erläuterungen dazu.

[2]) Lediglich deshalb.

Artikel 3.
(Zu § 6.)

In welchen Ländern die Gegenseitigkeit[1]) als verbürgt anzusehen ist, bestimmt der Reichsarbeitsminister.

[1]) Vgl. die Erläuterungen zu § 6 der Verordnung.

Artikel 4.
(Zu § 10.)

(1) Für die Erwerbslosenunterstützung werden die jeweiligen Höchstsätze besonders bekannt gemacht.

(2) Der Verwaltungsausschuß des öffentlichen Arbeitsnachweises kann mit Zustimmung des Vorstandes der für die Fürsorge zuständigen Gemeinde[1]) bestimmen, daß die Erwerbslosenunterstützung ganz oder teilweise in Sachleistungen[2]) zu gewähren ist.

(3) . . . . . .[3])

[1]) Gemeinde = Errichtungs-(Verwaltungs-) Gemeinde, vgl. § 42 der Verordnung.

[2]) Selbstverständlich dürfen dadurch die zulässigen Höchstsätze nicht überschritten werden. Vgl. Anm. 1 und 5 zu § 10, § 41 der Verordnung.

[3]) Der bisherige Absatz 3 ist durch die Anordnung über Kurzarbeiterfürsorge vom 20. Februar 1926 (abgedr. S. 138 ff) mit Wirkung vom 1. März 1926 ab aufgehoben worden. Er lautete:

(3) Für den Fall, daß gemäß § 1 Abs. 2 eine Fürsorge für Kurzarbeiter eingerichtet wird, gilt folgendes: Erreichen in einer Kalenderwoche oder Kalenderdoppelwoche Arbeitnehmer infolge vorübergehender Einstellung oder Beschränkung der Arbeit die in ihrer Arbeitsstätte ohne Ueberarbeit übliche Zahl von Arbeitsstunden nicht und erzielen sie deswegen weniger als zwei Drittel ihres vollen Arbeitsverdienstes, so erhalten sie 40 v. H. des Unterschiedes zwischen ihrem Arbeitsverdienst und zwei Dritteln des vollen Verdienstes als Kurzarbeiterunterstützung. Die Kurzarbeiterunterstützung vermehrt sich für jeden zuschlagsberechtigten Angehörigen um 10 v. H. dieses Unterschiedes, bis einschließlich des Arbeitsverdienstes zwei Drittel des vollen Verdienstes erreicht sind. Die oberste Landesbehörde oder der Verwaltungsausschuß des öffentlichen Arbeitsnachweises kann weitere

Einschränkungen anordnen; insbesondere kann angeordnet werden, daß die Kurzarbeiterunterstützung den Betrag nicht übersteigen darf, den der Arbeitnehmer als Unterstützung erhalten würde, wenn er erwerbslos wäre. Notstandsarbeiter erhalten keine Kurzarbeiterunterstützung.

Artikel 5.

(Zu § 12 Abs. 6.)

Wer sich in einem Orte aufhält, um eine Beschäftigung auszuüben [1]), die ihrer Natur [2]) nach auf einen Teil des Jahres beschränkt ist (Saisonarbeit), begründet dort einen Wohnort [3]), wenn die Dauer des Aufenthalts 9 zusammenhängende [4]) Monate erreicht hat.

[1]) Und auch tatsächlich ausübt.

[2]) Deshalb kommen grundsätzlich nur bestimmte Arbeiten in Betracht, z. B. landwirtschaftliche Arbeiten, Arbeit in der Zuckerrübenkampagne, nicht dagegen solche, die an sich während des ganzen Jahres geleistet werden, zu bestimmten Jahreszeiten aber Hochbetrieb zeigen wie die Herstellung von Christbaumschmuck und die Arbeiten in bestimmten Zweigen der Textilindustrie.

[3]) Oertliche Zuständigkeit.

[4]) Ist diese Frist nicht erreicht oder ist die Arbeit nicht in 9 zusammenhängenden Monaten geleistet worden, so bleibt der letzte Wohnort zuständig.

Die Frist von 9 Monaten ist so hoch bemessen, daß die Gefahr der besonderen Belastung ländlicher Gemeinden durch erwerbslose Saisonarbeiter nicht mehr besteht.

Artikel 6.

(Zu §§ 13 Abs. 1 und 33.)

(1) Soweit Erwerbslose [1]) an der Aufnahme [2]) einer Arbeit dadurch verhindert sind, daß ihnen die erforderliche Arbeitsausrüstung, die üblicherweise [3]) von ihnen

beizubringen wäre, nicht zur Verfügung steht, darf[4]) ihnen das Fehlende aus Mitteln[5]) der Erwerbslosenfürsorge vorgestreckt werden. In Fällen besonderen Bedürfnisses kann auf die Rückerstattung bis zum Zwölffachen des täglichen Unterstützungssatzes[6]) des Empfängers verzichtet werden.

(2) [7]) Erwerbslosen, die eine Arbeitsstelle angenommen[8]) haben, in der sie vollen Arbeitsverdienst erst nach Erlangung der erforderlichen Fertigkeit erreichen können, darf bis zur Dauer von 8 Wochen aus Mitteln[5]) der Erwerbslosenfürsorge ein Zuschuß[9]) zum Arbeitsentgelt gewährt werden. Arbeitsentgelt[10]) und Zuschuß dürfen zusammen fünf Sechstel des vollen[10]) Verdienstes, der Zuschuß allein[11]) darf das Anderthalbfache der zuletzt gezahlten Erwerbslosenunterstützung[12]) nicht übersteigen.

[1]) Dazu gehören auch Erwerbslose, bei denen die Wartezeit des § 9 Abs. 1 oder des § 3 Abs. 1 der Verordnung noch nicht abgelaufen ist. Bei jugendlichen Erwerbslosen vgl. Art. 2. Für Notstandsarbeiter gilt § 10 Abs. 3 der Bestimmungen über öffentliche Notstandsarbeiten vom 30. April 1925 (abgedruckt S. 216 ff.).

[2]) Der Arbeitsnachweis muß prüfen, ob der Arbeitgeber tatsächlich diesen Erwerbslosen einzustellen beabsichtigt.

[3]) Nur in diesem Falle. Die Bestimmung will nicht den Arbeitgeber entlasten, wenn er üblicherweise die Arbeitsausrüstung stellen müßte.

[4]) = kann. Für ganz vorübergehende (Gelegenheits-) Arbeiten darf die Arbeitsausrüstung nicht bewilligt werden.

[5]) Gilt als Fürsorgeaufwand gemäß §§ 33 ff. der Verordnung.

[6]) Zuzüglich der etwaigen Familienzuschläge.

[7]) Abs. 2 regelt den sog. Anlernezuschuß. Die Bestimmung

gilt nicht für die in Art. 2 erwähnten jugendlichen Erwerbslosen und nicht für Ausgesteuerte.

[8]) Das hat der Arbeitsnachweis zu prüfen. Er muß vor allem feststellen, ob auch damit zu rechnen ist, daß der Erwerbslose nach Ablauf der Anlernezeit weiter in der Stelle beschäftigt werden wird. Für vorübergehende (Gelegenheits-) Arbeit kommt der Anlernezuschuß nicht in Betracht.

[9]) Verlorener Zuschuß.

[10]) Ohne Abzug der Steuern, Soziallasten usw.

[11]) Besserstellung gegenüber Art. 3 Abs. 4 der Ausführungsvorschriften vom 25. März 1924, wo Arbeitsentgelt und Zuschuß zusammen das 1½ fache der zuletzt gezahlten Erwerbslosenunterstützung nicht übersteigen durften.

[12]) Zuzüglich etwaiger Familienzuschläge.

Artikel 7.
(Zu § 14)[1])

(1) Den Erwerbslosen dürfen nur solche[2]) Arbeiten zugewiesen werden, die sonst überhaupt nicht oder nicht zu dieser Zeit oder nicht in diesem Umfange ausgeführt werden würden.

(2) Der Träger[3]) der Pflichtarbeit soll den Erwerbslosen für Mehraufwendungen[4]), die ihnen bei ordnungsmäßiger Ausführung der zugewiesenen Arbeiten entstehen, aus eigenen[5]) Mitteln eine angemessene Entschädigung gewähren, die weder 50 v. H. der dem Erwerbslosen während der Dauer der Pflichtarbeit zustehenden Hauptunterstützung[6]) noch zusammen mit der auf die Dauer der Pflichtarbeit entfallenden Hauptunterstützung die Vergütung[7]), die der Pflichtarbeiter bei gleicher Arbeitsdauer als Notstandsarbeiter[8]) erhalten würde, überschreiten darf.

(3) Die Arbeitsleistung des Pflichtarbeiters soll in der Regel 16 Stunden wöchentlich nicht übersteigen.

(4) Die Unterstützungsbeträge der Pflichtarbeiter und die Entschädigung, die ihnen gegebenenfalls für Mehraufwendungen gewährt wird, sind nicht als Entgelt[1]) im Sinne der Kranken-, Invaliden- oder Angestelltenversicherung anzusehen.[2])

[1]) § 14 der Verordnung regelt die sog. Pflichtarbeit. Artikel 7 schränkt sie dahin ein, daß ebenso wie als Notstandsarbeit auch als Pflichtarbeit nur „zusätzliche" Arbeitsgelegenheit in Betracht kommt. Die Gemeinde soll in ihren Pflichtaufgaben durch die Pflichtarbeit der Erwerbslosen nicht entlastet werden. Unzulässig ist es daher, wenn die Gemeinde ihre ständigen Arbeiter entläßt, um sie dann als Erwerbslose dieselbe Arbeit in Form der Pflichtarbeit machen zu lassen.

Ebenso wie der Notstandsarbeiter bleibt auch der Pflichtarbeiter im Fürsorgeverhältnis. Während aber das Notstandsarbeiterverhältnis als Beschäftigung im Sinne der Reichsversicherung und als Beschäftigungsverhältnis im Sinne des Einkommensteuergesetzes gilt, der Notstandsarbeiter also kranken-, invaliden-, gegebenenfalls angestelltenversicherungspflichtig ist, ist die Pflichtarbeit lediglich eine Abgeltung der erhaltenen Unterstützung durch Arbeitsleistung. Der Pflichtarbeiter wird gegen Krankheit nach § 20 der Verordnung wie andere Erwerbslose versichert. Da diese Versicherung aber nicht eine Pflichtversicherung darstellt, kann er nicht, wie der Notstandsarbeiter, durch dreimonatige Beschäftigung eine neue Anwartschaft auf die Unterstützung erwerben. Durch die Mehraufwandsentschädigung wird der in § 21 festgesetzte Grundlohn für die Krankenversicherung nicht geändert.

[2]) Als Pflichtarbeit dürfen nur Arbeiten gemeinnützigen Charakters vorgenommen werden. Vgl. dazu die Erläuterungen zu § 14 der Verordnung. Die Durchführung liegt dem Verwaltungsausschuß ob.

[3]) Träger ist der, für dessen Rechnung die Arbeit geleistet wird.

[4]) An Nahrung, Kleidung, Schuhwerk.

[5]) Die Entschädigung darf weder auf den Fürsorgeaufwand noch auf die Kosten des öffentlichen Arbeitsnachweises verrechnet werden.

Einen Rechtsanspruch auf die Entschädigung hat der Pflichtarbeiter nicht.

[6]) Die Familienzuschläge werden also nicht berücksichtigt.

[7]) = Reinverdienst, da die Pflichtarbeitervergütung steuerlichen und sozialen Abzügen nicht unterliegt.

[8]) Vgl. § 9 der Bestimmungen über öffentliche Notstandsarbeiten vom 30. April 1925, abgedruckt S. 236. Während der Notstandsarbeiter für seine Vergütung lohnsteuerpflichtig ist, ist beim Pflichtarbeiter zu unterscheiden zwischen der Erwerbslosenunterstützung, die an sich einkommensteuerfrei ist, und dem Zuschlag, der frei sein wird, weil er die Freigrenze nicht überschreiten wird (ebenso Lehfeldt, S. 150).

[9]) Die Pflichtarbeiter sind gegen Unfall zu versichern. Nach der Rechtsübung des Reichsversicherungsamts ist der Abschluß eines Arbeitsvertrags nicht Voraussetzung für die Begründung der Unfallversicherung. Unternehmer nach den §§ 633, 958, 1121 RVO. ist der, für dessen Rechnung der Betrieb geht, der also die Gefahr des Betriebs trägt, dem aber auch das wirtschaftliche Ergebnis zusteht.

Artikel 8.
(Zu §§ 15 und 33)

Im Einvernehmen [1]) mit dem Verwaltungsausschuß des öffentlichen Arbeitsnachweises und mit Zustimmung der obersten Landesbehörde oder der von ihr bezeichneten Stelle kann der Vorstand der Gemeinde [2]) aus Mitteln der Erwerbslosenfürsorge Maßnahmen [3]) fördern, durch die Erwerbslose dem Erwerbsleben wieder zugeführt werden sollen. Insbesondere können zu diesem Zwecke Veranstaltungen[4]) zur beruflichen Fortbildung und Umschulung[5]) eingerichtet oder unterstützt oder das übliche Schulgeld für die Teilnehmer gezahlt werden. Die Aufwendung für den einzelnen Erwerbslosen darf bei einer solchen Maßnahme das Fünfzigfache[6]) seines täglichen Unterstützungssatzes[7]) nicht übersteigen.[8])

[1]) Bedeutet im Einverständnis und mit Zustimmung.

[2]) = Errichtungsgemeinde.

[3]) Diese Maßnahmen sind von der Gemeinde einzurichten. Die Kosten hat sie zu tragen, für die teilnehmenden Erwerbslosen wird ihr aber eine Vergütung nach Satz 3 gewährt, soweit Aufwendungen entstanden sind. Daß solche Maßnahmen neu und nur für Erwerbslose eingerichtet werden, ist nicht erforderlich. Die Erwerbslosen können z. B. an den Kursen der Volkshochschule teilnehmen, der erforderliche Beitrag wird aus den Mitteln der Fürsorge gemäß Satz 3 bestritten. Werden die Kurse aber für Erwerbslose eingerichtet, so ist es nicht ausgeschlossen, daß auch andere Personen daran teilnehmen. Die hierfür entstehenden Kosten dürfen aber nicht auf die Erwerbslosenfürsorge übernommen werden.

[4]) Im allgemeinen werden die Maßnahmen für mehrere Erwerbslose einzurichten sein. Gegebenenfalls kann aber auch ein einzelner umgeschult werden.

[5]) = Vorbildung für einen anderen Beruf.

[6]) Bisher das Zwölffache (Art. 3 Abs. 5 der Ausführungsvorschriften vom 25. März 1924).

[7]) Zuzüglich etwaiger Familienzuschläge.

[8]) Die Aufwendung gehört zum Fürsorgeaufwand, vgl. Anm. 3 zu § 37. Der Träger der Maßnahme hat, wenn er Vorschüsse erhalten hat, nach Beendigung der Maßnahme abzurechnen.

Artikel 9.
(Zu § 18 Abs. 2)

(1) Die obersten Landesbehörden oder die von ihnen bezeichneten Stellen können nach Anhörung des Landesamts für Arbeitsvermittlung in Bezirken, in denen die Zahl der unterstützten Erwerbslosen[1]) seit wenigstens 2 Wochen 1 v. H. der Einwohner erreicht, die Höchstdauer[2]) der Unterstützung für Angehörige von Berufen, die einen besonders ungünstigen Arbeitsmarkt aufweisen, bis auf 39 Wochen ausdehnen. Die Vergünstigung ist aufzuheben, wenn 1 v. H. der Einwohner seit wenigstens 2 Wochen nicht mehr erreicht sind; auch vor der Aufhebung ist das Landesamt für Arbeitsvermittlung zu hören. Die oberste Landesbehörde teilt Ausdehnung und Aufhebung dem Reichsarbeitsminister mit.

(2) Für[3]) ledige landwirtschaftliche Arbeiter und Arbeiterinnen, sowie für Hausgehilfen beträgt die Höchstdauer der Unterstützung 13 Wochen. Die obersten Landesbehörden und die von ihnen bezeichneten Stellen können auch für andere Berufe, die einen besonders günstigen Arbeitsmarkt aufweisen, die Höchstdauer der Unterstützung bis auf 13 Wochen beschränken. Vorher ist das Landesamt für Arbeitsvermittlung zu hören, ebenso vor einer Abänderung oder Aufhebung der Anordnung. Beschränkungen der Unterstützungshöchstdauer, die nach Satz 2 angeordnet werden, sowie jede Aenderung oder Aufhebung einer solchen Anordnung sind von der obersten Landesbehörde dem Reichsarbeitsminister mitzuteilen.

(3) Das Recht des Reichsarbeitsministers, Abweichungen von der normalen Höchstdauer der Erwerbs-

losenunterstützung zu bestimmen (§ 18 Abs. 2 Satz 1 der Verordnung über Erwerbslosenfürsorge), bleibt unberührt.

(4) Auf die Höchstdauer der Unterstützung wird die Zeit der Tätigkeit bei öffentlichen Notstandsarbeiten nicht angerechnet.[4])

[1]) Einschließlich der Notstandsarbeiter.

[2]) Die Unterstützungsdauer ist nunmehr wie folgt geregelt:

a) Nach § 18 Abs. 1 der Verordnung beträgt sie grundsätzlich höchstens 26 Wochen.

b) Nach § 18 Abs. 2 in Verbindung mit Art. 9 Abs. 1 **kann** sie unter den dort angegebenen Voraussetzungen **allgemein bis auf** 39 Wochen ausgedehnt werden.

c) Nach § 18 Abs. 3 kann die zur Entscheidung über die Erwerbslosenunterstützung zuständige Stelle (§§ 27, 29 der Verordnung) im Einzelfalle zur Vermeidung unbilliger Härten die Unterstützungsdauer um höchstens 13 Wochen verlängern.

Demnach beträgt die überhaupt zulässige Höchstdauer 52 Wochen. Dann ist der Erwerbslose aus der Erwerbslosenfürsorge auszuscheiden und kann sie frühestens wieder erhalten, wenn er mindestens drei Monate hindurch eine krankenversicherungspflichtige Beschäftigung ausgeübt hat (§ 4 der Verordnung). Im einzelnen vgl. § 18 der Verordnung.

[3]) Für ledige landwirtschaftliche Arbeiter und Arbeiterinnen — nicht für Angestellte! — sowie für Hausgehilfen beschränkt Art. 9 Abs. 2 gemäß § 18 Abs. 2 der Verordnung die grundsätzliche Höchstdauer des Abs. 1 (26 Wochen) auf 13 Wochen. Lediglich zur Vermeidung unbilliger Härten ist hier nach § 18 Abs. 3 eine Verlängerung im Einzelfalle um 13 Wochen zulässig. Demnach beträgt bei diesen Berufsgruppen und bei denen, für die es nach Art. 9 Abs. 2 besonders angeordnet wird, die höchstzulässige Unterstützungsdauer 26 Wochen. Danach sind sie aus der Erwerbslosenfürsorge auszuscheiden und können frü-

hestens nach mindestens dreimonatiger krankenversicherungspflichtiger Beschäftigung wieder in die Erwerbslosenfürsorge aufgenommen werden. Vgl. die Erläuterungen zu § 18 der VO.

[4]) Vgl. Anmerkung 1a zu § 9 der Bestimmungen über öffentliche Notstandsarbeiten, abgedruckt S. 239.

Die Arbeitsnachweise werden aber mit Rücksicht auf diese Regelung mehr als bisher die Arbeitswilligkeit der Erwerbslosen zu prüfen haben, um zu vermeiden, daß Erwerbslose dauernd — nur mit Unterbrechung durch Beschäftigung bei Notstandsarbeiten — der Erwerbslosenfürsorge zur Last fallen.

Artikel 10.

(Zu § 20 Abs. 1.)[1])

(1) Soweit es nach dem Verhältnis der Zahl der Erwerbslosen zu der Zahl der erwerbstätigen Mitglieder die finanziellen Belange einer Krankenkasse notwendig machen, hat auf Verlangen der Kasse die Gemeinde mit der Kasse für die versicherten Erwerbslosen einen erhöhten Beitragssatz zu vereinbaren. Jede derartige Vereinbarung bedarf der Zustimmung des Oberversicherungsamts. Dieses entscheidet auch, wenn sich Gemeinde und Kasse nicht einigen. Die Entscheidungen des Oberversicherungsamts sind endgültig.

(2) Laufende Vereinbarungen, die nicht auf Entscheidungen des Oberversicherungsamts beruhen, verlieren mit dem 30. Juni 1925 ihre Kraft.

[1]) Vgl. Anm. 8 zu § 20 der Verordnung.

Artikel 11.

(Zu § 20 Abs. 2.)

(1) Die Dreiwochenfrist zur Anmeldung der Erwerbslosen (Satz 1) rechnet von dem Tage ab, für den die Unterstützung dem Erwerbslosen erstmalig[1]) zusteht.

(2) Wird die Unterstützung erst nach dem Tage festgesetzt, der als ihr Beginn bestimmt wird, so läuft die Dreiwochenfrist erst vom Tage der Festsetzung an.

(3) Die Abmeldung des Versicherten (Satz 3) hat unverzüglich, spätestens binnen 3 Tagen, zu erfolgen.

[1]) Vgl. Anm. 12 zu § 20.

Artikel 12.

(Zu § 20 Abs. 3.)

(1) Erwerbslose, welche die Versicherung bei ihrer früheren Kasse beantragen wollen, haben dies gleichzeitig mit dem Antrag auf Erwerbslosenunterstützung zu tun. Ist das nicht geschehen, so kann der Antrag nur binnen einer Woche und nur so lange nachgeholt werden, als der Antragsteller noch keine Leistungen aus der nach § 20 Abs. 1 zuständigen Krankenkasse beansprucht hat.

(2) Ist der Erwerbslose bei seiner früheren Kasse nach der Reichsversicherungsordnung oder dem Reichsknappschaftsgesetz zur Versicherung nach einem höheren als dem in § 21 Abs. 1 bezeichneten Grundlohn berechtigt, so kann er zugleich mit dem Antrage die Versicherung nach diesem höheren Grundlohn verlangen, wenn er die dadurch entstehenden Mehrkosten übernimmt.

(3) Die Vorschriften des § 20 Abs. 3 der Verordnung über Erwerbslosenfürsorge und der vorstehenden Absätze 1 und 2 gelten auch für die Mitglieder von Ersatzkassen.[1]) Jedoch können diese die Weiterversicherung bei ihrer früheren Kasse nur dann verlangen, wenn sie ohne die Mitgliedschaft bei der Ersatzkasse bei einer Krankenkasse nach der Reichsversicherungsord-

nung oder dem Reichsknappschaftsgesetz versichert und dort zur Fortsetzung oder Aufrechterhaltung ihrer Versicherung berechtigt wären.

[1]) Vgl. Anmerkung 18 zu § 20.

Artikel 13.

(Zu § 27 Abs. 3.)

Der Vorstand [1]) des weiteren Gemeindeverbandes kann den Vorständen der Einzelgemeinden auch die Entgegennahme und Vorprüfung der Unterstützungsgesuche und die Auszahlung der Unterstützung übertragen. [2]) [3])

[1]) Als Errichtungs- oder Miterrichtungsgemeinde.

[2]) Deren Zustimmung ist nicht erforderlich.

[3]) Die dadurch entstehenden Kosten sind Verwaltungskosten der Erwerbslosenfürsorge (vgl. Art. 14).

Artikel 14.

(Zu § 31 Abs. 3.)

Zu den Kosten des öffentlichen Arbeitsnachweises gehören auch die Verwaltungskosten [1]), die durch die Durchführung der Erwerbslosenfürsorge entstehen. Das gilt auch dann, wenn gemäß § 27 der Verordnung über Erwerbslosenfürsorge und Art. 13 dieser Ausführungsvorschriften Befugnisse übertragen sind.

[1]) Sie werden nach demselben Maßstab verteilt; $^2/_3$ werden durch das Beitragsaufkommen, $^1/_3$ durch die Gemeinde gedeckt. Vgl. §§ 36, 37 der Verordnung.

Artikel 15.

(Zu §§ 34 Abs. 3 und 36 Abs. 2.)

(1) Das Gehalt des Vorsitzenden [1]) des öffentlichen

Arbeitsnachweises darf nur insoweit in die notwendigen Kosten des öffentlichen Arbeitsnachweises eingerechnet werden, als dies im Einzelfall durch besondere Entscheidung der obersten Landesbehörde oder der von ihr bezeichneten Stelle zugelassen wird. Die Zulassung soll nur dann erfolgen, wenn der Vorsitzende durch seine Tätigkeit in ungewöhnlichem Umfang beansprucht und dadurch seinen anderen Dienstaufgaben entzogen wird, und nur in einem Maße, das dem Verhältnis seiner Tätigkeit für den Arbeitsnachweis zu seiner übrigen Tätigkeit für die Errichtungsgemeinde entspricht.

(2) Erhält der Vorsitzende des öffentlichen Arbeitsnachweises für seine Tätigkeit als solcher eine Nebenvergütung, so darf außer dieser sein Gehalt weder ganz noch teilweise in die notwendigen Verwaltungskosten eingerechnet werden.

(3) Ruhegehälter und Wartegelder von Beamten und Angestellten, die als Vorsitzende oder sonst als Beamte oder Angestellte im öffentlichen Arbeitsnachweis tätig waren, dürfen weder ganz noch anteilig auf die notwendigen Kosten verrechnet werden. Zulässig ist dagegen die Verrechnung für Beiträge zu Pensionskassen und dergleichen, soweit diese Beiträge auf die Zeit entrichtet werden, während der der Beamte oder Angestellte eine Tätigkeit in dem öffentlichen Arbeitsnachweis ausübt. Auch für den Umfang, in dem solche Beiträge anrechenbar sind, ist maßgebend, welcher Teil der Gesamttätigkeit auf die Tätigkeit für den öffentlichen Arbeitsnachweis entfällt.

(4) Diese Bestimmungen finden sinngemäß Anwendung bei Entscheidung der Frage, wie weit in den Verwaltungsaufwand der Erwerbslosenfürsorge Ge-

hälter, Ruhegehälter und Wartegelder von Beamten und Angestellten eingerechnet werden können, die außerhalb[2]) des öffentlichen Arbeitsnachweises in der Erwerbslosenfürsorge beschäftigt werden oder tätig gewesen sind. Das gleiche gilt für die Anrechenbarkeit von Gehältern, Ruhegehältern und Wartegeldern der Vorsitzenden, Beamten und Angestellten der Landesämter für Arbeitsvermittlung.

[1]) Die Frage, inwieweit persönliche Kosten erstattungsfähig sind, war schon bisher im Allgemeinen nicht zweifelhaft (vgl. Anmerkung 3 B 1 zu § 36 der Verordnung). Unklarheit bestand aber beim Gehalt des Vorsitzenden, da er meist die Stellung nicht als Hauptamt bekleidet. Art. 15 schafft die erforderliche Klärung. Den Nachweis, daß der Vorsitzende durch seine Tätigkeit in ungewöhnlichem Umfange beansprucht und dadurch seinen anderen Dienstaufgaben entzogen wird, hat die Errichtungs- (Verwaltungs-) Gemeinde zu führen.

Bekleidet der Geschäftsführer zugleich die Stelle des Vorsitzenden, so kann sein Gehalt voll eingestellt werden.

[2]) Bei den Errichtungsgemeinden und den politischen Gemeinden, z. B. Kämmereibeamte.

Artikel 16.

(Zu § 35 Abs. 1 und Abs. 2 Satz 1)

(1) Die Arbeitgeber sind verpflichtet, gleichzeitig mit der Abführung der Beiträge den Krankenkassen mitzuteilen, welche Beträge auf die Krankenversicherung und welche Beträge auf die Erwerbslosenfürsorge entfallen. Unterbleibt die Mitteilung, so gilt als Beitrag zur Erwerbslosenfürsorge der Teil des abgeführten Betrages, der zu dem Rest in dem Verhältnis steht, in dem die für die Erwerbslosenfürsorge zu entrichtenden Zuschläge zu den Krankenkassenbeiträgen stehen.

(2) Soweit die Arbeitgeber zur Zahlung von Vorschüssen verpflichtet sind[1]) (§ 403 der Reichsversicherungsordnung, § 93 des Reichsknappschaftsgesetzes), haben sie auch Vorschüsse auf die Beiträge zur Erwerbslosenfürsorge zu entrichten.

(3) Die Krankenkassen überweisen die vereinnahmten Vorschüsse und Beiträge spätestens binnen drei Tagen nach ihrer Einzahlung oder Gutschrift an die nach § 35 Abs. 2 oder § 39 empfangsberechtigte Stelle, sofern nicht abweichende Vereinbarungen getroffen sind oder der Reichsarbeitsminister für die Abführung der Beiträge der Betriebskrankenkassen, der Ersatzkassen oder der knappschaftlichen Krankenkassen Abweichendes bestimmt hat. Unpünktliche Abführung der vereinnahmten Beiträge verpflichtet die Krankenkasse zur Zahlung von Verzugszinsen in Höhe des Reichsbankdiskonts. Zieht eine Krankenkasse die Beiträge schuldhaft verspätet ein, so hat sie bei der Abführung einen Zuschlag in Höhe des Reichsbankdiskonts zu entrichten. Die oberste Landesbehörde oder die von ihr bezeichnete Stelle kann in beiden Fällen einen höheren Zinssatz festsetzen. Ueber den Streit entscheidet endgültig das Versicherungsamt.

(4) Die Krankenkassen überwachen die rechtzeitige und vollständige Entrichtung der Beiträge. Sie verbuchen diese nach näherer Anweisung des Versicherungsamts gesondert und legen der empfangsberechtigten Stelle bis spätestens zum 15. jedes Monats über die im Vormonat vereinnahmten Beiträge zur Erwerbslosenfürsorge unter Mitteilung der Zahl der Krankenkassenmitglieder Rechnung; auf Verlangen haben sie der empfangsberechtigten Stelle Einsicht in

die Bücher zu gewähren. Sie sind berechtigt, Beitragsrückstände niederzuschlagen, sofern sie auf die Einziehung der Beiträge für die Krankenversicherung verzichten.

(5) Die Befolgung dieser Vorschriften überwachen bei den Krankenkassen nach der Reichsversicherungsordnung [2]) und bei den Ersatzkassen die Versicherungsämter, bei den Bezirksknappschaftsvereinen deren Aufsichtsbehörden. Für die örtliche Zuständigkeit ist der Sitz der Kasse oder der selbständig ablieferungspflichtigen Zweigstelle (Art. 17) maßgebend. Von allen erheblicheren Anständen in der Geschäftsführung der Ersatzkassen haben die Versicherungsämter deren Aufsichtsbehörden Mitteilung zu machen.

(6) Sofern die Arbeitnehmer bei Ersatzkassen [3]) versichert sind, finden auf die Entrichtung des Arbeitgeberanteils der Beiträge die Vorschriften der Reichsversicherungsordnung über die Entrichtung des Arbeitgeberanteils der Beiträge zu den Ersatzkassen entsprechende Anwendung.

(7) Den Krankenkassen werden die durch die Durchführung entstandenen Kosten ersetzt. Das Nähere bestimmt [4]) der Präsident der Reichsarbeitsverwaltung (Reichsamt für Arbeitsvermittlung) im Benehmen mit dem Präsidenten des Reichsversicherungsamts.

[1]) Nach § 403 RVO. kann die Satzung einer Orts-, Land- oder Innungskrankenkasse mit Zustimmung des Oberversicherungsamts bestimmen, unter welchen Voraussetzungen die Kasse von den Arbeitgebern Vorschüsse einfordern soll.

[2]) Nach § 225 RVO. die Orts-, Land-, Betriebs- und Innungskrankenkassen.

[3]) Nach der Reichsversicherungsordnung (§ 520 Abs. 1) hat

der Arbeitgeber als Krankenkassenbeitrag für Ersatzkassenmitglieder den Beitragsteil — und zwar an den Versicherten, der ihn zusammen mit seinem Anteil der Kasse zu übermitteln hat — abzuführen, den er an die Krankenkasse zu entrichten hätte, bei der der Arbeitnehmer ohne die Ersatzkassenmitgliedschaft versichert sein würde. Diese Vorschrift gilt entsprechend für den Arbeitgeberanteil an den Beiträgen, die zur Erwerbslosenfürsorge aufzubringen sind. Auch hier ist also der Arbeitgeberanteil dem Arbeitnehmer auszuhändigen; er ist nicht nach dem Beitrag der Ersatzkasse, sondern nach dem der sonst zuständigen Krankenkasse zu berechnen (RAM. vom 29. 12. 1923, RABl. 1924 S. 35).

[4]) Jetzt ist dafür maßgebend die Anordnung über die Vergütungssätze vom 15. Dezember 1924 (RABl. Amtl. Teil S. 483, abgedruckt S. 202).

Artikel 17.

(Zu § 35 Abs. 2 Satz 2.)

(1) Zweigstellen von Krankenkassen nach dem Reichsknappschaftsgesetz, Betriebskrankenkassen und Ersatzkassen führen die bei ihnen eingehenden Beiträge zur Erwerbslosenfürsorge an die für ihren Sitz empfangsberechtigte [1]) Stelle ab [2]). Art. 16 gilt sinngemäß.

(2) Zweigstellen im Sinne dieser Bestimmungen sind alle Stellen und Personen, denen für einen Unterbezirk die Einhebung der Krankenkassenbeiträge obliegt. Im Zweifel entscheidet die oberste Landesbehörde oder die von ihr bezeichnete Stelle nach Benehmen mit der für die Hauptverwaltung der betreffenden Kasse zuständigen obersten Landesbehörde oder der von dieser bezeichneten Stelle.

(3) Die beteiligten obersten Landesbehörden oder die von ihnen bezeichneten Stellen können Befreiung [1])

von den Vorschriften des Abs. 1 bewilligen. Die Befreiung hat zu erfolgen, wenn die Erfüllung der Vorschriften mit unverhältnismäßigen Schwierigkeiten verbunden ist. Wird ein Befreiungsantrag der Hauptverwaltung einer Krankenkasse abgelehnt, so kann die für diese zuständige oberste Landesbehörde die Entscheidung des Reichsarbeitsministers anrufen.

[1]) Für die Höhe der Beiträge ist in diesem Falle der Beitragssatz maßgebend, der für den Sitz der Zweigstelle gilt, nicht mehr der für den Sitz der Hauptverwaltung. Sind dagegen Zweigstellen nach Abs. 3 befreit, so gilt für sie weiter der Beitragssatz am Sitze der Kassenhauptverwaltung.

[2]) Der Artikel 12 der Ausführungsvorschriften vom 25. März 1924 (RGBl. I S. 376) enthielt folgenden 2. Absatz:

„Die oberste Landesbehörde oder die von ihr bezeichnete Stelle kann die Abführung von Beiträgen, die aus ihrem Gebiet oder Bezirke stammen und an Krankenkassen nach dem Reichsknappschaftsgesetze, Betriebskrankenkassen oder Ersatzkassen (Hauptverwaltung oder Zweigstelle) zu entrichten sind, abweichend von den Vorschriften des § 35 Abs. 2 Satz 1 der Verordnung über Erwerbslosenfürsorge und des vorstehenden Abs. 1 regeln. Befindet sich die Kasse (Hauptverwaltung oder Zweigstelle) im Gebiet eines anderen Landes, so bedarf die Regelung der Zustimmung der örtlich zuständigen obersten Landesbehörde oder der von dieser bezeichneten Stelle. Wird ein Einvernehmen nicht erzielt, so entscheidet auf Antrag einer obersten Landesbehörde der Reichsarbeitsminister."

Diese Ermächtigung besteht jetzt nicht mehr. In Betracht kommt jetzt nur mehr Abs. 3 des Art. 17.

Artikel 18.
(Zu § 37.)

Die Gemeinden haben die Mittel der Erwerbslosenfürsorge von sonstigen Geldern getrennt zu verwalten. [1])

Soweit die Beiträge und Gemeindeleistungen den Bedarf der Erwerbslosenfürsorge in einer bestimmten Zeit etwa übersteigen, dürfen sie auch später nur für Zwecke der Erwerbslosenfürsorge verwandt werden.

[1]) Artikel 18 fordert nicht die Einrichtung einer eigenen Kasse für die Gelder der Erwerbslosenfürsorge, sondern läßt den Gemeinden die Möglichkeit, die Verwaltung auch durch ihr Kassenzentralorgan vorzunehmen. Bei gemeinsamer Verwahrung der Gelder der Erwerbslosenfürsorge mit den übrigen Geldern der Gemeinde fehlt jedoch das wesentlichste Kontrollmittel, der Kassensturz, sofern nicht gleichzeitig die sämtlichen Kassenbücher der betreffenden Kassenstelle mit abgeschlossen werden. Deshalb ist eine getrennte Verwahrung der Gelder der Erwerbslosenfürsorge durchaus wünschenswert und zweckmäßig. Artikel 18 fordert aber mindestens

1. die Führung getrennter Bücher für die Erwerbslosenfürsorge durch die Gemeinde,
2) die Anlegung eigener Konten für die Gelder der Erwerbslosenfürsorge

(so RAM. vom 11. Juni 1925, RABl. S. 285).

Bei gemeinsamer Kassenverwaltung sind die aus den Geldern der Erwerbslosenfürsorge entstehenden Zinsen der Erwerbslosenfürsorge zuzuführen.

Artikel 19.

(Zu § 40 Abs. 1.)

(1) Die öffentlichen Arbeitsnachweise und die Ausgleichskassen rechnen über die Einnahmen und Ausgaben der Erwerbslosenfürsorge nach näherer Anweisung der obersten Landesbehörden monatlich nach einem besonderen, von der Reichsarbeitsverwaltung (Reichsamt für Arbeitsvermittlung) im Einvernehmen mit der obersten Landesbehörde vorgeschriebenen

Muster ab. Die obersten Landesbehörden oder die von diesen bestimmten Stellen übersenden der Reichsarbeitsverwaltung monatlich eine Zusammenstellung dieser Abrechnungsübersichten nach einem besonderen, von der Reichsarbeitsverwaltung bestimmten Muster. Diese Uebersichten müssen auch über die Einnahmen, Ausgaben und den Bestand der Ausgleichskassen, sowie über die sonstigen Rücklagen innerhalb eines Landes Auskunft geben.

(2) Tritt die Beihilfepflicht[1]) des Reichs und der Länder ein, so reichen die obersten Landesbehörden oder die von ihnen bezeichneten Stellen Zusammenstellungen der Abrechnungsvordrucke für die Arbeitsnachweise ihres Bezirks zur Erstattung der Reichsbeihilfe bei der Reichsarbeitsverwaltung ein. Die Vorsitzenden der öffentlichen Arbeitsnachweise haben dabei zu versichern, daß die höchsten, nach § 34 Abs. 3 und 4 zulässigen Beiträge erhoben, etwaige Rücklagen erschöpft und von den Gemeinden die Beiträge beigesteuert sind, die diesen gemäß § 37 zur Last fallen.

(3) Die Abrechnungen und Uebersichten sind bis zum 25. des auf den Abrechnungsmonat folgenden Kalendermonats bei der obersten Landesbehörde oder der von ihr bezeichneten Stelle und bis zum letzten Tage des auf den Abrechnungsmonat folgenden Kalendermonats bei der Reichsarbeitsverwaltung einzureichen. Die oberste Landesbehörde oder die von ihr bezeichnete Stelle kann einen früheren Vorlagetermin vorschreiben. Werden die Fristen nicht innegehalten, so können Vorschüsse und Erstattung der Reichs- und Landesbeihilfen versagt werden.

(4) Die Reichsarbeitsverwaltung hat den Ländern

auf Antrag Vorschüsse für einen angemessenen Zeitraum zu gewähren. Die Anträge sind zu begründen. Uebersteigen die Vorschüsse den wirklichen Bedarf, so hat das Land den Mehrbetrag zurückzuerstatten.

[1]) Vgl. § 40 Abs. 2 der Verordnung in Verbindung mit Artikel 9 der VI. Ausführungsverordnung vom 18. Januar 1926 (abgedruckt S. 120).

Artikel 20.

Die Artikel 7 und 9 treten am 1. Mai 1925, die übrigen Bestimmungen am 1. Juni 1925 in Kraft. Mit dem 1. Mai 1925 treten die Artikel 4 und 5, mit dem 1. Juni 1925 die übrigen Bestimmungen der Ausführungsvorschriften zur Verordnung über Erwerbslosenfürsorge vom 25. März 1924 (Reichsgesetzbl. I S. 376) außer Kraft.

Zweite[1]) Ausführungsverordnung zur Verordnung über Erwerbslosenfürsorge.

Vom 4. April 1924.

(RGBl. II S. 91, RABl. 1924, Amtl. Teil S. 181.)

Auf Grund des § 6 Absatz 4 der Verordnung über Erwerbslosenfürsorge vom 16. Februar 1924 (Reichsgesetzbl. I S. 127) bestimme ich, daß die Zugehörigkeit zur österreichischen Arbeitslosenversicherung einer Beschäftigung im Sinne des § 4 Abs. 1 der genannten Verordnung im folgenden Umfang gleichzustellen ist:

Im Gebiete der Republik Oesterreich ausgeübte Beschäftigungen, die ihrer Art nach im Deutschen Reiche die Beitragspflicht zur Erwerbslosenfürsorge begründen würden, werden vom 1. April 1924 an bei der Gewährung von Erwerbslosenunterstützung an deutsche Reichsangehörige den im Deutschen Reiche ausgeübten Beschäftigungen gleichgehalten.[2])

Berlin, den 4. April 1924.

Der Reichsarbeitsminister.

Dr. Brauns.

[1]) Wegen der Aufhebung der I. und III. Ausf.-V. vgl. Anm. 1 zur V. Ausf.-V.

[2]) Der Inhalt der Note der Deutschen Gesandtschaft in Wien

an den österreichischen Bundesminister für die auswärtigen Angelegenheiten vom 18. Februar 1924 — vgl. RABl. 1924, Amtl. Teil S. 182 — ist:

„1. In Oesterreich werden im Gebiete des Deutschen Reichs ausgeübte Beschäftigungen, die ihrer Art nach in Oesterreich versicherungspflichtig wären, bei Gewährung der Arbeitslosenunterstützung an österreichische Bundesbürger den in Oesterreich ausgeübten Beschäftigungen gleichgehalten.

2. Im Deutschen Reiche werden im Gebiete der Republik Oesterreich ausgeübte Beschäftigungen, die nach Inkrafttreten eines deutschen Gesetzes über eine Arbeitslosenversicherung ihrer Art nach im Deutschen Reiche versicherungspflichtig wären, bei Gewährung der Arbeitslosenunterstützung an deutsche Reichsangehörige den im Deutschen Reiche ausgeübten Beschäftigungen gleichgehalten.

In der Zwischenzeit wird deutschen Reichsangehörigen, die in Oesterreich gearbeitet haben, im Rahmen der deutschen Erwerbslosenfürsorge gemäß der Verordnung über die Erwerbslosenfürsorge vom 1. November 1921 (Reichsgesetzbl. S. 1337) im Deutschen Reiche Unterstützung gewährt werden. Soweit die Zuständigkeitsvorschriften des § 5 Abs. 1 der angeführten Verordnung in einem solchen Falle der Gewährung der Unterstützung entgegenstehen, weil der Erwerbslose erst nach Eintritt der Unterstützungsbedürftigkeit aus Oesterreich zurückgekehrt ist, wird ihm gleichwohl nach Maßgabe der sonstigen Vorschriften Unterstützung — jedoch aus Reichsmitteln — gewährt werden, sofern er in Oesterreich in den letzten 24 Monaten durch 26 Wochen eine versicherungspflichtige Beschäftigung ausgeübt hat.

3. Die Regierungen der beiden Staaten werden dafür Sorge tragen, daß kein Druck auf die Angehörigen des anderen Staates ausgeübt wird, in die Heimat zurückzukehren, um dort die Arbeitslosenunterstützung (Erwerbslosenunterstützung) in Anspruch zu nehmen.

4. Die Oesterreichische Bundesregierung wird die im Ar-

tikel I Abs. 1 lit. b des österreichischen Bundesgesetzes vom 15. Dezember 1922, Bundesgesetzbl. Nr. 924, erwähnte Ermächtigung, außerordentliche Notstandsunterstützungen zu gewähren, auf deutsche Reichsangehörige ausdehnen.

5. Die Deutsche Regierung erkennt an, daß die Gegenseitigkeit, die die österreichischen Bundesbürger auf dem Gebiete der Erwerbslosenfürsorge genießen, sich auch auf solche Fürsorgeleistungen bezieht, die deutschen Reichsangehörigen über das normale Höchstmaß hinaus gewährt werden."

Vierte Ausführungsverordnung[1]) zur Verordnung über Erwerbslosenfürsorge.

Vom 4. Juli 1924.

(Reichsgesetzbl. I S. 663.)

Auf Grund des § 4 Abs. 2 der Verordnung über Erwerbslosenfürsorge vom 16. Februar 1924 (Reichsgesetzbl. I S. 127) wird mit Zustimmung des Reichsrats und nach Benehmen mit dem Verwaltungsrate des Reichsamts für Arbeitsvermittlung verordnet:

Artikel 1.

In die im § 4 Abs. 1 der Verordnung über Erwerbslosenfürsorge vom 16. Februar 1924 bezeichnete Frist von zwölf Monaten ist die Zeitdauer einer von dem Erwerbslosen erlittenen Untersuchungs- oder Strafhaft[2]) nicht einzurechnen.

Artikel 2.

Diese Verordnung tritt am 1. Juli 1924 in Kraft.

Berlin, den 4. Juli 1924.

Der Reichsarbeitsminister
In Vertretung:
Dr. Geib.

[1]) Nach § 4 Abs. 1 der Verordnung wird Erwerbslosenunterstützung nur dem Erwerbslosen gewährt, der in den letzten 12 Monaten vor Eintritt der Unterstützungsbedürftigkeit mindestens 3 Monate hindurch eine Beschäftigung ausgeübt hat,

in der er gegen Krankheit pflichtversichert war. Diese Möglichkeit der versicherungspflichtigen Beschäftigung wird ihm unterbunden, solange ihm die Freiheit entzogen ist. Bei länger dauernder Haft liegt dann die Möglichkeit sehr nahe, daß ihm Erwerbslosenunterstützung infolge Nichterfüllung der Voraussetzungen des Abs. 1 des § 4 nicht gewährt werden kann. Das kann zu großen Härten führen, z. B. wenn sich nach längerer Untersuchungshaft die Schuldlosigkeit des Verhafteten herausstellt, es birgt aber auch die große Gefahr in sich, daß Personen, die bereits gestrauchelt sind, erneut durch Mittellosigkeit rückfällig werden. Das soll durch die neue Regelung vermieden werden, indem die 12 Monate um die Dauer der Haft verlängert werden. Wie lange die Haft gedauert hat, ist ohne Einfluß. Erwerbslosenunterstützung kann aber nur gewährt werden, wenn in den 12 vorverlegten Monaten mindestens 3 Monate hindurch krankenversicherungspflichtige Beschäftigung ausgeübt worden ist. Diese Frist wird durch die IV. Ausführungsverordnung nicht geändert. Ebensowenig aber ändert diese Verordnung den Grundsatz, daß Erwerbslosenunterstützung nur gewährt werden darf, wenn die Erwerbslosigkeit Kriegsfolge ist. Das ist bei Erwerbslosigkeit, die im Anschluß an Untersuchungs- oder Strafhaft eintritt, im allgemeinen nicht der Fall. Deshalb kann Erwerbslosenunterstützung erst nach einer gewissen Wartezeit, die durchschnittlich auf etwa 4 Wochen zu bemessen ist, gegeben werden (vgl. Besch. d. RAM. vom 17. Februar 1925, RABl. S. 128). Daß gerade für diese Personen eine solche Bestimmung nicht unbedenklich ist, läßt sich nicht leugnen. Hier wird deshalb zunächst die Wohlfahrtspflege einzugreifen haben. Wurde dem Erwerbslosen Unterstützung gewährt zur Zeit, als er in Haft genommen wurde, so wird der Unterstützungsfall unterbrochen. Deshalb kann auch in diesem Falle Unterstützung erst nach der eben angegebenen Wartezeit erneut gegeben werden. Nur dann, wenn die Unterbrechung durch Haft nicht länger als eine Woche gedauert hat, darf die Unterstützung nach der Entlassung aus der Haft sofort weitergewährt werden (Entsch. des RAM. vom 17. Juli 1925, RABl. S. 326).

²) Die besonderen Bestimmungen der IV. Ausführungsverordnung können nicht ausdehnend ausgelegt werden. Sie gelten nur für Untersuchungs- oder Strafhaft, nicht dagegen für andere Haftarten, wie z. B. die Schutzhaft; die Erläuterungen über die Wartezeit bei Gewährung der Unterstützung dagegen gelten für alle Haftarten.

Die Verwahrung in einer Erziehungs- oder Besserungsanstalt muß stets in die Zwölfmonatsfrist eingerechnet werden, gleichviel, ob sie vom Vormundschaftsrichter, vom Strafrichter oder von der Landespolizeibehörde angeordnet ist (so RAM. vom 9. März 1926, RABl. S. 102).

Bekanntmachung der neuen Fassung[1]) der Fünften Ausführungsverordnung zur Verordnung über Erwerbslosenfürsorge.

Vom 18. Januar 1926.

(RGBl. I S. 93.)

Mit Rücksicht auf die Aenderung der Fünften Ausführungsverordnung zur Verordnung über Erwerbslosenfürsorge vom 18. Januar 1926 wird die Fünfte Ausführungsverordnung zur Verordnung über Erwerbslosenfürsorge in der geltenden Fassung nachstehend bekanntgegeben.

Berlin, den 18. Januar 1926.

Der Reichsarbeitsminister.
Dr. Brauns.

---

[1]) Durch die V. Ausführungsverordnung vom 14. November 1924 (RGBl. I S. 741) sind die I. Ausführungsverordnung vom 13. März 1924 und die III. Ausführungsverordnung vom 24. Mai 1924 (RGBl. I S. 279, 562) zusammengefaßt und deshalb durch Artikel 9 mit Wirkung vom 1. Dezember 1924 ab außer Kraft gesetzt worden.

Fünfte Ausführungsverordnung zur Verordnung über Erwerbslosenfürsorge.

Vom 18. Januar 1926.

Auf Grund des § 34 Abs. 4 Nr. 2 der Verordnung über Erwerbslosenfürsorge vom 16. Februar 1924 (RGBl. I S. 127) ordne ich mit Zustimmung des Reichsministers der Finanzen und des Reichsrats nach Benehmen mit dem Verwaltungsrate des Reichsamts für Arbeitsvermittlung folgende Ausnahmen von der Beitragspflicht zur Erwerbslosenfürsorge (§ 34 Abs. 1 a. a. O.) an:

Die V. Ausführungsverordnung ist durch eine Verordnung vom 18. Januar 1926 (RGBl. I S. 91) in wichtigen Punkten geändert und deshalb unterm 18. Januar 1926 (RGBl. I S. 93) in neuer Fassung bekannt gemacht worden. Die Aenderungen sind durch Fettdruck gekennzeichnet.

Die wesentlichen Unterschiede der V. Ausführungsverordnung gegenüber der Regelung in der I. und III. Ausführungsverordnung sind:

Beitragsfrei sind nur die Beschäftigungen in der Haus-, Land-, Forstwirtschaft, Binnen- und Küstenfischerei und die der Lehrlinge. Die V. Ausführungsverordnung geht insofern weiter als die bisherigen Befreiungsvorschriften, als sie die Hausgehilfen und das ländliche Gesinde, soweit diese Personen in die häusliche Gemeinschaft des Arbeitgebers aufgenommen sind, allgemein für beitragsfrei erklärt. Bisher waren sie nur befreit, wenn sie auf Grund eines Jahresarbeitsvertrages beschäftigt wurden; das war aber nur in manchen Gegenden Deutschlands üblich.

Die V. Ausführungsverordnung schränkt die bisherigen Befreiungsvorschriften dagegen ein insofern, als die Befreiung auf Grund eines Arbeitsvertrages von einjähriger oder unbestimmter Dauer nur noch für die Beschäftigung in der Land- und Forstwirtschaft gilt, während sie bisher allgemein alle derartigen Verträge umfaßte.

Die Beitragsfreiheit der Lehrlinge, die bisher durch die Vorschriften über den Arbeitsvertrag mit erfaßt wurden, wird jetzt durch Artikel 5 allgemein geregelt. Artikel 5 gilt auch für die Lehrlinge in der Land- und Forstwirtschaft.

Das Verfahren ist grundlegend umgestaltet worden. Während vorher die Befreiung kraft Gesetzes eintrat, ist seit Inkrafttreten der V. Ausführungsverordnung (1. Dezember 1924) in jedem Falle, wo Befreiung in Anspruch genommen wurde, eine gemeinsam von Arbeitgeber und Arbeitnehmer unterzeichnete Anzeige erforderlich gewesen.

Hier greifen die Aenderungen durch die Verordnung vom 18. Januar 1926 ein. Nach Artikel 2 der bisherigen Fassung war Beitragsfreiheit vorgesehen für Beschäftigungen in der Land- und Forstwirtschaft auf Grund eines Arbeitsvertrages von mindestens einjähriger Dauer oder auf unbestimmte Zeit. Der Arbeitsvertrag brauchte jedoch mangels besonderer Bestimmung nicht schriftlich abgeschlossen zu werden, es genügte eine mündliche Vereinbarung, über die dann nach Artikel 6 eine Anzeige zu erstatten war. Auf Grund dieser Regelung hatten die Befreiungen in der Land- und Forstwirtschaft einen derart unvorhergesehenen außerordentlichen Umfang angenommen, daß nicht nur ganz erhebliche geldliche Ausfälle für die Erwerbslosenfürsorge entstanden, sondern auch der Verdacht nicht von der Hand zu weisen war, daß zahlreiche Befreiungsanzeigen von Personen einliefen, bei denen die Voraussetzungen nicht vorlagen. Deshalb bestimmt die Verordnung vom 18. Januar 1926, daß bei Arbeitsverträgen die Befreiung nur eintreten kann, wenn diese schriftlich abgefaßt sind. In diesem Falle ist nicht mehr eine gemeinsam von Arbeitgeber und Arbeitnehmer unterschriebene Anzeige erforderlich, sondern es genügt die schriftliche Anzeige durch den Arbeitgeber. Ihr ist der schriftliche Arbeitsvertrag beizufügen.

Wenn sich das Arbeitsverhältnis in der Land- oder Forstwirtschaft aber nach einem Tarifvertrage regelt, der Vorschriften über die Dauer des Arbeitsvertrages im Sinne des Artikel 2 Abs. 1 Nr. 1 oder 2 (also für Jahresverträge oder solche von unbestimmter Dauer mit mindestens dreimonatiger Kündigungsfrist) enthält, soll an Stelle des schriftlichen Arbeitsvertrags genügen die schriftliche, gemeinsam vom Arbeitgeber und Arbeitnehmer unterzeichnete Erklärung, daß sich das Arbeitsverhältnis nach diesen Vorschriften des Tarifvertrags regelt. Die Befreiung tritt in diesem Falle ein, wenn der Arbeitgeber allein die Anzeige einreicht und ihr diese Erklärung beifügt.

Beim Lehrvertrag war schon bisher die schriftliche Form erforderlich. Deshalb genügt nunmehr an Stelle der gemeinsamen die lediglich vom Arbeitgeber zu unterschreibende Anzeige. Ihr ist aber der schriftliche Lehrvertrag beizufügen.

Eine Verschärfung im Verfahren soll weitere Sicherungen schaffen. Während bisher der Vorsitzende des öffentlichen Arbeitsnachweises die Entscheidung des Versicherungsamts (Beschlußausschuß) darüber herbeiführen **konnte**, ob die Voraussetzungen der Beitragsfreiheit gegeben sind, **muß** er das jetzt in allen nicht zweifelsfreien Fällen tun.

Diese Verschärfungen sind am 1. Februar 1926 in Kraft getreten. Beschäftigungsverhältnisse jedoch, die an diesem Tage bereits bestanden und nach den bisherigen Vorschriften beitragsfrei waren, blieben bis zum 31. März 1926 beitragsfrei. Vom 1. April 1926 ab trat für sie die Beitragspflicht wieder ein, wenn nicht nachgewiesen wurde, daß die Voraussetzungen der neuen Vorschriften (schriftlicher Arbeitsvertrag, bei Tarifvertrag schriftliche Erklärung beider Teile, je zusammen mit der Anzeige des Arbeitgebers) vorliegen.

Artikel 1.

(1) Beitragsfrei ist eine Beschäftigung[1]) in der Land-[2]/[3]) und Forstwirtschaft[3]) oder in der Binnen- und Küstenfischerei, wenn der Beschäftigte zwar während eines Teiles[4]) des Jahres als Arbeitnehmer[1]) tätig, außerdem aber Eigentümer oder Pächter land- oder forstwirtschaftlichen Grundbesitzes von solcher Größe ist, daß er von dessen Ertrag mit seinen Angehörigen in der Hauptsache leben kann.

(2) Die für den Beschäftigungsort[5]) zuständige oberste Landesbehörde oder die von ihr bezeichnete Stelle bestimmt, bei welcher Mindestfläche[6]) an Grundbesitz die Befreiung eintritt.

(3) Beitragsfrei ist auch eine Beschäftigung, die der Ehegatte oder ein Abkömmling einer der im Abs. 1 genannten Personen, mit der er in häuslicher Gemeinschaft lebt, während eines Teiles des Jahres in der Land- und Forstwirtschaft oder in der Binnen- und Küstenfischerei ausübt, gleichviel ob diese Personen selbst zur Zeit als Arbeitnehmer beschäftigt sind oder nicht.

[1]) Beitragsfrei ist beim Vorliegen der Voraussetzungen das ganze Beschäftigungsverhältnis, demnach sind Arbeitgeber wie Arbeitnehmer von der Beitragsleistung befreit. Beitragsfreiheit kann aber nur in Anspruch genommen werden, wenn es sich um eine Beschäftigung in der Land- und Forstwirtschaft oder in der Binnen- und Küstenfischerei handelt. In anderen Fällen bleibt die Beitragspflicht bestehen.

[2]) Für die Gärtnerei gilt die V. Ausführungsverordnung grundsätzlich nicht, sondern nur insoweit, als die Gärtnerei der Land- und Forstwirtschaft zuzurechnen ist. Das ist nur in beschränktem Umfange der Fall; eine völlige Gleichstellung mit der

Landwirtschaft ist bei den Verhandlungen vor Erlaß der Ausführungsverordnung vom 13. März 1924, der Vorgängerin der V. Ausführungsverordnung, ausdrücklich abgelehnt worden. Gärtnereibetriebe sind vielmehr nur insoweit als landwirtschaftliche Betriebe anzusehen, wie sie zur menschlichen oder tierischen Ernährung bestimmte Pflanzen einschließlich des dazu gehörigen Saatguts in eigenen Betrieben oder in sogenannten Vermehrerbetrieben anbauen, sofern der Anbau nicht in überdeckten Räumen (z. B. Treib- und Gewächshäusern) geschieht. Ebenso sind nicht zur Land- und Forstwirtschaft zu rechnen, sondern als gewerbliche Tätigkeit zu beurteilen der Anbau und die Veredelung von Blumen einschließlich der Herstellung von Blumensamen sowie Baumschulen und ähnliche Betriebe, ebenso die Pflege von Gärten, die dritten Personen gehören, und zwar auch, wenn diese Gärten ihrerseits Teile von landwirtschaftlichen Betrieben sind. Unanwendbar ist aber ferner auch die Bestimmung des Art. 3 der V. Ausführungsverordnung über die Befreiung des häuslichen Gesindes. Gärtnerische Arbeitnehmer gehören auch dort, wo Kost und Logiswesen herrschen, nicht zum häuslichen Gesinde. Dasselbe gilt von den in Villen, Schlössern und dergleichen beschäftigten Privatgärtnern (Besch. des RAM. vom 6. Januar 1925, RABl. S. 34).

[3]) Ob zur Landwirtschaft im Sinne der V. Ausführungsverordnung auch die landwirtschaftlichen Nebenbetriebe gehören, die ein landwirtschaftlicher Unternehmer neben seiner Landwirtschaft, aber in wirtschaftlicher Abhängigkeit von ihr betreibt (§ 918 RVO), ist zweifelhaft. § 918 RVO. unterscheidet hier Betriebe, die ganz oder hauptsächlich dazu bestimmt sind,

1. Erzeugnisse der Landwirtschaft des Unternehmers zu be- oder verarbeiten (Bierbrauereien, Schnapsbrennereien, Sägewerke usw.),
2. Bedürfnisse seiner Landwirtschaft zu befriedigen (z. B. Gutsschmiede),
3. Bodenbestandteile seines Grundstücks zu gewinnen oder zu verarbeiten (Lehm- und Kiesgruben, Ziegeleien usw.).

§ 918 gilt aber nicht für Betriebe, die vom Reichsversicherungsamte wegen ihres erheblichen Umfanges, besonderer Einrichtung mit Maschinen, der Zahl ihrer gewerblichen Arbeiter den Fabriken gleichgestellt werden (§ 919 Abs. 2 RVO.).

Der Gesetzgeber hat sie in der V. Ausführungsverordnung nicht ausdrücklich als befreiungsfähig bezeichnet. Aber auch aus andern Erwägungen wird man sie nicht für die Beitragsbefreiung in Betracht ziehen können. Ihre Gleichstellung mit der Landwirtschaft in der Unfallversicherung kann nicht als Beweisgrund angeführt werden; denn sie hat ganz andere Gründe. Die Unfallversicherung scheidet 3 große Gefahrenkreise, die gewerbliche, die landwirtschaftliche und die See-Unfallversicherung, sie faßt die Betriebe unter dem Gesichtspunkt gewisser gleichmäßiger Gefahrenmöglichkeiten zusammen. Für die Befreiung der Landwirtschaft von der Beitragsleistung zur Erwerbslosenfürsorge waren aber andere Erwägungen maßgebend, insbesondere der Gesichtspunkt, daß bei dem engeren Verhältnis zwischen Arbeitgeber und Arbeitnehmer und bei dem dauernden großen Leutemangel in der Landwirtschaft nur in Ausnahmefällen damit zu rechnen war, daß diese Arbeitnehmer erwerbslos werden würden. Das trifft aber zweifellos nicht zu bei den Nebenbetrieben, die einen mehr industriellen Charakter haben. Man wird deshalb sagen müssen, daß die Arbeitnehmer dieser Betriebe und ihre Arbeitgeber beitragspflichtig sind. Dasselbe gilt für forstwirtschaftliche Nebenbetriebe, da in der RVO. forstwirtschaftliche Betriebe den landwirtschaftlichen gleichgestellt sind (§ 161 RVO.). (A. M.: Lehfeldt S. 170, Wahrburg—Berndt, Nachtrag S. 113, Jäger—Neuburger 2. Auflage S. 317).

[4]) Artikel 1 erklärt für beitragsfrei den landwirtschaftlichen Kleinbesitzer, der Grundbesitz von solcher Größe hat, daß er von dessen Ertrag mit seinen Angehörigen in der Hauptsache, also während des größeren Teiles des Jahres, lebt oder leben kann, der aber gerade deshalb darauf angewiesen ist, hinzu zu verdienen. Wie lange im Jahre er dazu als Arbeitnehmer tätig ist, ist

ohne Bedeutung für die Befreiung. Die Vorschrift schließt nicht aus, daß er selbst den größeren Teil des Jahres die Arbeitnehmerbeschäftigung ausübt, wenn sein eigener Grundbesitz z. B. von seinen Angehörigen bestellt wird. Die Befreiung beruht darauf, daß bei diesen Kleinbesitzern die Beschäftigung als Arbeitnehmer mehr das Wesen einer Nebenbeschäftigung hat. Hört sie auf, so tritt grundsätzlich nicht Erwerbslosigkeit an die Stelle, sondern Arbeit im eigenen Besitztum. Außerdem werden sie die Erwerbslosenfursorge meist nicht in Anspruch nehmen können, da bei ihnen die Bedürftigkeit zu verneinen sein wird. Eine Befreiung tritt, wie ausdrücklich erwähnt sei, bei ihnen aber nur ein, wenn sie als Arbeitnehmer in der Land- oder Forstwirtschaft tätig sind. Ein Maurer z. B., der Grundbesitz in der durch Art. 1 vorgesehenen Größe hat, ist nicht beitragsfrei.

[5]) Vgl. dazu § 153 RVO:

„Beschäftigungsort ist der Ort, an dem die Beschäftigung tatsächlich stattfindet. Für Versicherte, die an einer festen Arbeitsstätte (Betriebs-, Dienststätte) beschäftigt werden, gilt diese als Beschäftigungsort auch, während sie außerhalb für den Arbeitgeber einzelne Arbeiten von geringer Dauer ausführen.

Das Gleiche gilt für Versicherte, die von einer festen Arbeitsstätte aus nur mit einzelnen Arbeiten wechselnd in Bezirken verschiedener Orts- oder Landkrankenkassen beschäftigt werden.

Es gilt ferner für Versicherte, die nur für einzelne Arbeiten außerhalb der festen Arbeitsstätte angenommen sind, sofern diese und ihr Arbeitsort im Bezirke desselben Versicherungsamts liegen."

§ 154 RVO:

„Für Beschäftigungsverhältnisse ohne feste Betriebsstätte gilt als Beschäftigungsort der Sitz des Betriebs."

Vgl. auch § 156 RVO:

„Für Versicherte, die zu landwirtschaftlicher, in verschiedenen Gemeinden wechselnder Beschäftigung angenommen sind, gilt der Sitz des Betriebes (§§ 963, 964) als Beschäftigungsort."

[6]) Zu Grunde zu legen ist Boden mittlerer Güte, wenn nicht für die einzelnen Bodenklassen besondere Mindestflächen bestimmt werden. In Thüringen ist als Mindestfläche $1^{1}/_{4}$ Hektar bestimmt worden (Bekanntm. vom 10. April 1924, Amts- und Nachr.-Bl. S. 158), ebenso in Sachsen.

Artikel 2.

(1) Beitragsfrei [1]) ist eine Beschäftigung [2]) in der Land- und Forstwirtschaft,

1. wenn der Arbeitnehmer [3]) auf Grund eines schriftlichen [4]) Arbeitsvertrages von mindestens einjähriger [5]) Dauer beschäftigt wird oder
2. wenn er auf Grund eines schriftlichen [4]) Arbeitsvertrages auf unbestimmte Zeit beschäftigt wird und ihm ohne wichtigen Grund [6]) nur mit mindestens dreimonatiger Frist [7]) gekündigt werden darf.

(2) Regelt [8]) sich das Arbeitsverhältnis nach einem Tarifvertrage, der Vorschriften über die Dauer des Arbeitsvertrages im Sinne des Abs. 1 Nr. 1 oder 2 enthält, so [9]) genügt an Stelle des schriftlichen Arbeitsvertrages die schriftliche, gemeinsam vom Arbeitgeber und Arbeitnehmer unterzeichnete Erklärung, daß sich das Arbeitsverhältnis nach diesen Vorschriften des Tarifvertrages regelt.

(3) Für Lehrlinge gilt Artikel 5.

[1]) Nach der I. Ausführungsverordnung erlosch bei diesen Verträgen die Beitragsfreiheit 6 Monate vor dem Tage, an dem das Beschäftigungsverhältnis durch Zeitablauf oder fristmäßige Kündigung beendet wurde. Diese Frist ist weggefallen. Die Beitragsfreiheit besteht jetzt solange, wie das Vertragsverhältnis läuft. Eine Ausnahme besteht nur noch für die Lehrverträge (vgl. Art. 5 Abs. 2).

[2]) Vgl. Anm. 1 zu Artikel 1.

[3]) Auch der Ehegatte und die Familienangehörigen des Arbeitnehmers sind beitragsfrei, wenn sich der Arbeitsvertrag mit auf sie erstreckt, entweder ausdrücklich (Entsch. des RAM. vom 14. Juni 1924, RABl. S. 260) oder stillschweigend nach den Umständen (RAM. vom 24. September 1924, RABl. S. 374).

[4]) Das Erfordernis des **schriftlichen** Arbeitsvertrags ist durch die Abänderungsverordnung vom 18. Januar 1926 (RGBl. I S. 91) aufgestellt worden, bisher genügte ein mündlicher Vertrag (vgl. Einleitung zur V. Ausführungsverordnung S. 87).

Wegen des Inkrafttretens vergl. Artikel 9.

[5]) Einjährig-zwölfmonatig, die Vertragszeit braucht weder dem Kalender- noch dem Haushaltjahr zu entsprechen. Aus der Abstellung auf den Jahresvertrag ergibt sich, daß sog. Stundenlöhner, die nur stundenweise, wenn auch jeden Tag, beschäftigt werden, nicht unter die Befreiungsvorschriften fallen.

Bei Jahresverträgen ist die dreimonatige Kündigungsfrist der Ziffer 2 nicht erforderlich; bei ihnen bedarf es überhaupt keiner Kündigung, weil sie zu dem vereinbarten Zeitpunkt ablaufen, wenn sie nicht verlängert werden. Allerdings werden auch bei Jahresverträgen in der Praxis manchmal Kündigungsfristen vorgesehen, z. B. Vertragsschluß auf ein Jahr mit dreimonatiger Kündigungsfrist. Hier liegt jedoch keine Kündigungsfrist im Rechtssinne vor. Vielmehr hat sie nur die Bedeutung, daß der Vertrag stillschweigend als um ein Jahr verlängert gelten soll, wenn nicht eine Partei rechtzeitig (im angegebenen Beispiel: spätestens drei Monate vor Ablauf des Jahres) zu erkennen gibt, daß der Vertrag mit Ablauf des Jahres aufgelöst werden soll.

Verträge, die nur zum Schein abgeschlossen werden, also von vornherein mit dem inneren Vorbehalt, sie nicht zu erfüllen, sind nach allgemeinen Rechtsgrundsätzen nichtig und begründen keine Beitragsfreiheit. Muß ein Jahresvertrag aus wichtigem Grunde aufgelöst werden, so verpflichtet das nicht dazu, nachträglich Beiträge zu zahlen.

Die Befreiung nach Abs. 1 Ziff. 1 wird vor allem auch für die land- und forstwirtschaftlichen Angestellten (Gutsinspektoren, Gutssekretäre, Förster, Buchhalter usw.) in Betracht kommen, deren Anstellungsverhältnis im allgemeinen durch Jahresvertrag geregelt wird. Zu beachten ist aber, daß es sich stets um eine Beschäftigung in der Land- und Forstwirtschaft als solcher handeln muß. Deshalb kann z. B. für eine Kindergärtnerin auf einem Rittergut Beitragsfreiheit nicht eintreten (vgl. dazu auch Anm. 3 zu Art. 3). Deshalb sind auch nicht beitragsfrei die sog. Gutshandwerker, da sie nicht in der Landwirtschaft, sondern nur für die Landwirtschaft tätig sind und nicht als landwirtschaftliche Arbeiter, sondern als Handwerker im Sinne der Gewerbeordnung anzusehen sind (so OVA. Cassel vom 11. November 1925 Nr. II 321).

Beitragsfreiheit besteht nicht für ausländische Wanderarbeiter.

Nach § 1 der Verordnung über die Einstellung und Beschäftigung ausländischer Arbeiter vom 2. Januar 1923 (RABl. S. 43), abgeändert durch Verordnung vom 16. März 1925 (RABl. S. 110), dürfen ausländische Arbeiter in Arbeitsstellen nur eingestellt und beschäftigt werden, für die das Landesamt für Arbeitsvermittlung oder die von ihm beauftragte Stelle die Beschäftigung ausländischer Arbeiter genehmigt hat. Für landwirtschaftliche Arbeitsstellen ist diese Genehmigung, soweit die Beschäftigung ausländischer Wanderarbeiter in Frage kommt, nur bis zum 15. Dezember eines jeden Jahres zu erteilen (§ 15 der Verordnung vom 2. Januar 1923). Hiernach sind ausländische Wanderarbeiter, deren Beschäftigung genehmigt ist, nicht beitragsfrei zur Erwerbslosenfürsorge, da die Voraussetzungen des Art. 2 der V. Ausf.-VO. nicht erfüllt sind. Eine Erklärung des Arbeitgebers, im Falle einer behördlicherseits angeordneten Einziehung des Genehmigungsscheins den Lohn weiterzahlen zu wollen, oder eine Beschäftigung ausländischer Wanderarbeiter über den 15. Dezember hinaus oder eine solche überhaupt ohne Genehmigung bedeutet keine Aenderung dieser

Rechtslage, da solche Erklärungen oder Beschäftigungen den Vorschriften der Verordnung vom 2. Januar 1923 zuwiderlaufen und deshalb eine Beitragsfreiheit nach der V. Ausf.-VO. nicht begründen können. (RArbVerw. v. 21. August 1925. — II U 1299/25, RABl. 1926 S. 74 und v. 3. März 1926 — II U 441/26, RABl. S. 87)

⁵) Wenn ein wichtiger Grund vorliegt, kann ein Vertrag grundsätzlich ohne Einhaltung einer Kündigungsfrist von jedem Teile gekündigt werden (vgl. § 626 BGB.). Was für Land- und Forstwirtschaft insbesondere als wichtiger Grund anzusehen ist, bestimmt § 16 der Vorläufigen Landarbeitsordnung vom 24. Januar 1919 (RGBl. S. 111):

> „Wichtiger Grund zur sofortigen Lösung des Vertrages ist jeder Umstand, mit Rücksicht auf den die Fortsetzung des Dienstvertrages einer Vertragspartei nicht mehr zugemutet werden kann.
>
> Solche Gründe sind insbesondere Tätlichkeiten, grobe Beleidigungen, unsittliche Zumutungen im Arbeitsverhältnis, beharrliche Verweigerung oder grobe Vernachlässigung der Dienstleistungen, wiederholt unpünktliche Lohnzahlung, anhaltend schlechte Kost und gesundheitsschädliche Wohnung. Politische und gewerkschaftliche Betätigung ist kein Entlassungsgrund."

Wird eine fristlose Kündigung auch aus andern Gründen als dem gesetzlich angegebenen zwischen den Vertragsteilen vereinbart, so ist eine Befreiung nach Artikel 2 Ziff. 2 nicht möglich.

⁷) Von Bedeutung für die Befreiungsvorschriften ist nur, daß der Arbeitgeber mindestens drei Monate vorher kündigen muß (Schutz des Arbeitnehmers), dagegen ist bedeutungslos, welche Kündigungsfrist der Arbeitnehmer dem Arbeitgeber gegenüber einzuhalten hat.

⁸) Eingefügt durch die Abänderungsverordnung vom 18. Januar 1926 (RGBl. I S. 91).

⁹) Während nach Absatz 1 die Befreiung im allgemeinen nur eintreten kann, wenn ein schriftlicher Arbeitsvertrag vorliegt,

schafft Absatz 2 eine Ausnahme für den Fall, daß das Arbeitsverhältnis sich nach einem Tarifvertrage regelt. Hier kann, aber nur unter der Voraussetzung, daß der Tarifvertrag Vorschriften über die Dauer des Arbeitsvertrags im Sinne des Absatz 1 Nr. 1 und 2 enthält, an Stelle des schriftlichen Arbeitsvertrags eine schriftliche, gemeinsam vom Arbeitgeber und Arbeitnehmer unterzeichnete Erklärung treten, daß sich das Arbeitsverhältnis nach diesen Vorschriften des Tarifvertrags regelt. Ob der Tarifvertrag für allgemein verbindlich erklärt ist oder nicht, ist hier bedeutungslos. Enthält der Tarifvertrag Bestimmungen im Sinne des Absatz 1 Nr. 1 und 2 nicht, so kann die Befreiung nur auf Grund eines besonderen schriftlichen Arbeitsvertrags erfolgen.

Während sonst die Beitragsfreiheit nur eintritt, wenn eine gemeinsam vom Arbeitgeber und Arbeitnehmer unterschriebene Anzeige bei der Krankenkasse eingereicht wird (Artikel 6 Abs. 1), genügt im Falle des Artikel 2 Abs. 1 eine schriftliche, nur vom Arbeitgeber zu unterschreibende Anzeige; ihr ist der schriftliche Arbeitsvertrag beizufügen. Im Falle des Artikel 2 Abs. 2 ist erforderlich die schriftliche vom Arbeitgeber zu unterzeichnende Anzeige, der beizufügen ist die schriftliche gemeinsam vom Arbeitgeber und Arbeitnehmer unterschriebene Erklärung, daß sich das Arbeitsverhältnis nach den Vorschriften des Tarifvertrags im Sinne des Abs. 1 Nr. 1 und 2 richtet. In beiden Fällen wird an Stelle der schriftlichen Anzeige des Arbeitgebers auch genügen, daß er sie zu Protokoll erklärt.

Artikel 3.

Beitragsfrei [1]) ist eine Beschäftigung [2]) als Hausgehilfe [3]) oder ländliches Gesinde [4]), sofern der Arbeitnehmer in die häusliche Gemeinschaft [5]) des Arbeitgebers aufgenommen ist.

[1]) Artikel 3 lautete bisher:

„Beitragsfrei ist eine Beschäftigung in der Haus-, Land-

und Forstwirtschaft, sofern der Arbeitnehmer zu den im § 165 Abs. 1 Nr. 1 der Reichsversicherungsordnung bezeichneten Personen gehört und in die häusliche Gemeinschaft des Arbeitgebers aufgenommen ist (Hausgehilfen und ländliches Gesinde)."

Diese Fassung führte in der Praxis zu einer sehr weiten und zum Teil mißbräuchlichen Auslegung. Auf Grund dieser Vorschrift sind in einzelnen Bezirken nicht nur Arbeitnehmer der landwirtschaftlichen Nebenbetriebe, sondern auch Gutsinspektoren, -handwerker, -maurer, -schmiede, -schreiber usw. befreit worden, wenn sie in die häusliche Gemeinschaft aufgenommen worden waren. Das entsprach nicht der Absicht des Gesetzgebers (vgl. auch Anm. 5 zu Art. 2). Durch die Worte in der Klammer wurde erläuternd, zugleich aber auch einschränkend gesagt, welche Personengruppen unter Artikel 3 fallen sollten. Um weiteren Mißbräuchen vorzubeugen, ist der Artikel 3 durch die Abänderungsverordnung vom 18. Januar 1926 (RGBl. I S. 91) in der oben angegebenen Form neu gefaßt worden. Wenn auch der Ausdruck „ländliches Gesinde" nicht mehr als Rechtsbegriff gilt, — die landesrechtlichen Gesindeordnungen sind durch den Rat der Volksbeauftragten unterm 12. November 1918 (RGBl. S. 1303) außer Kraft gesetzt worden —, so bezeichnet er doch in einer allgemein bekannten Ausdrucksweise einen ganz bestimmten Personenkreis. Dadurch läßt sich seine Verwendung im Gesetz rechtfertigen.

[2]) Vgl. Anm. 1 zu Artikel 1.

[3]) Der Reichsarbeitsminister hat sich in einem Schreiben vom 23. Februar 1925 (RABl. S. 128) wie folgt geäußert:

„Die Beschäftigung eines Hausgehilfen ist nach Art. 3 der Fünften Ausführungsverordnung zur Verordnung über Erwerbslosenfürsorge vom 14. November 1924 (RGBl. I S. 741) beitragsfrei. Wie der Begriffsbestimmung des genannten Artikels zu entnehmen ist, sind Hausgehilfen im Sinne dieser Vorschrift nur Personen, die in der Hauswirtschaft beschäftigt sind, dabei zu den im § 165 Abs. 1 Nr. 1 der Reichsversicherungsordnung bezeichneten Personen gehören und in die häusliche Gemeinschaft des Arbeitgebers aufgenommen sind.

Unter einer Beschäftigung als Hausgehilfe sind alle Dienste zu verstehen, die geeignet sind, einen Haushalt im Gang zu halten, also insbesondere die Reinigung und Heizung der Wohnräume, die Bereitung der Mahlzeiten, die persönliche Bedienung der Haushaltsmitglieder und die Wartung der Kinder. Dabei ist als Haushalt nur eine nicht auf Erwerb gerichtete Lebensgemeinschaft anzusehen, wie sie sich hauptsächlich in der Familie verkörpert, aber z. B. auch in einer durch religiöse Vorschrift zum gemeinsamen Leben verbundenen Personenmehrheit. Nicht zu den Hausgehilfen gehören Zimmermädchen und das übrige Bedienungspersonal in Gasthäusern, Fremdenheimen und Pflegeanstalten, sie sind vielmehr Gewerbegehilfen und als solche zur Erwerbslosenfürsorge beitragspflichtig. Werden Hausgehilfen auch in dem Betriebe oder Erwerbsgeschäft des Dienstberechtigten beschäftigt, so gilt der Grundsatz des § 439 der Reichsversicherungsordnung, daß in solchen Fällen stets die anderweitige Beschäftigung maßgebend ist, für die Erwerbslosenfürsorge entsprechend. Sie sind mithin beitragspflichtig.

Die Bezugnahme auf § 165 Absatz 1 Nr. 1 der Reichsversicherungsordnung stellt außer Zweifel, daß zu den Hausgehilfen im Sinne des Artikel 3 der Fünften Ausführungsverordnung nur solche Arbeitnehmer eines Haushalts zu rechnen sind, die auch von der Reichsversicherungsordnung in ihrer jetzigen Fassung vom 15. Dezember 1924 (Reichsgesetzbl. 1 S. 779) als „Hausgehilfen" bezeichnet werden. Die Bezeichnung „Hausgehilfe" ist hier an die Stelle des früheren Ausdrucks „Dienstbote" getreten. Nach anerkannter Rechtsauslegung kann als Hausgehilfe in diesem Sinne nur angesehen werden, wessen Beschäftigung der Tätigkeit eines Arbeiters, nicht aber der eines Angestellten ähnelt. Daher sind als Hausgehilfen wohl Hausmädchen, Köchinnen, Kindermädchen, Diener, meist auch Wirtschafterinnen anzusehen, nicht aber Erzieherinnen, Hauslehrer, Gesellschafterinnen und überhaupt solche Hausangestellte, die für Dienste höherer Art angenommen sind und eine mehr leitende als ausführende Tätigkeit ausüben.

Endlich erfordert der Begriff des Hausgehilfen nach Art. 3 der Fünften Ausführungsverordnung, daß der Arbeitnehmer in die häusliche Gemeinschaft des Arbeitgebers aufgenommen ist. Auch das entspricht dem Hausgehilfenbegriff der Reichsversicherungsordnung — vgl. hierüber namentlich die grundsätzliche Entscheidung des Reichsversicherungsamts vom 19. September 1914 — II K 998. 14 — (Amtliche Nachrichten XXX S. 770 ff., auch Entscheidungen und Mitteilungen des Reichsversicherungsamts IV S. 47 ff.). Dort ist auch die Frage erörtert, was unter der Aufnahme in die „häusliche Gemeinschaft" zu verstehen ist. In Uebereinstimmung mit der herrschenden Lehre des bürgerlichen Rechts, dem der Begriff entstammt (vgl. insbesondere § 617 des Bürgerlichen Gesetzbuches) nimmt das Reichsversicherungsamt an, daß jemand regelmäßig nur dann in die häusliche Gemeinschaft eines anderen aufgenommen ist, wenn er bei ihm wohnt. Es läßt jedoch Ausnahmen zu, indem es hervorhebt, daß namentlich in Städten verschiedene Umstände, insbesondere Raummangel in der Wohnung der Herrschaft, nicht selten dahin geführt haben, daß zu häuslichen Diensten angenommene Personen sich nur tagsüber in der Wohnung der Herrschaft aufhalten, für die Nacht aber in ihre oder ihrer Eltern usw. Wohnung zurückkehren. Dieser tatsächlichen Entwicklung der Dinge und den Anschauungen der Beteiligten würde es, wie das Reichsversicherungsamt weiter ausführt, nicht entsprechen, wollte man hier die Hausgehilfeneigenschaft unbedingt verneinen. Allerdings muß in solchen Fällen die häusliche Gemeinschaft auf eine andere, den Lebensanschauungen entsprechende Weise hergestellt sein; dazu gehört namentlich, daß die betreffende Person sich tagsüber in der Wohnung des Dienstberechtigten aufhält, also grundsätzlich für keinen anderen Arbeitgeber tätig ist, andererseits, daß sie zu den Wohn- und Wirtschaftsräumen in derselben Weise wie das Dienstpersonal im allgemeinen Zutritt hat und im Haushalt des Dienstberechtigten beköstigt wird. Es unterliegt keinem Zweifel, daß der Begriff der häuslichen Gemeinschaft, wie er sich nach vorstehendem im bürgerlichen Recht und in der Sozialversicherung entwickelt hat, auch in der fraglichen Bestimmung für die Erwerbslosenfürsorge zu gelten hat; eine abweichende Auffassung hätte auch eine andere Ausdrucksweise verlangt. Daher sind z. B. Aufwärterinnen, die lediglich für den Tag oder einige Stunden des Tages angenommen werden (Stundenfrauen, Zugehfrauen, Reinemachfrauen, Waschfrauen, Näherinnen und ähnliche Arbeitnehmer), auch im Sinne der Fünften Ausführungsverordnung keine Hausgehilfen, ebensowenig in der Regel Pförtner und Chauffeure, die ihren eigenen Haushalt zu haben pflegen."

Die Tätigkeit des Bedienungspersonals in Krankenhäusern, Kinderheimen, Versorgungsheimen und dergl. kann als Beschäftigung in der Hauswirtschaft nicht angesehen werden, und zwar auch dann nicht, wenn es sich um öffentliche, nicht auf Erwerb gerichtete Krankenanstalten usw. handelt; denn alle diese Anstalten stellen keinen Haushalt dar. Ihr Bedienungspersonal wird von Artikel 3 nicht erfaßt und ist deshalb von der Beitragspflicht nicht befreit (Besch. des RAM. vom 30. April 1925, RABl. S. 218).

[4]) Vgl. Anm. 1. Nicht zum ländlichen Gesinde gehören die Angestellten (Gutsinspektoren, Gutssekretäre, Gutsschreiber), aber auch nicht die Gutshandwerker (-maurer, -schmiede), selbst wenn sie in die häusliche Gemeinschaft aufgenommen sind. Ebenso gehören Praktikanten nicht zum ländlichen Gesinde (OVA. München vom 8. September 1925, RABl. S. 501).

[5]) Vgl. die Erläuterung in Anmerkung 3.

Artikel 4.

(1) Beitragsfrei ist eine Beschäftigung in der Binnen- und Küstenfischerei auf Anteil am Fange (Partenfischerei).[1])

(2) Die für den Beschäftigungsort [2]) zuständige oberste Landesbehörde oder die von ihr bezeichnete Stelle bestimmt, bei welchem Mindestfanganteile die Befreiung eintritt.

[1]) Das in der Binnen- und Küstenfischerei übliche Lohnsystem, die Partenfischerei, gibt dem Arbeitnehmer eine Stellung, die der des Arbeitgebers stark angenähert ist. Der Arbeitnehmer erhält als Vergütung einen bestimmten Anteil am Fange.

[2]) Vgl. Anm. 5 zu Artikel 1.

Artikel 5.

(1) Beitragsfrei ist die Beschäftigung [1]) auf Grund eines schriftlichen [2]) Lehrvertrags [3]) von mindestens zweijähriger [4]) Dauer.

(2) Die Beitragsfreiheit erlischt sechs Monate [5]) vor dem Tage, an dem das Lehrverhältnis durch Zeitablauf endet.

[1]) Vgl. Anm. 1 Satz 1 zu Artikel 1.

[2]) Ein mündlicher Lehrvertrag kann nicht Beitragsbefreiung verschaffen. Für die Lehrverträge gewerblicher Lehrlinge ist schon durch § 126 b der Gewerbeordnung schriftliche Form vorgeschrieben. Artikel 5 verlangt sie für alle Lehrverträge, wenn Beitragsfreiheit eintreten soll. Wegen der Form der Befreiungsanzeige vgl. Art. 6.

[3]) Nach Artikel 2 Abs. 3 gilt Artikel 5 auch für land- und forstwirtschaftliche Lehrlinge (auch für sogenannte Eleven). „Volontäre" sind keine Lehrlinge, aber auch nicht Arbeitnehmer im Sinne der Art. 1 bis 3 der V. Ausführungsverordnung (Entscheidung des Badischen Ministeriums des Innern vom 7. März 1925, Jäger-Neuburger S. 324).

[4]) Die einjährige Dauer nach Artikel 2 der I. Ausführungsverordnung ist durch die V. Ausführungsverordnung auf zwei

Jahre verlängert worden. Lehrverträge von kürzerer Dauer begründen keine Beitragsfreiheit.

Die Regelung des Artikel 5 gilt auch für solche Lehrverhältnisse, bei denen gewisse Unterbrechungen der Ausbildungszeit berufsüblich sind wie z. B. im Baugewerbe. Die Pausen während des Winters sind nach der Natur des Bauhandwerks unvermeidlich und deshalb nicht als Unterbrechungen anzusehen, durch die der auf eine bestimmte Anzahl hintereinander folgender Jahre abgeschlossene Lehrvertrag das Merkmal der mindestens zweijährigen Dauer verlöre. Dagegen tritt Beitragsfreiheit nicht ein, wenn darüber hinaus sonstige Entlassungs- oder Unterbrechungsgründe verabredet werden, der Meister sich z. B. die Unterbrechung für den Fall einer Betriebsstillegung vorbehält (Besch. d. RAM. vom 22. Juni 1925, RABl. S. 362).

[5]) Die Beitragspflicht für die letzten 6 Monate kann auch nicht dadurch abgewendet werden, daß der Lehrherr mit dem Lehrling oder dessen gesetzlichen Vertreter vereinbart, den Lehrling nach Ablauf des Lehrverhältnisses als Gesellen weiter beschäftigen zu wollen, da es sich hierbei um ein neues und andersartiges Rechtsverhältnis handelt. Soweit für Lehrlinge Beiträge zur Erwerbslosenfürsorge zu zahlen sind, ist sinngemäß die Regelung des § 494 RVO. anzuwenden.

Artikel 6.

(1) Die [1]) Beitragsfreiheit ist in den Fällen der Artikel 1, 3 und 4 von einer gemeinsam [2]) vom Arbeitgeber und Arbeitnehmer unterzeichneten [3]) Anzeige [4]) bei der Krankenkasse [5]) abhängig. Verweigert ein Vertragsteil seine Unterschrift grundlos [6]), so hat die Krankenkasse auf Antrag [7]) des andern Teils dessen Unterschrift für ausreichend zu erklären.

(2) In [1]) den Fällen der Artikel 2 und 5 genügt die Anzeige [8]) durch den Arbeitgeber; ihr ist der schriftliche Arbeits- oder Lehrvertrag oder in den Fällen des Ar-

tikel 2 Absatz 2 die dort vorgesehene schriftliche Erklärung des Arbeitgebers und des Arbeitnehmers beizufügen.

(3) Die Anzeige muß[9]) angeben, für welches Beschäftigungsverhältnis, für welche Dauer und aus welchem Grunde die Beitragsfreiheit in Anspruch genommen wird.

(4) Die Beitragsfreiheit beginnt[10]) mit dem Montag der Woche, in der die Anzeige eingeht. Sie tritt nicht ein, wenn die Krankenkasse feststellt[11]), daß die Voraussetzungen nicht gegeben sind. Gegen die Entscheidung der Krankenkasse können das Versicherungsamt und das Oberversicherungsamt angerufen werden. Das Oberversicherungsamt entscheidet endgültig.

(5) Die Beitragsfreiheit erlischt[12]) mit dem Zeitpunkt, in dem die Voraussetzungen nicht mehr vollständig gegeben sind. Fällt eine Voraussetzung früher weg, als nach der Anzeige zu erwarten[13]) war, so hat der Arbeitgeber der Krankenkasse unverzüglich Mitteilung zu machen.[14])

[1]) Geändert durch die Abänderungsverordnung vom 18. Januar 1926 (RGBl. I S. 91). Bisher war für alle Befreiungsfälle eine gemeinsam vom Arbeitgeber und Arbeitnehmer unterzeichnete Anzeige erforderlich, jetzt genügt in den Fällen der Artikel 2 und 5 unter bestimmten Voraussetzungen eine lediglich vom Arbeitgeber unterzeichnete Anzeige, vgl. Anm. 9 zu Art. 2 und Anm. 2 zu Art. 5.

[2]) Beide Teile müssen grundsätzlich eigenhändig unterschreiben. Bei beschränkt Geschäftsfähigen (Minderjährigen) reicht deren Unterschrift zu einer rechtsgültigen Befreiungsanzeige aus, es bedarf nicht der Zustimmung des gesetzlichen Vertreters oder dessen zusätzlicher oder

stellvertretender Unterschrift. Denn durch die Unterzeichnung der Anzeige erlangt der beschränkt Geschäftsfähige lediglich den Vorteil der Beitragsfreiheit, seine Rechte aber werden nicht geschmälert, da zwischen Beitragsleistung und Anwartschaft auf Erwerbslosenunterstützung zur Zeit noch keine Wechselbeziehungen bestehen. Minderjährige, die mit Ermächtigung ihres gesetzlichen Vertreters in Dienst oder Arbeit treten, sind für den Bereich des Dienst- oder Arbeitsverhältnisses unbeschränkt geschäftsfähig (vgl. § 113 BGB. und Schreiben des RAM. vom 9. April 1925, RABl. S. 165).

3) Daraus ergibt sich, daß Schriftform erforderlich ist. Die Anzeige wird auch zu Protokoll erklärt werden können, vgl. auch Anm. 9 zu Art. 2.

4) Nach der I. und III. Ausführungsverordnung trat Beitragsfreiheit kraft Gesetzes ein, wenn die Voraussetzungen vorlagen. Die V. Ausführungsverordnung ist nicht so weit gegangen, daß sie einen Antrag auf Befreiung verlangt, sie schlägt den Mittelweg ein und erklärt eine Anzeige für ausreichend. Entspricht diese den Vorschriften des Art. 6 Abs. 3 und der Form der Absätze 1 oder 2, so tritt die Beitragsfreiheit ohne weiteres mit dem Montag der Woche ein, in der die Anzeige bei der Krankenkasse eingeht. Einer Genehmigung bedarf es also nicht. Vielfach hat sich aber das Verfahren herausgebildet, daß dem Anzeigenden eine Mitteilung über die erfolgte Befreiung gegeben wird. Sie hat Beweiskraft nur insoweit, als dadurch die Tatsache festgestellt wird, daß eine den Vorschriften entsprechende Befreiungsanzeige bei der zuständigen Stelle eingereicht ist. Eine Verpflichtung dieser Stelle zur Mitteilung besteht aber, wenn die Anzeige oder Erklärung nicht völlig in Ordnung ist. Sonst würde der Anzeigende aus dem Schweigen darauf schließen können, daß die Befreiung eingetreten ist.

5) In Frage kommt die nach § 35 Abs. 1 der Verordnung zuständige Krankenkasse.

6) Ohne stichhaltigen Grund. Die Verweigerung erfolgt in den meisten Fällen deshalb, weil die Arbeitnehmer irrtümlich

glauben, durch die Unterzeichnung den Anspruch auf Erwerbslosenunterstützung zu verwirken. Ein berechtigter Grund zur Verweigerung liegt vor, wenn die Voraussetzungen der einzelnen Befreiungsvorschrift nicht vorliegen.

7) Sie hat also nicht von Amts wegen zu untersuchen, ob die Verweigerung grundlos ist oder nicht, sondern den Antrag des andern Teils abzuwarten.

8) Auch sie ist schriftlich einzureichen, kann aber gegebenenfalls auch zu Protokoll erklärt werden.

9) Enthält die Anzeige diese Angaben nicht, so setzt sie die Beitragsfreiheit nicht in Kraft. Wird sie nachträglich ergänzt, so gilt die Befreiung erst vom Montag der Woche, in der die Anzeige den Vorschriften entsprechend geändert worden ist. Die Arbeitsnachweise oder die landwirtschaftlichen Arbeitgeberverbände haben vielfach Vordrucke herstellen lassen, deren Benutzung sich zur Vermeidung von Nachteilen empfiehlt.

10) Mit Rücksicht darauf, daß die Krankenkassen ihre Beiträge meist für Kalenderwochen erheben. Die Befreiungsanzeige hat keine rückwirkende Kraft. Wenn aber im Rechtszuge nach Abs. 4 Satz 3 festgestellt wird, daß die Anzeige berechtigt war und den gesetzlichen Vorschriften entsprach, so wirkt in diesem Falle die Befreiung vom Montag der Woche an, wo die Anzeige bei der Krankenkasse eingegangen ist.

11) Das hat sie dem Anzeigenden mitzuteilen (vgl. Anm. 4).

12) Mit diesem Zeitpunkt tritt die Pflicht zur Entrichtung von Beiträgen ein.

13) Soweit es sich nicht um Scheinverträge gehandelt hat, tritt auch hier die Beitragspflicht erst an dem Zeitpunkt des Abs. 5 Satz 1 in Kraft (vgl. Anm. 5 Abs. 3 zu Art. 2).

14) Wegen der abweichenden Regelung in Thüringen vgl. Anm. 1 zu Artikel 8.

Artikel 7.

Die Krankenkasse hat alle Anzeigen, die sie nicht beanstandet, unverzüglich dem Vorsitzenden des öffentlichen Arbeitsnachweises vorzulegen. **Dieser**[1]) **hat in allen Fällen, in denen nicht zweifelsfrei feststeht, daß die Voraussetzungen der Beitragsfreiheit gegeben sind, die Entscheidung des Versicherungsamts (Beschlußausschuß) herbeizuführen.** Vor der Entscheidung soll das Versicherungsamt der Krankenkasse sowie dem Arbeitgeber und dem Arbeitnehmer Gelegenheit zur Aeußerung geben.

[1]) Die Fassung beruht auf der Abänderungsverordnung vom 18. Januar 1926 (RGBl. I S. 91). Vgl. Einleitung S. 88 Abs. 4.

Artikel 8.

Die obersten Landesbehörden[1]), die von der Ermächtigung des § 35 Abs. 3 der Verordnung über Erwerbslosenfürsorge Gebrauch machen, können mit den Aufgaben der Artikel 6 und 7 andere Stellen als die Krankenkassen, den Vorsitzenden des öffentlichen Arbeitsnachweises und das Versicherungsamt beauftragen.

[1]) In Thüringen ist mit Rücksicht auf das besondere Einzugsverfahren (vgl. Anm. 8 zu § 35) durch die I. Abänderung der Ausführungsanweisung vom 1. Dezember 1924 (Amts- und Nachr.-Bl. S. 438) angeordnet worden:

„An die Stelle der Krankenkasse tritt der Vorsitzende des öffentlichen Arbeitsnachweises, an die Stelle des Versicherungsamts der Verwaltungsausschuß des öffentlichen Arbeitsnachweises, an die Stelle des Oberversicherungsamts der Verwaltungsausschuß des Landesamts für Arbeitsvermittlung.

Der Vorsitzende des öffentlichen Arbeitsnachweises hat für jede Gemeinde seines Bezirks ein Verzeichnis der auf Grund des Artikel 6 eingehenden Anzeigen anzulegen und dauernd auf dem Laufenden zu erhalten. Insbesondere hat er auch die Ablaufzeit der Verträge zu überwachen."

Da das thüringische Einzugsverfahren mit dem 1. August 1926 aufgehoben wird, tritt mit diesem Zeitpunkt auch die Sonderregelung nach Art. 8 außer Kraft.

Artikel 9.

(1) Die Verordnung tritt am 1. Februar 1926 in Kraft.

(2) Gleichzeitig tritt die Fünfte Ausführungsverordnung zur Verordnung über Erwerbslosenfürsorge vom 14. November 1924 (Reichsgesetzbl. I S. 741) außer Kraft.

(3) Beschäftigungsverhältnisse, die am 1. Februar 1926 bereits bestehen und nach den bisherigen Vorschriften beitragsfrei sind, bleiben bis zum 31. März 1926 beitragsfrei.

Berlin, den 18. Januar 1926.

Der Reichsarbeitsminister
Dr. Brauns.

Sechste Ausführungsverordnung[1]) zur Verordnung über Erwerbslosenfürsorge.

Vom 18. Januar 1926.

(RGBl. I S. 92.)

Auf Grund der §§ 34 Abs. 4 Nr. 4 und 39 Abs. 3 der Verordnung über Erwerbslosenfürsorge vom 16. Februar 1924 (Reichsgesetzbl. I S. 127) ordne ich mit Zustimmung des Reichsministers der Finanzen und des Reichsrats nach Benehmen mit dem Verwaltungsrate des Reichsamts für Arbeitsvermittlung an:

[1]) Die starke Wirtschaftskrise, die in der 2. Hälfte des Jahres 1925 mit besonderer Heftigkeit einsetzte, hat gezeigt, daß auf die Dauer die Lasten der Erwerbslosenfürsorge nicht tragbar sind, wenn nicht ein Ausgleich zwischen Bedarfs- und Ueberschußgebieten möglich ist. Wenn die einzelnen Wirtschaftsgebiete, die in der Erwerbslosenfürsorge grundsätzlich durch die Bezirke der öffentlichen Arbeitsnachweise begrenzt werden, auf sich angewiesen sind, dann werden gerade die Gebiete, die stark unter Erwerbslosigkeit zu leiden haben, dadurch noch mehr belastet, daß sie infolge der höheren Aufwendungen auch höhere Beiträge zur Erwerbslosenfürsorge erheben müssen. Das kann sehr leicht zu einer Schädigung schwacher Wirtschaftszweige in überlasteten Gebieten führen. Die Verschiedenheit der Belastung im Vorjahre war so groß, daß an manchen Orten infolge vorhandener Rücklagen ein Beitrag zur Erwerbslosenfürsorge überhaupt nicht erhoben zu werden brauchte, während an anderen lange Zeit hindurch der höchstzulässige Beitrag von 3 v. H. erhoben werden mußte. In einigen Ländern, in denen starke Verschiedenheiten zwischen besonders belasteten Gebieten und Industrien und

solchen, die unter der Erwerbslosigkeit und ihren Lcten weniger zu leiden hatten, vorhanden waren, wurden dehalb bereits nach Inkrafttreten der Verordnung vom 16. Februr 1924 Gefahrengemeinschaften gebildet, die regelmäßig midestens den Bezirk eines Landesamts für Arbeitsvermittlung umaßten. Die Notzeit der letzten Monate hat jedoch gezeigt, daß ach der Ausgleich in den einzelnen Ländern noch nicht genügt. Vielmehr trat dadurch der unerwünschte Zustand ein, daß ezelne stark industrialisierte Länder, die unter Erwerbslosigke besonders zu leiden hatten, durch die Aufwendungen für die Ewerbslosenfürsorge übermäßig belastet wurden. Der Spzenausgleich durch das Reich zeigte sich als unabweisbar notwedig. Wenn die mehrjährigen Erörterungen bisher zu einem Ezebnis nicht geführt hatten, so lag das vor allem, abgesehen vn der Unmöglichkeit während der Geldentwertungszeit, daran, daß sich auf den von einander vielfach ganz verschiedenen Ausglichsgemeinschaften in den einzelnen Ländern ein Reichsausgeich schwer aufbauen ließ. Die Not der Zeit hat jedoch dazu gezwungen. Die VI. Ausführungsverordnung vom 18. Janua 1926 hat eine Reichsgefahrengemeinschaft geschaffen. Sie bat auf dem Grundsatz der Verbundenheit der Reichswirtschaft af, die eine Gesamtwirtschaft darstellt und nicht an den einzelen Landesgrenzen Halt macht. Durch Ansammlung von Beitrgen in der Reichsausgleichskasse und Verteilung an Bedarfsgelete soll in Zukunft der übermäßigen Belastung einzelner Teile des Reiches vorgebeugt und dadurch sollen gleichmäßigere Vorussetzungen für die Wirtschaft geschaffen werden können. Selbverständlich darf die Reichsgefahrengemeinschaft auf der anderen Seite nicht dazu dienen, große Summen der blutarmen Wirtschft zu entziehen und unwirtschaftlich festzulegen. Das sollen die Sicherheitsventile der Artikel 3 und 8 verhüten. Nach Artikel 3 bedarf es der Zustimmung des Reichsrats, also der Lder, wenn der Ausgleichsanteil des Reiches mehr als 1/2 v. H. des Grundlohnes betragen soll, und Artikel 8 setzt die obere Grenze der Summe fest, die überhaupt angesammelt werden drf: „Die

Reichsausgleichskasse soll einen Bestand aufweisen, der zur Unterstützung von 200 000 Erwerbslosen für drei Monate erforderlich ist", d. h. rund 40 Millionen Mark. Daß diese Grenze keineswegs zu hoch ist, haben die durchschnittlichen Unterstützungszahlen der letzten Jahre gezeigt. Einer Krise wie der jetzigen, die an monatlichen Aufwendungen für die Erwerbslosenfürsorge rd. 100 Millionen Mark verschlingt, würde auf längere Zeit auch eine Reichsausgleichskasse nicht gewachsen sein. Immerhin tritt eine wesentliche Entlastung des Reichs und der Länder ein. Denn sie werden mit Zuschüssen erst in Anspruch genommen, wenn die Reichsausgleichskasse erschöpft ist. Die Reichsausgleichskasse aber wird wieder dadurch gestärkt, daß überall Gefahrengemeinschaften mit möglichst einheitlichem Beitragssatz eingerichtet werden müssen, und zwar entweder für den Bezirk eines Landesamts für Arbeitsvermittlung oder für den Bezirk eines Landes. Die öffentlichen Arbeitsnachweise selbst können ihre Fehlbeträge nicht bei der Reichsausgleichskasse anfordern. Wird eine überörtliche Gefahrengemeinschaft also nicht gebildet, so kann die Reichsausgleichskasse nicht angerufen werden, dem entsprechend können nach ihrer Erschöpfung aber auch nicht Reichs- und Landesbeihilfen in Anspruch genommen werden. Zur Zeit bestehen 16 Gefahrengemeinschaften im Reich, darunter die preußisch-hessisch-lippesche, so daß in allen Ländern des Reichs Beitragsgemeinschaften errichtet sind.

Die jetzige Regelung des Reichsausgleichs, deren schnellste Einführung infolge des Notstandes unabweisbare Pflicht der Reichsregierung war, stellt nur eine Notregelung dar, aus der irgendwelche Schlüsse für die kommende Arbeitslosenversicherung nicht gezogen werden dürfen. Das hat die Reichsregierung in der Vollversammlung des Reichsrats öffentlich festgestellt, und der Reichsrat hat diese Feststellung ausdrücklich bestätigt. Die Geltungsdauer der VI. Ausführungsverordnung ist begrenzt. Nach Artikel 12 Absatz 4 tritt sie mit dem Inkrafttreten eines Gesetzes über Arbeitslosenversicherung, spätestens aber am 31. März 1927 außer Kraft. Die Erfahrungen, die mit dieser

Regelung gemacht werden, werden aber für die künftige Arbeitslosenversicherung gleichwohl von besonderer Bedeutung sein.

Artikel 1.

Die Beiträge [1]) zur Erwerbslosenfürsorge bestehen [2]) aus

1. einem Teile, der für den Bezirk eines Landesamts für Arbeitsvermittlung zu erheben ist (Bezirksanteil),
2. einem Teile, der für Zwecke des Reichsausgleichs an die Reichsarbeitsverwaltung (Reichsamt für Arbeitsvermittlung) abzuführen ist (Reichsanteil).

[1]) Vgl. §§ 33 ff. der VO.

[2]) Bezirksanteil und Reichsanteil zusammen dürfen nicht 3 v. H. des Grundlohnes, bei einer abweichenden Regelung des Einzugsverfahrens für die Beiträge nach § 35 Abs. 3 (wie bisher in Thüringen) nicht 3 v. H. des wirklichen Arbeitsverdienstes übersteigen. Da die Höhe des Reichsanteils nach Art. 3 vom Verwaltungsrat des Reichsamts für Arbeitsvermittlung festgesetzt wird, ist der Bezirksanteil in seiner Höhe abhängig von der Höhe des Reichsanteils. Er darf höchstens den Unterschiedsbetrag zwischen 3 v. H. und dem Reichsanteil erreichen und ist zu bemessen nach dem Bedarf im Bezirke des einzelnen Landesamts für Arbeitsvermittlung. Wegen seiner etwaigen Teilung vgl. Artikel 2, wegen der Regelung in Notzeiten vgl. Artikel 8.

Artikel 2.

(1) Die oberste Landesbehörde [1]) kann anordnen [2]), daß der Bezirksanteil in der Weise geteilt wird, daß ein Teil zunächst zur Deckung des Bedarfs innerhalb der Bezirke der einzelnen öffentlichen Arbeitsnachweise, der andere Teil zum Ausgleich innerhalb des Bezirks des Landesamts für Arbeitsvermittlung verwandt wird.

In einem Lande[2]), für das mehrere Landesämter für Arbeitsvermittlung errichtet sind, kann sie außerdem anordnen, daß Teile des Bezirksanteils für Zwecke des Landesausgleichs verwandt werden.

(2) Sind für ein Landesamt mehrere[2]) oberste Landesbehörden zuständig, so erfolgt die Teilung des Bezirksanteils im beiderseitigen Einvernehmen. Kommt ein Einvernehmen nicht zustande, so bleibt die Teilung des Bezirksanteils auf die Gebiete beschränkt, die zum Staatsgebiete der anordnenden obersten Landesbehörde gehören.

(3) Das Recht der obersten Landesbehörde, nach § 39 Abs. 2 der Verordnung über Erwerbslosenfürsorge anzuordnen, daß ein von ihr bestimmter[3]) Verwaltungsausschuß den Bezirksanteil für den Bezirk des Landes festsetzt, bleibt unberührt.

[1]) Vgl. Anm. 6 zu § 1 der VO.

[2]) I. Nach Artikel 1 besteht der Beitrag aus

a) dem Bezirksanteil = dem Anteil für den Bezirk des Landesamts für Arbeitsvermittlung,

b) dem Reichsanteil.

Diese Regelung greift da Platz, wo Landesgefahrengemeinschaften bestehen, die den Bezirk eines Landesamts für Arbeitsvermittlung umfassen, z. B. in Bayern, Sachsen, Thüringen.

II. Nach Artikel 2 Absatz 1 Satz 1 kann die oberste Landesbehörde den Bezirksanteil teilen in einen Ortsanteil, der zur Deckung des Bedarfs innerhalb des Bezirks des einzelnen öffentlichen Arbeitsnachweises verwandt wird, und einen Bezirksanteil zur Deckung des Bedarfs innerhalb des Bezirks des Landesamts. Demgemäß:

a) Ortsanteil } = Bezirksanteil nach
b) Landesamtsanteil } Art. 1 Ziffer 1.
c) Reichsanteil

III. Nach Artikel 2 Abs. 1 Satz 2 kann die oberste Landesbehörde in einem Lande, für das mehrere Landesämter errichtet sind, anordnen, daß ein Teil des Bezirksanteils für Zwecke des Landesausgleichs verwandt wird. Daraus ergibt sich folgende Teilung:

a) Ortsanteil
b) Landesamtsanteil
c) Landesanteil

} = Bezirksanteil nach Art. 1 Ziffer 1.

d) Reichsanteil

Hierdurch wird eine Sonderregelung für Preußen geschaffen. Der Lastenausgleich ist in Preußen durch Anordnung des Ministers für Volkswohlfahrt vom 18. August 1924 dahin geordnet, daß eine Provinzial- und eine Landesausgleichskasse geschaffen worden sind. Die Beiträge werden festgesetzt durch den Verwaltungsausschuß des beim Ministerium für Volkswohlfahrt gebildeten Landesamts „Preußen", gegen dessen Errichtung erhebliche rechtliche Bedenken geltend gemacht worden sind. „Der Verwaltungsausschuß des Arbeitsnachweises ist zur Herabsetzung des ihm verbleibenden Beitragsteiles berechtigt, falls die Erhebung des Höchstsatzes zur Deckung des notwendigen Aufwandes nicht erforderlich ist. Dieselbe Befugnis steht für den an die Provinzialausgleichskasse abzuführenden Beitragsteil dem Verwaltungsausschuß des betreffenden Landarbeitsamts zu." (Art. 3 der Anordnung vom 18. August 1924). Ein Fehlbetrag des Arbeitsnachweises ist durch die Provinzialausgleichskasse und, soweit deren Mittel nicht ausreichen, durch die Landesausgleichskasse zu tragen. Ueber diesem Unterbau steht die Reichsausgleichskasse.

Die preußische Regelung ist von besonderer finanzieller Bedeutung für die Reichsausgleichskasse. Während die übrigen Landesarbeitsämter ihre Fehlbeträge bei der Reichsausgleichskasse anmelden dürfen, dürfen die preußischen sich nur an ihre Landesausgleichskasse wenden, und das Land Preußen darf erst dann an die Reichsausgleichskasse herantreten, wenn in seinem ganzen Staatsgebiet die höchstzulässigen Beiträge von 3 v. H. einen Monat lang erhoben worden sind.

IV. Artikel 2 Absatz 2 schafft eine Sonderregelung für die Länder, die kein eigenes Landesamt für Arbeitsvermittlung haben, d. s. Anhalt, Braunschweig, Hessen, Lippe, Lübeck, Mecklenburg-Schwerin, Mecklenburg-Strelitz, Schaumburg-Lippe, Waldeck. Hier erfolgt die Teilung des Bezirksanteils in Orts- und Landesamtsanteil nur, wenn sich diese Länder mit dem Lande, mit dem zusammen sie ein gemeinschaftliches Landesamt für Arbeitsvermittlung haben, einigen; andernfalls bleibt die Teilung des Bezirksanteils auf die Gebiete beschränkt, die zum Staatsgebiet der anordnenden obersten Landesbehörde gehören. Diese Länder können für ihr Staatsgebiet je eine besondere Landesgefahrengemeinschaft bilden.

[3]) Die unter Anm. 2 IV aufgeführten kleineren Länder können den Verwaltungsausschuß eines öffentlichen Arbeitsnachweises mit der Festsetzung des Beitragssatzes betrauen.

Artikel 3.

(1) Die Höhe [1]) des Reichsanteils setzt der Verwaltungsrat des Reichsamts für Arbeitsvermittlung in Bruchteilen des Grundlohns fest. Beträgt der Reichsanteil mehr als ½ vom Hundert, so bedarf die Festsetzung der Zustimmung des Reichsrats [2]).

(2) Der Reichsanteil ist auch dort zu erheben, wo kein Bezirksanteil erhoben wird. [3])

[1]) Zu unterscheiden ist zwischen der Normalregelung des Artikel 3 und der Krisenregelung des Artikel 8. In beiden Fällen setzt der Verwaltungsrat des Reichsamts für Arbeitsvermittlung die Höhe des Reichsanteils fest. Aber während bei der Normalregelung die Festsetzung der Höhe des Bezirksanteils den dazu bestimmten Stellen (grundsätzlich den Verwaltungsausschüssen der Landesarbeitsämter) überlassen bleibt und Art. 3 Abs. 2 lediglich feststellt, daß der Reichsanteil in allen Bezirken zu erheben ist, auch dann, wenn kein Bezirksanteil eingezogen wird, so fällt diese freie Entschließung bei der Krisenregelung

fort. Hier setzt der Verwaltungsrat des Reichsamts für Arbeitsvermittlung einen einheitlichen, Reichs- und Bezirksanteil umfassenden Beitrag für das ganze Reichsgebiet fest. In diesem Fall darf nirgends unter diesen Beitragssatz heruntergegangen werden.

²) Diese Bestimmung bildet einen Schutz gegen eine übermäßige Ansammlung von Beitragsgeldern in der Reichsausgleichskasse, gegen die sog. Thesaurierungspolitik. Ab 1. Februar 1926 ist der Reichsanteil mit Zustimmung des Reichsrats auf 1 v. H. des Grundlohnes festgesetzt worden, vgl. Anm. 3 zu Artikel 8.

³) Besonderes Merkmal des Lastenausgleichs: Verteilung auf möglichst viele Schultern, Heranziehung auch der Gebiete, die von Erwerbslosigkeit verschont geblieben sind.

Artikel 4.

Die Mittel für den Reichsausgleich werden gesondert verwaltet. Hierzu wird bei der Reichsarbeitsverwaltung (Reichsamt für Arbeitsvermittlung) eine Reichsausgleichskasse ¹) gebildet.

¹) Sie untersteht dem Präsidenten der Reichsarbeitsverwaltung. Ein besonderes Rechtssubjekt stellt sie nicht dar, wohl aber bilden ihre Gelder ein besonderes Zweckvermögen (vgl. Syrup, RABl. Nichtamtl. T. 1926 S. 81, 10).

Artikel 5.

Die Beiträge, die im Bezirk eines Landesamts für Arbeitsvermittlung aufkommen, sind an das Landesamt abzuführen, soweit nicht die oberste Landesbehörde anordnet, daß sie an die Verwaltungsgemeinden der öffentlichen Arbeitsnachweise abzuführen sind. In Ländern, ¹) deren gesamtes Gebiet nur einen Teil eines Landesamtsbezirks bildet, kann die oberste Landesbehörde anordnen, daß die Beiträge, soweit sie nicht an die Verwaltungsgemeinden der öffentlichen Arbeitsnachweise abzuführen sind, an eine von ihr bestimmte Stelle[2]) abgeführt werden.

[1]) Vgl. Anm. 2 IV zu Art. 2.

[2]) Vgl. Anm. 1 Ziffer 2 zu Art. 10.

Artikel 6.

(1) Werden[1]) die Beiträge an das Landesamt für Arbeitsvermittlung abgeführt, so führt es den Reichsanteil unverzüglich an die Reichsausgleichskasse ab und deckt mit dem Aufkommen aus dem Bezirksanteile zunächst den Gesamtaufwand seines Bezirkes.

(2) Werden die Beiträge an die öffentlichen Arbeitsnachweise abgeführt, so führen diese den Reichsanteil unverzüglich an die Reichsausgleichskasse ab.

(3) Werden[2]) die Beiträge ganz oder zum Teil an die oberste Landesbehörde (Artikel 2 Abs. 1 Satz 2) oder die von ihr bestimmte Stelle (Artikel 5 Satz 2) abgeführt, so führen diese den Reichsanteil unverzüglich an die Reichsausgleichskasse ab und decken mit dem Aufkommen aus dem Bezirksanteile zunächst den Gesamtaufwand des Landes oder verwenden ihn zum Ausgleich innerhalb des Landes.

[1]) Vgl. Anm. 1 zu Artikel 10.

[2]) Vgl. Anm. 2 III und IV zu Artikel 2.

Artikel 7.

(1) Deckt in einem Kalendermonat das Aufkommen aus dem Bezirksanteile den Gesamtaufwand im Bezirke des Landesamts für Arbeitsvermittlung nicht und sind

vorher mindestens einen Monat[1]) hindurch im ganzen Bezirke die höchsten, zulässigen Beiträge erhoben worden, so erstattet[2]) die Reichsarbeitsverwaltung (Reichsamt für Arbeitsvermittlung) den Fehlbetrag aus der Reichsausgleichskasse. Reicht der Bestand der Kasse nicht aus, um die gesamten Fehlbeträge eines Kalendermonats zu decken, so werden die Erstattungen nach dem Verhältnis der Fehlbeträge gekürzt.[2])

(2) Sind Beiträge an die oberste Landesbehörde (Artikel 2 Abs. 1 Satz 2) oder die von ihr bestimmte Stelle (Artikel 5 Satz 2) abzuführen, so tritt an die Stelle des Landesamtsbezirks das Gebiet des Landes.[3])

[1]) Während bisher nach § 40 der VO. Reich und Land mit Zuschüssen eingreifen mußten, wenn mindestens 2 Wochen hindurch die höchstzulässigen Beiträge (3 v. H., vgl. § 34 Abs. 3, § 40 der VO.) erhoben worden waren, wird jetzt zunächst die Reichsausgleichskasse eingeschaltet. Sie deckt den Fehlbetrag, wenn vorher mindestens 1 Monat hindurch im ganzen Bezirk des Landesamts (Art. 2 Abs. 1 Satz 1) oder des Landes (Art. 2 Abs. 1 Satz 2, Art. 5 Satz 2) die höchstzulässigen Beiträge erhoben worden sind. Die Beihilfepflicht des Reichs und der Länder tritt erst nach Erschöpfung der Reichsausgleichskasse ein. Am 12. Februar 1926 hat der Präsident der Reichsarbeitsverwaltung mitgeteilt, daß die Reichsausgleichskasse erschöpft sei.

[2]) Der dann noch ungedeckte Rest ist je zur Hälfte aus Reichs- und Landesmitteln zu decken (vgl. § 40 der VO., Art. 9).

[3]) Vgl. Anm. 2 III und IV zur Artikel 2.

Artikel 8.

(1) Die Reichsausgleichskasse soll einen Bestand aufweisen, der zur Unterstützung von 200000 Erwerbslosen für drei Monate[1]) erforderlich ist. Solange[2]) dies nicht der Fall ist oder wenn die Reichsregierung mit

Zustimmung des Reichsrats feststellt, daß der Bestand der Kasse unter diesen Betrag zu sinken droht, hat der Verwaltungsrat des Reichsamts für Arbeitsvermittlung einen einheitlichen Beitrag für das ganze Reichsgebiet festzusetzen.[3]) Geschieht dies, so darf nirgends unter diesen Beitrag heruntergegangen werden, die Teilung in Reichs- und Bezirksanteil bleibt jedoch unberührt. Ferner[2]) sind sämtliche Ueberschüsse aus den Bezirksanteilen monatlich an die Reichsausgleichskasse abzuführen. Zurückbehalten werden darf jedoch als Vorschuß ein Betrag, der den Gesamtaufwand der letzten zwei Wochen nicht übersteigt. Der Präsident der Reichsarbeitsverwaltung (Reichsamt für Arbeitsvermittlung) kann den Betrag anderweitig, jedoch nicht unter einen solchen für zwei Wochen festsetzen.

(2) Die Vorschriften der Artikel 1, 2, 5 und 6 werden durch die Festsetzung des einheitlichen Beitrags nicht berührt.

(3) Der einheitliche Beitrag ist aufzuheben, sobald seine Voraussetzung entfallen ist und die Reichsregierung dies mit Zustimmung des Reichsrats feststellt.

[1]) Während durch die Bildung der Gefahrengemeinschaften der örtliche Ausgleich geschaffen wird, versucht Art. 8 durch Ansammlung eines „Arbeitslosennotstocks", wie er im Entwurf der Arbeitslosenversicherung genannt wird, einen zeitlichen Gefahrenausgleich.

[2]) Krisenregelung. Vgl. Anm. 1 zu Artikel 3.

[3]) Am 25. Januar 1926 hat der vom Verwaltungsrat des Reichsamts für Arbeitsvermittlung gebildete Ausschuß für Erwerbslosenfürsorge gemäß Art. 8 „einen einheitlichen Beitrag für das Reichsgebiet festgesetzt in Höhe von

3 v. H. des Grundlohns.

Ferner hat der Ausschuß gemäß Art. 3 einen **Reichsanteil** in Höhe von

1 v. H. des Grundlohns

bestimmt. Der Reichsrat hat diesen Festsetzungen zugestimmt. Der Bezirksanteil beträgt hiernach 2 v. H. des Grundlohns. Gemäß Art. 8 darf dieser auch dann nicht herabgesetzt werden, wenn eine Teilung des Bezirksanteils gemäß Art. 2 Abs. 1 oder 2 bestimmt wird." (Mitt. des Präs. der Reichsarbeitsverwaltung vom 25. Januar 1926).

Artikel 9.

Die Beihilfepflicht [1]) des Reichs und der Länder (§ 40 der Verordnung über Erwerbslosenfürsorge) tritt erst nach Erschöpfung [2]) der Reichsausgleichskasse ein.

[1]) Vgl. Anm. 1 zu Artikel 7 und § 40 der VO.

[2]) Nach Mitteilung des Präsidenten der Reichsarbeitsverwaltung vom 12. Februar 1926 ist die Reichsausgleichskasse erschöpft.

Artikel 10.

Das Nähere über die Abführung, Verwaltung und Abrechnung des Reichsanteils und der Ueberschüsse (Artikel 8 Abs. 1) bestimmt der Präsident der Reichsarbeitsverwaltung [1]) (Reichsamt für Arbeitsvermittlung) nach Benehmen mit dem Verwaltungsrate des Reichsamts.

[1]) Der Präsident der Reichsarbeitsverwaltung hat durch Rundschreiben II U 389/26 vom 12. Februar 1926 (RABl. S. 46) an die obersten Landesbehörden bestimmt:

Nachdem der Verwaltungsrat des Reichsamts für Arbeitsvermittlung mit Zustimmung des Reichsrats „für das ganze Reichsgebiet einen einheitlichen Beitrag in Höhe von 3 v. H.

und einen Reichsanteil in Höhe von 1 v. H. des Grundlohns festgesetzt hat, ist

ein Drittel aller Beiträge,

die **vom 1. Februar 1926 ab** bei den Arbeitsnachweisämtern eingehen, an die Reichsausgleichskasse abzuführen. Hiernach ist im Kassenverkehr folgendermaßen zu verfahren:

1. Führen die Krankenkassen die Beiträge an das Landesamt für Arbeitsvermittlung ab (z. B. in Bayern, Sachsen, Hamburg), so hat die Landeskasse von jedem Beitragseingang ein Drittel auf ein für die Reichsarbeitsverwaltung (Reichsausgleichskasse) anzulegendes Konto zu buchen.

2. Führen die Krankenkassen eines Landes, dessen Gebiet nur einen Teil eines Landesamtsbezirks bildet, die Beiträge an die Landeskasse dieses Landes ab (z. B. in Braunschweig, Anhalt, Mecklenburg-Strelitz), so verfährt die Landeskasse wie zu 1.

3. Führen die Krankenkassen die Beiträge an die öffentlichen Arbeitsnachweise ab (z. B. in Preußen, Hessen, Baden, Württemberg, Oldenburg), so haben diese von jedem Beitragseingang ein Drittel als Reichsanteil an die Landeskasse weiterzuleiten. Da in diesen Fällen die öffentlichen Arbeitsnachweise noch weitere Teile des Beitragsaufkommens zum bezirklichen Ausgleich an die Landeskasse abführen, so ist diese von der obersten Landesbehörde oder dem Landesamt für Arbeitsvermittlung mit Anweisungen zu versehen, die eine richtige schlüsselmäßige Buchung des Reichsanteils auf das Konto der Reichsarbeitsverwaltung (Reichsausgleichskasse) beim Eingang jeder Gesamtüberweisung sicherstellen. Die obersten Landesbehörden oder die Landesämter für Arbeitsvermittlung haben ferner die öffentlichen Arbeitsnachweise mit genauen Anweisungen darüber zu versehen, daß die Frist vom Tage des Eingangs des Reichsanteils beim öffentlichen Arbeitsnachweis bis zum Tage seiner Gutschrift bei der Landeskasse nicht mehr als 10 Tage beträgt.

4. Gehen die Beiträge ohne Inanspruchnahme der Kranken-

kassen unmittelbar bei der Landeskasse ein (z. B. in Thüringen), so verfährt die Landeskasse wie zu 1."

Artikel 11.

Soweit beim Inkrafttreten dieser Verordnung bei den öffentlichen Arbeitsnachweisen, Landesämtern für Arbeitsvermittlung oder in Landesausgleichskassen Rücklagen vorhanden sind, ist aus ihnen der eigene Bedarf des Bezirks zu decken, ehe nach Artikel 8 mit ihnen zu verfahren ist.

Artikel 12.

(1) Diese Verordnung tritt am 1. Februar 1926 in Kraft. Anordnungen, die auf Grund dieser Verordnung ergehen, können schon vorher [1]) erlassen werden.

(2) Vorschriften der obersten Landesbehörden über die Bildung von Beitrags- oder Ausgleichsgemeinschaften in der Erwerbslosenfürsorge sowie Anordnungen anderer Stellen, die auf Grund solcher Vorschriften erlassen worden sind, treten mit dem 1. Februar 1926 außer Kraft, soweit sie der vorstehenden Verordnung widersprechen.

(3) Durften schon vor dem 1. Februar 1926 Reichs- und Landeszuschüsse in Anspruch genommen werden (§ 40 der Verordnung über Erwerbslosenfürsorge), so genügt für die erstmalige Inanspruchnahme der Reichsausgleichskasse an Stelle von einem Monat (Artikel 7 Abs. 1) die Frist von 4 Wochen.

(4) Diese Verordnung tritt mit dem Inkrafttreten

eines Gesetzes über Arbeitslosenversicherung, spätestens aber am 31. März 1927, außer Kraft.

Berlin, den 18. Januar 1926.

Der Reichsarbeitsminister
Dr. Brauns.

[1]) Der Verwaltungsrat des Reichsamts für Arbeitsvermittlung hat die Anordnung über den einheitlichen Beitragssatz fürs ganze Reichsgebiet am 25. Januar 1926 beschlossen, vgl. Anm. 3 zu Artikel 8.

Siebente Ausführungsverordnung zur Verordnung über Erwerbslosenfürsorge.
Vom 21. Januar 1926 (RGBl. I S. 96).

Auf Grund[1]) der §§ 4 Abs. 2, 34 Abs. 4 Nr. 3 und Abs. 5, 35 Abs. 4 der Verordnung über Erwerbslosenfürsorge vom 16. Februar 1924 (Reichsgesetzbl. I S. 127) in der Fassung des Gesetzes zur Aenderung der Verordnung über Erwerbslosenfürsorge vom 17. Januar 1926 (Reichsgesetzbl. I S. 89) ordne ich mit Zustimmung des Reichsministers der Finanzen und des Reichsrats nach Benehmen mit dem Verwaltungsrat des Reichsamts für Arbeitsvermittlung an:

[1]) Vgl. Anm. 8—11 zu § 34.

Artikel 1.

Für den Erwerb der Anwartschaft[1]) auf die Erwerbslosenfürsorge (§ 4 Abs. 1 der Verordnung über Erwerbslosenfürsorge) steht[2]) die Beschäftigung eines Angestellten, der auf Grund des Angestelltenversicherungsgesetzes[3]), jedoch nicht nach der Reichsversicherungsordnung für den Fall der Krankheit pflichtversichert ist, einer Beschäftigung gleich, in der ein Arbeitnehmer gegen Krankheit pflichtversichert ist.

[1]) Der dem Versicherungsrecht angehörende Begriff der „Anwartschaft" wird hier zum ersten Male in die Erwerbslosenfürsorge eingeführt. Anwartschaft bedeutet die rechtlich begründete Aussicht auf einen künftigen Rechtserwerb. Die Auf-

nahme dieses Begriffes hat für die Erwerbslosenfürsorge insoweit eine besondere Bedeutung, als damit der Streit, ob ein Rechtsanspruch auf die Erwerbslosenfürsorge vorliegt oder nicht, im ersteren Sinne entschieden wird (vgl. Anm. 5 zu § 1 der Verordnung).

[2]) Bisher konnten in die Erwerbslosenfürsorge nur die Angestellten aufgenommen werden, die krankenversicherungspflichtig waren. Durch die VII. Ausführungsverordnung werden als bezugsberechtigt auch die Angestellten erklärt, die versicherungspflichtig auf Grund des Angestelltenversicherungsgesetzes in der Fassung vom 28. Mai 1924 (RGBl. I S. 563), jedoch nicht pflichtversichert gegen Krankheit nach der Reichsversicherungsordnung sind, d. s. die Angestellten mit einem Jahreseinkommen von mehr als 2700 RM. (Grenze der Versicherungspflicht bei der Krankenversicherung) bis zu 6000 RM. Die „höheren Angestellten" werden damit den krankenversicherungspflichtigen Personen in der Erwerbslosenfürsorge in vollem Umfang gleichgestellt und erhalten damit einen Rechtsanspruch (vgl. Anm. 1) auf Erwerbslosenunterstützung, wenn die Voraussetzungen der Verordnung über Erwerbslosenfürsorge vom 16. Februar 1924 und der zugehörigen Ausführungsbestimmungen (vgl. Art. 4) vorliegen, d. h. deutsche Reichsangehörigkeit (wegen der Ausnahmen für Ausländer vgl. § 6 der VO.), unverschuldete Erwerbslosigkeit infolge des Kriegs oder der dadurch hervorgerufenen wirtschaftlichen Verhältnisse, Arbeitswilligkeit, Arbeitsfähigkeit, Bedürftigkeit (vgl. § 3 der VO.). Die Anwartschaft wird aber nur dann erworben, wenn in den letzten zwölf Monaten vor Eintritt der Unterstützungsbedürftigkeit (vgl. Anm. 21 zu § 3 der VO.) mindestens drei Monate hindurch eine angestelltenversicherungspflichtige Beschäftigung ausgeübt worden ist (vgl. § 4 Abs. 1 der VO.); eine Ausnahme war lediglich für die Uebergangszeit für die Unterstützungsanträge geschaffen worden, die bis zum 31. März 1926 gestellt wurden (vgl. Artikel 5 Abs. 2 in Verbindung mit der Abänderungsverordnung vom 19. Februar 1926, RABl. S. 53).

Wegen der durch die Erhöhung der Tabaksteuer erwerbslos gewordenen Angestellten vgl. Artikel III des Gesetzes über Erhöhung der Bier- und Tabaksteuer vom 10. August 1925, abgedr. S. 166.

Wegen der Angestellten in der Seeschiffahrt vgl. die Verordnung über die Fürsorge für erwerbslose Seeleute vom 30. Oktober 1924 (RGBl. I S. 722, abgedr. S. 191.

Artikel 2.

Beitragspflichtig [1/3]) zur Erwerbslosenfürsorge sind auch [4]) die im Artikel 1 genannten Angestellten und ihre Arbeitgeber [5]). Bei der Berechnung der Beiträge wird die obere [6]) Grenze der Krankenversicherungspflicht als wirklicher [6]) Arbeitsverdienst zugrunde gelegt.

[1]) Die maßgeblichen Vorschriften des Angestelltenversicherungsgesetzes in der Fassung vom 28. Mai 1924 (RGBl. I S. 563) lauten:

§ 1.

Für den Fall der Berufsunfähigkeit und des Alters sowie zugunsten der Hinterbliebenen werden Angestellte nach den Vorschriften dieses Gesetzes versichert, insbesondere

1. Angestellte in leitender Stellung,
2. Betriebsbeamte, Werkmeister und andere Angestellte in einer ähnlich gehobenen oder höheren Stellung,
3. Büroangestellte, soweit sie nicht ausschließlich mit Botengängen, Reinigung, Aufräumung und ähnlichen Arbeiten beschäftigt werden, einschließlich der Bürolehrlinge und Werkstattschreiber,
4. Handlungsgehilfen und Handlungslehrlinge, andere Angestellte für kaufmännische Dienste, auch wenn der Gegenstand des Unternehmens kein Handelsgewerbe ist, Gehilfen und Lehrlinge in Apotheken,

5. Bühnenmitglieder und Musiker ohne Rücksicht auf den Kunstwert ihrer Leistungen,
6. Angestellte in Berufen der Erziehung, des Unterrichts, der Fürsorge, der Kranken- und Wohlfahrtspflege,
7. aus der Schiffsbesatzung deutscher Seefahrzeuge und aus der Besatzung von Fahrzeugen der Binnenschiffahrt, Schiffsführer, Offiziere des Decks- und Maschinendienstes, Verwalter und Verwaltungsassistenten sowie die in einer ähnlich gehobenen oder höheren Stellung befindlichen Angestellten ohne Rücksicht auf ihre Vorbildung. Als deutsches Seefahrzeug gilt jedes Fahrzeug, das unter deutscher Flagge fährt und ausschließlich oder vorzugsweise zur Seefahrt benutzt wird.

Unter Abs. 1 Nr. 5, 6 fallen auch Lehrlinge, die sich in einer geregelten Ausbildung zu einem dieser Berufe befinden. Voraussetzung der Versicherung ist für alle diese Personen, daß sie gegen Entgelt in einem Dienstverhältnis beschäftigt werden, daß ihr Jahresarbeitsverdienst die nach § 3 festgesetzte Grenze nicht übersteigt und daß sie beim Eintritt in die versicherungspflichtige Beschäftigung das Alter von sechzig Jahren noch nicht vollendet haben. Die Altersgrenze gilt nicht, wenn ein nach dem Vierten Buche der Reichsversicherung Versicherter in eine nach diesem Gesetze versicherungspflichtige Beschäftigung übertritt.

Der Reichsarbeitsminister ist ermächtigt, durch Ausführungsbestimmungen [1]) nach Anhören der Reichsversicherungsanstalt und des Reichsversicherungsamts die Berufsgruppen, die in den Kreis des Abs. 1 fallen, näher zu bezeichnen.

[1]) Ist geschehen durch die Bestimmung von Berufsgruppen der Angestelltenversicherung vom 8. März 1924 (RGBl. I S. 274, 410).

§ 2.

Zum Entgelt im Sinne dieses Gesetzes gehören neben Gehalt oder Lohn auch Gewinnanteile, Sach- und andere Bezüge, die der Versicherte, wenn auch nur gewohnheitsmäßig, statt des Gehalts oder Lohnes oder neben ihm von dem Arbeitgeber oder einem Dritten erhält. Als Wert der Sachbezüge gelten die Sätze, die auf Grund des § 160 der Reichsversicherungsordnung festgesetzt sind.

§ 3.

Der Reichsarbeitsminister setzt [1]) die Jahresarbeitsverdienstgrenze im Sinne des § 1 Abs. 3 dieses Gesetzes fest. Die Festsetzung ist dem Reichsrat und dem Ausschuß des Reichstags für soziale Angelegenheiten alsbald mitzuteilen und auf ihr gemeinsames Verlangen zu ändern. Für die Jahresarbeitsverdienstgrenze werden Zuschläge, die mit Rücksicht auf den Familienstand gezahlt werden, nicht angerechnet.

Wer die für seine Versicherungspflicht maßgebende Verdienstgrenze überschreitet, scheidet erst mit dem ersten Tage des vierten Monats nach Ueberschreiten der Verdienstgrenze aus der Versicherungspflicht aus.

[1]) Durch Verordnung des Reichsarbeitsministers vom 23. April 1925 (RGBl. I S. 51) ist die Jahresarbeitsverdienstgrenze mit Wirkung vom 1. Mai 1925 ab auf 6000 RM. festgesetzt worden.

§ 4.

Den im § 1 Abs. 1 bezeichneten Personen stehen gleich

1. Angehörige der Schutzpolizei im Sinne des § 1 des Reichsgesetzes [1]) über die Schutzpolizei der Länder vom 17. Juli 1922 (Reichsgesetzbl. I S. 597) und Soldaten, wenn sie bei ihrer vorgesetzten Dienststelle die Versicherung beantragen,
2. selbständige Lehrer und Erzieher, die in ihrem Betriebe keine Angestellten beschäftigen.

[1]) Aufgehoben durch Ges. vom 10. Juli 1926 (RGBl. I S. 402).

§ 8.

Die Beschäftigung eines Ehegatten durch den anderen begründet keine Versicherungspflicht.

§ 9.

Eine Beschäftigung, für die als Entgelt nur freier Unterhalt gewährt wird, ist versicherungsfrei.

§ 10.

Der Reichsarbeitsminister bestimmt [1]) mit Zustimmung des Reichsrats, wieweit vorübergehende Dienstleistungen versicherungsfrei bleiben.

[1]) Ist geschehen durch VO. vom 9. Februar 1923 (RGBl. I S. 109).

§ 11.

Versicherungsfrei sind die in Betrieben oder im Dienste des Reichs, der Deutschen Reichsbahn-Gesellschaft, eines Landes, eines Gemeindeverbandes, einer Gemeinde oder eines Trägers der Reichsversicherung Beschäftigten, wenn ihnen Anwartschaft auf Ruhegeld und Hinterbliebenenrenten im Mindestbetrage der ihrem Diensteinkommen entsprechenden Höhe gewährleistet ist.

Das gleiche gilt für die Geistlichen der als öffentlich-rechtliche Korporationen anerkannten Religionsgesellschaften sowie für Lehrer und Erzieher an öffentlichen Schulen oder Anstalten.

Ob eine Anwartschaft als gewährleistet anzusehen ist, entscheidet für die Beschäftigten in Betrieben oder im Dienste des Reichs, der Deutschen Reichsbahn-Gesellschaft oder eines vom Reiche beaufsichtigten Trägers der Reichsversicherung der zuständige Reichsminister; im übrigen entscheidet die oberste Verwaltungsbehörde desjenigen Landes, in dessen Betrieben oder Dienste die Beschäftigung stattfindet oder in dessen Gebiete der Gemeindeverband oder die Gemeinde liegt oder der Träger der reichsgesetzlichen Arbeiterversicherung seinen Sitz hat. In den Fällen des Abs. 2 entscheidet die oberste Verwaltungsbehörde desjenigen Landes, in dessen Gebiete die Korporation oder die öffentliche Schule oder Anstalt ihren Sitz hat.

Die Gewährleistung der Anwartschaften bewirkt Befreiung

von der Versicherungspflicht von dem Zeitpunkt ab, an dem sie tatsächlich verliehen werden. Sie hat keine rückwirkende Kraft.

§ 12.

Versicherungsfrei sind

1. Beamte des Reichs, der Deutschen Reichsbahn-Gesellschaft, der Länder, der Gemeindeverbände und der Gemeinden, Geistliche der als öffentlich-rechtliche Korporationen anerkannten Religionsgesellschaften, Lehrer und Erzieher an öffentlichen Schulen oder Anstalten, solange sie lediglich für ihren Beruf ausgebildet werden, sowie die im Dienste des Reichs, der Deutschen Reichsbahn-Gesellschaft oder eines Landes vorläufig beschäftigten Beamten und vorläufig beschäftigten Geistlichen der als öffentlich-rechtliche Korporationen anerkannten Religionsgesellschaften,
2. Angestellte in Post- und Telegraphenbetrieben des Reichs sowie Angestellte der Deutschen Reichsbahn-Gesellschaft, die Aussicht auf Uebernahme in das Beamtenverhältnis und Anwartschaft auf eine ausreichende Invaliden- und Hinterbliebenenfürsorge haben,
3. Soldaten, die eine der im § 1 bezeichneten Tätigkeiten während der Vorbereitung zu einer bürgerlichen Beschäftigung ausüben, auf die § 11 anzuwenden ist,
4. Personen, die zu ihrer wissenschaftlichen Ausbildung für den zukünftigen Beruf gegen Entgelt tätig sind.

Ob die Voraussetzungen der Nrn. 1, 2 vorliegen, entscheiden die nach § 11 Abs. 3 zuständigen Stellen.

§ 13.

Versicherungsfrei ist, wer berufsunfähig ist oder wer Ruhegeld oder Witwerrente nach den Vorschriften dieses Gesetzes oder eine Invalidenpension nach den Vorschriften des Reichsknappschaftsgesetzes oder eine Invaliden-, Witwer- oder Witwenrente aus der Invalidenversicherung bezieht.

§ 14.

Auf seinen Antrag wird von der Versicherungspflicht befreit, wem von dem Reiche, der Deutschen Reichsbahn-Gesellschaft, einem Lande, einem Gemeindeverbande, einer Gemeinde oder einem Träger der Reichsversicherung, oder wem auf Grund früherer Beschäftigung als Lehrer oder Erzieher an öffentlichen Schulen oder Anstalten Ruhegeld, Wartegeld oder ähnliche Bezüge im Mindestbetrage der seinem Diensteinkommen entsprechenden Höhe bewilligt sind und daneben Anwartschaft auf Hinterbliebenenfürsorge (§ 11) gewährleistet ist.

§ 18.

Scheiden Personen, die gemäß § 11, § 12 Nr. 1 bis 3, § 17 versicherungsfrei sind, aus der versicherungsfreien Beschäftigung aus, ohne daß gegen den Arbeitgeber ein Anspruch auf Ruhegeld oder Hinterbliebenenrente (§ 11 Abs. 1) entsteht oder im Falle des Vorhandenseins von Hinterbliebenen ein Anspruch auf Hinterbliebenenrente entstehen würde, so sind für die Zeit dieser Beschäftigung, frühestens jedoch von dem Zeitpunkt der Einführung der Versicherungspflicht für die in Frage kommende Berufsgruppe Beitragsmarken der Gehaltsklasse zu verwenden, der die versicherungsfreien Personen im Falle ihrer Versicherungspflicht angehören würden. Für jeden Monat bis zum Schlusse des Jahres 1923 sind Beiträge der Gehaltsklasse C zu entrichten. Für Ersatzzeiten im Sinne des § 170 unterbleibt die Beitragsentrichtung. Die Beiträge gelten als Pflichtbeiträge. Der Eintritt des Versicherungsfalles steht der Nachentrichtung von Beiträgen bis zu diesem Zeitpunkt nicht entgegen.

Solange die Personen Anspruch auf Wartegeld haben oder ihnen Ruhegehalt nach Artikel 4 der Verordnung zur Herabminderung der Personalausgaben des Reichs (Personal-Abbau-Verordnung) vom 27. Oktober 1923 (Reichsgesetzbl. I S. 999) oder Ruhegehalt nach einer entsprechenden landesrechtlichen Regelung oder nach einer vom Reichsarbeitsminister bezeichneten anderen Vorschrift zugesichert ist, unterbleibt die Beitragsentrichtung nach Abs. 1.

Ob ein Anspruch auf Ruhegeld, Ruhegehalt, Wartegeld oder Hinterbliebenenrente entsteht oder entstehen würde (Abs. 1, 2) entscheiden die nach § 11 Abs. 3 bestimmten Stellen.

2) Die Beitragspflicht beruht auf der angestelltenversicherungspflichtigen Beschäftigung. Die Beiträge sind wie bei der sonstigen Erwerbslosenfürsorge auch zu bezahlen, wenn schon von vornherein feststeht, daß der Angestellte mangels Bedürftigkeit oder aus einem sonstigen Grunde im Falle der Erwerbslosigkeit Erwerbslosenunterstützung nicht erhalten wird.

Ist ein Angestellter kraft Gesetzes versicherungsfrei oder auf Antrag von der Versicherung befreit, so sind Beiträge nicht zu entrichten. Er hat dann aber auch nicht Anspruch auf Erwerbslosenunterstützung. Offiziere, die auf Grund des Versorgungsgesetzes Pension beziehen, fallen dann nicht unter die VII. Ausführungs-Verordnung, wenn sie gemäß § 14 des Angestelltenversicherungsgesetzes im Einzelfalle von der Versicherungspflicht befreit worden sind. — Angestellte, die auf Grund des Angestelltenversicherungsgesetzes Ruhegeld oder Witwerrente beziehen, sind gemäß § 13 dieses Gesetzes von der Versicherung und damit auch von der Beitragsleistung zur Erwerbslosenfürsorge frei. Dagegen haben Lebensversicherte, die von der eigenen Beitragszahlung für Angestelltenversicherung befreit sind, Beiträge zur Erwerbslosenfürsorge zu zahlen, da sie nur von der eigenen Beitragszahlung, nicht dagegen von der Versicherung als solcher befreit sind (RAM. vom 30. Januar 1926, RABl. S. 47).

Nach § 168 AVG. sind die Beiträge zur Versicherung und damit auch zur Erwerbslosenfürsorge zu entrichten „für Zeiten versicherungspflichtiger Beschäftigung und für die Krankheitszeiten, in denen die Versicherten das Gehalt fortbezogen haben". Krankheit befreit demnach nicht von der Beitragspflicht im Gegensatz zur Krankenversicherung (§ 383 RVO.). Die Verpflichtung zur Zahlung der Beiträge bei Krankheit besteht jedoch nicht, wenn dauernde oder mehr als 26 Wochen bestehende

Berufsunfähigkeit, d. h. der Versicherungsfall vorliegt (Reichsversicherungsamt vom 14. Oktober 1924, II a AB. 49/24).

3) Befreiung von der Beitragspflicht bei den in der Land- oder Forstwirtschaft auf Jahresarbeitsvertrag oder mit Vertrag auf unbestimmte Dauer mit mindestens dreimonatiger Kündigungsfrist Beschäftigten ist möglich auf Grund des Artikel 2 der V. Ausführungsverordnung (abgedr. S. 93).

4) Also die Angestellten, die auf Grund des Angestelltenversicherungsgesetzes vom 28. Mai 1924 (RGBl. I S. 563) pflichtversichert sind, soweit ihr Arbeitsverdienst jährlich mehr als 2700 M. bis 6000 M. beträgt. Angestellte mit geringerem Jahresarbeitsverdienst fallen deshalb unter die VII. Ausführungsverordnung auch dann nicht, wenn sie zwar nicht gegen Krankheit pflichtversichert sind, dem Angestelltenversicherungsgesetz aber unterliegen (RAM. vom 3. März 1926, RABl. S. 75).

Freiwillig gezahlte Beiträge begründen eine Anwartschaft auf die Erwerbslosenfürsorge nicht, da der Reichsarbeitsminister eine entsprechende Anordnung auf Grund des § 34 Abs. 4 Ziffer 3 der VO. bisher nicht erlassen hat.

5) Arbeitgeber und Arbeitnehmer haben die Beiträge je zur Hälfte zu tragen, abzuführen hat sie der Arbeitgeber, er haftet dem Arbeitnehmer für ordnungsmäßige Entrichtung. Vgl. Anm. 1 zu Art. 3.

6) Sie beträgt auf Grund der Verordnung vom 10. Januar 1925 (RGBl. I S. 2) 2700 RM. Die Beiträge werden also ohne Rücksicht auf etwaige Grundlohnklassen bei den Krankenkassen und ohne Berücksichtigung des tatsächlichen (2700 M. übersteigenden) Arbeitseinkommens nach einem Monatseinkommen von 225 RM. berechnet, sodaß bei einem Beitragssatz von 1 v. H. monatlich 2,25 M. je zur Hälfte vom Arbeitgeber und Arbeitnehmer zu entrichten wären.

Diese Berechnungsweise ist gewählt worden, weil zur Zeit noch das bisherige System der allgemeinen Höchstsätze in der Erwerbslosenfürsorge gilt (vgl. S. 13 der Einführung). Ohne Rücksicht auf das bisherige Arbeitseinkommen erhalten die einzelnen Erwerbslosen — von der Scheidung in solche unter und über 21 Jahre sowie der Abstufung nach den 3 Wirtschaftsgebieten und nach den einzelnen Ortsklassen abgesehen — den gleichen Unterstützungssatz. Deshalb erschien es unbillig, die höheren Angestellten stärker zu Beiträgen heranzuziehen. Durch die Einführung eines Lohnklassensystems würde dieser Grund allerdings wegfallen, der Gesetzgeber müßte dann die Frage klären, ob nunmehr der Beitrag nach dem wirklichen Arbeitsverdienst zu zahlen ist.

Artikel 3.

(1) Die Beiträge sind an die Krankenkasse [1]) zu entrichten, bei der die Angestellten für den Fall der Krankheit pflichtversichert wären, wenn ihr Arbeitsverdienst nicht über die Grenze der Krankenversicherungspflicht hinausginge. Knappschaftlich versicherte Angestellte haben die Beiträge an den Reichsknappschaftsverein abzuführen.

(2) Arbeitgeber, die Angestellte der im Artikel 1 genannten Art beschäftigen, haben dies unverzüglich [2]) der nach Abs. 1 zuständigen [3]) Krankenkasse oder dem Reichsknappschaftsverein zu melden. Die Meldung ist als Beitragsmeldung zur Erwerbslosenfürsorge zu bezeichnen und muß die Angestellten nach Namen, Vornamen, Geburtsdatum, Wohnung, Beschäftigungsort, Arbeitsverdienst [4]) und Beginn des Beschäftigungsverhältnisses aufführen. Die Krankenkasse [3]) oder der Reichsknappschaftsverein kann im Bedarfsfall noch weitere Angaben verlangen.

(3) Endet [5]) das Beschäftigungsverhältnis oder wird die obere Verdienstgrenze der Angestelltenversicherungspflicht überschritten, so ist der Angestellte abzumelden.

Die Beiträge sind bis zum Eingang[6]) der ordnungsmäßigen Abmeldung fortzuentrichten[7]).

(4) Die Arbeitgeber sollen die Beiträge tunlichst gesondert abführen. Führen sie sie zusammen mit andern Beiträgen ab, so haben sie genaue Angaben über die Verteilung zu machen. Die Krankenkasse kann hierfür ein Muster vorschreiben.

[1]) In Betracht kommen lediglich die Krankenkassen nach § 225 RVO., d. h. die Orts-, Land-, Betriebs- und Innungskrankenkassen, außerdem der Reichsknappschaftsverein, der in Artikel 3 Abs. 1 besonders erwähnt ist. An Ersatzkassen sind die Beiträge der höher bezahlten Angestellten demnach nicht abzuführen. Die Ersatzkassen sind wegen des sonst noch mehr erschwerten Geschäftsverkehrs und der schwierigen Kontrolle der Beitragsentrichtung ausgeschaltet worden.

[2]) Ohne schuldhafte Verzögerung.

[3]) Vgl. Anm. 1.

[4]) Nicht erforderlich ist, den tatsächlichen Arbeitsverdienst zu melden, es genügt die Angabe: Jahresarbeitsverdienst von mehr als 2700 bis 6000 RM.

[5]) Der höher bezahlte Angestellte ist aus der Beitragspflicht zur Erwerbslosenfürsorge abzumelden, wenn sein Arbeitsverhältnis durch Ausscheiden endet oder wenn sein Jahresarbeitsverdienst die Versicherungspflichtgrenze von 6000 RM. überschreitet. Im letzteren Falle endet die Versicherungspflicht erst mit dem 1. Tage des 4. Monats nach Ueberschreitung der oberen Verdienstgrenze (§ 3 Abs. 2 des Angestelltenversicherungsgesetzes). Die Regelung ist dieselbe wie in § 165 b RVO. für die Krankenversicherungspflicht (vgl. Anm. 1 f zu § 34 der RO). Während dieser 3 Monate bleibt die Beitragspflicht zur Erwerbslosenfürsorge bestehen (RAM. vom 8. April 1926, RABl. S. 130).

[6]) Bei der nach Anm. 1 zuständigen Stelle.

[7]) Die Beitragspflicht endet erst mit dem Zeitpunkt der

Beendigung des Arbeitsverhältnisses beim Ausscheiden oder mit dem 1. Tage des 4. Monats nach Ueberschreiten der Versicherungshöchstgrenze. Wird also z. B. bei vierteljährlicher Kündigung die Abmeldung zu Beginn des letzten Beschäftigungsvierteljahres eingereicht, so sind die Beiträge gleichwohl bis zur rechtlichen Beendigung des Dienstverhältnisses abzuführen. Ist umgekehrt das Arbeitsverhältnis gelöst worden, ohne daß es ordnungsmäßig bei der Krankenkasse abgemeldet worden ist, so sind die Beiträge „bis zum Eingang der ordnungsmäßigen Abmeldung fortzuentrichten."

Artikel 4.

Soweit in dieser Verordnung nicht Abweichendes bestimmt ist, gelten die Vorschriften der Verordnung [1]) über Erwerbslosenfürsorge und der zugehörigen Ausführungsbestimmungen [2]) entsprechend.

[1]) Vgl. Anm. 2 zu Art. 1.

[2]) Wegen der Anwendbarkeit der V. Ausf.-VO. vgl. Anm. 3 zu Artikel 2.

Artikel 5.

Diese Verordnung tritt mit Wirkung vom 1. Januar 1926 in Kraft [1]).

Bei Unterstützungsanträgen, die bis zum 31. März 1926 gestellt werden, gelten die Voraussetzungen des § 4 der Verordnung über Erwerbslosenfürsorge und des Artikel 1 dieser Verordnung auch dann als erfüllt, wenn die Angestellten in den letzten zwei Jahren vor Eintritt ihrer Unterstützungsbedürftigkeit [2]) wenigstens drei [3]) Monate hindurch eine Beschäftigung gemäß Artikel 1 ausgeübt haben.

Berlin, den 21. Januar 1926.

Der Reichsarbeitsminister
Dr. Brauns.

¹) Wenn die VII. Ausführungsverordnung vom 1. Januar 1926 an in Kraft gesetzt worden ist, so bedeutet das, daß von diesem Zeitpunkt an die Erwerbslosenunterstützung gewährt werden durfte.

²) Vgl. Anm. 21 zu § 3 der VO.

³) In der Fassung vom 21. Januar 1926 war eine Frist von sechs Monaten vorgesehen. Durch Verordnung zur Abänderung der VII. Ausführungs-Verordnung vom 19. Februar 1926 (RGBl. I S. 104, RABl. S. 53) ist sie durch eine Frist von drei Monaten ersetzt worden. Diese Aenderung ist auch mit dem 1. Januar 1926 in Kraft gesetzt worden.

Anordnung über Kurzarbeiterfürsorge.[1]
Vom 20. Februar 1926 (RGBl. I S. 105).

Auf Grund der §§ 10 Abs. 1 und 43 der Verordnung über Erwerbslosenfürsorge vom 16. Februar 1924 (Reichsgesetzbl. I S. 127) wird mit Zustimmung des Reichsministers der Finanzen und des Reichsrats nach Benehmen mit dem Verwaltungsrat des Reichsamts für Arbeitsvermittlung angeordnet:

[1]) Eine der umstrittensten Fragen der letzten Jahre war die, ob eine Fürsorge für Kurzarbeiter eingerichtet werden sollte. Seit Einführung der Erwerbslosenfürsorge durch die Verordnung vom 13. November 1918 (RGBl. S. 1305) bestand auch eine Kurzarbeiterfürsorge (§ 9 Abs. 2 dieser Verordnung). Abgesehen von Abänderungen, besonders in der Berechnungsweise, blieb sie aufrecht erhalten bis zum 31. März 1924. Die jetzige Verordnung über Erwerbslosenfürsorge hat zwar in § 1 Abs. 2 vorgesehen, daß die oberste Landesbehörde mit Zustimmung des Reichsarbeitsministers und des Reichsministers der Finanzen anordnen kann, daß die Gemeinden eine Fürsorge für Kurzarbeiter einrichten. Diese Zustimmung der beiden Reichsminister ist aber bis zur Anordnung vom 20. Februar 1926 niemals erteilt worden. Die Reichsregierung verwies die Kurzarbeiter stets auf die Unterstützung aus Wohlfahrtsmitteln. Nur als im Sommer 1924 die Wirtschaftslage nach der Festigung der Mark ungünstiger und damit das Verlangen nach einer Kurzarbeiterfürsorge immer stärker wurde, wurde durch die „Anordnung über die Verwendung von Beitragsaufkommen der Erwerbslosenfürsorge“ vom 12. August 1924 (RABl. S. 314) eine Art Kurzarbeiterfürsorge eingerichtet. Die Unterstützung

der Kurzarbeiter verblieb zwar den Bezirksfürsorgeverbänden auf Grund der Verordnung über die Fürsorgepflicht vom 13. Februar 1924 (RGBl. I S. 100), leistungsschwachen Verbänden konnten aber auf Antrag unter gewissen Voraussetzungen Zuschüsse aus den Beitragsmitteln der Arbeitgeber und Arbeitnehmer zur Erwerbslosenfürsorge gewährt werden. Die Geltungsdauer dieser Anordnung war auf die Zeit vom 18. August bis zum 15. November 1924 beschränkt. Eine besondere Bedeutung hat sie naturgemäß nie gehabt.

Als dann durch das Gesetz über Erhöhung der Bier- und Tabaksteuer vom 10. August 1925 (RGBl. I S. 244) infolge dieser Steuererhöhungen starke Erwerbslosigkeit und Kurzarbeit im Tabakgewerbe und in den durch dieses mitbeschäftigten Gewerben drohte, wurde zwar eine Kurzarbeiterfürsorge eingerichtet, doch vermied man, auf die Mittel der Erwerbslosenfürsorge zurückzugreifen. Artikel III Ziffer 2 dieses Gesetzes bestimmte:

„Hausgewerbetreibende, Angestellte und Arbeiter, die infolge dieses Gesetzes durch Kurzarbeit geschädigt werden, erhalten Kurzarbeiterunterstützung **aus Mitteln der öffentlichen Fürsorge,** wenn die regelmäßige wöchentliche Arbeitszeit um mindestens $^1/_6$ gekürzt ist. Die Kurzarbeiterunterstützung beträgt in diesen Fällen für jeden arbeitslosen Tag $^1/_6$ der Vollunterstützung der Erwerbslosenfürsorge."

Der jetzigen schweren Wirtschaftskrise gegenüber mußte jedoch auch die Reichsregierung ihre Bedenken gegen die Wiedereinführung der Erwerbslosenfürsorge zurückstellen.

Selbstverständlich läßt sich nicht leugnen, daß ihre Bedenken nicht unbegründet sind. Sie sind wirtschaftlicher, finanzieller und verwaltungstechnischer Art. Die verminderte Wettbewerbsfähigkeit eines Teiles unserer Industrie beruht mit darauf, daß die allgemeinen Unkosten zu hoch sind. Ein Grund dafür ist die Ueberfetzung des Wirtschaftsmarktes mit zu vielen unproduktiven Betrieben, welche die Waren verteuern und die Preise gegenüber dem Ausland zu hoch gestalten. Solange die

Kreditpolitik der Reichsbank die Wirkung hatte, solche überflüssigen Betriebe zu beseitigen, war sie von Vorteil. Wenn aber die Krise auch die zuverlässigsten und fest gegründeten Unternehmen der Gefahr des Erliegens ausliefert, kann dem die Leitung der Reichswirtschaftspolitik nicht untätig zusehen. Zuzugeben ist, daß die Kurzarbeiterfürsorge für die Lohnpolitik ein zweischneidiges Schwert darstellt. Die Kurzarbeiterunterstützung ist nichts anderes als ein Lohnzuschuß aus öffentlichen Mitteln. Sie kann die Arbeitnehmer sehr leicht über die wirkliche Lage des Betriebes täuschen und sie veranlassen, in der Hoffnung auf Besserung der Marktlage in einem Betrieb zu verharren, der doch nicht zu retten ist, während ohne diesen Lohnzuschuß der Arbeitnehmer sich rechtzeitig umstellen könnte. Aber auf der anderen Seite kann dem Arbeitnehmer in einer schweren Wirtschaftskrise, bei der eine Umstellung kaum möglich ist, auf die Dauer nicht zugemutet werden, bei stark verkürzter Arbeitszeit für einen Lohn zu arbeiten, der sich um die Grenze der Erwerbslosenunterstützung herum bewegt, zum Teil sogar unter ihr liegt. Dadurch wird die Arbeitsfreudigkeit und damit der Arbeitserfolg aufs empfindlichste geschädigt.

Die schwierigste Frage bei Einführung einer Kurzarbeiterfürsorge ist die, wie sie sich geldlich auswirkt. Da einwandfreie statistische Unterlagen nicht vorhanden sind und auch kaum zu beschaffen sind, sich aber auch nicht voraussehen läßt, in welchem Umfange nach Einführung einer Kurzarbeiterfürsorge die Betriebe sich auf Kurzarbeit nach den gesetzlichen Bestimmungen umstellen werden, läßt sich nicht ermessen, wie stark die geldliche Belastung werden wird.

Und endlich dürfen die verwaltungstechnischen Schwierigkeiten nicht unberücksichtigt bleiben, die bei einer solchen besonderen Fürsorge entstehen. Hier ist zu prüfen, ob der voraussichtliche Verwaltungsaufwand sich durch den mutmaßlichen Erfolg rechtfertigen läßt.

Trotz allen diesen Bedenken hat sich die Reichsregierung entschlossen, die Kurzarbeiterfürsorge wieder einzuführen. Und bis jetzt ist eine besonders starke Belastung weder in geldlicher noch in verwaltungstechnischer Hinsicht hervorgetreten.

Artikel I.

Artikel 4 Abs. 3 der Ausführungsvorschriften zur Verordnung über Erwerbslosenfürsorge vom 2. Mai 1925 (Reichsgesetzbl. I S. 63) wird aufgehoben [1]).

[1]) Artikel 4 Ziffer 3 der Ausführungsvorschriften vom 2. Mai 1925 (RGBl. I S. 63, abgedr. S. 58) hatte bestimmt: „Für den Fall, daß gemäß § 1 Abs. 2 eine Fürsorge für Kurzarbeiter eingerichtet wird, gilt folgendes: Erreichen in einer Kalenderwoche oder Kalenderdoppelwoche Arbeitnehmer infolge vorübergehender Einstellung oder Beschränkung der Arbeit die in ihrer Arbeitsstätte ohne Ueberarbeit übliche Zahl von Arbeitsstunden nicht und erzielen sie deswegen weniger als zwei Drittel ihres vollen Arbeitsverdienstes, so erhalten sie 40 vom Hundert des Unterschieds zwischen ihrem Arbeitsverdienst und zwei Dritteln des vollen Verdienstes als Kurzarbeiterunterstützung. Die Kurzarbeiterunterstützung vermehrt sich für jeden zuschlagsberechtigten Angehörigen um 10 vom Hundert dieses Unterschieds, bis einschließlich des Arbeitsverdienstes zwei Drittel des vollen Verdienstes erreicht sind. Die oberste Landesbehörde oder der Verwaltungsausschuß des öffentlichen Arbeitsnachweises kann weitere Einschränkungen anordnen, insbesondere kann angeordnet werden, daß die Kurzarbeiterunterstützung den Betrag nicht übersteigen darf, den der Arbeitnehmer als Unterstützung erhalten würde, wenn er erwerbslos wäre. Notstandsarbeiter erhalten keine Kurzarbeiterunterstützung."

Diese Regelung war dadurch sehr schwierig, daß bei der Berechnung der Kurzarbeiterunterstützung die Lohnhöhe des einzelnen Arbeitnehmers zu berücksichtigen war. Die Anordnung vom 20. Februar 1926 sieht davon ab, sie bringt die Kurzarbeiterfürsorge auf die verhältnismäßig einfache Formel: „wenn in einem gewerblichen Betriebe, in dem regelmäßig mindestens 10 Arbeitnehmer beschäftigt werden, allgemein mehr als 2 Tage gefeiert und dadurch der Arbeitsverdienst entsprechend verringert wird, erhalten die Arbeitnehmer Kurzarbeiterunterstützung. Sie wird berechnet in Tagessätzen der Erwerbslosenfürsorge unter besonderer Berücksichtigung kinderreicher Familien. Allerdings ist vorher eine Wartezeit von mindestens 3 Wochen zu erfüllen. Außerdem ist vom Arbeitgeber oder von der Betriebsvertretung, soweit eine solche nicht besteht, von jedem Arbeitnehmer des Betriebs eine Anzeige zu erstatten. Die Höchstdauer der Kurzarbeiterunterstützung war durch die Anordnung vom 20. Februar 1926 zunächst auf 6 Wochen begrenzt. Nach deren Ablauf durfte sie erst wieder gewährt werden, wenn die Wartezeit von 3 Wochen erneut erfüllt worden war. Es sollte damit verhütet werden, daß der Betriebsinhaber selbst dann, wenn die Lage des Betriebs es ermöglichte, zur Vollarbeit oder wenigstens zur eingeschränkten Kurzarbeit (bis zu 2 Tagen wöchentlich) zurückzukehren, mit Rücksicht auf die Unterstützung aus öffentlichen Mitteln bei der Kurzarbeit verharrte. Durch die Anordnung vom 1. Juli 1926 ist die Frist von 6 Wochen aufgehoben worden (vgl. Erläuterungen zu § 6).

Wird die Kurzarbeiterunterstützung mißbräuchlich in Anspruch genommen und trifft den Arbeitgeber daran ein Verschulden, so haftet er für die Rückerstattung der Kurzarbeiterunterstützung neben dem Arbeitnehmer als Gesamtschuldner.

Die Dauer der Kurzarbeiterfürsorge war ursprünglich bis zum 1. Mai 1926 begrenzt. Durch Anordnung vom 30. April 1926 (RABl. S. 137) ist ihre Geltungsdauer bis zum 3. Juli 1926, durch Anordnung vom 1. Juli 1926 (RGBl. I S. 365, RABl. S. 209) bis zum 27. November 1926 verlängert worden.

Artikel II.

Für die Kurzarbeiterfürsorge gelten folgende [1/2]) Vorschriften:

§ 1.

Geltungsbereich.

(1) Arbeitnehmer [3/4]) eines gewerblichen Betriebes [5]) (§ 105 b Abs. 1 der Reichsgewerbeordnung), in dem regelmäßig mindestens [6]) 10 Arbeitnehmer [3]) beschäftigt werden, erhalten aus Mitteln der Erwerbslosenfürsorge Kurzarbeiterunterstützung, wenn in einer Kalenderwoche [7]) drei, vier oder fünf volle [8/9]) Arbeitstage [10/12]) ausfallen und dadurch der Arbeitsverdienst [13/14]) entsprechend verringert wird.

(2) Wird in regelmäßigem Wechsel [15]) eine Kalenderwoche gearbeitet und eine Kalenderwoche gefeiert (Wochenschichtwechsel), so steht die Feierwoche dem Ausfall von je drei vollen Arbeitstagen in den beiden Kalenderwochen gleich [16]).

(3) Notstandsarbeiter [17/19]) erhalten keine Kurzarbeiterunterstützung.

[1]) Nach § 1 Abs. 2 der VO. darf eine Kurzarbeiterfürsorge nur eingerichtet werden, wenn die oberste Landesbehörde das mit Zustimmung des Reichsarbeitsministers und des Reichsministers der Finanzen anordnet. Diese Zustimmung ist von beiden Reichsministern im Begleitschreiben zur Anordnung vom 20. Februar 1926 allen deutschen Ländern erteilt worden. Diese haben damit aber nur das Recht, eine Kurzarbeiterfürsorge im Rahmen dieser Anordnung einzurichten und dürfen nicht darüber hinausgehen.

Auf Grund der Anordnung verpflichten die Länder die Errichtungsgemeinden des öffentlichen Arbeitsnachweises, die Kurzarbeiterfürsorge einzurichten. Richten sie sie nicht oder nicht in genügender Weise ein, so können sie nach § 2 der VO. von der Gemeindeaufsichtsbehörde dazu angehalten werden.

[2]) Soweit nicht besondere Vorschriften in der Anordnung

enthalten sind, müssen für die Kurzarbeiterfürsorge die sonstigen Voraussetzungen der Erwerbslosenfürsorge vorliegen (vgl. die §§ 3, 4, 6, 7 der VO.). Während jedoch Erwerbslosenunterstützung nur zulässig ist, wenn das Arbeitsverhältnis völlig, auch rechtlich, gelöst ist — Werksbeurlaubtenunterstützung darf seit der Einführung der Kurzarbeiterfürsorge nicht mehr gewährt werden (vgl. Anm. 11 zu § 3 der VO.) —, setzt die Kurzarbeiterfürsorge begrifflich voraus, daß das Arbeitsverhältnis fortbesteht.

[3]) Naturgemäß können nur Arbeitnehmer Kurzarbeiterunterstützung beanspruchen. Auch Lehrlinge sind Arbeitnehmer, vgl. Anm. 6 Abs. 2 zu § 3 der VO., ebenso Angestellte. Soweit sie zu den höher bezahlten Angestellten (über 2700—6000 RM. Jahreseinkommen) gehören, sind sie durch die VII. Ausführungsverordnung (abgedr. S. 124) der Erwerbslosenfürsorge und damit auch der Kurzarbeiterfürsorge unterstellt worden (vgl. § 4).

Die Kurzarbeiterunterstützung kann nur bei Arbeitnehmern in Frage kommen, die in einem regelrechten Arbeitsverhältnis stehen und vorwiegend mit mechanischen Verrichtungen beschäftigt sind. Wo dagegen eine rein zeitliche Begrenzung der Arbeitsdauer infolge der Art der Tätigkeit nicht angängig ist, kann Kurzarbeiterunterstützung nicht gewährt werden. Das trifft auf die Arbeitnehmer zu, die Dienste höherer Art zu leisten haben, denen die maßgebliche sachliche Erledigung des Aufgabenkreises des betreffenden Unternehmens obliegt (z. B. Prokuristen, Sachbearbeiter bei Arbeitgeberverbänden, Gewerkschaftssekretäre). Sie kennzeichnen sich durch die Selbständigkeit ihrer Arbeitsweise und müssen im Bedarfsfalle ihre Dienste auch über das durchschnittlich übliche Maß hinaus zur Verfügung stellen, ohne daß von Ueberarbeit gesprochen wird (Rdschr. d. RAM. vom 15. Februar 1924, RABl. S. 87).

Heimarbeiter, die nicht Hausgewerbetreibende sind, sondern zu einer Firma im Sinne des § 1 im Arbeitsverhältnis stehen, nur mit der Abweichung, daß sie ihre Arbeit zu Hause verrichten, können Kurzarbeiterunterstützung erhalten, wenn sie unter normalen Verhältnissen eine bestimmte Arbeitszeit wöchentlich zu erreichen pflegen, diese nunmehr aber infolge Beschränkung der Arbeit des Betriebes nicht mehr erreichen können. Läßt sich das nicht feststellen, dann kann nur Teil-Erwerbslosenunterstützung nach § 10 Abs. 5 der VO. gewährt werden. In beiden Fällen ist bei ihnen Ueberwachung auf Schwarzarbeit dringend erforderlich. Hausgewerbetreibende als selbständige Unternehmer wie überhaupt alle selbständigen Gewerbetreibenden scheiden für die Kurzarbeiterfürsorge aus.

Für Berufe, die an eine feste und regelmäßige Arbeitszeit nicht gebunden sind, z. B. die Mitglieder eines städtischen Orchesters, kann Kurzarbeiterunterstützung überhaupt nicht gewährt werden (vgl. auch Anm. 6). Hier käme nur eine Teil-Erwerbslosenunterstützung in Frage (vgl. § 10 Abs. 5 der VO.), wenn sie zur Pflichtarbeit und zur Arbeitsvermittlung bereitstehen.

[4]) Eine Altersgrenze ist für Kurzarbeiter nicht vorgeschrieben im Gegensatz zur Erwerbslosenfürsorge (§ 5 der VO.).

[5]) § 105 b der Gewerbeordnung führt als gewerbliche Betriebe an: Bergwerke, Salinen, Aufbereitungsanstalten, Brüche und Gruben, Hüttenwerke, Fabriken und Werkstätten, Zimmerplätze und andere Bauhöfe, Werften und Ziegeleien, Bauten aller Art.

Ausgeschlossen sind demnach die Land- und Forstwirtschaft, das Handels- und Verkehrsgewerbe. Aber auch die in § 105 b GO. mitgenannten „Bauten aller Art" scheiden für die Kurzarbeiterfürsorge aus. Sie sind nicht gewerbliche Betriebe in diesem Sinne. Bauten i. S. des § 105 b sind alle Bauarbeiten (Hoch- und Tiefbauten) einschließlich von Wiederherstellungsarbeiten (so Weigert S. 35). Die Anordnung will nur bestimmt begrenzte Fälle treffen, darf also nicht ausdehnend ausgelegt werden.

[6]) Voraussetzung für die Gewährung der Kurzarbeiterunterstützung ist also, daß im Betriebe mindestens 10 Arbeitnehmer als Normalbelegschaft beschäftigt sind; daß auch mindestens 10 Arbeitnehmer kurzarbeiten müssen, wie Weigert S. 37

annimmt, wird man nicht als Voraussetzung für die Gewährung der Kurzarbeiterfürsorge aufstellen können. Die Anordnung bietet dafür keinen Anhalt. Die kleinen handwerksmäßigen Betriebe werden durch § 1 im allgemeinen ausgeschaltet.

[7]) In einer **Kalenderwoche**, auch wenn die Lohnwoche mit ihr nicht zusammenfällt. Wegen der Doppelwochenberechnung vgl. § 1 Abs. 2.

[8]) Bei der Anordnung ist der Grundsatz beobachtet worden, daß eine Verkürzung bis zu $^1/_3$ des Arbeitsverdienstes vom Arbeitnehmer selbst getragen werden muß.

Kurzarbeiterunterstützung wird nur gewährt, wenn volle Arbeitstage ausfallen. Der Ausfall ganzer Arbeitsschichten steht dem Ausfall voller Arbeitstage gleich, wenn die Arbeitsschicht das normale Tagewerk des Arbeitnehmers umfaßt. In diesem Fall kann die Arbeitsschicht auch weniger als 8 Stunden für den Tag umfassen. Die Voraussetzung, daß volle Arbeitstage ausgefallen sein müssen, ist in andern Fällen nicht erfüllt, soweit auf einen Arbeitstag weniger als $^1/_6$ der gewöhnlichen Wochenarbeitszeit entfällt. Fällt jedoch der Sonnabend (Samstag) aus, so gilt er auch dann als voller Arbeitstag, wenn für ihn regelmäßig eine kürzere Arbeitszeit festgesetzt ist.

Eine stundenweise Verkürzung der Arbeitszeit wird nicht berücksichtigt, selbst wenn sie regelmäßig wiederkehrt und bei Zusammenrechnung im Laufe der Woche sich ein Gesamtausfall von mehreren Tagen ergeben würde. Der Gesetzgeber befürchtete von der Gewährung von Kurzarbeiterunterstützung an stundenweise verkürzt arbeitende Betriebe einen Mißbrauch der Kurzarbeiterfürsorge. Tatsächlich werden sich die Betriebe, soweit es ihnen technisch möglich ist, von der stundenweisen auf die tageweise Verkürzung umstellen, sodaß nur die Betriebe eine stundenweise Verkürzung beibehalten, bei denen eine tageweise Verkürzung technisch nicht möglich ist. Es ist zu hoffen, daß bei längerer Dauer der Kurzarbeiterfürsorge der Reichsarbeitsminister ihnen die Kurzarbeiterunterstützung zubilligt, da die

Arbeitnehmer dieser Betriebe andernfalls unbillig zurückgesetzt würden. Bei Prüfung der Verhältnisse des einzelnen Betriebes durch die Gewerbeaufsichtsbeamten werden sich dann Mißbräuche vermeiden lassen.

[9]) Bei einem Ausfall von 2 Arbeitstagen ist Kurzarbeiterfürsorge ebensowenig zulässig wie bei einem Ausfall von 6 Tagen. Eine Arbeitspause von 6 Tagen wird nur berücksichtigt, wenn Wochenschichtwechsel vorgenommen wird, d. h. in regelmäßigem Wechsel eine Kalenderwoche gearbeitet wird und eine Kalenderwoche gefeiert wird (vgl. Abs. 2 des § 1). Nur in diesem Falle ist die früher vielfach übliche Doppelwochenberechnung noch zulässig. Wird 3 Tage gearbeitet und 9 Tage ausgesetzt, so kann für die erste Woche die Kurzarbeiterunterstützung für 1 Tag gezahlt werden. Für die ausfallenden 6 Tage der nächsten Woche darf jedoch weder Kurzarbeiterunterstützung noch Erwerbslosenunterstützung gezahlt werden, weil eine Aussetzerunterstützung nicht mehr zulässig ist und die Doppelwochenberechnung nur in dem Falle des § 1 Abs. 2 angewandt werden darf, wenn in der dort genau vorgeschriebenen Weise die Kurzarbeit durchgeführt wird.

[10]) Die Kurzarbeiterfürsorge wird nur für ausfallende Arbeitstage gewährt. Da Feiertage, die in die Woche fallen, in der Regel nicht als Arbeitstage bezahlt werden, dürfen sie insoweit bei der Berechnung der Kurzarbeiterfürsorge nicht herangezogen werden; für sie darf auch Kurzarbeiterunterstützung nicht gewährt werden. Die Erwerbslosenunterstützung wird zwar für die in die Woche fallenden Feiertage gewährt, aber aus dem Grunde, weil die Erwerbslosenfürsorge nur den notwendigen Lebensunterhalt (vgl. Anm. 6 zu § 7 der VO.) decken soll und er sich dadurch, daß Feiertage in die Woche fallen, nicht verringert. Da die Kurzarbeiterfürsorge sich in ihrer Höhe nicht nach dem ausfallenden Lohn, sondern nach der ausfallenden Arbeitszeit richtet, kommt dieser Grundsatz hier nicht in Betracht (a. M. Weigert S. 41).

[11]) Die Kurzarbeiterfürsorge ist eine Art der Erwerbs-

losenfürsorge (vgl. § 8 der VO.). Sie darf deshalb nur gewährt werden, wenn folgende Voraussetzungen vorliegen:

a) Die Kurzarbeit muß eine Folge des Krieges oder der durch ihn hervorgerufenen Wirtschaftslage sein. Für Kurzarbeit, die aus anderen Gründen eingeführt worden ist, z. B. wegen Kesselreinigung, Erneuerung des Glasofens in einer Glashütte, oder bei berufsüblicher Kurzarbeit, z. B. in der Textilindustrie, darf Kurzarbeiterunterstützung nicht gewährt werden. Ebensowenig bei Kurzarbeit, die infolge Ausstands oder Aussperrung eingeführt worden ist (vgl. § 3 Abs. 2 der VO.).

Unterstützung darf auch dann nicht gewährt werden, wenn nicht ein zwingender wirtschaftlicher Grund für die Kurzarbeit vorliegt. Besteht der Verdacht, daß in einem Betriebe die Kurzarbeit als solche oder in dem Maße ohne dringende Notwendigkeit durchgeführt wird, ist die Kurzarbeiterunterstützung zu versagen. Vgl. auch Anm. 12.

b) Es muß grundsätzlich Bedürftigkeit vorliegen, vgl. Anm. 7 zu § 2. Doch ist nach § 8 der VO. die Bedürftigkeit nur insoweit zu prüfen, als die Stelle es anordnet, die zur Entscheidung über die Unterstützung zuständig ist.

c) Die Kurzarbeiter müssen arbeitsfähig und arbeitswillig sein; sie können zu Pflichtarbeiten nach § 14 der VO. herangezogen werden, nicht aber zu Notstandsarbeiten, vgl. dazu Anm. 4 zu § 6 der Bestimmungen über öffentliche Notstandsarbeiten vom 30. April 1925 (abgedr. S. 231) und § 7 hier.

d) Sie müssen Staatsangehörige des Deutschen Reichs oder solcher ausländischer Staaten sein, die gemäß § 6 der VO. deutschen Erwerbslosen eine gleichwertige Fürsorge gewähren (vgl. die Erläuterungen zu § 6 der VO.).

e) Die Vorschrift des § 4 Abs. 1 der VO., wonach für die Gewährung der Fürsorge eine mindestens dreimonatige krankenversicherungspflichtige oder eine ihr durch Artikel 1 der VII. Ausf.-VO. gleichgestellte angestelltenversicherungspflichtige Beschäftigung vorausgesetzt wird, muß grundsätzlich von ihnen erfüllt sein (§ 4); dagegen kommt die Vorschrift des § 5 über die Altersgrenze für die Kurzarbeiterfürsorge nicht in Betracht (ebenso Lehfeldt S. 65 und Anm. 4 hier).

[12]) Die Kurzarbeit kann auf einer freiwilligen Vereinbarung des Arbeitgebers mit der Arbeitnehmerschaft beruhen oder sie kann von der Behörde angeordnet werden (freiwillige und gebotene Arbeitsstreckung). Die gebotene Arbeitsstreckung beruht auf § 2 Abs. 2 der Verordnung betr. Maßnahmen gegenüber Betriebsabbrüchen und -stillegungen vom 15. Oktober 1923 (RGBl. I S. 945): „Ist der Arbeitgeber nicht in der Lage, die Arbeitnehmer während der bezeichneten Fristen [d. h. der Sperrfristen] voll zu beschäftigen, so kann die Demobilmachungsbehörde für die Dauer der Fristen eine Verkürzung der Arbeitszeit (Streckung der Arbeit) anordnen. Hierbei darf jedoch die Wochenarbeitszeit eines Arbeitnehmers nicht unter 24 Stunden herabgesetzt werden."

Nach § 2 Abs. 3 dieser Verordnung ist der Arbeitgeber „im Falle der Arbeitsstreckung berechtigt, Lohn oder Gehalt der mit verkürzter Arbeitszeit beschäftigten Arbeitnehmer entsprechend zu kürzen, jedoch erst von dem Zeitpunkt an, in dem ihr Arbeitsverhältnis nach den allgemeinen gesetzlichen oder den vertraglichen Bestimmungen enden würde."

Dieser Grundsatz gilt für jede Arbeitsstreckung. Eine Verkürzung der Arbeitszeit ist eine Aenderung des Arbeitsvertrages — verbunden mit dem Angebot, einen neuen Vertrag auf der Grundlage verkürzter Arbeitszeit und verkürzten Lohnes einzugehen. Sie muß deshalb eine Kündigungsfrist vorher dem Arbeitnehmer angekündigt werden. Erst nach Ablauf dieser Frist darf der Lohn gekürzt werden. Frühestens von diesem Zeitpunkt an darf deshalb Kurzarbeiterunterstützung gewährt werden, wenn die Voraussetzungen der Anordnung vom 20. Februar 1926 vorliegen, insbesondere auch die Wartezeit des § 3 erfüllt ist. Erklärt sich der Arbeitnehmer freiwillig damit einverstanden, daß der Lohn schon vor Ablauf dieser Frist gekürzt wird, so hat er ohne Not darauf verzichtet und kann deshalb nicht als bedürftig angesehen werden, demgemäß auch Kurzarbeiterunterstützung nicht erhalten.

Bei jeder Kürzung der Arbeitszeit ist jedoch festzustellen, ob die Kürzung in diesem Umfange berechtigt war. Nur insoweit darf Unterstützung gewährt werden. Sie darf nicht zugebilligt werden für die Arbeitszeit, in der ohne zwingende Notwendigkeit kurzgearbeitet wird. Vgl. auch Anm. 11 a zu § 1.

[13]) Vgl. Anm. 11 b und § 2 Abs. 2. Solange durch Kurzarbeit der Lohn aus dem Arbeitsverhältnis nicht gekürzt wird, kann Bedürftigkeit nicht angenommen werden. Deshalb darf in diesem Falle Kurzarbeiterunterstützung nicht gewährt werden. Wenn der Arbeitnehmer während der Kurzarbeit seinen Urlaub nimmt und dafür vollen Lohn erhält, kommt für diese Zeit die Kurzarbeiterfürsorge ebensowenig in Frage wie im Falle der Erwerbslosigkeit die Erwerbslosenunterstützung.

[14]) Der Arbeitsverdienst muß entsprechend verringert sein. Für jeden ausfallenden Tag muß demgemäß im allgemeinen ein Tagesentgelt wegfallen. Da die Anordnung eine Verkürzung des Entgelts bis zu $^1/_3$ den Arbeitnehmer selbst tragen läßt, kann die Kurzarbeiterfürsorge erst eintreten, wenn mindestens drei Arbeitstage und drei Tagesentgelte wöchentlich ausfallen; wegen des Wochenschichtwechsels vgl. § 1 Abs. 2.

[15]) Eine Verkürzung der Arbeitszeit kann in der Weise eintreten, daß an einzelnen Tagen in der Woche nicht gearbeitet wird oder daß eine ganze Woche gearbeitet, eine ganze Woche gefeiert wird. Geschieht letzteres in **regelmäßigem** Wechsel, dann ist Kurzarbeiterfürsorge zulässig. Eine einmalige Kurzarbeit in dieser Art berechtigt dagegen nicht zum Bezug von Kurzarbeiterunterstützung. Wohl aber ist statt des Wechsels

Arbeitswoche—Feierwoche, Arbeitswoche—Feierwoche

Kurzarbeit auch in der Form möglich:

Arbeitswoche—Feierwoche, Feierwoche—Arbeitswoche, Arbeitswoche—Feierwoche.

In diesem Falle wird je eine Arbeits- und Feierwoche als Wochenschichtwechsel (Kalenderdoppelwoche) behandelt.

Folgen dagegen einer Arbeitswoche mehrere Feierwochen, ohne daß eine Berechnung nach Wochenschichtwechsel (Kalenderdoppelwoche) möglich ist, z. B.

Arbeitswoche—Feierwoche, Feierwoche, Feierwoche—Arbeitswoche,

so darf Kurzarbeiterunterstützung nicht gewährt werden, da nicht ein regelmäßiger Wochenschichtwechsel vorliegt. Aber auch Erwerbslosenunterstützung darf nicht zugebilligt werden, weil Erwerbslosenfürsorge nur noch zulässig ist, wenn das Arbeitsverhältnis völlig gelöst ist.

Wird in einer Woche nicht voll gearbeitet, in der zweiten voll gefeiert, so richtet sich die Frage, ob Kurzarbeiterunterstützung zulässig ist, nur nach der Arbeitszeit der 1. Woche. Die 2. scheidet völlig aus, für sie darf weder Kurzarbeiterunterstützung noch Erwerbslosenunterstützung gewährt werden (vgl. Anm. 9). „Irgend eine Ausdehnung der Bestimmungen im Wege rechtsähnlicher oder sinngemäßer Anwendung findet nicht statt" (RAM. IV 6763/26 vom 6. Juni 1926).

[16]) Es darf also für jede Woche 1 Tagessatz der Erwerbslosenunterstützung gewährt werden, vgl. § 2 Abs. 1.

[17]) Da sie nicht Arbeitnehmer eines gewerblichen Betriebes sind.

[18]) Kurzarbeiter hat die Gemeinde nicht nach den §§ 20 ff. der VO. gegen Krankheit zu versichern, da sie nicht erwerbslos sind.

[19]) Wegen der Beitragspflicht der Kurzarbeiter zur Erwerbslosenfürsorge vgl. Anm. 1 d zu § 34 der VO.

§ 2.

Höhe der Unterstützung.

(1) Die Kurzarbeiterunterstützung darf in jeder Kalenderwoche [1]), wenn drei [2]) Arbeitstage ausfallen, einen Tagessatz [3]/[4]), wenn vier Arbeitstage ausfallen, zwei Tagessätze, wenn fünf Arbeitstage ausfallen, drei

Tagessätze der Erwerbslosenunterstützung nicht übersteigen[1]), die dem einzelnen Arbeitnehmer zustände, wenn er erwerbslos wäre. Kurzarbeiter mit mindestens drei zuschlagsberechtigten[2/3]) Angehörigen dürfen, wenn vier Arbeitstage ausfallen, bis zu zweieinhalb Tagessätzen, wenn fünf Arbeitstage ausfallen, bis zu dreieinhalb Tagessätzen der Erwerbslosenunterstützung erhalten.

(2) Kurzarbeiterunterstützung ist insoweit nicht zu gewähren, als die Annahme gerechtfertigt ist, daß sie nicht benötigt[3]) wird. Die oberste Landesbehörde oder die von ihr bezeichnete Stelle kann anordnen[4]), daß diese Annahme bei Arbeitnehmern, deren Arbeitsverdienst eine bestimmte Grenze überschreitet, ohne weiteres als gerechtfertigt anzusehen ist.

[1]) Vgl. Anm. 7 zu § 1.

[2]) Vgl. § 1 Abs. 1 und Anm. 14 dazu.

[3]) Während früher die Höhe der Kurzarbeiterunterstützung nach der Höhe des verbliebenen Arbeitsentgelts berechnet wurde (vgl. die frühere Fassung des Art. 4 Abs. 3 der Ausf.-Vorschr. vom 2 Mai 1925, abgedr. S. 58), wird sie jetzt unabhängig davon nach Tagessätzen der Erwerbslosenunterstützung bemessen.

[4]) Unter Tagessatz ist die Hauptunterstützung einschließlich etwaiger Familienzuschläge zu verstehen. Maßgebend sind die Anordnungen des RAM. über Höchstsätze vom 30. Januar 1925 und 17. Dezember 1925 (abgedr. S. 205 ff.) . Die 2. Anordnung über eine vorübergehende Erhöhung der Höchstsätze vom 27. Februar 1926 gilt für die Kurzarbeiterfürsorge nicht (vgl. Buchstabe B dort S. 213).

Als Unterstützungsort kommt nicht der Wohnort des einzelnen Arbeitnehmers in Frage, sondern nach § 12 Abs. 2 der VO. die Errichtungsgemeinde des Beschäftigungsorts; über diesen Begriff vgl. die §§ 153, 154, 156 RVO., abgedr. als Anm. 5 zu Art. 1 der V. Ausf.-VO. S. 92.

Die Höhe des Unterstützungssatzes richtet sich dagegen nach dem Wohnort des Kurzarbeiters. Der für den Betriebsort zuständige Arbeitsnachweis kann jedoch zur Vermeidung übermäßiger Verwaltungsarbeit für alle Kurzarbeiter eines Betriebes eine einheitliche Ortsklasse zugrunde legen. Dies wird in der Mehrzahl der Fälle die Ortsklasse des Betriebsortes sein können. Wo jedoch zahlreiche Arbeitnehmer des Betriebes außerhalb des Betriebsortes wohnen, müssen die Ortsklassen der Wohngemeinden mitberücksichtigt und es muß möglichst eine mittlere Ortsklasse gewählt werden.

[5]) Demnach ergibt sich folgende Aufstellung:

Ausfallende Arbeitstage	1	2	3	4	5	6
Kurzarbeiterunterstützung (Tagessatz)	—	—	1	2	3	—
dies. bei Kurzarbeitern mit mindestens 3 zuschlagsberechtigt. Angehörigen	—	—	1	$2^1/_2$	$3^1/_2$	—

[6]) Kurzarbeiter mit Frau und 2 Kindern, Witwer mit 3 Kindern. Vgl. Anm. 19—27 zu § 3 der VO.

[7]) Also Prüfung der Bedürftigkeit, vgl. Anm. 11 b zu § 1. Die Prüfung hat sich, soweit nichts anderes angeordnet ist, auf sämtliche bezugsberechtigten Kurzarbeiter zu erstrecken. Es kann aber auch gemäß § 8 der Verordnung bestimmt werden, daß sie sich nur auf bestimmte Gruppen zu beschränken hat, z. B. auf in der Industrie tätige Landwirtssöhne. Bei der Bedürftigkeitsprüfung ist § 7 der VO. zu berücksichtigen (ebenso Weigert S. 52).

Die in § 2 Abs. 1 angegebenen Tagessätze sind Höchstsätze („darf nicht übersteigen", vgl. § 10 der VO.); bei Teilbedürftigkeit kann deshalb Teilunterstützung gewährt werden.

[6]) Eine Feststellung nach § 2 Abs. 2 kann auch für einen ganzen Betrieb getroffen werden, wenn eine verhältnismäßig geringe Verkürzung der Arbeitszeit in Verbindung mit verhältnismäßig hohen Löhnen den Schluß erlaubt, daß die Arbeitnehmer des Betriebs der Kurzarbeiterunterstützung nicht bedürfen.

Anordnungen der obersten Landesbehörden in dieser Richtung sollen nur zum Inhalte haben, daß oberhalb bestimmter Lohngrenzen die Kurzarbeiterunterstützung entfällt, nicht aber in der Weise getroffen werden, daß der Arbeitsverdienst im einzelnen Falle mit der Höhe der Erwerbslosenunterstützung verglichen werden muß; denn das würde mit dem Aufbau der Anordnung, die sich grundsätzlich nicht auf den einzelnen Arbeitnehmer, sondern auf den Betrieb als solchen richtet, nicht vereinbar sein (so RAM. vom 25. Februar 1926 — IV 3101/26).

§ 3.

Wartezeit.

(1) Kurzarbeiterunterstützung darf nur gewährt werden, wenn in dem Betrieb unmittelbar [1]) zuvor in zusammenhängenden[2]) Kalenderwochen [3]) insgesamt mindestens acht [4]) volle Arbeitstage, in jeder Kalenderwoche aber mindestens zwei volle Arbeitstage ausgefallen sind. Auf die Frist von acht Tagen dürfen mehr als drei [4]) Tage in jeder Kalenderwoche nicht angerechnet werden.

(2) Kurzarbeiterunterstützung darf auch gewährt werden, wenn der Betrieb unmittelbar zuvor mindestens drei Wochen hintereinander [5]) geruht hat.

[1]) Unmittelbar vor Eintritt der Kurzarbeiterfürsorge. Ist z. B. die Wartezeit erfüllt und schließt sich daran infolge eines unvermuteten Auftrags eine Zeit der Vollarbeit, so gilt die

zuvor zurückgelegte Wartezeit nicht mehr für die nach der Vollarbeit eintretende Kurzarbeitszeit. Vgl. aber Anm. 1 zu § 6.

[2]) Kurzarbeiterunterstützung soll mit anderen Worten nur gewährt werden, wenn feststeht, daß der Betrieb unbedingt kurzarbeiten muß. Die Wartezeit muß deshalb auch von dem Betriebe als solchem erfüllt werden, nicht vom einzelnen Arbeitnehmer. Ein Arbeitnehmer, der während des Laufs der Wartezeit in den Betrieb eingestellt wird, kann gleichwohl nach Ablauf der Wartezeit des Betriebes die Kurzarbeiterunterstützung erhalten.

[3]) Vgl. § 1 Anm. 7.

[4]) Die Wartezeit beträgt acht volle Arbeitstage. Sie wird aber nur dann berechnet, wenn in den einzelnen Wochen mindestens 2 volle Tage ausgefallen sind. Fallen mehr aus, so werden davon nur 3 auf die Wartezeit angerechnet. Die kürzeste Wartezeit beträgt demnach 3 Wochen, (2 mal 3) + (1 mal 2) Kurzarbeitstage, die längste 4 Wochen = 4 mal 2 Kurzarbeitstage.

[5]) Hat der Betrieb „unmittelbar zuvor" mindestens 3 Wochen hintereinander stillgelegen, dann gilt dadurch die Wartezeit gleichfalls als erfüllt = (2 mal 3) + (1 mal 2) Ruhetage.

§ 4.

Anwartschaftszeit [1/2]).

Kurzarbeiterunterstützung wird Kurzarbeitern nicht gewährt, die in den letzten zwölf Monaten vor Eintritt der Kurzarbeit [4]) weniger als drei Monate [5]) hindurch eine Beschäftigung ausgeübt haben, in der sie gegen Krankheit [6]) oder nach dem Angestelltenversicherungsgesetz [7]) pflichtversichert [8]) waren.

[1]) Wegen des Begriffs der „Anwartschaft" vgl. Anm. 5 zu § 1 der VO.

[2]) Vgl. die Erläuterungen zu § 4 der VO.

[3]) Der Reichsarbeitsminister hat in einem Schreiben IV 3101/26 vom 25. Februar 1926 (RABl. S. 61) zum Ausdruck gebracht: „Die Voraussetzung des § 4 wird im allgemeinen zunächst als erfüllt zu unterstellen und nur bei besonderem Anlaß nachträglich zu prüfen sein. Das ergibt sich unter anderem aus § 5, wo die Anzeige des Arbeitgebers ausdrücklich auf den Inhalt der §§ 1 bis 3 beschränkt ist." Der Standpunkt des Reichsarbeitsministers ist nicht unbedenklich. Da die Kurzarbeiterfürsorge eine Art der Erwerbslosenfürsorge ist, kann auf die Voraussetzung der Anwartschaft nicht verzichtet werden, wenn auch zuzugeben ist, daß bei genauer Prüfung die Verwaltungsarbeit erheblich sein kann. Der Reichsarbeitsminister geht dabei von dem Gedanken aus, daß die Kurzarbeiterunterstützung sich auf den Betrieb als solchen richtet, nicht auf den einzelnen Arbeitnehmer (vgl. Anm. 8 Abs. 2 zu § 2). Dabei darf aber nicht verkannt werden, daß die Kurzarbeiterfürsorge mit aus der Erwägung heraus eingerichtet worden ist, daß es auf die Dauer einem Arbeitnehmer nicht zugemutet werden kann, zu einem Lohne zu arbeiten, der in seiner Gesamtsumme geringer ist als die Erwerbslosenunterstützung. Deshalb kann man nicht darauf verzichten, zu prüfen, ob die Voraussetzungen in der Person des einzelnen Arbeitnehmers vorliegen. Die Empfehlung des Reichsarbeitsministers war vom verwaltungstechnischen Standpunkte aus insofern zweckmäßig, als bei Einführung der Kurzarbeiterfürsorge sich sonst eine derartige Fülle von Arbeit ergeben hätte, daß die Kurzarbeiterunterstützung nicht rechtzeitig hätte ausgezahlt werden können. Für die Zukunft wird man aber auch hier zur ordnungsmäßigen Prüfung überzugehen haben. Wenn man diese Angaben nicht vom Arbeitgeber verlangt, der sie auch nicht in jedem Falle, z. B. bei Arbeiterwechsel, zuverlässig machen könnte, dann muß der Arbeitsnachweis entsprechende Feststellungen treffen.

[4]) Der Ausdruck „Eintritt der Kurzarbeit" ist sehr unklar. Wenn man zur Erläuterung die Worte des § 4 der VO. „vor Eintritt ihrer Unterstützungsbedürftigkeit" heranzieht, wird man

wohl hier annehmen können, daß als Zeitpunkt gemeint ist der erste Tag der Kalenderwoche, die auf den Eingang der Anzeige bei dem öffentlichen Arbeitsnachweis folgt (vgl. § 5, ebenso Weigert S. 59).

[5]) Vgl. Anm. 3 zu § 4 der VO.

[6]) Vgl. die Erläuterungen 4—13 zu § 4 der VO.

[7]) Betrifft die höher bezahlten Angestellten mit einem Jahreseinkommen von mehr als 2700—6000 RM., die durch die VII. Ausf.-VO. in die Erwerbslosenfürsorge einbezogen worden sind, vgl. die Erläuterungen dazu S. 124 ff.

[8]) Arbeitnehmer, die sich freiwillig gegen Krankheit versichert haben, auf Grund gesetzlicher Bestimmungen versicherungsfrei oder auf Antrag befreit worden sind, haben nicht Anspruch auf Kurzarbeiterfürsorge (ebenso Weigert S. 60; vgl. auch die in Anm. 5 und 6 angezogenen Erläuterungen).

§ 5.

Anzeige [1]).

(1) Kurzarbeiterunterstützung darf erst gewährt werden, nachdem [2]) der Arbeitgeber dem öffentlichen Arbeitsnachweis eine Anzeige erstattet hat, aus der sich ergibt [3]), daß die Voraussetzungen für die Unterstützung und ihre Höhe (§§ 1 bis 3) erfüllt sind. Die Unterstützung beginnt [4]) mit der Kalenderwoche, die auf den Eingang der Anzeige bei dem öffentlichen Arbeitsnachweis [5]) folgt.

(2) Unterläßt [6]) der Arbeitgeber die Anzeige, so kann sie von der Betriebsvertretung [7]) und, soweit eine solche nicht besteht, von jedem Arbeitnehmer des Betriebs erstattet werden.

[1]) Wie der öffentliche Arbeitsnachweis bei der Erwerbslosenfürsorge nur auf Antrag tätig wird, so bei der Kurzarbeiter-

fürsorge auf Anzeige hin. Sie bildet die unbedingt erforderliche förmliche Voraussetzung.

²) Da die Kurzarbeiter beim Vorliegen der Voraussetzungen einen Rechtsanspruch (vgl. Anm. 5 zu § 1 der VO.) auf die Fürsorge haben, ergibt sich daraus, daß der Arbeitgeber die Pflicht hat, die Anzeige zu erstatten. Da sich aus der Anzeige ergeben muß, daß die Voraussetzungen der §§ 1—3 erfüllt sind, muß sie schriftlich erstattet werden.

³) Die Anzeige muß demnach mindestens enthalten:

a) Name des Betriebs,
b) Sitz des Betriebs,
c) Art des Betriebs (gewerblicher Betrieb?),
d) Mindestzahl der regelmäßig beschäftigten Arbeitnehmer,
e) Mitteilung, daß, von wann ab und in welchem Umfang Kurzarbeit eingeführt und in welchem Umfange der Arbeitsverdienst gekürzt worden ist,
f) daß und wie die Wartezeit des § 3 erfüllt ist oder daß der Betrieb eine bestimmte Zeit stillgelegen hat,
g) die Mitteilung, daß Kurzarbeiterfürsorge begehrt wird.

Beizufügen ist eine Aufstellung der Arbeitnehmer des Betriebs, die für die Kurzarbeiterfürsorge in Betracht kommen. Sie muß mindestens enthalten:

a) Name des Arbeitnehmers,
b) Alter,
c) Familienstand (ledig, verheiratet, Zahl der Kinder),
d) ggf. Angaben über die Bedürftigkeit.

Der Arbeitsnachweis hat zu prüfen, ob die erforderlichen Voraussetzungen vorliegen. Wegen der Prüfung der Anwartschaftszeit vgl. Anm. 3 zu § 4.

⁴) Vgl. Art. 6 der V. Ausf.-VO., wo die Beitragsfreiheit mit dem Montag der Woche beginnt, in der die Anzeige eingeht. Die Kurzarbeiterfürsorge beginnt erst mit dem Montag der nächsten Woche. Wird die Anzeige nicht rechtzeitig eingereicht, so verlängert sich demnach dadurch die Wartezeit des § 3.

[5]) Maßgebend ist der Arbeitsnachweis, der für den Betriebsort zuständig ist, vgl. Anm. 4 zu § 2.

Eine Erstattung der Unterstützungsbeträge durch die Errichtungsgemeinden der einzelnen Wohnorte kommt nicht in Betracht.

[6]) Er macht sich unter Umständen schadenersatzpflichtig, vgl. § 9.

[7]) Vgl. das Betriebsrätegesetz vom 4. Februar 1920 (RGBl. S. 147).

§ 6.

Unterbrechung der Unterstützung [1]).

(1) Wird die Kurzarbeiterunterstützung auf vier Kalenderwochen oder länger unterbrochen, so kann die Unterstützung erst wieder gewährt werden, wenn die Voraussetzungen der §§ 3 bis 5 erneut erfüllt sind. Die Wartezeit des § 3 kann ganz oder teilweise in der Zeit der Unterbrechung liegen.

(2) Nach Unterbrechungen von drei Kalenderwochen oder weniger wird die Unterstützung weiter gewährt [2]).

[1]) Diese Fassung des § 6 ist durch Artikel 1 der Anordnung über Ausdehnung und weitere Verlängerung der Kurzarbeiterfürsorge vom 1. Juli 1926 (RGBl. I S. 365, RABl. S. 209) eingeführt und mit Wirkung vom 4. Juli 1926 ab in Kraft gesetzt worden. Dis bisherige Fassung lautete:

„Dauer der Unterstützung.

Kurzarbeiterunterstützung wird den Arbeitnehmern desselben Betriebes höchstens für die Dauer von sechs aufeinanderfolgenden Kalenderwochen gewährt."

Die neue Fassung bedeutet demnach hier den Uebergang zu einem andern System. Zunächst war die Geltungsdauer der Anordnung vom 20. Februar 1926 — in Kraft getreten am 1. März — bis zum 1. Mai 1926 beschränkt, also auf einen

Zeitraum vom 9 Wochen. In den gewöhnlichen Fällen wäre er ausgefüllt worden durch eine Wartezeit von 3 Wochen und eine Unterstützungsdauer von 6 Wochen. In den Fällen jedoch, wo die Wartezeit bereits am 1. März abgelaufen war (vgl. § 10 Abs. 1) und insbesondere dann, als durch die Anordnung vom 30. April 1926 (RABl. S. 137) die Geltungsdauer bis zum 3. Juli 1926 verlängert worden war, trat die Folge ein, daß nach 6 Wochen oder bei Unterbrechungen der Kurzarbeit durch Vollarbeit selbst von kurzer Dauer die Kurzarbeiterfürsorge eingestellt und zunächst wieder eine neue Wartezeit von 3—4 Wochen zurückgelegt werden mußte, ein Rechtszustand, für den die Praxis kein Verständnis hatte. Die Absicht war, durch Beschränkung der Kurzarbeiterfürsorge die Betriebe zu veranlassen, festzustellen, ob sie nicht wieder zur Vollarbeit übergehen könnten. Bei der gleichmäßig stark bleibenden Wirtschaftskrise führte aber diese Bestimmung zu sozialen Härten und verhinderte zugleich, daß die Betriebe vorübergehend zu Vollarbeit übergingen.

Durch die neue Fassung wird die zeitliche Befristung der Kurzarbeiterfürsorge für den einzelnen Fall beseitigt. Begrenzt wird sie nur noch durch die Geltungsdauer der Anordnung an sich (vgl. Art. III).

Wird die Kurzarbeit durch Vollarbeit von 3 Wochen oder einer geringen Frist unterbrochen, so gilt das nicht als Unterbrechung in dem Sinne, daß ein neuer Unterstützungsfall vorliegt. Vielmehr wird die Kurzarbeiterfürsorge nach Ablauf der Unterbrechung weiter gewährt. Dagegen liegt ein neuer Unterstützungsfall vor, wenn die Unterbrechung 4 Wochen oder länger dauert. Deshalb darf hier Kurzarbeiterfürsorge erneut nur gewährt werden, wenn die Wartezeit nach § 3 eingehalten und eine Anzeige nach § 5 eingereicht worden ist. Außerdem muß die Anwartschaft nach § 4 noch erfüllt sein. Naturgemäß kann auch diese Regelung zu Härten führen. Deshalb sieht § 6 vor, daß die Wartezeit des § 3 ganz oder teilweise in der Zeit der Unterbrechung liegen kann. Beispiel: Der Betrieb arbeitet 2 Tage. Infolge eines befristeten Auftrages muß er 6 Wochen zu verstärkter Arbeit übergehen. Er könnte 2 Wochen voll, 4 Wochen je 4 Tage arbeiten. Dann würde nach Ablauf der 6 Wochen die achttägige Wartezeit des § 3 erfüllt sein und, wenn die Anzeige nach § 5 rechtzeitig eingereicht ist, im unmittelbaren Anschluß Kurzarbeiterunterstützung wieder gewährt werden.

²) Nach dem Schreiben des Reichsarbeitsministers IV 2807/26 vom 20. Februar 1926 (RABl. S. 53) ist die Dauer der Kurzarbeiterunterstützung nicht auf die Höchstfristen des § 18 der Verordnung über Erwerbslosenfürsorge anzurechnen. Auch **ausgesteuerte** Erwerbslose können daher Kurzarbeiterunterstützung erhalten. Zur Zeit gelten für die Kurzarbeiterfürsorge auch noch nicht die Begrenzungen des § 18 der VO. Doch wird, falls die Geltungsdauer über den 27. November 1926 hinaus erstreckt wird, der Gesetzgeber darüber Bestimmungen treffen müssen, ob die Kurzarbeiterunterstützung ohne jede Beschränkung gewährt werden soll.

§ 7.

Nachweis anderer Arbeit.

Kurzarbeiterunterstützung ist zu versagen oder zu entziehen, wenn dem Kurzarbeiter anderweit Arbeit nachgewiesen werden kann¹). § 13 der Verordnung über Erwerbslosenfürsorge findet entsprechende Anwendung.

¹) = nachgewiesen wird. Man kann dem Kurzarbeiter nur dann zumuten, seine Arbeitsstelle aufzugeben, wenn ihm wirklich Gelegenheit geboten ist, eine andere Stelle anzutreten. Sie muß den Voraussetzungen des § 13 der VO. entsprechen. Danach kann die Annahme der Stelle abgelehnt werden, wenn nicht angemessener ortsüblicher Lohn geboten wird, die Unterkunft sittlich bedenklich ist und bei Verheirateten die Versorgung der Familie unmöglich wird. Im einzelnen und

wegen weiterer Weigerungsgründe vgl. die Erläuterungen zu § 13 der VO. Verheirateten, welche ihre Familie in den auswärtigen Beschäftigungsort nicht mitnehmen können, können die Familienzuschläge ganz oder teilweise gewährt werden. Kurzfristige Gelegenheitsarbeit gilt nicht als Arbeit im Sinne des § 7. Es kann dem Kurzarbeiter nicht zugemutet werden, aus seinem ordnungsmäßigen Arbeitsverhältnis auszuscheiden, um eine Stelle anzutreten, die ihm nur ganz vorübergehend Arbeit bietet. Als Arbeit im Sinne des § 7 gilt deshalb auch nicht die Beschäftigung bei Notstandsarbeiten. Vgl. Anm. 11 c zu § 1.

Die nachgewiesene Arbeit kann auch außerhalb des bisherigen Berufs und Wohnorts liegen, muß dem Kurzarbeiter jedoch nach seiner körperlichen Beschaffenheit zugemutet werden können. Die Arbeit braucht nicht nur durch den öffentlichen Arbeitsnachweis zugewiesen zu werden. Unter den Voraussetzungen des § 13 der VO. hat der Kurzarbeiter auch von anderer Seite ihm nachgewiesene Arbeit anzunehmen, andernfalls ist ihm die Kurzarbeiterunterstützung zu entziehen.

§ 8.

Verfahren.

Auf das Verfahren finden die Vorschriften der Verordnung über Erwerbslosenfürsorge entsprechende [1]) Anwendung. Die Kurzarbeiterunterstützung ist durch die öffentlichen Arbeitsnachweise zu errechnen [2]). Die Auszahlung kann die Gemeinde [3]) dem Arbeitgeber übertragen; er hat sie kostenlos auszuführen [4]).

[1]) Vgl. wegen des Verfahrens die §§ 27 ff. der VO.

[2]) Hierzu sagt die Begründung zum Entwurf:

„In Zukunft kann nur noch die Auszahlung der Unterstützung den Arbeitgebern übertragen werden, während die Errechnung von den öffentlichen Arbeitsnachweisen selbst vorzunehmen ist. Diese Vorschrift steht nicht etwa mit § 31 der Verordnung über Erwerbslosenfürsorge im Widerspruch, wonach die Arbeitgeber auf Verlangen der Gemeinde die Kurzarbeiterunterstützung auch kostenlos zu errechnen haben. § 31 legt den Arbeitgebern für den Fall eine Verpflichtung auf, daß die Gemeinde von einem bestimmten Recht Gebrauch macht. § 8 der vorliegenden Verordnung verbietet aber den Gemeinden, von diesem Recht Gebrauch zu machen. Die Verpflichtung der Arbeitgeber wird dadurch insoweit gegenstandslos."

³) = Errichtungsgemeinde des öffentlichen Arbeitsnachweises, bei einem gemeinsamen Arbeitsnachweis die Verwaltungsgemeinde.

⁴) Er ist aber nicht verpflichtet, Vorschüsse zu gewähren, sodaß er die Kurzarbeiterunterstützung erst auszuzahlen braucht, wenn ihm die Errichtungs- (Verwaltungs-) Gemeinde das Geld zur Verfügung stellt.

§ 9.

Haftung der Beteiligten [1]/[2]).

Wird die Kurzarbeiterunterstützung mißbräuchlich in Anspruch genommen und trifft den Arbeitgeber daran ein Verschulden [3]), insbesondere, weil er eine unrichtige Anzeige (§ 5) erstattet hat, so haftet er unbeschadet von Strafvorschriften [4]) für die Rückerstattung der überhobenen Unterstützung neben dem Arbeitnehmer als Gesamtschuldner. In der gleichen Weise hat der Arbeitgeber für unrichtige Anzeigen von Betriebsvertretungen oder Arbeitnehmern (§ 5 Abs. 2) einzustehen, wenn er die Anzeige schuldhaft unterlassen [5]) hat.

[1]) § 9 enthält nur Vorschriften für die Haftung. Daneben ist es zulässig, Ordnungsstrafen nach § 44 der VO. zu verhängen.

[2]) Die Begründung zum Entwurf sagt dazu:

„Damit die Arbeitgeber nicht vorsätzlich oder fahrlässig

falsche Anzeigen erstatten und dadurch den Arbeitnehmern eine mißbräuchliche Inanspruchnahme der Kurzarbeiterunterstützung ermöglichen, sollen sie künftig für die Rückerstattung unrechtmäßig erhobener Unterstützungen wie für eine eigene Schuld neben dem Arbeitnehmer einstehen. Die gleiche Mithaftung rechtfertigt sich, wenn der Arbeitgeber schuldhaft die Anzeige unterläßt und durch unrichtige Anzeigen der Arbeitnehmer Mißbräuche herbeigeführt werden."

3) Vorsatz oder Fahrlässigkeit.

4) Des Strafgesetzbuches und abgesehen von den Ordnungsstrafen nach § 44 der VO., vgl. Anm. 1.

5) Seine Haftung ist dadurch begründet, daß er die ihm nach § 5 obliegende Pflicht zur Anzeige schuldhaft unterlassen hat. Er haftet ebenso, wenn er die Anzeige schuldhaft unvollständig eingereicht hat und dadurch die Kurzarbeiterunterstützung mißbräuchlich in Anspruch genommen worden ist.

§ 10.

Uebergangsvorschriften.

(1) Die Wartezeit 1) (§ 3) kann ganz oder teilweise vor dem Inkrafttreten dieser Anordnung liegen.

(2) Ist die Wartezeit beim Inkrafttreten dieser Anordnung bereits vollständig erfüllt, so darf die Unterstützung von dem Inkrafttreten ab gewährt werden, wenn die Anzeige (§ 5) binnen zwei Wochen nach dem Inkrafttreten bei dem öffentlichen Arbeitsnachweis eingeht.

1) Vgl. die Erläuterungen zu § 3 und Anm. 1 zu § 6.

Artikel III.

Diese Anordnung tritt am 1. März 1926 in Kraft und gilt 1) bis zum 27. November 1926.

1) Die Geltungsdauer war zunächst bis zum 1. Mai 1926

beschränkt. Sie ist durch Anordnung vom 30. April 1926 (RABl. S. 137) bis zum 3. Juli 1926 und durch Artikel 2 der Anordnung über Ausdehnung und weitere Verlängerung der Kurzarbeiterfürsorge vom 1. Juli 1926 (RABl. S. 209) bis zum 27. November 1926 verlängert worden.

Berlin, den 20. Februar 1926.

Der Reichsarbeitsminister.
Dr. Brauns.

Artikel III des Gesetzes[1]) über Erhöhung der Bier- und Tabaksteuer.

Vom 10. August 1925 (RGBl. I S. 244).

und

Gesetz[1]) zur Abänderung des Gesetzes über Erhöhung der Bier- und Tabaksteuer.

Vom 8. März 1926 (RGBl. I S. 151).

---

(1) Für[2]) Hausgewerbetreibende[3]), Angestellte[4]) und Arbeiter, die infolge[5]) dieses Gesetzes in der Zeit bis zum Inkrafttreten eines Arbeitslosenversicherungsgesetzes nachweislich[6]) arbeitslos[7]) oder durch Kurzarbeit[8]) geschädigt[9]) werden, gelten folgende Vorschriften:

1. Arbeitslosigkeit von Hausgewerbetreibenden, Angestellten und Arbeitern, die durch dieses Gesetz verursacht ist, ist in jedem[10]) Falle als Kriegsfolge im Sinne der Verordnung über die Erwerbslosenfürsorge zu behandeln.
2. Die Unterstützungsdauer, wie sie auf Grund[11]) der Verordnung über die Erwerbslosenfürsorge zur Zeit Geltung hat, wird für Hausgewerbetreibende, Angestellte und Arbeiter, die durch dieses Gesetz arbeitslos oder durch Kurzarbeit geschädigt werden, zunächst auf ein[12]) Jahr verlängert.

(2) Hausgewerbetreibende[3]), Angestellte[4]) und Arbeiter, die infolge[5]) dieses Gesetzes durch Kurzarbeit[8]) geschädigt[9]) werden, erhalten Kurzarbeiterunterstützung[13])

aus Mitteln der öffentlichen Fürsorge[14]), wenn die regelmäßige[15]) wöchentliche Arbeitszeit um[16]) mindestens 1/6 gekürzt ist. Die Kurzarbeiterunterstützung beträgt in diesen Fällen für jeden arbeitslosen Tag[16]) 1/6 der Vollunterstützung[17]) der Erwerbslosenfürsorge.

Das[18]) Reich[19]) erstattet den Bezirksfürsorgeverbänden[20]) neunzig[21]) vom Hundert der Kurzarbeiterunterstützung[22]).

(3) Die infolge dieses Gesetzes von der Arbeitslosigkeit im Tabakgewerbe und den durch dieses mitbeschäftigten Gewerben besonders hart mitgenommenen Gemeinden[23]) erhalten für ein[24]) Jahr nach Inkrafttreten dieses Gesetzes aus Reichsmitteln zu den Lasten der Fürsorge für Arbeitslose, die den Gemeinden entstehen, besondere Zuschüsse.

(4) Die Vorschriften der Abs. 1 bis 3 finden auf die Angestellten und Arbeiter des Braugewerbes[25]), falls wider Erwarten infolge der Biersteuererhöhung Arbeitslosigkeit eintreten sollte, Anwendung.

(5) Die[26]) Bedürftigkeitsprüfung[27]) bei Abs. 1 und 2 kommt in Fortfall, jedoch mit der Maßgabe, daß die Kurzarbeiterunterstützung den reinen Lohn- und Verdienstausfall nicht übersteigen darf.

(6) Der[28]) für die Unterstützungen (Abs. 1 bis 5) notwendige ursächliche Zusammenhang zwischen dem Lohnausfall infolge Arbeitslosigkeit oder Kurzarbeit und der Abgabenerhöhung auf Grund dieses Gesetzes darf mit Wirkung vom 15. Februar 1926 an nicht mehr verneint werden, sofern bisher die Betriebsstillegung oder — -einschränkung auf eine übermäßige Vorversorgung mit Rohstoffen oder Waren zurückgeführt wurde.

[1]) I. Vorschriften zur Unterstützung von Tabakarbeitern enthielt schon § 91 des Tabaksteuergesetzes vom 12. September 1919 (RGBl. S. 1667). Diese Bestimmung ist dann durch die Verordnung über die Aufbringung der Mittel für die Erwerbslosenfürsorge vom 15. Oktober 1923 (RGBl. I S. 984) und Artikel I Nr. 17 der Verordnung zur Aenderung des Tabaksteuergesetzes vom 30. Oktober 1923 (RGBl. I S. 1045) aufgehoben worden.

Der jetzige Artikel III, der auf einem Initiativantrag des Reichstags beruht, schafft eine erweiterte Erwerbslosenfürsorge und eine besondere Kurzarbeiterfürsorge für die Arbeitnehmer des Tabakgewerbes und der durch dieses mitbeschäftigten Gewerbe, die nachweislich infolge der Erhöhung der Tabaksteuer arbeitslos oder durch Kurzarbeit geschädigt werden. Für beide Arten der Fürsorge sind gesonderte Bestimmungen durch die Ausführungsvorschriften vom 16. Dezember 1925 (RGBl. I S. 473) mit den Abänderungen vom 6. April 1926 (RGBl. I S. 193) erlassen, vor allem ist die Kostenfrage besonders geregelt worden.

Die Unterstützung der erwerbslosen Tabakarbeiter richtet sich nach der Verordnung über Erwerbslosenfürsorge, jedoch wird die Erwerbslosigkeit in jedem Falle als Kriegsfolge angesehen, die Höchstdauer der Erwerbslosenunterstützung wird bis zu 52 Wochen ausgedehnt, aber nicht über den Zeitpunkt hinaus, an dem das Arbeitslosenversicherungsgesetz in Kraft tritt. Die hierfür aufgewandten Mittel, die durch die Unterstützung über 26 Wochen, jedoch nicht über den 1. Oktober 1926 hinaus, entstehen, werden vom Reiche ersetzt (Art. 8 der Ausführungsvorschriften).

Die Tabakkurzarbeiterfürsorge richtet sich nicht nach Artikel 4 Abs. 3 der Ausführungsvorschriften zur Verordnung über Erwerbslosenfürsorge vom 2. Mai 1925 (RGBl. I S. 63), der übrigens inzwischen durch die Anordnung über Kurzarbeiterfürsorge vom 20. Februar 1926 (RGBl. 1 S. 105) aufgehoben worden ist, sondern ist abweichend geregelt worden. Man wollte mit Rücksicht auf die dauernden Ersuchen um Wiedereinführung der Kurzarbeiterfürsorge, gegen die die Reichsregierung starke Bedenken hatte, nicht für einen beschränkten Kreis eine Kurzarbeiterfürsorge im Sinne der Verordnung über Erwerbslosenfürsorge einrichten, auf die sich die anderen Kurzarbeiter dann hätten berufen können. Deshalb wurde eine „neuartige Sonderunterstützung" geschaffen. Die Kurzarbeiterfürsorge für die Arbeitnehmer des Tabakgewerbes wurde der öffentlichen Fürsorge übertragen. Das Reich erstattet ihnen einen Teil der Aufwendungen.

Artikel III ist am 1. Oktober 1925 in Kraft getreten.

II. Durch das Abänderungsgesetz vom 8. März 1926 sind folgende wichtige Aenderungen eingetreten:

a) Nach Artikel 8 der Ausführungsvorschriften vom 16. Dezember 1925 sollte den Bezirksfürsorgeverbänden 80 v. H. der Ausgaben erstattet werden, die ihnen durch die Unterstützung der Kurzarbeiter entstehen. Dieser Satz ist durch Artikel 2 des Abänderungsgesetzes mit rückwirkender Kraft vom 15. Januar 1926 ab auf 90 v. H. erhöht worden;

b) Nach Artikel 3 der Ausführungsvorschriften vom 16. Dezember 1925 richtet sich die Unterstützung erwerbsloser Hausgewerbetreibender, Angestellter und Arbeiter, von den Sondervorschriften des Art. III Abs. 1 Ziffer 1 und 2 abgesehen, nach den Vorschriften über Erwerbslosenfürsorge. Demgemäß mußte auch geprüft werden, ob Bedürftigkeit vorlag. Ebenso mußte nach Artikel 4 A Abs. 3 auch vor der Gewährung der Kurzarbeiterunterstützung die Bedürftigkeitsfrage geprüft werden. Durch das Abänderungsgesetz vom 8. März 1926 ist in beiden Fällen, rückwirkend vom 15. Januar 1926 ab (Artikel 2 des Abänderungsgesetzes), die Bedürftigkeitsprüfung beseitigt worden, bei der Kurzarbeiterunterstützung mit der Begrenzung, daß diese den reinen Lohn- und Verdienstausfall nicht übersteigen darf.

c) Artikel 2 der Ausführungsvorschriften vom 16. Dezember 1925 verlangt einen ursächlichen Zusammenhang zwischen Erwerbslosigkeit oder Lohnausfall durch Kurzarbeit und der Erhöhung der Tabaksteuer. Dieser Zusammenhang sollte jedoch nicht angenommen werden dürfen, „soweit und solange die Betriebsstillegung oder -einschränkung auf übermäßiger Vorversorgung mit Rohstoffen oder Waren beruht.“ Nach dem Abänderungsgesetz gilt dieser Grund mit Wirkung vom 15. Februar 1926 ab nicht mehr.

III. Nach Absatz 4 des Artikel III des Gesetzes vom 10. August 1925 gelten die Vorschriften des Abs. 1 bis 3 auch für die Angestellten und Arbeiter des Braugewerbes, jedoch nur, falls wider Erwarten infolge der Biersteuererhöhung Arbeitslosigkeit eintreten sollte.

[2]) Der Kreis der durch die Tabakarbeiterfürsorge erfaßten Personen wird in Artikel 1 der Ausführungsvorschriften vom 16. Dezember 1925 (abgedr. S. 178) näher umschrieben.

[3]) Vgl. Artikel 1 Abs. 3 und 5 der Ausführungsvorschriften vom 16. Dezember 1925.

[4]) Zu den Angestellten gehören seit Inkrafttreten der VII. Ausführungsverordnung vom 21. Januar 1926 (abgedr. S. 124) auch die sogen. höher bezahlten Angestellten.

[5]) Erforderlich ist also ein ursächlicher Zusammenhang zwischen der Erwerbslosigkeit oder dem Lohnausfall bei Kurzarbeit und der Steuererhöhung. Vgl. Anm. 1 II c, Abs. 6 des Gesetzes und Artikel 2 der Ausführungsvorschriften vom 16. Dezember 1925. Erwerbslosenunterstützung oder Kurzarbeiterfürsorge dürfen nur gewährt werden, wenn dieser ursächliche Zusammenhang nachgewiesen ist.

Ist die Erwerbslosigkeit oder Kurzarbeit infolge verschiedener Gründe eingetreten, z. B. neben der Steuererhöhung infolge Kapitalmangels, so darf Unterstützung nach diesem Gesetze nur erfolgen, wenn die Steuererhöhung die überwiegende Ursache gewesen ist. Sonst könnte eine Unterstützung nur nach den allgemeinen Vorschriften der Verordnung über Erwerbslosenfürsorge vom 16. Februar 1924 (abgedr. S. 302) in Frage kommen.

[6]) Der Nachweis wird durch die Entlassungsbescheinigung des Arbeitgebers und durch die in Artikel 6 der Ausführungs-

vorschriften vom 16. Dezember 1925 angeordnete Auskunftspflicht der Arbeitgeber geführt. In Fällen, in denen dadurch der unmittelbare ursächliche Zusammenhang noch nicht zweifelsfrei festgestellt werden kann, ist durch die zur Entscheidung über die Unterstützungsgesuche zuständige Stelle (öffentlicher Arbeitsnachweis bei Erwerbslosigkeit, Bezirksfürsorgeverband bei Kurzarbeit) ein Gutachten des zuständigen Hauptzollamts und, wenn es erforderlich ist, daneben das Gutachten einer anderen sachverständigen Stelle (Gewerbeaufsichtsamt, Handelskammer usw.) einzuholen (vgl. Artikel 2 und 7 der Ausführungsvorschriften vom 16. Dezember 1925).

7) Arbeitslos = erwerbslos; denn maßgebend ist nicht bloß der Verlust der Arbeitsstelle, sondern der Verlust der Erwerbsquelle.

8) Vgl. Anm. 1, I Abs. 4 zum Gesetz und Artikel 4 der Ausführungsvorschriften vom 16. Dezember 1925.

9) Demnach ist nicht lediglich die Verkürzung der Arbeitszeit maßgebend, sondern auch die dadurch hervorgerufene Lohnkürzung (vgl. Artikel 4 der Ausführungsvorschriften vom 16. Dezember 1925).

10) Der einzige Fall, in dem bisher durch Gesetz festgelegt worden ist, daß Kriegsfolge vorliegt (vgl. Anm. 7 zu § 3 der Verordnung und Anm. 5 hier). Sie braucht demnach nicht besonders geprüft zu werden, wenn festgestellt ist, daß die Erwerbslosigkeit oder der Lohnausfall bei Kurzarbeit durch die Steuererhöhung eingetreten ist.

11) Vgl. § 18 der Verordnung.

12) Auf 52 Wochen, während in der Erwerbslosenfürsorge allgemein als Höchstgrenze 26 Wochen gilt; durch Anordnung des Reichsarbeitsministers vom 30. März 1926 (RABl. S. 102) ist sie zur Zeit für die meisten Berufsgruppen auf 39 Wochen verlängert worden.

13) Vgl. Artikel 4 der Ausführungsvorschriften vom 16. Dezember 1925.

14) Durch die Bezirksfürsorgeverbände. Damit soll aber

nicht gesagt sein, daß die Kurzarbeiterfürsorge für Tabakarbeiter den Charakter der öffentlichen Fürsorge im Sinne der Verordnung über die Fürsorgepflicht vom 13. Februar 1924 (RGBl. I S. 100) hat (vgl. Artikel 9 der Ausführungs-Vorschriften vom 16. Dezember 1925), sie soll vielmehr eine zeitlich begrenzte Sondermaßnahme darstellen. Die Mittel für die Kurzarbeiterfürsorge sind jedoch aus den Mitteln der öffentlichen Fürsorge zu nehmen, das Reich erstattet aber den Bezirksfürsorgeverbänden 90 v. H. dieses Unterstützungsaufwandes. Wegen der Zuständigkeit vgl. Artikel 4 C der Ausführungs-Vorschriften vom 16. Dezember 1925).

[15]) Regelmäßige wöchentliche Arbeitszeit = Normalarbeitswoche.

[16]) Die Bestimmungen über die Voraussetzungen der Kurzarbeiterunterstützung in Abs. 2 des Gesetzes sind nicht ganz klar. Offenbar beruht das auf seiner Entstehungsgeschichte als Initiativgesetz des Reichstags. Nach Abs. 2 scheint zunächst lediglich Voraussetzung zu sein, daß „die regelmäßige wöchentliche Arbeitszeit um mindestens 1/6 gekürzt ist." Demnach würde lediglich auf die Verkürzung der Arbeitszeit abgestellt. Das kann jedoch nicht die Absicht des Gesetzgebers gewesen sein. Denn eine Arbeitszeitverkürzung braucht nicht unbedingt eine Lohnkürzung nach sich zu ziehen. Der Lohnausfall aber begründet, wie bisher stets bei Kurzarbeiterfürsorge angenommen worden ist, den Anspruch auf Unterstützung. Daß der Gesetzgeber von dieser Voraussetzung auch nicht abgehen wollte, kann daraus entnommen werden, daß nach Abs. 2 des Gesetzes die Unterstützung nur gezahlt werden darf, wenn der Arbeitnehmer „infolge dieses Gesetzes durch Kurzarbeit geschädigt" wird. Dementsprechend hat Art. 4 der Ausführungs-Vorschriften außerdem als Voraussetzung für die Gewährung der Unterstützung aufgestellt, daß der „Lohn gegenüber demjenigen bei regelmäßiger wöchentlicher Arbeitszeit um mindestens 1/6 verringert ist." Voraussetzungen sind demnach Kürzung der üblichen Arbeitszeit um mindestens 1/6 und des Lohnes um mindestens 1/6. Die Voraussetzung,

daß die regelmäßige wöchentliche Arbeitszeit um mindestens $^1/_6$ gekürzt sein muß, ist nicht erfüllt, wenn nur am Sonnabend gefeiert wird und üblicherweise an diesem Tage weniger als $^1/_6$ der Wochenarbeitszeit geleistet worden ist.

Die Frage, ob Unterstützung nur gezahlt werden darf, wenn volle Arbeitstage ausfallen, oder ob auch ausfallende Stunden berücksichtigt werden dürfen, ist im letzteren Sinne zu entscheiden. Denn Art. 4 A Abs. 4 der Ausführungs-Vorschriften setzt die Unterstützung fest für jedes volle Sechstel, um das der Wochenarbeitsverdienst gemindert ist. Das ist aber auch der Fall, wenn täglich 1 Stunde weniger gearbeitet wird. Nur in diesem weiteren Sinne wird man Satz 2 des Abs. 2 des Gesetzes auslegen können, wenn auch diese Auslegung im Gegensatz zur jetzigen allgemeinen Anordnung über Kurzarbeiterfürsorge vom 20. Februar 1926 (abgedr. S. 138) steht, die eine stundenweise Verkürzung nicht berücksichtigt. Eine andere Auslegung der Tabakkurzarbeiterfürsorgebestimmungen würde dem Sinne dieser Vorschriften als einer Sondermaßnahme für Arbeitnehmer, die durch gesetzliche Vorschriften des Reichs arbeitslos werden, nicht gerecht werden.

Zur Berechnung der Unterstützungssätze für Kurzarbeiter ist der Wochenlohn bei regelmäßiger Arbeitszeit durch sechs zu teile. Dem Kurzarbeiter darf jedoch nur für jedes volle Sechstel, um das sein Wochenarbeitsverdienst gemindert ist, der Tagesunterstützungssatz einschließlich der Familienzuschläge, den er als Erwerbsloser beziehen würde, gewährt werden. Hat also beispielsweise der Wochenlohn bei regelmäßiger wöchentlicher Arbeitszeit 24 RM. betragen, so erhält der Kurzarbeiter für jede volle 4 RM., um die sein Wochenarbeitsverdienst infolge Kurzarbeit zurückbleibt, den Tagesunterstützungssatz, den er als Erwerbsloser einschließlich Familienzuschläge beziehen darf. Die Unterstützung darf jedoch in keinem Falle den reinen Lohn- und Verdienstausfall übersteigen (Schr. des Reichsministers der Finanzen I C 7413 vom 27. April 1926, RABl. S. 166).

Nach einem weiteren Schreiben I C 12692 dieses Ministers

vom 26. Juni 1926 soll jedoch zur Beseitigung von Nachteilen, die sich bisher für Akkordarbeiter aus den Ausführungsanweisungen ergeben haben, künftig folgende Regelung gelten: Erreicht ein Akkordarbeiter durch gesteigerte Arbeitsleistung an einem der Arbeitstage innerhalb der regelmäßigen Arbeitszeit einen höheren Lohn als den, den er durchschnittlich bezieht, so ist der überschießende Verdienst bei der Berechnung nicht in Anrechnung zu bringen.

Beispiel:

Würde ein Kurzarbeiter, der im Akkord arbeitet, einen durchschnittlichen Arbeitsverdienst von wöchentlich 24 RM. haben und verdient er an einem der Arbeitstage innerhalb der regelmäßigen Arbeitszeit durch gesteigerte Arbeitsleistung 4,50 RM., so bleibt der überschießende Betrag von 50 Pfg. bei der Berechnung der Kurzarbeiterunterstützung außer Ansatz. Der Kurzarbeiter erhält infolgedessen, wenn er nur 3 Tage in der Woche gearbeitet hat, für 3 volle Tage Kurzarbeiterunterstützung. Wegen der Kurzarbeiterfürsorge für Hausgewerbetreibende vgl. noch Art. 4 A Abs. 2 der Ausf.-Vorschr. vom 12. Dezember 1925.

Die bisher in Art. 4 Abs. 3 der Ausführungs-Vorschriften vom 16. Dezember 1925 vorgeschriebene Bedürftigkeitsprüfung ist durch das Abänderungsgesetz vom 8. März 1926 (als Abs. 5 in das Gesetz vom 10. August 1925 eingefügt) beseitigt, dafür aber als Höchstgrenze für die Kurzarbeiterunterstützung bestimmt worden, daß die Unterstützung den reinen Lohn- und Verdienstausfall nicht übersteigen darf.

[17]) Vollunterstützung = Hauptunterstützung und Familienzuschläge je nach dem Familienstande des einzelnen innerhalb der Grenze, die für die Gesamtunterstützung durch die Anordnung über die allgemeinen Unterstützungssätze vorgeschrieben ist. Vgl. auch Anm. 1 zu Art. 3 der Ausführungs-Vorschriften vom 16. Dezember 1925.

[18]) Dieser Satz ist mit Rückwirkung vom 15. Januar 1926 ab durch das Abänderungsgesetz vom 8. März 1926 eingefügt worden. Der Gesetzesaufbau ist dadurch etwas

gestört worden, daß diese Sonderbestimmung der allgemeinen Bestimmung des Abs. 3 vorweggenommen worden ist. Vgl. Anm. 23.

[19]) Ohne Beteiligung der Länder.

[20]) Ueber die obersten Landesbehörden, an welche die Bezirksfürsorgeverbände nach Artikel 8 der Ausführungs-Vorschriften die Erstattungsanträge monatlich einzureichen haben.

[21]) Dieser Erstattungssatz gilt nach Artikel 2 des Abänderungsgesetzes vom 8. März 1926 mit Rückwirkung vom 15. Januar 1926 ab. Bis dahin betrug er nach Artikel 8 der Ausführungs-Vorschriften vom 16. Dezember 1925 80 v. H.

[22]) Ohne Verwaltungskosten; denn nach § 16 der Verordnung über die Fürsorgepflicht vom 13. Februar 1924 (RGBl. I S. 100) dürfen allgemeine Verwaltungskosten des Fürsorgeverbandes nicht angerechnet werden. Ebenso Reichsminister der Finanzen — I C 9300 — vom 3. Mai 1926, RABl. S. 166.

[23]) Vgl. Anm. 18 und Artikel 8 der Ausführungs-Vorschriften vom 16. Dezember 1925.

Zu unterscheiden ist:

a) Die Erwerbslosenunterstützung für die erwerbslosen Tabakarbeiter usw. ist durch die Errichtungs- (bei gemeinsamen Arbeitsnachweisen durch die Verwaltungs-) Gemeinde zu zahlen. Für die ersten 26 Wochen ab Inkrafttreten des Gesetzes (1. Oktober 1925) werden diese Aufwendungen wie die sonstigen Erwerbslosenunterstützungen aufgebracht, d. h. zu 1/9 von der Gemeinde, zu 8/9 durch die Beiträge der Arbeitgeber und Arbeitnehmer (§ 36 Abs. 1 Satz 2, § 37 Abs. 1 der Verordnung). Von der 27. Woche ab werden sie bis zur 52. Woche, jedoch nicht über den 1. Oktober 1926 hinaus, den Gemeinden über die obersten Landesbehörden voll vom Reiche erstattet.

b) Die Kurzarbeiterunterstützung wird durch die Bezirksfürsorgeverbände aus Mitteln der öffentlichen Fürsorge ausgezahlt. Ihnen wird bis zum 14. Januar 1926 80 v. H., seitdem 90 v. H. vom Reiche erstattet, jedoch nach Artikel 10 der Ausführungs-Vorschriften vom 16. Dezember 1925 nur bis zum 30. September 1926.

Die im Gesetz vorgesehene Unterstützung „besonders hart mitgenommener Gemeinden" wird durch Artikel 8 der Ausführungsvorschriften dahin geregelt, daß nicht die Ueberlastung der einzelnen Gemeinden geprüft wird, sondern sie von vornherein durchweg für alle in Betracht kommenden Gemeinden als vorhanden angenommen wird.

[24]) Vgl. Anm. 23.

[25]) Für das Braugewerbe sind bisher Ausführungs-Vorschriften nicht erlassen worden. Sie würden feststellen müssen, ob auch hier wie beim Tabakgewerbe die „durch dieses mitbeschäftigten Gewerbe" mit berücksichtigt werden sollen.

[26]) Eingefügt durch das Abänderungsgesetz vom 8. März 1926, nach Artikel 2 daselbst (vgl. RGBl. I S. 151) mit rückwirkender Kraft vom 15. Januar 1926 ab. Von diesem Zeitpunkt an sind die Unterstützungsbeträge nachzuzahlen, soweit bisher auf Grund der Bedürftigkeitsprüfung die Unterstützung versagt worden war.

[27]) Nachdem die Bedürftigkeitsprüfung weggefallen ist, dürfen auch die Bestimmungen des § 7 der VO. mit Ausnahme des Abs. 4 bei Tabakarbeitern mit Wirkung vom 15. Januar 1926 an nicht mehr angewandt werden. Renten dürfen bei ihnen deshalb nicht mehr angerechnet werden (so Reichsminister der Finanzen I C 12692 vom 26. Juni 1926).

Bei Doppelverdienern (Mann und Frau arbeiten) richtet sich die Frage, ob bei Erwerbslosigkeit des einen Ehegatten diesem selbständige Erwerbslosenunterstützung oder bei Erwerbslosigkeit beider Teile der Frau selbständige Unterstützung oder nur der Familienzuschlag gewährt werden kann, grundsätzlich nach § 3 Abs. 2 der VO. Die Voraussetzungen für die Gewährung einer selbständigen Unterstützung sollen jedoch nach dem Schreiben des Reichsministers der Finanzen I C 12692 vom 26. Juni 1926 „bereits dann als gegeben angesehen werden, wenn die Ehefrau im Monat mindestens 25 RM. (nicht mehr wie bisher in einzelnen Bezirken mindestens 45 RM.) verdient hat. Haben beide Eheleute zusammengearbeitet, so wird die untere Grenze des monatlichen Gesamtverdienstes auf 75 RM. (bisher teilweise 130 RM.) herabgesetzt".

Lag der Verdienst unter dieser Grenze, dann kann nicht angenommen werden, daß sich der eine Ehegatte zuvor durch seine Arbeit ganz oder in der Hauptsache unterhalten hat. Nur unter dieser Voraussetzung darf jedoch selbständige Unterstützung gewährt werden. Deshalb würde hier im ersten Falle keine Unterstützung, im zweiten nur der Familienzuschlag zugebilligt werden dürfen. Vgl. auch Anm. 16 zu § 10 der VO.

Die Frage, ob die Begrenzung mehrerer selbständiger Unterstützungen nach § 10 Abs. 4 der VO. als eine Folge der Bedürftigkeitsprüfung angesehen werden muß, ist rechtlich nicht unzweifelhaft. Der Reichsminister der Finanzen ist jedoch nach dem oben erwähnten Schreiben vom 26 .Juni 1926 nach Benehmen mit dem Reichsarbeitsminister damit einverstanden, wenn in Abweichung von der Anordnung des Reichsarbeitsministers über die Höchstsätze in der Erwerbslosenfürsorge vom 30. Januar 1925 (Reichsarbeitsblatt S. 53, abgdr. S. 208 V) der Höchstsatz des § 10 Abs. 4 der VO. in Höhe des Dreifachen bei der Tabakarbeiterunterstützung zu Grunde gelegt wird.

[28]) Eingefügt durch das Abänderungsgesetz vom 8. März 1926 mit rückwirkender Kraft vom 15. Februar 1926 ab. Vgl. Anm. 1 II c.

Ausführungsvorschriften zur Sonderunterstützung an Hausgewerbetreibende, Angestellte und Arbeiter im Tabakgewerbe und den durch dieses mitbeschäftigten Gewerben

Vom 16. Dezember 1925 (RGBl. I S. 473).

mit den Abänderungsvorschriften dazu vom 6. April 1926 (RGBl. I S. 193.)

Zur Ausführung des Art. III des Gesetzes über die Erhöhung der Bier- und Tabaksteuer vom 10. August 1925 (Reichsgesetzbl. I S. 244) wird nach Zustimmung des Reichsrats folgendes bestimmt:

Artikel 1.

Personenkreis.

Hausgewerbetreibende [1]), Angestellte [2]) und Arbeiter des Tabakgewerbes und der durch dieses mitbeschäftigten [3]) Gewerbe, die nachweislich [4]) unmittelbar durch die Abgabenerhöhung aus dem Gesetze vom 10. August 1925 erwerbslos oder durch Kurzarbeit geschädigt werden, erhalten eine Sonderunterstützung nach den Bestimmungen der Art. 3 bis 5.

Angestellte und Arbeiter des Tabakgewerbes sind auch die Werkmeister und Arbeiter, die mit Kistenmachen, Kistenkleben oder ähnlichen mit der Tabakverarbeitung oder der versandfähigen Herrichtung der Tabakerzeugnisse unmittelbar zusammenhängenden Hilfsarbeiten beschäftigt sind.

Wer Hausgewerbetreibender[5]) ist, bestimmt sich nach § 162 der Reichsversicherungsordnung.

Zum Tabakgewerbe gehören diejenigen Betriebe, die Tabakerzeugnisse und Zigarettenhüllen herstellen. Zu den durch das Tabakgewerbe mitbeschäftigten[4]) Gewerben gehören andere Betriebe insoweit, als sie regelmäßig und in einem die Hälfte ihrer Gesamtproduktion übersteigenden Umfange Zigarrenformen, Zigarrenkisten oder sonstige Verpackungen von Tabakerzeugnissen (Blech-, Pappschachteln usw., nicht Versandkisten) oder deren Ausstattung herstellen.

Wer auf eigene[6]) Rechnung Tabakerzeugnisse und Zigarrettenhüllen herstellt, daneben aber auch für fremde Rechnung im Tabakgewerbe oder in den durch dieses mitbeschäftigten Gewerben tätig ist, kommt für die Sonderunterstützung nur insoweit in Frage, als er für fremde Rechnung beschäftigt ist.

[1]) Vgl. Artikel 1 Abs. 3.

[2]) Vgl. Anm. 4 zum Gesetz.

[3]) Für die Begrenzung des Personenkreises sind im wesentlichen die Bestimmungen der Ausführungsvorschriften zu § 91 des Tabaksteuergesetzes vom 12. September 1919 übernommen worden. Die Zigarettenmaschinen-Industrie fällt demnach nicht unter die Vorschriften des Artikel 1. Vgl. Art. 1 Abs. 4 und Art. 3 Satz 1.

[4]) Vgl. Anm. 6 zum Gesetz.

[5]) § 162 RVO. lautet:

„Als Hausgewerbetreibende im Sinne dieses Gesetzes gelten die selbständigen Gewerbetreibenden, die in eigenen Betriebsstätten im Auftrag und für Rechnung anderer Gewerbetreibender gewerbliche Erzeugnisse herstellen oder bearbeiten.

Als Hausgewerbetreibende gelten ferner diejenigen, welche in gleicher Weise wie die im Abs. 1 Bezeichneten, aber mit der

Maßgabe tätig sind, daß sie im Auftrag und für Rechnung öffentlicher Verbände, öffentlicher Körperschaften oder gemeinnütziger Unternehmungen arbeiten.

Die im Abs. 1, 2 Bezeichneten gelten als Hausgewerbetreibende auch dann, wenn sie die Roh- oder Hilfsstoffe selbst beschaffen, sowie für die Zeit, in der sie vorübergehend für eigene Rechnung arbeiten.

Als Arbeitgeber des Hausgewerbetreibenden gilt, wer die Arbeit unmittelbar an ihn vergibt.

Als Auftraggeber des Hausgewerbetreibenden gilt derjenige, in dessen Auftrag und für dessen Rechnung er hausgewerblich arbeitet."

Die Ausführungs-Vorschriften weichen hier von der sonstigen Regelung in der Erwerbslosenfürsorge ab, in der selbständige Gewerbetreibende Unterstützung nicht erhalten dürfen (vgl. Anm. 6 zu § 3 der Verordnung). Das läßt sich nur aus dem Charakter der Tabakarbeiterunterstützung als Sondermaßnahme begründen.

§ 162 Abs. 3 RVO. wird in gewissem Sinne durch Artikel 1 Abs. 5 eingeschränkt.

Artikel 2 [1].

Die Voraussetzungen für die Gewährung der Unterstützungen (Artikel 3 bis 5) sind nicht gegeben, wenn ein ursächlicher Zusammenhang [2]) zwischen dem Lohnausfall und der Abgabenerhöhung aus dem Gesetze vom 10. August 1925 nicht besteht. Dieser ursächliche Zusammenhang darf mit Wirkung vom 15. Februar 1926 an nicht mehr verneint werden, sofern bisher die Betriebsstilllegung oder -einschränkung auf eine übermäßige Vorversorgung mit Rohstoffen oder Waren zurückgeführt wurde.

[1]) Diese Fassung beruht auf § 1 der Abänderung der Ausführungs-Vorschriften vom 6. April 1926 (RGBl. I S. 193).

Vgl. Abs. 6 des Gesetzes. Die frühere Fassung des Artikel 2 lautete:

„Der für die Unterstützungen (Artikel 3 bis 5) notwendige ursächliche Zusammenhang zwischen dem Lohnausfall und der Abgabenerhöhung aus dem Gesetz vom 10. August 1925 besteht insbesondere nicht, soweit und solange die Betriebsstillegung oder -einschränkung auf übermäßiger Vorversorgung mit Rohstoffen oder Waren beruht."

²) Württemberg hat hierzu bestimmt:

„Für die Prüfung des ursächlichen Zusammenhangs nach Art. 3 und 4 der Ausführungsvorschriften ist derjenige öffentliche Arbeitsnachweis zuständig, in dessen Bezirk der kurzarbeitende oder stillgelegte Betrieb seinen Sitz hat. Die Feststellung nach Art. 2 durch den zuständigen Arbeitsnachweis ist für sämtliche beteiligten württembergischen Arbeitsnachweise bindend". (Württembg. Vollzugsbestimmung vom 10. Februar 1926).

Artikel 3.

Unterstützung bei Erwerbslosigkeit.

Die Unterstützung erwerbsloser Hausgewerbetreibender, Angestellter und Arbeiter (Artikel 1) richtet sich nach den Vorschriften [1]) über Erwerbslosenfürsorge. Ist jedoch die Erwerbslosigkeit unmittelbar durch die Abgabenerhöhung aus dem Gesetz vom 10. August 1925 verursacht, so gelten darüber hinaus folgende Sondervorschriften:

a) die Erwerbslosigkeit wird in jedem Falle als Kriegsfolge [1]) angesehen;

b) die Höchstdauer [2]) der Erwerbslosenunterstützung wird bis zu 52 Wochen, jedoch nicht über den Zeitpunkt hinaus, an dem das Arbeitslosenversicherungsgesetz in Kraft tritt, ausgedehnt;

c) **die Bedürftigkeit ist nicht zu prüfen [3]).**

[1]) Voraussetzungen für die Gewährung von Erwerbslosenunterstützung an Tabakarbeiter sind deshalb: unverschuldete Erwerbslosigkeit, Arbeitsfähigkeit, Arbeitswilligkeit, Kriegsfolge, Reichsangehörigkeit §§ 3 und 6 der VO., s. die Erläuterungen dazu), mindestens dreimonatige kranken- oder angestelltenversicherungspflichtige Beschäftigung in den letzten zwölf Monaten vor Eintritt der Unterstützungsbedürftigkeit (vgl. § 4 der Verordnung, Artikel 1 der VII. Ausführungs-Verordnung vom 21. Januar 1926, abgedr. S. 124).

Die Kriegsfolge wird allgemein durch Abs. 1 Ziffer 1 des Gesetzes vom 10. August 1925 als gegeben angenommen, vgl. Anm. 10 zum Gesetz.

Ausländern wird die Unterstützung nach § 6 der Verordnung nur gewährt, wenn ihr Heimatstaat deutschen Erwerbslosen nachweislich eine gleichwertige Fürsorge gewährt. Für die Frage, welche Ausländer demnach unterstützungsberechtigt sind, vgl. die Erläuterungen zu § 6 der Verordnung.

Ueber die Frage, ob und inwieweit die Unterstützungen der Artikel 3 und 4 auch jugendlichen Arbeitnehmern zu gewähren sind, treffen die obersten Landesbehörden die erforderlichen Anordnungen (vgl. § 5 der Verordnung). Soweit sie bereits früher auf Grund des § 5 der Verordnung solche Anordnungen allgemein getroffen haben, gelten sie auch für diese Sonderunterstützungen.

Wegen der selbständigen Unterstützung vgl. Anm. 27 zum Gesetz.

Zur Frage, inwieweit Tabakarbeiter durch Aufnahme einer längeren Gelegenheitsarbeit die Vorteile der Sonderunterstützung verlieren, hat sich der Reichsminister der Finanzen im Einvernehmen mit dem Reichsarbeitsminister — Schreiben I C 22 841/25 vom 16. Dezember 1925 — wie folgt geäußert:

„Der Begriff der Gelegenheitsarbeit wird bei dieser Sonderunterstützung nicht die gleiche Auslegung wie in der Erwerbslosenfürsorge finden dürfen (vgl. das Schreiben des Reichsarbeitsministers vom 28. August 1925 — IV 7563/25

— Reichsarbeitsbl. S. 469), wenn schwere Unbilligkeiten gegenüber den Tabakarbeitern vermieden und ihnen die Vorteile der Sonderunterstützung nicht vorzeitig genommen werden sollen. Es dürfte gerechtfertigt sein, in diesem Sonderfalle unter den Begriff der Gelegenheitsarbeit alle Arbeiten bis zur Dauer von 4 (vier) Wochen zu rechnen."

²) Vgl. Anm. 11, 12 zum Gesetz. Wegen der Kostenerstattung vgl. Artikel 8.

³) Mit rückwirkender Kraft vom 15. Januar 1926 an eingefügt durch die Abänderungsvorschriften vom 6. April 1926. Vgl. Anm. 26, 27 zum Gesetz.

Artikel 4.

Unterstützung bei Kurzarbeit.

A. Bei Kurzarbeit [1]), die nachweislich unmittelbar durch die Abgabenerhöhung des Gesetzes vom 10. August 1925 verursacht ist, erhalten Arbeitnehmer des Tabakgewerbes die besondere Unterstützung, wenn ihr Lohn gegenüber demjenigen bei regelmäßiger wöchentlicher Arbeitszeit um mindestens 1/6 verringert ist.

Bei Hausgewerbetreibenden [2]) gilt diese Kürzung als vorliegend, wenn ihr Durchschnittswochenverdienst gegenüber der Zeit vom 1. Juli 1925 bis 30. September 1925 um mindestens 1/6 gemindert ist.

Die Bedürftigkeit ist nicht zu prüfen [3]).

Als Unterstützung wird für jedes volle Sechstel, um das der Wochenarbeitsverdienst gemindert ist, der Tagesunterstützungssatz, der einem Erwerbslosen einschließlich der Familienzuschläge zustehen würde, gewährt [4]). **Die Unterstützung darf jedoch den reinen Lohn- und Verdienstausfall nicht übersteigen [5]).**

Die Unterstützung darf insgesamt nur für Lohnausfälle gewährt werden, die sich auf höchstens[3]) 52 Wochen erstrecken, jedoch nur bis zu dem Zeitpunkte, in dem das Arbeitslosenversicherungsgesetz in Kraft tritt.

B. Die Sonderunterstützung ist in den Fällen zu versagen oder zu entziehen, in denen nach den Vorschriften über Erwerbslosenfürsorge die Erwerbslosenunterstützung versagt oder entzogen wird[6]) (§§ 13 und 16 der Verordnung über Erwerbslosenfürsorge vom 16. Februar 1924, Reichsgesetzbl. I S. 127).

C. Ueber diese Sonderunterstützung entscheidet[7]) die Bezirksfürsorgestelle, in deren Bezirk der Hausgewerbetreibende oder Arbeitnehmer seinen gewöhnlichen Aufenthalt[8]) hat, im Benehmen mit dem öffentlichen Arbeitsnachweise. Die obersten Landesbehörden können[9]) anordnen, daß andere Stellen im Auftrage der zuständigen Bezirksfürsorgestellen die Unterstützungsmaßnahmen durchführen.

[1]) Vgl. Anm. 13—22 zum Gesetz.

[2]) Vgl. Anm. 5 zu Artikel 1.

[3]) Eingefügt durch die Abänderungsvorschriften vom 6. April 1926 (RGBl. I S. 193). Nach dem § 2 daselbst ist diese Bestimmung mit Wirkung vom 15. Januar 1926 an in Kraft getreten. Die bisherige Bestimmung lautete:

„Die Unterstützung ist nicht zu gewähren, wenn Tatsachen vorliegen, die die Annahme rechtfertigen, daß die Hilfe nicht benötigt wird." Vgl. auch Anm. 26, 27 zum Gesetz.

[4]) Vgl. Anm. 16 zum Gesetz.

[5]) Vgl. Anm. 2 zu Artikel 3.

[6]) Die Tabakarbeiter sind demnach unter den Voraussetzungen der §§ 13, 16 der Verordnung auch verpflichtet, berufsfremde Arbeit anzunehmen. Vgl. die Erläuterungen zu den §§ 13, 16 der Verordnung.

[7]) Beschwerden gegen deren Entscheidung sind, da Art. 9

der Ausf.-Vorschr. die Anwendung der VO. über Erwerbslosenfürsorge und der VO. über die Fürsorgepflicht ausdrücklich ausschließt, nach den Vorschriften über die allgemeine Gemeindeaufsicht zu behandeln.

Bei Meinungsverschiedenheiten aus einer verschiedenartigen Stellungnahme des Hauptzollamts, der Gewerbeaufsichtsämter und der Handelskammer hat die Bezirksfürsorgestelle nach Lage jedes Einzelfalles pflichtgemäß selbst zu entscheiden. Eine besondere Stelle, die abschließend entscheiden könnte, ist für solche Fälle nicht vorgesehen (so Reichsminister der Finanzen — I C 7298 — vom 26. April 1926, RABl. S. 217).

[8]) Maßgebend ist also im Gegensatz zur allgemeinen Kurzarbeiterfürsorge nicht der Betriebssitz. Andere Regelung möglich nach Satz 2.

Mangels einer besonderen Bestimmung darf im Gegensatz zur allgemeinen Kurzarbeiterfürsorge (§ 8, abgedr. S. 162) die Auszahlung dem Arbeitgeber nicht übertragen werden.

[9]) Vgl. Anm. 2 zu Artikel 2.

Artikel 5.

Zusammentreffen der Unterstützung nach Artikel 3 und 4.

Erhält ein Hausgewerbetreibender oder Arbeitnehmer nach den Bestimmungen im Artikel 3 und 4 zeitweise Kurzarbeiterunterstützung und zeitweise Erwerbslosenunterstützung, so dürfen die Zahlungen nicht für Lohnausfälle erfolgen, die in mehr als 52 Wochen eintreten und nicht über den Zeitpunkt hinaus, der nach dem Inkrafttreten des Arbeitslosenversicherungsgesetzes liegt.

Artikel 6.

Auskunftspflicht der Arbeitgeber.

Ueber die Kürzung der Arbeitszeit und des Wochenarbeitsverdienstes sowie über die Tatsachen, die zu dieser Kürzung geführt haben, hat der Arbeitgeber (Auftraggeber) den mit der Durchführung dieser Vorschriften betrauten Stellen die erforderlichen Auskünfte zu erteilen, für deren Richtigkeit er verantwortlich ist [1]).

[1]) Haftpflicht des Arbeitgebers nach den allgemeinen bürgerlich-rechtlichen Bestimmungen. Strafbarkeit wegen Betrugs oder Beihilfe dazu.

Artikel 7.

Gutachten des Hauptzollamtes.

Die Stellen, die zur Entscheidung über die Unterstützungsgesuche nach den Artikeln 3 und 4 zuständig sind, haben [1]) in Fällen, in denen der unmittelbare ursächliche Zusammenhang nicht zweifelsfrei ist, ein Gutachten des zuständigen Hauptzollamts und, wenn es erforderlich ist, daneben das Gutachten einer anderen sachverständigen Stelle (Gewerbeaufsichtsamt, Handelskammer usw.) einzuholen.

[1]) Mußvorschrift.

Artikel 8.

Kostenerstattung.

Den nach den §§ 35 Abs. 2, 39 der Verordnung über Erwerbslosenfürsorge vom 16. Februar 1924 (Reichsgesetzbl. I S. 127) empfangsberechtigten [1]) Stellen werden die Ausgaben, die ihnen durch die Unterstützung der erwerbslosen Tabakarbeiter (Artikel 1 und 3) über 26 Wochen, jedoch nicht über den 1. Oktober 1926 hinaus entstehen, vom Reiche ersetzt. Den Bezirksfürsorgeverbänden erstattet [1]) das Reich 90 [2]) vom Hundert der Ausgaben, die ihnen bis zum 1. Oktober 1926 durch die Unterstützung der Kurzarbeiter (Artikel 1 und 4) entstehen. Die Länder[3]) reichen die Erstattungsanträge gesammelt am Ende jedes Monats bei dem Präsidenten der Reichsarbeitsverwaltung (Reichsamt für Arbeitsvermittlung) ein, der die Abrechnungen nachprüft und die Beträge in der aus Abs. 1 ersichtlichen Höhe erstattet.

Der Präsident der Reichsarbeitsverwaltung (Reichsamt für Arbeitsvermittlung) wird mit der Durchführung dieser Vorschriften beauftragt. Er wird ermächtigt, den Ländern auf Antrag Vorschüsse bis zu 90[2]) vom Hundert des mutmaßlichen Monatsbedarfes zu gewähren.

[1]) Vgl. Anm. 23 zum Gesetz.

[2]) Geändert durch das Abänderungsgesetz vom 8. März 1926 und die Abänderungsvorschriften vom 6. April 1926 mit Wirkung vom 15. Januar 1926 ab. Bis dahin werden 80 v. H. erstattet.

[3]) Die Länder bestimmen, bis zu welchem Zeitpunkte die Abrechnungen der Gemeinden und der Bezirksfürsorgeverbände bei ihnen eingehen müssen.

Artikel 9.

Verhältnis der Unterstützung bei Kurzarbeit zu den Verordnungen über Erwerbslosenfürsorge und über die Fürsorgepflicht.

Die Unterstützung, die bei Kurzarbeit auf Grund des Gesetzes vom 10. August 1925 und dieser Ausführungsvorschriften gewährt wird (Artikel 4), gilt nicht[1]) als Kurzarbeiterunterstützung im Sinne der Verordnung über Erwerbslosenfürsorge vom 16. Februar 1924 (Reichsgesetzbl. I S. 127) und nicht als Leistung auf Grund der Verordnung über die Fürsorgepflicht vom 13. Februar 1924 (Reichsgesetzbl. I S. 100).

[1]) Vgl. Anm. 1 I zum Gesetz und Anm. 7 zu Art. 4.

Artikel 10.

Inkrafttreten.

Diese Ausführungsvorschriften gelten [1]) mit Wirkung vom 1. Oktober 1925, hinsichtlich der Unterstützung bei Kurzarbeit jedoch nur bis zum 30. September 1926.

[1]) Wegen des Inkrafttretens der Abänderungsvorschriften vgl. die Anm. zu den einzelnen Abänderungen.

Berlin, den 16. Dezember 1925.

Der Reichsminister der Finanzen
Im Auftrage
Dr. Lotholz.

Der Reichsarbeitsminister
Dr. Brauns.

Gesetz über die Ermächtigung der Reichsregierung zur Einführung einer Fürsorge für erwerbslose Seeleute.

Vom 7. September 1924 (Reichsgesetzbl. I S. 701).

Der Reichstag hat das folgende Gesetz beschlossen, das mit Zustimmung des Reichsrats hiermit verkündet wird:

Artikel I.

Die Reichsregierung wird ermächtigt, mit Zustimmung des Reichsrats und nach Benehmen mit dem Verwaltungsrate des Reichsamts für Arbeitsvermittlung den Gemeinden die Einrichtung einer Fürsorge für erwerbslose Seeleute vorzuschreiben und über Voraussetzungen, Leistungen und Durchführung der Fürsorge sowie die Aufbringung der Mittel im Rahmen der Verordnung über Erwerbslosenfürsorge unter Berücksichtigung der Besonderheiten der Seeschiffahrt Bestimmungen zu treffen.

Artikel II.

Diese Ermächtigung gilt bis zum 31. Oktober 1924.

Artikel III.

Verordnungen, die auf Grund des Artikels I erlassen werden, sind dem Reichstag binnen zwei Wochen vorzulegen. Sie sind aufzuheben, wenn der Reichstag es verlangt. Sie treten auch ohne Verlangen des Reichstags mit dem 31. März 1925 außer Kraft.[1])

Freudenstadt, den 7. September 1925.

[1]) Aufgehoben durch das Ges. vom 27. März 1925 (RGBl. I S. 31), vgl. S. 197 Anm. 2.

Der Reichspräsident.
Ebert.

Für den Reichsarbeitsminister:
Der Reichsminister der Finanzen.
Dr. Luther.

Verordnung über die Fürsorge für erwerbslose Seeleute.

Vom 30. Oktober 1924 (Reichsgesetzbl. I S. 722.)

mit den Aenderungen nach dem Gesetz über Erweiterung und Verlängerung der Fürsorge für erwerbslose Seeleute vom 27. März 1925 (RGBl. I S. 31).

Auf Grund des Gesetzes über die Ermächtigung der Reichsregierung zur Einführung einer Fürsorge für erwerbslose Seeleute vom 7. September 1924 (RGBl. I S. 701) wird mit Zustimmung des Reichsrats und nach Benehmen mit dem Verwaltungsrat des Reichsamts für Arbeitsvermittlung verordnet:

§ 1.

(1) Unterstützungsbedürftigen Erwerbslosen, die in den letzten zwölf Monaten vor Eintritt ihrer Bedürftigkeit mindestens drei Monate hindurch als Angehörige der Schiffsbesatzung eines deutschen Seefahrzeuges beschäftigt, aber nicht für den Fall der Krankheit pflichtversichert waren, wird Erwerbslosenfürsorge gewährt (Fürsorge für erwerbslose Seeleute).

(2) Voraussetzung der Fürsorge ist, daß der regelmäßige Jahresarbeitsverdienst dieser Seeleute nicht den nach § 165 a der Reichsversicherungsordnung festgesetzten Betrag (Grenze der Krankenversicherungspflicht) übersteigt. Für die Jahresarbeitsverdienstgrenze werden Zuschläge, die mit Rücksicht auf den Familienstand

gezahlt werden (Frauen- und Kinderzuschläge), nicht angerechnet. Die Grenze erhöht sich entsprechend, soweit der Reichsarbeitsminister Arbeitnehmer, deren Einkommen über die Grenze der Krankenversicherung hinausgeht, in die allgemeine Erwerbslosenfürsorge einbezieht.

(3) Die Anwartschaft auf die Fürsorge wird nicht erworben durch

1. die Beschäftigung in der großen, mit Loggern betriebenen Heringsfischerei [1]),
2. eine Beschäftigung, bei der nach den §§ 159, 1227, 1232, 1236, 1239 der Reichsversicherungsordnung die Versicherung für den Fall der Invalidität und des Alters nicht erfolgt oder nicht erfolgen würde, wenn der Beschäftigte zu den nach § 1226 Nr. 3 der Reichsversicherungsordnung für den Fall der Invalidität und des Alters versicherten Berufsgruppen gehörte.

§ 2.

Auf die Fürsorge finden die §§ 1 bis 3, 5 bis 31 und 41 bis 45 der Verordnung über Erwerbslosenfürsorge sowie die zu ihrer Ausführung erlassenen Vorschriften Anwendung, soweit sich nicht aus den Bestimmungen der vorliegenden Verordnung Abweichendes ergibt.

§ 3.

Solange ein Seemann Heuer bezieht oder auf Grund des § 59 der Seemannsordnung oder des § 553 des Handelsgesetzbuchs in der Fassung des Gesetzes, betreffend Abänderung der Seemannsordnung und des

Handelsgesetzbuchs vom 12. Mai 1904 (RGBl. S. 167), die Kosten seiner Verpflegung vom Reeder getragen werden, erhält er keine Erwerbslosenunterstützung.

§ 4.

Die Fürsorge darf erst nach einer Wartezeit von mindestens drei Wochen gewährt werden.

§ 5.

Liegen bei einem Erwerbslosen die Voraussetzungen der Fürsorge sowohl nach den §§ 1 bis 4 dieser Verordnung als auch nach den §§ 1 bis 26 der Verordnung über Erwerbslosenfürsorge vor, so gilt folgendes: Wenn der Erwerbslose in den letzten zwölf Monaten vor Eintritt seiner Bedürftigkeit mindestens sechs Monate hindurch als Seemann nach § 1 dieser Verordnung beschäftigt, aber nicht gleichzeitig für den Fall der Krankheit pflichtversichert war, wird ihm die Fürsorge auf Grund der vorliegenden Verordnung gewährt, andernfalls auf Grund der Verordnung über Erwerbslosenfürsorge.

§ 6.

Bei der Arbeitsvermittlung und der Kontrolle der unterstützten Seeleute haben auf Verlangen der öffentlichen Arbeitsnachweise die seemännischen Heuerstellen mitzuwirken.

§ 7.

Die Mittel, die zur Bekämpfung der Arbeitslosigkeit unter den Seeleuten sowie zur Fürsorge für die erwerbslosen Seeleute erforderlich sind, werden bis zu der im § 9 festgesetzten Höchstgrenze durch Beiträge von Reedern und Seeleuten sowie durch eigene Leistungen der Gemeinden aufgebracht.

§ 8.

(1) Beitragspflichtig sind Angehörige der Schiffsbesatzung eines deutschen Seefahrzeuges, sofern sie weder für den Fall der Krankheit pflichtversichert sind, noch ihr regelmäßiger Jahresarbeitsverdienst die im § 1 Abs. 2 vorgesehene Grenze übersteigt, und ihre Arbeitgeber (Reeder).

(2) Eine Beschäftigung, durch die gemäß § 1 Abs. 3 die Anwartschaft auf die Fürsorge nicht erworben wird, begründet auch keine Beitragspflicht.

§ 9.

Die Beiträge werden in der gleichen Höhe erhoben, wie sie in der allgemeinen Erwerbslosenfürsorge für den Heimatshafen des Fahrzeuges festgesetzt ist; an die Stelle von Bruchteilen des Grundlohnes treten Bruchteile des Arbeitsverdienstes. Reeder und Seeleute tragen den Beitrag je zur Hälfte.

§ 10.

Die Beiträge sind wie die Beiträge zur Invaliden- und Hinterbliebenenversicherung und mit diesen an die Invaliden-, Witwen- und Waisenversicherungskasse der Seeberufsgenossenschaft (Seekasse) zu entrichten.

§ 11.

Aus der Beitragssumme sind zunächst die Kosten zu decken, die der Seekasse aus der Durchführung dieser Verordnung entstehen. Als Höchstgrenze dieser Kosten kann der Präsident des Reichsamts für Arbeitsvermittlung im Benehmen mit dem Präsidenten des Reichsversicherungsamts einen Hundertsatz des Beitragsaufkommens festsetzen.

§ 12.

(1) Jede Gemeinde trägt ein Neuntel des Aufwandes, der durch die Fürsorge für erwerbslose Seeleute im Bezirk ihres öffentlichen Arbeitsnachweises entsteht.

(2) Soweit der Reichsarbeitsminister auf Grund des § 37 Abs. 2 der Verordnung über Erwerbslosenfürsorge den Anteil der Gemeinden am Fürsorgeaufwand erhöht oder die Befugnis hierzu den obersten Landesbehörden überträgt, gilt die Erhöhung oder Uebertragung auch für den Gemeindeanteil an der Fürsorge für erwerbslose Seeleute.

(3) Hat ein öffentlicher Arbeitsnachweis mehrere Errichtungsgemeinden oder ist er bei einem weiteren Gemeindeverbande errichtet, so sind die Lasten auf die einzelnen Gemeinden unterzuverteilen. Soweit die oberste Landesbehörde die Unterverteilung gemäß § 38 der Verordnung über Erwerbslosenfürsorge regelt, gilt diese Regelung auch für die Fürsorge für erwerbslose Seeleute.

§ 13.

Die Beitragssumme wird unter die Länder, in denen Seeleute auf Grund dieser Verordnung unterstützt worden sind, nach dem Fürsorgeaufwand verteilt.

Das Nähere bestimmt der Reichsarbeitsminister mit Zustimmung des Reichsrats.

§ 14.

Inwieweit die Beträge, die ein Land nach § 13 erhält, auf die Gemeinden zu verteilen oder den Ausgleichskassen der allgemeinen Erwerbslosenfürsorge zuzuführen sind, bleibt der obersten Landesbehörde überlassen.

§ 15.

Soweit der notwendige Aufwand der Fürsorge nicht nach den §§ 7 bis 14 gedeckt wird, ist er als Aufwand der allgemeinen Erwerbslosenfürsorge anzusehen.

§ 16.

Fallen die Aufgaben, die zur Errichtung der Seekasse geführt haben, weg oder werden sie einer anderen Stelle übertragen, so bestimmt der Reichsarbeitsminister, ob die Seekasse für die Aufgaben, die ihr nach dieser Verordnung obliegen, bestehen bleibt oder welcher anderen Stelle sie zu übertragen sind. Vor der Entscheidung sind der Vorstand der Seekasse und der Seemännische Verwaltungsrat zu hören.

§ 17.

Der Reichsarbeitsminister kann Ausführungsvorschriften zu dieser Verordnung erlassen. Mit Zustimmung des Reichsrats kann er die in § 4 vorgesehene Wartezeit abkürzen.

§ 18.

Diese Verordnung tritt am 1. November 1924 in Kraft.[2])

Berlin, den 30. Oktober 1924.

Der Reichskanzler.
Marx.

Für den Reichsarbeitsminister
Der Reichsminister der Finanzen.
Dr. Luther.

---

[1]) Geändert durch das Gesetz vom 27. März 1925.

[2]) Die frühere Befristung bis zum 31. März 1925 ist durch das Gesetz vom 27. März 1925 beseitigt worden.

Ausführungsvorschriften zur Verordnung über die Fürsorge für erwerbslose Seeleute.

Vom 25. November 1924 (Reichsgesetzbl. I S. 756).

Auf Grund des § 17 der Verordnung über die Fürsorge für erwerbslose Seeleute vom 30. Oktober 1924 (Reichsgesetzbl. I S. 722) wird angeordnet:

Artikel 1.

(Zu § 1.)

Die Reeder sind verpflichtet, der Stelle, die über ein Unterstützungsgesuch zu entscheiden hat, auf ihr Verlangen Auskunft über Beginn, Ende und Art, sowie den Grund der Lösung des Beschäftigungsverhältnisses und über den Arbeitsverdienst der Seeleute zu geben. Ebenso hat die Seekasse Auskunft zu geben, ob und in welcher Zeit eine Beitragspflicht nach § 8 der Verordnung über die Fürsorge für erwerbslose Seeleute bestanden hat.

Artikel 2.

(Zu § 9.)

Für die Berechnung der Beiträge nach § 9 der Verordnung über die Fürsorge für erwerbslose Seeleute hat der Vorstand der Seekasse die beitragspflichtigen Seeleute in Berufsklassen zusammenzufassen und in jeder Klasse den durchschnittlichen Arbeitsverdienst festzusetzen.

Artikel 3.

Diese Ausführungsvorschriften treten am 1. Dezember 1924 in Kraft.

Berlin, den 25. November 1924.

Der Reichsarbeitsminister.
In Vertretung:
Dr. Geib.

Anordnung über die Abkürzung der Wartezeit in der Fürsorge für erwerbslose Seeleute.

Vom 4. Juli 1925 (Reichsgesetzbl. I S. 95).

Auf Grund des § 17 Satz 2 der Verordnung über die Fürsorge für erwerbslose Seeleute vom 30. Oktober 1924 (Reichsgesetzbl. I S. 722) ordne ich mit Zustimmung des Reichsrats an, was folgt:

Artikel 1.

Die Unterstützung darf Seeleuten mit zuschlagsberechtigten Familienangehörigen, die nach einer seemännischen Beschäftigung von mehr als sechs Wochen erwerbslos werden, nach einer Wartezeit von mindestens einer Woche gewährt werden.

Artikel 2.

Diese Anordnung tritt am 13. Juli 1925 in Kraft.

Berlin, den 4. Juli 1925.

Der Reichsarbeitsminister.
Dr. Brauns.

Anordnung über die Verteilung des Beitragsaufkommens in der Fürsorge für erwerbslose Seeleute.

Vom 7. September 1925 (RABl. Amtl. Teil S. 437).

Auf Grund des § 13 der Verordnung über die Fürsorge für erwerbslose Seeleute vom 30. Oktober 1924 (Reichsgesetzbl. I Seite 722) ordne ich mit Zustimmung des Reichsrats an:

Artikel 1.

Aus dem Beitragsaufkommen in der Fürsorge für erwerbslose Seeleute erhalten Hamburg vierzig v. H., Preußen siebenundzwanzig v. H., Bremen vierundzwanzig v. H., Mecklenburg-Schwerin drei v. H., Oldenburg drei v. H. und Lübeck drei v. H.

Artikel 2.

Das Beitragsaufkommen ist nach Abzug der Verwaltungskosten, die der Seekasse nach § 11 der Verordnung vom 30. Oktober 1924 zustehen, durch den Präsidenten der Reichsarbeitsverwaltung (Reichsamt für Arbeitsvermittlung) im Einvernehmen mit der Seekasse regelmäßig am Ersten jedes Kalendervierteljahres zu verteilen. Die erste Verteilung hat unverzüglich zu erfolgen.

Berlin, den 7. September 1925.

Der Reichsarbeitsminister.
J. V.: Dr. Geib.

Anordnung über die Vergütungssätze der Krankenkassen für die Einziehung der Beiträge zur Erwerbslosenfürsorge.

Vom 15. Dezember 1924 (RABl. Amtl. Teil S. 483).

Auf Grund des Artikels 11 Absatz 6 der Ausführungsvorschriften zur Verordnung über Erwerbslosenfürsorge vom 25. März 1924 (Reichsgesetzbl. I S. 376) wird im Benehmen mit dem Präsidenten des Reichsversicherungsamts folgendes bestimmt:

Artikel 1.

Die Krankenkassen sind berechtigt, als Ersatz der Mehrkosten, die ihnen durch die Erhebung und Abführung der Beiträge zur Erwerbslosenfürsorge nach der Verordnung über Erwerbslosenfürsorge vom 16. Februar 1924 (Reichsgesetzbl. I S. 127) entstehen, bei einem Beitragssatz von 3 v. H. des Grundlohns von den jeweils für die Erwerbslosenfürsorge abgeführten Beträgen folgende Bruchteile zurückzubehalten:

die Landkrankenkassen 3,0 vom Hundert,
die Betriebskrankenkassen 0,5 vom Hundert,
die übrigen Krankenkassen 1,0 vom Hundert.

Werden die Beiträge unter 3 v. H. des Grundlohnes ermäßigt, so sind die Krankenkassen berechtigt, die als Ersatz der Mehrkosten zurückzubehaltenden Bruchteile so zu erhöhen, daß sie denselben Betrag erhalten, auf den sie bei einer Beitragshöhe von 3 vom

Hundert des Grundlohns Anspruch hätten. Die zurückzubehaltenden Bruchteile dürfen jedoch bei den Ortskrankenkassen mit mehr als 100 000 Mitgliedern höchstens 1,5 vom Hundert, bei den Landkrankenkassen höchstens 12 vom Hundert, bei den Betriebskrankenkassen höchstens 2 vom Hundert und bei den übrigen Krankenkassen höchstens 4 vom Hundert betragen.[1])

[1]) Vgl. nachstehende Uebersicht.

Artikel 2.

Die oberste Landesbehörde oder die von ihr bezeichnete Stelle kann die Vergütungssätze solcher Krankenkassen, deren Mehrkosten infolge ihrer räumlichen Ausdehnung durch die in Artikel 1 bezeichneten Sätze nachweislich nicht gedeckt werden, auf Antrag bis zur Höchstgrenze der den Landkrankenkassen zustehenden Vergütungen angemessen erhöhen. Zuständig für die Entscheidung des Antrages ist die oberste Landesbehörde, in deren Bezirk die Krankenkasse oder die Zweigstelle (Artikel 12 der Ausführungsvorschriften des Reichsarbeitsministers vom 25. März 1924) ihren Sitz hat. Erstreckt sich der Bezirk einer Krankenkasse oder einer Zweigstelle über mehrere Länder und einigen sich diese nicht, so entscheidet der Präsident der Reichsarbeitsverwaltung (Reichsamt für Arbeitsvermittlung).

Artikel 3.

Die Krankenkassen buchen die nach Artikel 1 zurückbehaltenen Beträge gesondert und legen hierüber dem Vorsitzenden des öffentlichen Arbeitsnachweises (Landesamts für Arbeitsvermittlung) gleichzeitig mit der Abrechnung nach Artikel 11 Nr. 4 der Ausführungsbestimmungen des Reichsarbeitsministers vom 25. März 1924 Rechnung.

Artikel 4.

Die Anordnung tritt am 1. Januar 1925 in Kraft. Die Anordnung vom 7. April 1924 (Reichsarbeitsblatt S. 142) wird mit dem Ablauf des 31. Dezember 1924 aufgehoben.

Berlin, den 15. Dezember 1924.

Der Präsident der Reichsarbeitsverwaltung.
(Reichsamt für Arbeitsvermittlung).
Dr. Syrup.

Uebersicht

über die Vergütungssätze der Krankenkassen für die Einziehung der Beiträge zur Erwerbslosenfürsorge.

Beitragssatz zur Erwerbslosenfürsorge in Höhe von .... v. H. des Grundlohnes	Die Vergütungssätze betragen bei den Betriebskrankenkassen .... v. H. der Beitragseinnahmen	Landkrankenkassen .... v. H. der Beitragseinnahmen	übrigen Krankenkassen ausschl. der Ortskrankenkassen mit mehr als 100000 Mitgliedern .... v. H. der Beitragseinnahmen	Ortskrankenkassen mit mehr als 100000 Mitgliedern .... v. H. der Beitragseinnahmen
3,0	0,5	3,0	1,0	1,0
2,9	0,5	3,1	1,0	1,0
2,8	0,5	3,2	1,0	1,0
2,7	0,5	3,3	1,1	1,1
2,6	0,5	3,4	1,1	1,1
2,5	0,6	3,6	1,2	1,2
2,4	0,6	3,7	1,2	1,2
2,3	0,6	3,9	1,3	1,3
2,2	0,6	4,0	1,3	1,3
2,1	0,7	4,2	1,4	1,4
2,0	0,7	4,5	1,5	
1,9	0,7	4,7	1,5	
1,8	0,8	5,0	1,6	
1,7	0,8	5,2	1,7	
1,6	0,9	5,6	1,8	
1,5	1,0	6,0	2,0	
1,4	1,0	6,4	2,1	
1,3	1,1	6,9	2,3	1,5
1,2	1,2	7,5	2,5	
1,1	1,3	8,1	2,7	
1,0	1,5	9,0	3,0	
0,9	1,6	10,0	3,3	
0,8	1,8	11,2	3,7	
0,75	2,0	12,0	4,0	

Anordnung über die Höchstsätze[1]) in der Erwerbslosenfürsorge.

Vom 30. Januar 1925 (RABl. Amtl. Teil S. 53.)

Auf Grund des § 10 Abs. 1 der Verordnung über Erwerbslosenfürsorge vom 16. Februar 1924 (Reichsgesetzbl. I S. 127) wird nach Benehmen mit dem Verwaltungsrat des Reichsamts für Arbeitsvermittlung angeordnet:

I. Die Höchstsätze[2]) der Erwerbslosenunterstützung betragen vom 9. Februar 1925 ab bis auf weiteres wochentäglich:

im Wirtschaftsgebiet I (Osten)

	in den Orten der Ortsklassen A	B	C	D u. E	
1. für Pers. über 21 Jahre	115	107	99	91	RPfg
2. für Pers. unt. 21 Jahren	69	64	59	54	"
3. als Familienzuschläge für					
a) den Ehegatten	43	40	37	34	"
b) die Kinder u. sonstige unterstützungsberechtigte Angehörige	30	28	26	24	"

im Wirtschaftsgebiet II (Mitte)

	in den Orten der Ortsklassen A	B	C	D u. E	
1. für Pers. über 21 Jahre	135	126	117	108	RPfg.
2. für Pers. unt. 21 Jahren	81	76	71	66	"
3. als Familienzuschläge für					
a) den Ehegatten	50	47	44	41	"
b) die Kinder u. sonstige unterstützungsberechtigte Angehörige	35	33	31	29	"

im Wirtschaftsgebiet III (Westen)

	in den Orten der Ortsklassen A	B	C	D u. E	
1. für Pers. über 21 Jahre	145	135	125	115	RPfg.
2. für Pers. unt. 21 Jahren	87	81	75	69	„
3. als Familienzuschläge für					
a) den Ehegatten	54	50	46	42	„
b) die Kinder u. sonstige unterstützungsberechtigte Angehörige	38	35	32	29	„

II. Die Grenzen der drei Wirtschaftsgebiete fallen mit denen der drei Lohngebiete zusammen, die in den Erlassen des Reichsministers der Finanzen vom 27. November 1923 I B 34015 (Reichsbesoldungsbl. S. 402), vom 30. Juni 1924 I B 10160/9842 (Reichsbesoldungsbl. S. 198) und vom 14. Januar 1925 I B 22 (Reichsbesoldungsbl. S. 7) zugrunde gelegt sind.

III. Einschließlich der Familienzuschläge darf die Unterstützung, die ein Erwerbsloser erhält, in keinem Fall folgende Beträge übersteigen [3])

	in den Orten der Ortsklassen A	B	C	D u. E	
1. im Wirtschaftsgeb. I (Osten)	285	265	245	225	RPfg.
2. im Wirtschaftsgeb. II (Mitte)	325	305	285	265	„
3. im Wirtschaftsgeb. III (Westen)	360	335	310	285	„

IV. Soweit die Gesamtunterstützung den durchschnittlichen Arbeitsverdienst vergleichbarer [4]) Arbeitnehmergruppen erreichen würde, dürfen die Familienzuschläge die Unterstützung, die der Erwerbslose für seine Person erhält (Hauptunterstützung), nicht übersteigen.

V. Die selbständigen Unterstützungen, die mehrere in einem gemeinschaftlichen Hausstand lebende Familienmitglieder erhalten, dürfen insgesamt das Zweieinhalbfache der Unterstützung nicht übersteigen, die dem höchstunterstützten Mitglied der Familie für seine Person zusteht. Der Vorstand der Familie gilt im Sinne dieser Bestimmung als ihr Mitglied.

VI. Sind Pfennigbeträge auszuzahlen, die nicht durch 5 teilbar sind, so können sie auf den nächsthöheren durch 5 teilbaren Betrag aufgerundet werden.

VII. Mit dem Inkrafttreten dieser Anordnung tritt die Anordnung über die Höchstsätze in der Erwerbslosenfürsorge vom 8. Dezember 1924 (Reichsarbeitsbl. S. 471) außer Kraft.

Berlin, den 30. Januar 1925.

Der Reichsarbeitsminister.
Dr. Brauns.

[1]) Vgl. § 10 der VO. und die Erläuterungen dazu. Diese Höchstsätze sind durch die nachfolgende Anordnung vom 17. Dezember 1925 vorübergehend erhöht worden.

[2]) Vom 9. Februar 1925 ab sind die Unterstützungshöchstsätze für Männer und Frauen gleich.

[3]) Nach § 10 Abs. 3 der VO. dürfen die Familienzuschläge, die ein Erwerbsloser erhält, insgesamt das Zweifache der ihm gewährten Unterstützung nicht übersteigen. Die Anordnung vom 30. Januar 1925 und die folgenden setzen diese Grenze zahlenmäßig fest. Sie darf nicht überschritten werden. Vgl. Anm. 5, 14 zu § 10 der VO. und Ziffer IV hier.

[4]) Dazu gehört in erster Linie die Berufsgruppe, welcher der Erwerbslose selbst angehört.

Anordnung über eine vorübergehende Erhöhung[1] der Höchstsätze in der Erwerbslosenfürsorge.

Vom 17. Dezember 1925 (RABl. Amtl. Teil S. 562).

Auf Grund des § 10 Abs. 1 der Verordnung über Erwerbslosenfürsorge vom 16. Februar 1924 (Reichsgesetzbl. I S. 127) wird nach Benehmen mit dem Verwaltungsrat des Reichsamts für Arbeitsvermittlung für die Zeit vom 14. Dezember 1925 bis[2]) zum 1. Mai 1926 angeordnet, was folgt:

I.

Die Höchstsätze der Erwerbslosenunterstützung betragen wochentäglich:

im Wirtschaftsgebiet I (Osten)

	in den Orten der Ortsklassen A	B	C	D u. E	
1. für Pers. über 21 Jahre	138	129	120	111	RPfg.
2. für Pers. unt. 21 Jahren	83	78	73	68	„
3. als Familienzuschläge für					
a) den Ehegatten	48	45	42	39	„
b) die Kinder u. sonstige unterstützungsberechtigte Angehörige	33	31	29	27	„

im Wirtschaftsgebiet II (Mitte)

	in den Orten der Ortsklassen A	B	C	D u. E	
1. für Pers. über 21 Jahre	162	152	142	132	RPfg.
2. für Pers. unt. 21 Jahren	98	92	86	80	„
3. als Familienzuschläge für					
a) den Ehegatten	55	52	49	46	„
b) die Kinder u. sonstige unterstützungsberechtigte Angehörige	39	37	35	33	„

im Wirtschaftsgebiet III (Westen)

	in den Orten der Ortsklassen A	B	C	D u. E	
1. für Pers. über 21 Jahre	174	163	152	141	RPfg.
2. für Pers. unt. 21 Jahren	105	98	91	84	„
3. als Familienzuschläge für					
a) den Ehegatten	60	56	52	48	„
b) die Kinder u. sonstige unterstützungsberechtigte Angehörige	42	40	38	36	„

II.

Einschließlich der Familienzuschläge darf die Unterstützung, die ein Erwerbsloser erhält, in keinem Falle folgende Beträge übersteigen:

	in den Orten der Ortsklassen A	B	C	D u. E	
1. im Wirtschaftsgeb. I (Osten)	315	295	275	255	RPfg.
2. im Wirtschaftsgeb. II (Mitte)	360	340	320	300	„
3. im Wirtschaftsgeb. III (Westen)	400	375	350	325	„

III.

Im übrigen bleibt die Anordnung über die Höchstsätze in der Erwerbslosenfürsorge vom 30. Januar 1925 (Reichsarbeitsbl. S. 53) in Kraft.

Berlin, den 17. Dezember 1925.

Der Reichsarbeitsminister.
Dr. Brauns.

[1]) Diese Höchstsätze gelten auch für die Förderungssätze der produktiven Erwerbslosenfürsorge. Der RAM. hat dazu im

Ueberreichungsschreiben IV 12422/25 vom 17. Dezember 1925 mitgeteilt:

„Ich bitte, dafür Sorge zu tragen, daß die neuen Sätze für die Tagewerke, die vom 14. Dezember 1925 ab bei Notstandsarbeiten geleistet werden, nicht einfach schematisch angewendet werden. Vielmehr ist zu bedenken, daß vor Bewilligung der Förderung im Einzelfalle geprüft worden ist, welche Beihilfen aus Mitteln der Erwerbslosenfürsorge nach dem Gesamtfinanzierungsplan notwendig waren. Die Förderung soll aber nach den Bestimmungen vom 30. April 1925 nicht höher sein als unbedingt erforderlich. Eine schematische Erhöhung der Förderungssätze würde diesem Grundsatz zuwiderlaufen.

Dies gilt auch für die Grundförderung gemäß §§ 11 bis 14 der genannten Bestimmungen, ganz besonders aber für die verstärkte Förderung gemäß §§ 15 bis 32. Auch diese Förderung soll zwar in einem angemessenen Verhältnis zur ersparten Erwerbslosenunterstützung stehen; dies Verhältnis ist aber nicht zahlenmäßig begrenzt, so daß gerade hier die Höhe der Förderung in der Regel in erheblichem Maße von der Gesamtfinanzierung abhängig ist. Eine Erhöhung der verstärkten Förderung wird daher nur in ganz besonderen Einzelfällen gerechtfertigt sein."

Vgl. dagegen Buchstabe B der Anordnung vom 27. Februar 1926, S. 213.

[2]) Diese Sätze sind durch die nachfolgende Anordnung vom 27. Februar 1926 vorübergehend erhöht worden.

Zweite Anordnung über eine vorübergehende Erhöhung der Höchstsätze in der Erwerbslosenfürsorge.

Vom 27. Februar 1926 (RABl. Amtl. Teil S. 62).

Auf Grund des § 10 Abs. 1 der Verordnung über Erwerbslosenfürsorge vom 16. Februar 1924 (Reichsgesetzbl. I S. 127) ordne ich nach Benehmen mit dem Verwaltungsrate des Reichsamts für Arbeitsvermittlung an:

A

Nr. I der Anordnung über eine vorübergehende Erhöhung der Höchstsätze in der Erwerbslosenfürsorge vom 17. Dezember 1925 (Reichsarbeitsbl. S. 562) erhält folgenden zweiten Absatz:

„Es betragen jedoch die Höchstsätze:

a) für Erwerbslose, die keine Familienzuschläge beziehen und nicht dem Haushalte eines Anderen angehören

im Wirtschaftsgebiet I (Osten)

	in den Ortsklassen A	B	C	
1. für Personen über 21 Jahre	152	142	132	RPfg.
2. für Personen unter 21 Jahren	100	93	86	„

im Wirtschaftsgebiet II (Mitte)

	in den Ortsklassen A	B	C	
1. für Personen über 21 Jahre	178	166	154	RPfg.
2. für Personen unter 21 Jahren	118	110	102	„

im Wirtschaftsgebiet III (Westen)

	in den Ortsklassen A	B	C	
1. für Personen über 21 Jahre	191	178	165	RPfg.
2. für Personen unter 21 Jahren	126	118	110	„

b) für alle übrigen Hauptunterstützungsempfänger vom Beginn der neunten Unterstützungswoche ab, wenn sie während der acht vorhergehenden Wochen ununterbrochen unterstützt worden sind,

im Wirtschaftsgebiet I (Osten)

	in den Ortsklassen A	B	C	
1. für Personen über 21 Jahre	152	142	132	RPfg.
2. für Personen unter 21 Jahren	91	85	79	„

im Wirtschaftsgebiet II (Mitte)

	in den Ortsklassen A	B	C	
1. für Personen über 21 Jahre	178	166	154	RPfg.
2. für Personen unter 21 Jahren	108	101	94	„

im Wirtschaftsgebiet III (Westen)

	in den Ortsklassen A	B	C	
1. für Personen über 21 Jahre	191	178	165	RPfg.
2. für Personen unter 21 Jahren	116	108	100	„

B

Die unter Buchstabe A angeordneten Erhöhungen gelten nicht für die Kurzarbeiterfürsorge und nicht auf dem Gebiete der produktiven Erwerbslosenfürsorge.

C

Diese Anordnung gilt vom 1. März 1926 ab.

Berlin, den 27. Februar 1926.

Der Reichsarbeitsminister.
Dr. Brauns.

Die Geltungsdauer der bisherigen Höchstsätze ist verlängert worden durch

a) Anordnung vom 30. April 1926 (RABl. Amtl. Teil S. 137) bis zum 22. Mai 1926,

b) Anordnung vom 18. Mai 1926 (RABl. Amtl. Teil S. 158) bis zum 3. Juli 1926,

c) durch nachfolgende Anordnung vom 30. Juni 1926 (RABl. Amtl. Teil S. 209) bis zum 27. November 1926.

Anordnung über die weitere Geltung der bisherigen Höchstsätze in der Erwerbslosenfürsorge.

Vom 30. Juni 1926 (RABl. S. 209).

Auf Grund des § 10 Abs. 1 der Verordnung über Erwerbslosenfürsorge vom 16. Februar 1924 (Reichsgesetzbl. I S. 127) verlängere ich nach Benehmen mit dem Verwaltungsrat des Reichsamts für Arbeitsvermittlung die Geltungsdauer meiner Anordnung über eine vorübergehende Erhöhung der Höchstsätze in der Erwerbslosenfürsorge vom 17. Dezember 1925 (Reichsarbeitsbl. S. 562) und meiner Zweiten Anordnung über eine vorübergehende Erhöhung der Höchstsätze in der Erwerbslosenfürsorge vom 27. Februar 1926 (Reichsarbeitsblatt S. 62) bis zum 27. November 1926.

Berlin, den 30. Juni 1926.

Der Reichsarbeitsminister.
Dr. Brauns.

Bestimmungen über öffentliche Notstandsarbeiten.

Vom 30. April 1925 [1]) (RGBl. I S. 53.)

Auf Grund der §§ 32 [2]) und 43 der Verordnung über Erwerbslosenfürsorge vom 16. Februar 1924 (RGBl. I S. 127) bestimme ich mit Zustimmung des Reichsrats, was folgt:

[1]) Sie sind mit Wirkung vom 1. Mai 1925 ab an die Stelle der Bestimmungen des Reichsarbeitsministers über öffentliche Notstandsarbeiten vom 17. November 1923 (RGBl. I S. 1111) getreten. Diese waren entstanden in einer Zeit schlimmster Verwirrung auf finanz-, wirtschafts- und arbeitsmarktpolitischem Gebiete, in der Zeit, in der die aufs höchste gestiegene Geldentwertung durch eine Festigung der Mark abgelöst werden sollte. Sie konnten deshalb infolge ihres Zuschnittes auf diese Verhältnisse nur eine Uebergangsmaßnahme darstellen, wenn sie nicht durch manche Bestimmungen, insbesondere die über die Entlohnung, schwere Unbilligkeiten nach sich ziehen sollten.

[2]) § 32 der VO. vom 16. Februar 1924 ist an die Stelle des § 15 der VO. vom 1. November 1921 (RGBl. S. 1337) getreten. Er bildet die gesetzliche Grundlage für die produktive Erwerbslosenfürsorge. Von den in § 32 angegebenen „Maßnahmen, die geeignet sind, den Abbau der Erwerbslosenfürsorge zu fördern", stellen die öffentlichen Notstandsarbeiten nur einen Teil dar, allerdings den wichtigsten. Der Reichsarbeitsminister kann auf Grund des § 32 auch andere geeignete Maßnahmen fördern. Hierher gehört z. B. die Förderung des Baues von Landarbeiterwohnungen. Vgl. die Erläuterungen zu § 32 der VO.

A. Allgemeine Vorschriften.

§ 1.

Als Notstandsarbeiten [1]) im Sinne dieser Bestimmungen können nur solche Arbeiten gefördert [2]) werden, die einen volkswirtschaftlichen Wert [3]) [4]) haben.

Besondere [5]) Förderung verdienen Notstandsarbeiten, die geeignet sind, die Menge einheimischer Nahrungsmittel, Rohstoffe und Betriebsstoffe zu vermehren; die in hohem Maße menschliche Arbeitskraft beanspruchen und in geringem Maße sachlichen Aufwand verbrauchen; durch deren Ausführung für die Dauer eine vorteilhaftere Verteilung der Arbeitskräfte herbeigeführt oder neue Arbeitsgelegenheit geschaffen wird; vor allem auch solche Arbeiten, die dem Uebergange [5]) großstädtischer Arbeitskräfte in ein ländliches oder kleinstädtisches Arbeitsverhältnis dienen.

[1]) Die Förderung von Notstandsarbeiten verfolgt den Zweck, die Erwerbslosen durch wenigstens zeitweilige Beschäftigung vor den sittlichen Gefahren des zwangsweisen Müßiggangs zu bewahren und ihnen durch die Möglichkeit, sich ein über die Erwerbslosenunterstützung hinausgehendes Entgelt zu verschaffen, die Gelegenheit zu geben, ihre wirtschaftliche Lage zu bessern.

Der Begriff „Notstandsarbeit" wird in den Bestimmungen vom 30. April 1925 selbst wie auch in den früheren Vorschriften nicht klar erläutert. Die erforderlichen Voraussetzungen ergeben sich jedoch aus den einzelnen Bestimmungen und aus der geschichtlichen Entwicklung. Aus der Ueberschrift „öffentliche Notstandsarbeiten" ergibt sich, daß die Bestimmungen nur für einen beschränkten Kreis von Arbeiten gelten, nämlich für die, welche mit öffentlichen Mitteln gefördert werden. In Betracht kommen bei der Grundförderung die Mittel, die aus den Beiträgen der Arbeitgeber und Arbeitnehmer gemäß §§ 33 ff. der VO. aufkommen und die durch die Zahlung an die öffentliche Hand den Charakter von öffentlichen Mitteln erhalten, zu 8/9, während 1/9 aus den Mitteln der Gemeinden gedeckt wird. Die verstärkte Förderung wird je zur Hälfte aus Reichs- und Landesmitteln gewährt.

Die Verwendung der Mittel der Allgemeinheit setzt voraus, daß nur solche Arbeiten damit gefördert werden, die der Allgemeinheit oder mindestens einem größeren Teile davon wieder zu Gute kommen. Die zu fördernden Arbeiten müssen deshalb **gemeinnützig** sein (§ 2 der Best.). Arbeiten, die lediglich dem Vorteil einer Privatperson dienen, sind von der Förderung ausgeschlossen.

Aus der Verwendung öffentlicher Mittel ergibt sich aber die weitere Folgerung, daß nur **volkswirtschaftlich wertvolle** Arbeiten gefördert werden dürfen (§ 1 der Best.). Es würde eine Vergeudung öffentlicher Mittel bedeuten, wenn damit Arbeiten unterstützt würden, die der Volkswirtschaft keinen Vorteil bringen. Deshalb sind auch nicht förderungswürdig solche Arbeiten, die lediglich zu dem Zwecke vorgenommen werden, die Erwerbslosen zu beschäftigen, wie Holzzerkleinern, Kehren der Parkwege usw.; solche Arbeiten zu leisten in Form der Pflichtarbeit als Entgelt für ihre Unterstützung sind die Erwerbslosen ohnedies nach § 14 der VO. verpflichtet und wenn ihnen die Gemeinde dazu einen Zuschlag gewähren soll (vgl. Art. 7 der Ausführungs-Vorschriften vom 2. Mai 1925, abgedr. S. 61), so geschieht das lediglich wegen der mit der Arbeitsleistung an sich verbundenen Mehraufwendungen an Nahrung, Kleidung und Schuhwerk, nicht aber, um damit den Wert der Arbeiten irgendwie hervorzuheben.

Die von einigen Seiten aufgestellte Forderung, daß bleibende Werte durch die Notstandsarbeiten geschaffen werden müßten, läßt sich in vollem Umfang nicht rechtfertigen (vgl. dazu Anm. 3 zu § 1). Wohl aber ergibt der Grundsatz der sparsamen Verwendung der öffentlichen Mittel, daß nur die Arbeiten gefördert werden dürfen, die ohne Unterstützung aus den Mitteln der Erwerbslosenfürsorge nicht durchgeführt werden könnten (§ 3 der Best.). Und endlich verlangt die Heranziehung der Mittel der nicht an einen Ort gebundenen Allgemeinheit, daß nicht Maßnahmen unterstützt werden, die zu den haushaltplanmäßigen Aufgaben der einzelnen Gemeinden als der hauptsächlichsten Träger von Notstandsarbeiten gehören. Die produktive Erwerbslosenfürsorge ist nicht dazu da, den Gemeindehaushaltplan zu entlasten und unumgänglich notwendige Pflichtaufgaben der öffentlichen Körperschaften zu finanzieren. Vielmehr ist „der Zweck jeder produktiven Erwerbslosenfürsorge, ein Mehr an Arbeitsgelegenheit über das Maß hinaus, das die Wirtschaft in ihrer freien Entfaltung dem Arbeitsmarkt jeweils bieten kann, zu ermöglichen" (aus der Begründung des Entwurfs). Ihr Ziel muß sein, mit Hilfe der ihr zur Verfügung stehenden Mittel solche Arbeiten in Gang zu bringen, die sonst überhaupt nicht oder nicht zu diesem Zeitpunkt oder nicht in diesem Umfang ausgeführt werden würden. Es muß sich also um **zusätzliche Arbeitsgelegenheit** handeln, wenn eine Förderung gerechtfertigt sein soll.

Aus dem eingangs angegebenen Zweck folgt, daß bei diesen Arbeiten grundsätzlich — von etwa erforderlichen Stamm- oder Facharbeitern abgesehen — Erwerbslose beschäftigt werden müssen. Die Förderungsmittel werden nur für die Tagewerke gewährt, die von anrechnungsfähigen Erwerbslosen geleistet werden, d. h. solchen, die vor der Zulassung zur Notstandsarbeit mindestens 2 Wochen hindurch auf Grund der Verordnung über Erwerbslosenfürsorge unterstützt und vom öffentlichen Arbeitsnachweis zugewiesen worden sind (§ 6 der Best.). Da jedoch die zur Verfügung stehenden Mittel begrenzt sind und mit der Förderung ein möglichst großer sozialpolitischer Erfolg erreicht werden soll, muß dafür Sorge getragen werden, daß bei den einzelnen Arbeiten möglichst viele Erwerbslose beschäftigt werden. Das läßt sich am besten durch Schichtwechsel erreichen, der in verschiedenen Formen durchgeführt werden kann. Von besonderen Ausnahmen abgesehen darf der Notstandsarbeiter nicht länger als drei Monate bei der Notstandsarbeit beschäftigt werden (§ 8 der Best.), dann muß er gegen einen anderen ausgewechselt werden. Selbstverständlich besteht auch während dieser Beschäftigung die Pflicht des öffentlichen Arbeitsnachweises fort, für die Vermittlung des Erwerbslosen in dauernde Arbeit besorgt zu sein. Kann er ihm eine Arbeit nachweisen, dann **muß** er den Notstandsarbeiter abrufen (§ 8 der Best.), er darf das nur unterlassen, wenn durch die Abrufung die Weiterführung der Notstandsarbeit gefährdet werden würde, das aber aus sozialen oder technischen Gründen nicht angängig erscheint.

Wegen der Entlohnung und der Rechtsverhältnisse der Notstandsarbeiter vgl. die Erläuterungen zu § 9 der Best.

[2]) Die Maßnahme wird im Wege der Grundförderung unterstützt in Form von verlorenen Zuschüssen bis zur 1½ fachen Ersparnis oder in Form von Darlehen bis zur 2½ fachen ersparten Unterstützung (vgl. §§ 11 ff. der Best.). In Ausnahmefällen kann für die Maßnahmen, für welche die Grundförderung bewilligt worden ist, eine verstärkte Förderung in Form von Darlehen bis höchstens zur 3½ fachen Ersparnis, nicht jedoch über 80 v. H. der Gesamtkosten oder als Bürgschaftsübernahme anerkannt werden (vgl. §§ 15 ff. der Best.). Wegen der Mittelaufbringung vgl. Anm. 1 Abs. 2 zu § 1. Wegen der Erleichterungen für Notstandsbezirke vgl. Anhang.

[3]) Nur wirtschaftlich wertvolle Arbeiten dürfen gefördert werden, vorzugsweise solche, „die über ihren unmittelbaren Nutzen hinaus der Volkswirtschaft im Ganzen wirtschaftliche Vorteile bringen, z. B. die Produktionsmöglichkeiten der Volkswirtschaft vermehren, wie Bodenverbesserungen, Kanalbauten, Kraftanlagen und dergl." (Begründung des Entwurfs).

Albrecht-Wilhelmi (S. 32) verlangen, daß nur solche Notstandsarbeiten gefördert werden, bei denen **bleibende Werte** geschaffen werden. Dagegen wenden sich Zschucke (II S. 206) und Lehfeldt (II S. 209). Offenbar wollen aber auch Albrecht-Wilhelmi den Begriff „bleibende Werte" nur relativ aufgefaßt wissen, sie sind der Ansicht, „daß Arbeiten von nur vorübergehender Bedeutung, wie z. B. Reinigungsarbeiten in öffentlichen Parkanlagen, Holzzerkleinern, Torfstechen für gemeinnützige Zwecke, soweit sie nicht überhaupt zu den regelmäßigen Obliegenheiten einer Verwaltung gehören und von dem dafür bezahlten Arbeitspersonal auszuführen sind, auf den Weg der Pflichtarbeit verwiesen werden müssen." In eingeschränktem Sinne wird man ihnen zustimmen können. Volkswirtschaftlich wertvolle Arbeiten werden fast durchweg einen gewissen Dauererfolg zeigen, wenn man auch von bleibenden Werten schon mit Rücksicht auf die natürliche, oft (vgl. Autostraßen) ziemlich rasche Abnutzung nicht ohne weiteres sprechen kann. Maßnahmen mit Augenblickserfolg oder ohne längere Nachwirkung werden an sich meist ohne erheblicheren volkswirtschaftlichen Wert sein und schon deshalb nicht zu den förderungswürdigen Arbeiten zu rechnen sein.

⁴) Als Voraussetzung für die Förderung verlangt der Reichsarbeitsminister in seinem Schreiben IV 3511/26 vom 3. April 1926, „daß nur solche Arbeiten als Notstandsarbeiten gefördert werden sollen, die für die Volkswirtschaft einen unmittelbaren, sicheren und möglichst rasch eintretenden Nutzen haben." Arbeiten ohne diesen Nutzen werden im allgemeinen einen volkswirtschaftlichen Wert nicht haben. Als sehr unbestimmt bezeichnet der Reichsarbeitsminister diesen wirtschaftlichen Nutzen bei Spiel- und Sportplätzen, wenn auch selbstverständlich ihr großer Wert für die Erhaltung der Volksgesundheit und der Arbeitskraft und der daraus sich mittelbar ergebende Nutzen für die Entwickelung der Volkswirtschaft nicht verkannt wird. Grundsätzlich ist deshalb die Anlage von Spiel- und Sportplätzen zur Förderung aus Mitteln der produktiven Erwerbslosenfürsorge nicht geeignet. Eine Förderung würde also nur in besonderen Ausnahmefällen zulässig sein. Den Beweis dafür hat der Antragsteller zu führen. In Betracht zu ziehen wäre, ob bereits ein Spiel- oder Sportplatz in der Gemeinde vorhanden ist, ob der neue Platz der Allgemeinheit,

insbesondere auch den Schulen zur Verfügung gestellt wird, der schlechte Gesundheitszustand der Bevölkerung, der eine Kräftigung durch Sport unbedingt erfordert, übermäßige Erwerbslosigkeit, infolge deren die Vornahme von Notstandsarbeiten dringend notwendig ist. Die Errichtung von Tribünen auf Sportplätzen ist nicht förderungsfähig.

Unzulässig ist die Förderung von Instandsetzungs- oder Unterhaltungsarbeiten an Straßen und Wegen, wenn es sich bei wichtigen Verkehrsstraßen nicht etwa darum handelt, eine vollkommen neue Decke herzustellen, das Reinigen von Straßengräben, da diese Arbeiten zu den Pflichtaufgaben der Gemeinden usw. gehören. Ungeeignet für die Förderung sind Straßenpflasterungsarbeiten, da sie in der Hauptsache von Facharbeitern ausgeführt werden müssen und ebenfalls fast durchweg zu den Pflichtaufgaben der Gemeinden gehören. Wenig geeignet sind Wasserleitungsbauten, z. T. auch Kanalisationen, da der Materialaufwand im Verhältnis zu den Löhnen zu hoch und deshalb die Förderung, die sich lediglich nach den geleisteten Tagewerken richtet, zu niedrig ist. Abgesehen davon wird es in vielen Fällen auch zweifelhaft sein, ob eine zusätzliche Arbeitsgelegenheit vorliegt.

Unzulässig ist die Förderung von Hochbauten mit Mitteln der produktiven Erwerbslosenfürsorge. Für Wohnungsbauten stehen andere öffentliche Mittel zur Verfügung und die Förderung derselben Maßnahmen aus mehreren verschiedenen öffentlichen Quellen führt zu Unzulänglichkeiten. „Die unmittelbare Entlastung der Erwerbslosenfürsorge stand in gar keinem Verhältnis zu den aufgewandten Mitteln und die mittelbar — durch die Belebung anderer Gewerbe — hervorgerufene entzog sich genauerer Feststellung" (Albrecht-Wilhelmi S. 38). Dieser Standpunkt des Reichsarbeitsministers ist zur Zeit bindend, wenn auch bedauerlich. Daß durch die Belebung des Baugewerbes als Schlüsselgewerbe eine fühlbare Entlastung der Erwerbslosenfürsorge zu erwarten ist, läßt sich nicht bestreiten. Allerdings ist sie vielfach nicht meßbar und wirkt sich z. T. mehr in dem Sinne aus, daß durch Verhütung von Erwerbslosigkeit die Fürsorge nicht noch stärker belastet wird. Daß der Wohnungsbau jetzt zu einer der notwendigsten Aufgaben gehört, ist zweifellos, und eine angemessene Förderung auch durch die Erwerbslosenfürsorge wäre erwünscht.

Nur 2 Gruppen von Hochbauten dürfen zur Zeit gefördert werden, der Bau von Landarbeiterwohnungen, um die Abwanderung von ländlichen Arbeitern zur Stadt zu vermindern, und die Errichtung von Arbeitsnachweisgebäuden, um durch Bereitstellung geeigneter Räumlichkeiten den reibungslosen Betrieb der Arbeitsvermittlung und der Erwerbslosenfürsorge zu gewährleisten (vgl. die entsprechenden Erlasse, abgedr. S. 278 ff.).

Zulässig ist beim gemeindlichen oder gemeinnützigen Wohnungsbau, in letzterem Falle also, wenn ein gemeinnütziges Siedlungs- oder Bauunternehmen Träger der Maßnahme ist, die Aushebung der Baugruben und in geeigneten Fällen die Herstellung von Baustoffen, z. B. von luftgetrockneten Lehmsteinen oder Schlackensteinen. Zu prüfen ist jedoch, ob zusätzliche Arbeitsgelegenheit vorliegt.

Förderungswürdig ist die Herrichtung von Siedlungsgelände für den Kleinwohnungsbau, ferner die Herrichtung von Gelände für die Anlage von Kleingärten.

[8]) Besonders förderungswürdig sind die Gruppen der in § 1 Abs. 2 angegebenen Notstandsarbeiten, insbesondere Bodenverbesserungen, Flußberichtigungen (durch Herstellung des ungehemmten Wasserablaufs soll Ueberschwemmungen und Hochwasserschäden vorgebeugt, durch Geradelegung des Flußlaufs gutes Land gewonnen werden), großzügige Umsiedlungsarbeiten durch Urbarmachung von Oedland.

Hochwasserschäden sind nur insoweit förderungswürdig, als es sich um Maßnahmen handelt, durch die künftig solche Schäden verhütet werden, ihre Herstellung nicht zu den Pflichtaufgaben der Gemeinden oder Kreise gehört und zugleich zusätzliche Arbeitsgelegenheit geschaffen wird.

Vorbereitungsarbeiten für Notstandsmaßnahmen (Planierungs- und Vermessungsarbeiten) dürfen nicht mit Mitteln der produktiven Erwerbslosenfürsorge gefördert werden.

[6]) Diesem Zwecke dient insbesondere auch die Förderung des Baues von Landarbeiterwohnungen (vgl. S. 278).

§ 2.

Träger [1]) von Notstandsarbeiten sind Körperschaften [2]) des öffentlichen Rechtes, ferner gemischtwirtschaftliche [3]) und private Unternehmungen, die beiden [3]) letzteren [4]) jedoch nur für solche Arbeiten, die nicht auf Erwerb gerichtet sind oder deren Ertrag der Allgemeinheit zugute kommt.

[1]) Träger der Notstandsarbeit ist der, auf dessen Namen, Gefahr und Rechnung die Notstandsarbeit ausgeführt wird. Der Unternehmer, dem die Ausführung der Arbeit im Wege der Vergebung übertragen wird, ist nicht „Träger", er steht in rechtlichem Verhältnis lediglich zum Träger der Maßnahme und ist diesem für die ordnungsmäßige Durchführung privatrechtlich verantwortlich. Der Träger der Maßnahme dagegen steht in rechtlichem Verhältnis zu der die Förderung bewilligenden Stelle und haftet dieser für Durchführung der Arbeit nach den Bestimmungen über öffentliche Notstandsarbeiten.

[2]) Welche Körperschaften in Betracht kommen, richtet sich nach dem öffentlichen Recht, auch des einzelnen Landes, sodaß verschiedene rechtliche Beurteilung je nach dem in Frage kommenden Recht möglich ist. Die hauptsächlichsten Körperschaften des öffentlichen Rechts sind das Reich, die Länder, die Gemeinden, die Kreise, Berufsgenossenschaften, Handwerks-, Handelskammern usw.

[3]) Gemischtwirtschaftliche Unternehmungen sind nach Albrecht-Wilhelmi (S. 40) „Unternehmungen, bei denen ein Zusammenwirken von öffentlich-rechtlichen Körperschaften und

Privaten bei der Kapitalbeschaffung stattgefunden hat, zu dem Zwecke, die Vorteile des kaufmännischen Betriebs mit der öffentlich-rechtlichen Kontrolle zu vereinen und der öffentlich-rechtlichen Körperschaft einen Anteil am Unternehmergewinn zu sichern." Den gemischtwirtschaftlichen Unternehmungen stellen mit Recht Zschucke (Anm. 3 zu § 2), Lehfeldt (Anm. 3 zu § 2) und Albrecht-Wilhelmi (Anm. 3 zu 2) privatrechtliche Unternehmungen gleich, die vollständig in der Hand eines oder mehrerer öffentlich-rechtlicher Unternehmungen sind.

[4]) Gemischtwirtschaftliche und private Unternehmungen, die auf Erwerb gerichtet sind, können demnach Träger für Maßnahmen sein, die mit Mitteln der produktiven Erwerbslosenfürsorge gefördert werden, jedoch nur, wenn diese Arbeiten „nicht auf Erwerb gerichtet sind oder deren Ertrag der Allgemeinheit zugute kommt".

Bei Notstandsarbeiten, die gemeindliche Elektrizitäts- oder Gaswerke mit Hilfe der produktiven Erwerbslosenfürsorge vornehmen wollen, ist demnach zu prüfen, ob sie lediglich die Rentabilität dieses Betriebes erhöhen sollen (z. B. durch Umgestaltung des Betriebs auf eine wirtschaftlich ausnutzungsfähigere Betriebsform) — dann sind sie nicht förderungsfähig — oder ob die Maßnahme der Allgemeinheit zugute kommen soll (z. B. Verlegung von Leitungen in Siedlungsgebäude) — dann sind sie förderungswürdig — (so auch Zschucke Anm. 4 zu § 2).

§ 3.

Arbeiten, die auch ohne [1]) Unterstützung aus Mitteln der Erwerbslosenfürsorge vorgenommen werden können, dürfen nicht als Notstandsarbeiten gefördert werden.

[1]) Ausgeschlossen von der Förderung sind vor allem die Maßnahmen, deren Ausführung zu den Pflichtaufgaben der Gemeinden oder Gemeindeverbände gehört und deren Kosten daher aus Gemeindemitteln aufgebracht werden müssen.

Förderungsfähig sind nur zusätzliche Arbeiten (vgl. Anm. 1 zu § 1).

§ 4.

Die Förderung einer Notstandsarbeit darf nach Art [1]), Umfang [2]) und Dauer [3]) über das unerläßliche Maß nicht hinausgehen. Sie soll in der Regel [4]) höchstens für eine Dauer von sechs Monaten gewährt werden.

1) Vgl. § 12. Wo Darlehen ausreichen, dürfen Zuschüsse nicht gewährt werden.

2) Eine große Maßnahme darf nicht in vollem Umfange gefördert werden, wenn ein Teil davon nach der allgemeinen Wirtschaftslage ausreichen würde, die erwünschte sozialpolitische Wirkung zu schaffen. Vgl. Anm. 3.

3) Es muß vermieden werden, eine länger dauernde Maßnahme in Angriff zu nehmen, wenn voraussichtlich schon nach einiger Zeit die Wirtschaftslage sich so bessern wird, daß nicht mehr die genügende Zahl von Erwerbslosen vorhanden ist. Andernfalls besteht die Gefahr, daß Erwerbslose künstlich erwerbslos gehalten werden, um die Arbeit durchzuführen. Besonders in den ländlichen Gemeinden ist hier eine genaue Prüfung angebracht.

4) Ausnahmsweise kann die Förderung auf einen längeren Zeitraum erstreckt werden. Soweit es sich dabei um eine Arbeit im Wege der Grundförderung handelt, ist zur Entscheidung die dafür maßgebende Stelle (§ 11, 14) zuständig, bei verstärkter Förderung zur Verlängerung von 6 auf 8 Monate die oberste Landesbehörde (§ 24 Abs. 2), sonst die Reichsarbeitsverwaltung (§ 20 Abs. 1 Ziffer b), wenn sich die Förderung von vornherein auf einen längeren Zeitraum als 6 Monate erstrecken soll.

§ 5.

Körperschaften [1]) des öffentlichen Rechtes sollen

Notstandsarbeiten in der Regel nicht in eigener Regie [2]) ausführen, aber Vorsorge treffen, daß der Gewinn [3]) des Unternehmers auf das unerläßliche Maß beschränkt bleibt. Von unabweisbaren Ausnahmen abgesehen, sind Notstandsarbeiten nicht freihändig [4]) zu vergeben, sondern auszuschreiben. Der Ausschreibung soll ein Akkordleistungsvertrag zugrunde gelegt werden.

[1]) Vgl. Anm. 2 zu § 2.

[2]) In der Praxis hat sich wiederholt gezeigt, daß bei Notstandsarbeiten, die von den Gemeinden in eigener Regie durchgeführt werden, nicht die erwünschte und mit Rücksicht auf die jetzige Regelung der Entlohnung (grundsätzlich Tariflohn, vgl. § 9) erforderliche Arbeitsleistung erzielt worden ist. Darin liegt eine Vergeudung öffentlicher Mittel, die sich in einer vermeidbaren Belastung der Wirtschaft auswirkt; denn je mehr Anforderungen an die Mittel der Erwerbslosenfürsorge durch die Grundförderung gestellt werden, um so stärker muß die Beitragspflicht der Arbeitgeber und Arbeitnehmer angespannt werden, je mehr verstärkte Förderung benötigt wird, um so mehr wird der Haushaltplan des Reichs und der Länder belastet.

Bei Verweigerung der Arbeit oder unbegründet ungenügender Arbeitsleistung ist die Unterstützung zu entziehen (vgl. § 13 der Verordnung).

[3]) Da für die Notstandsarbeiten öffentliche Fürsorgemittel bereitgestellt werden, wäre es nicht zu verantworten, wenn der Unternehmer einen über das unerläßliche Maß hinausgehenden Gewinn erzielen dürfte. Die vielfach übliche Aufstellung des Kostenanschlags in der Form, daß Unternehmergewinn, Geschäftsunkosten und Aufwendungen für die Vorhaltung von Gleisen, Kippwagen, Arbeitsausrüstung in einem Gesamtposten aufgestellt werden, ist zu vermeiden, da dadurch der Unternehmergewinn nur in verschleierter Form erscheint und den bewilligenden Stellen die Entscheidung wesentlich erschwert wird.

Wegen der Anrechnung der Beiträge, die der Unternehmer für die mit Notstandsarbeiten beschäftigten Arbeiter an die Berufsorganisation abzuführen hat, auf die Unkostenzuschläge hat der Reichsminister der Finanzen im Benehmen mit dem Reichsarbeitsminister folgenden Bescheid vom 4. Februar 1926 (RABl. S. 73) erteilt:

„Wenn nach den Satzungen der Berufsorganisationen die Höhe der Beiträge abhängig ist von der gezahlten Lohnsumme und hierbei auch die für Notstandsarbeiten gezahlten Lohnbeträge mit berechnet werden, so ist die Forderung der Unternehmer auf Erstattung der ihnen durch die Notstandsarbeiten entstehenden Beiträge zu ihren Berufsorganisationen an sich anzuerkennen, da auch für die Durchführung der Notstandsarbeiten die Beratung und Hilfe der Berufsorganisationen von den Unternehmern nicht wohl entbehrt werden kann. Die für die Notstandsarbeiten bereitgestellten Mittel müssen jedoch in möglichster Höhe den beschäftigten Erwerbslosen zugute kommen, und es muß der Teil, der für die notwendigen Zuschläge des Unternehmers für Geschäftsunkosten, Geräte, Aufsichtspersonal usw. benötigt wird, so gering wie möglich gehalten werden. Es erscheint daher berechtigt, bei den in erster Linie aus sozialen Interessen zur Vergebung kommenden Notstandsarbeiten von den Berufsorganisationen die Berechnung geringerer Beiträge zu verlangen, als sie für die anderen Arbeiten festgesetzt werden.

Im Einvernehmen mit dem Herrn Reichsarbeitsminister erkläre ich mich daher bereit, bei den Notstandsarbeiten die Beiträge für die Berufsorganisation bis zur Höhe von 50 v. H. der allgemeinen Beiträge als erstattungsfähig anzuerkennen."

Selbstverständlich hat dieses Zugeständnis keine Bedeutung für die Bemessung der Höhe der Förderungsbeträge. Es gilt nur für das Innenverhältnis zwischen dem Träger der Maßnahme und dem Unternehmer.

[4]) Nicht freihändig, um eine ungerechtfertigte Bevorzugung eines bestimmten Unternehmers zu vermeiden.

§ 6.

Für die Förderung aus der Erwerbslosenfürsorge darf nur die Beschäftigung solcher [1]) Notstandsarbeiter angerechnet werden, die von einem öffentlichen Arbeitsnachweis [2]) entnommen sind. Sie müssen unmittelbar [3]), bevor sie zu der Notstandsarbeit zugelassen werden, mindestens zwei [4]) Wochen auf Grund der Verordnung über Erwerbslosenfürsorge unterstützt [5]) worden sein. Daß diese Voraussetzungen vorliegen, ist durch den Arbeitsnachweis, von dem die Erwerbslosen entnommen werden, zu bescheinigen [6]).

[1]) Nach § 12 Abs. 3 der Best. darf die Förderung in der Regel die Ersparnis an Erwerbslosenunterstützung nicht überschreiten. Die Ersparnis wird berechnet nach dem täglichen Unterstützungssatz des einzelnen Erwerbslosen, mit Rücksicht auf die dadurch in der Praxis entstehende erhebliche Verwaltungsarbeit ist eine Berechnung nach Durchschnittssätzen (vgl. § 13 der Best.) zugelassen worden. Der Träger der Maßnahme erhält aber diese Durchschnittsförderungsbeträge nur für die Tagewerke, die von den sogenannten „anrechnungsfähigen" Erwerbslosen geleistet werden, das sind nach § 6 nur die Erwerbslosen, die von einem öffentlichen Arbeitsnachweis entnommen worden sind und unmittelbar, bevor sie zu der Notstandsarbeit zugelassen werden, mindestens zwei Wochen auf Grund der Verordnung über Erwerbslosenfürsorge unterstützt worden sind. Erwerbslose oder Arbeitnehmer, die diesen Voraussetzungen nicht entsprechen, dürfen auf die Förderung nicht angerechnet werden. Bringt z. B. der Unternehmer nichterwerbslose Stamm- oder Facharbeiter zu der Notstandsarbeit mit, so kommen diese für die Förderung nicht in Betracht. Unberücksichtigt bei der An-

rechnung bleiben auch die Erwerbslosen, die der Unternehmer selbst — ohne Vermittlung durch den öffentlichen Arbeitsnachweis — angeworben hat. Die nicht anrechnungsfähigen Erwerbslosen gelten als freie Arbeiter.

Daß die erforderlichen Voraussetzungen vorliegen, hat der öffentliche Arbeitsnachweis zu bescheinigen. Die Bescheinigung muß selbstverständlich den Tatsachen entsprechen, andernfalls der Unterzeichner straf- und gegebenenfalls zivilrechtlich verantwortlich ist.

Die Zulassung von Erwerbslosen unter 18 Jahren zu Notstandsarbeiten regelt sich nach den §§ 5, 14 der VO. § 6 Satz 2 der Best. kann deshalb auf Erwerbslose, die das 16., aber noch nicht das 18. Lebensjahr vollendet haben, nicht angewandt werden, wenn ihre Heranziehung zu Notstandsarbeiten vom Arbeitsnachweis gefordert wird. Die vom Arbeitsnachweis in diesem Falle auszustellende Bescheinigung wird zweckmäßig zum Ausdruck zu bringen haben, daß die Voraussetzungen des § 5 der VO. vorliegen (so RAM. vom 26. Januar 1926, RABl. S. 46).

[2]) Vgl. §§ 2—4 des ANG.

[3]) Die zweiwöchige Frist muß unmittelbar vor der Zulassung zur Notstandsarbeit liegen. Der Vorschrift wird nicht genügt, wenn diese Frist durch Arbeit, sei es auch durch kurzfristige Gelegenheitsarbeit, unterbrochen wird.

[4]) Die Begründung zum Entwurf der Best. sagt dazu:

„Für die Einführung der Frist von 14 Tagen war maßgebend die Erwägung, daß sich unter den unterstützten Erwerbslosen stets eine größere Anzahl von Leuten befindet, die der Arbeitsnachweis in kurzer Frist wieder auf dem Arbeitsmarkt unterbringen kann. Es liegt weder im Interesse der Gesamtheit der Erwerbslosen noch in dem des Trägers der Notstandsarbeit, diese kurzfristigen Erwerbslosen zu den Notstandsarbeiten zuzulassen."

Die zwei Wochen brauchen nicht zwei Kalenderwochen zu sein, der Erwerbslose muß aber an 12 aufeinander folgenden

Tagen Unterstützung bezogen haben. Der Vollunterstützung steht die Teilunterstützung des § 10 Abs. 5 der Verordnung gleich (so auch RAM. vom 24. März 1924, RABl. S. 143). Daraus folgern Zschucke (S. 215) und Lehfeldt (S. 212), daß auch durch den Bezug von Kurzarbeiterunterstützung der Vorschrift genügt wird. Dieser Auslegung hätte man allenfalls während der Geltung der früheren Vorschriften über Kurzarbeiterfürsorge (Art. 4 Abs. 3 der Ausführungsvorschriften vom 2. Mai 1925, abgedr. S. 58) zustimmen können, da durch die damals mögliche Berechnung nach Kalenderdoppelwochen der Vorschrift des § 6 noch in weiterem Umfange genügt werden konnte. Unter den wesentlich eingeschränkten Vorschriften der Anordnung über Kurzarbeiterfürsorge vom 20. Februar 1926 (abgedr. S. 138) kann das jedoch nicht mehr angenommen werden. Denn da der Kurzarbeiter danach höchstens nur für 3 Tage wöchentlich die Unterstützung erhalten kann, würden die 2 Wochen des § 6 in mindestens 4 Wochen auseinandergezogen werden. Da im übrigen bei Eintritt der Erwerbslosigkeit nach Kurzarbeit eine Wartezeit für die Gewährung von Unterstützung nicht erforderlich ist, würde es auch keine unbillige Härte sein, hier die Vorschrift des § 6 ihrem Wortlaute nach anzuwenden.

Dagegen ist Albrecht-Wilhelmi (S. 18) zuzustimmen, wenn sie annehmen, daß der Bezug von Krankengeld auf Grund der §§ 20 ff. der Verordnung der Vorschrift des § 6 Genüge tut (a. M. Lehfeldt Anm. 2 zu § 6).

[8]) Die ausgesteuerten Erwerbslosen, d. h. diejenigen, die aus der Fürsorge ausgeschieden sind, weil sie für die höchstzulässige Dauer bereits unterstützt worden sind, haben die früheren Bestimmungen vom 17. November 1923 (RGBl. I S. 1111) in Ziffer 7 zu Notstandsarbeiten zugelassen, wenn sie unmittelbar vor ihrer Zulassung 3 Wochen erwerbslos waren und nur deshalb nicht unterstützt worden sind, weil sie ausgesteuert waren. Die neuen Bestimmungen haben diese Vorschrift nicht übernommen. Deshalb durften seither ausgesteuerte Erwerbslose nicht mehr bei Notstandsarbeiten beschäftigt werden;

wenn es aber geschah, wurden sie nicht auf die Förderung angerechnet. Die jetzige Krise, infolge deren langer Dauer eine erhebliche Zahl von Erwerbslosen ausgesteuert werden wird, ohne Arbeit zu finden, hat den Reichsarbeitsminister veranlaßt, auch Ausgesteuerte in gewissem Umfang zu den Notstandsarbeiten zuzulassen. III Ziffer 4 des Erlasses IV 120/26 vom 5. Januar 1926 (RABl. S. 4) sagt dazu:

„Von Gemeinden mit besonders großer und langanhaltender Erwerbslosigkeit, die durch die Fürsorge für ausgesteuerte Erwerbslose besonders belastet sind, können solche ausgesteuerte Erwerbslose, die bis dahin aus der Wohlfahrtspflege unterstützt worden sind, bis zu einem Drittel der Gesamtzahl der beschäftigten Notstandsarbeiter auf die verstärkte Förderung angerechnet werden. Die Entscheidung darüber, ob diese Anrechnung im einzelnen Falle zulässig ist, trifft die oberste Landesbehörde oder die von ihr dazu bestimmte Stelle. Voraussetzung dafür muß aber sein, daß aus Mitteln der Wohlfahrtspflege ein Betrag für die Notstandsarbeit zur Verfügung gestellt wird, welcher der Grundförderung entspricht."

Diese Erleichterungen gelten auch für die Notstandsarbeiten in anderen Bezirken, bei denen überwiegend Erwerbslose aus den notleidenden Bezirken oder den besetzten und geräumten Gebieten beschäftigt werden. Als Bezirke, die unter besonders großer Erwerbslosigkeit leiden, sind die anzusehen, in denen die Zahl der unterstützten Erwerbslosen 2 v. H. der Einwohnerzahl übersteigt.

Durch Erlaß IV 5000/26 vom 30. März 1926 (RABl. S. 102) hat der Reichsarbeitsminister diese Grenze auf 50 v. H., in besonders berücksichtigenswerten Fällen bis auf 60 v. H. der anrechenbaren Tagewerke heraufgesetzt.

*) Diese Bescheinigung ist die notwendige Voraussetzung für die endgültige Verrechnung der Förderungsmittel. Vgl. Anm. 1.

§ 7.

Bei Notstandsarbeiten sollen in erster Linie Erwerbslose verwendet werden, die schon längere Zeit erwerbslos sind. Zu Arbeiten, mit denen ein Wechsel des Aufenthaltsorts verbunden ist, sind jugendliche und wohnungslose Erwerbslose bevorzugt heranzuziehen, zu Notstandsarbeiten am Wohnort Familienväter. Mit diesen Einschränkungen gelten für die Auswahl der Notstandsarbeiter die Vorschriften [1]) des Arbeitsnachweisgesetzes vom 22. Juli 1922 (Reichsgesetzbl. I S. 657).

[1]) In Betracht kommen die Bestimmungen über die Vermittlungstätigkeit (§§ 39—43 ANG). Der eine Leitgedanke des § 40 ANG: Die Vermittlung „hat dahin zu wirken, daß freie Stellen durch möglichst geeignete Arbeitskräfte besetzt werden", gilt auch für die Notstandsarbeit, jetzt umsomehr, da die Bezahlung grundsätzlich nach Tariflohn erfolgt und dafür auch eine angemessene Arbeitsleistung verlangt werden kann. Gleichwohl ist dem Zwecke dieser Notstandsarbeiten entsprechend nicht der sonstige strenge Maßstab einschränkungslos anwendbar. Zu beachten sind dabei auch die Verhältnisse des einzelnen Erwerbslosen. Bei Personen, die längere Zeit erwerbslos sind, ist zu berücksichtigen, daß ihre Arbeitsleistung sich infolge der bisherigen Entwöhnung von geregelter Tätigkeit erst nach einer Eingewöhnungszeit wieder steigert. Jugendliche und wohnungslose Erwerbslose sind besonders geeignet für Notstandsarbeiten, die an anderen Orten als dem gewöhnlichen Aufenthaltsort vorgenommen werden. Für Verheiratete ist das wegen der zurückbleibenden Familie schwieriger. Aber auch bei ihnen ist die Vermittlung zu auswärtigen Notstandsarbeiten länger dauernder Erwerbslosigkeit mit lediglich der Erwerbslosenunterstützung vorzuziehen. Den zurückbleibenden Familienangehörigen können nach § 10 Abs. 2 der Bestimmungen für die Dauer der Beschäftigung bei der Notstandsarbeit die Fa-

milienzuschläge der Erwerbslosenunterstützung (§ 3 der Verordnung) ganz oder teilweise gewährt werden. Im übrigen kann Erwerbslosen bei Ueberweisung zu einer Notstandsarbeit, die einen Wechsel des Aufenthaltsortes bedingt, nach § 10 Abs. 2 der Bestimmungen aus Mitteln der Erwerbslosenfürsorge freie Fahrt an den Beschäftigungsort bewilligt werden, wenn es aus besonderen Gründen weder dem Träger der Notstandsarbeit noch dem Unternehmer zugemutet werden kann, diese Kosten zu tragen. Wegen der Gewährung von Arbeitsausrüstung vgl. § 10 Abs. 3 der Best.

Wie Lehfeldt S. 213 mit Recht hervorhebt, ergibt sich aus den Worten: „die schon längere Zeit erwerbslos sind", daß eine Vermittlung lediglich nach der Zeit der Erwerbslosigkeit ausgeschlossen sein soll (kein Nummernzwang).

§ 8.

Auf die Förderung kann die Beschäftigung jedes Notstandsarbeiters, der den Bestimmungen des § 6 entspricht, nur so lange angerechnet [1]) werden, bis der Arbeitsnachweis ihn von der Notstandsarbeit abruft [2]), höchstens [3]) aber für eine Dauer von drei Monaten.

Der Arbeitsnachweis muß [4]) den Notstandsarbeiter abrufen, wenn er ihm eine Arbeit nachweisen kann [2]). Den Träger der Notstandsarbeit oder den Unternehmer muß er so früh als möglich von der bevorstehenden Abrufung benachrichtigen. Die Weiterführung der Notstandsarbeit darf durch die Abrufung [5]) nicht gefährdet werden, solange aus sozialen [6]) oder technischen Gründen ein überwiegendes Interesse daran besteht, sie fortzuführen.

Die Stelle [7]), die für die Förderung zuständig ist, kann die Höchstdauer der Anrechnung für einzelne Arbeiten herabsetzen. Die oberste Landesbehörde oder die von ihr bestimmte Stelle kann die Höchstdauer in besonderen Fällen auch verlängern. Die Verlängerung darf drei Monate nicht übersteigen.

Die Beschäftigung als Notstandsarbeiter darf sechs Monate innerhalb eines Jahres[3]) nicht übersteigen.

[1]) Vgl. Anm. 1 zu § 6.

[2]) Die Gründe für die Abberufung können verschiedener Art sein, mangelhafte Arbeitsleistung, passive Resistenz, Nachweis von Arbeit. Im letzten Falle wird die Abberufung aber nur dann als gerechtfertigt anzusehen sein, wenn die nachzuweisende Arbeit dem Grundgedanken der Erwerbslosenfürsorge, der Beendigung der Erwerbslosigkeit durch die Aufnahme von Arbeit, entspricht. Das würde nicht der Fall sein, wenn der Arbeitsnachweis einen Notstandsarbeiter, der die zulässige Höchstdauer der Beschäftigung bei einer Notstandsarbeit noch nicht erreicht hat, zu einer ganz kurzfristigen Gelegenheitsarbeit abruft, wenn dem Notstandsarbeiter nicht die Möglichkeit vorbehalten wird, nach Erledigung der Gelegenheitsarbeit wieder zur Notstandsarbeit zurückzukehren (a. M. Zschucke S. 218, der unter Arbeit hier nur dauernde, tarifmäßig bezahlte Arbeit des freien Arbeitsmarktes verstehen will; gegen diese allgemeine Form Lehfeldt S. 214). Ist die zulässige Beschäftigungshöchstdauer von 3, höchstens (bei besonderer Genehmigung) 6 Monaten erreicht, so muß der Notstandsarbeiter abberufen werden, wenn er nicht als freier Arbeiter weiterbeschäftigt werden soll. Rechtzeitige Benachrichtigung des Trägers des Unternehmens und des Erwerbslosen ist erforderlich.

Auch die Auswirkung der Abberufung kann verschiedenartig sein. Wird der Notstandsarbeiter wegen mangelhafter Arbeitsleistung abberufen und trägt er z. B. infolge seiner körperlichen Beschaffenheit oder seines bisherigen Berufs (Heimarbeiter!) daran keine Schuld, so wird ihn der Arbeitsnachweis wieder unter die sonstigen Unterstützungsempfänger einreihen, wenn er noch Anspruch auf die Fürsorge hat. Hat der Notstandsarbeiter durch irgendwelche Umstände schuldhaft seine Arbeitspflicht verletzt, so wird die Unterstützung zu entziehen sein, ebenso, wenn er nachgewiesene Arbeit auf dem freien Arbeitsmarkte ablehnt, ohne daß ein berechtigter Grund dafür vorliegt (vgl. § 13 der Verordnung in Verbindung mit § 10 der Bestimmungen).

[3]) Vgl. Anm. 1 vorletzter Absatz zu § 1, Anm. 3 zu § 4 und Abs. 3 des § 8.

[4]) Zwingende Vorschrift. Bei schuldhafter Säumnis ist der betr. Beamte oder Angestellte haftbar.

[5]) Die Abberufung darf nur in dringenden Fällen unterlassen werden; denn Zweck der Tätigkeit des Arbeitsnachweises ist, den Erwerbslosen in ein ordnungsmäßiges Arbeitsverhältnis zu bringen.

Kann aus sozialen oder technischen Gründen der Erwerbslose nicht abberufen werden, dann muß er, wenn dadurch die Höchstfrist (3 Monate) oder die verlängerte Frist (insgesamt 6 Monate) überschritten wird, als freier Arbeiter beschäftigt werden; denn nach Abs. 4 darf die Beschäftigung **als Notstandsarbeiter 6 Monate** innerhalb eines Jahres nicht übersteigen und seine Beschäftigung darf auch nicht länger auf die Förderung angerechnet werden.

Zweckmäßig ist es jedoch, soweit das technisch möglich ist, von vornherein die Arbeiten so einzurichten, daß sie gegebenenfalls ohne Schaden für die Maßnahme unterbrochen werden können.

[6]) Nicht des einzelnen, sondern der Gesamtheit der Erwerbslosen.

[7]) Vgl. §§ 11, 14. In Betracht kommt nur die Stelle, die für die Grundförderung zuständig ist.

[8]) Jahr = 12 Monate.

§ 9.

Die Beschäftigung der Erwerbslosen bei Notstandsarbeiten ist eine Form [1]) der Erwerbslosenfürsorge, gilt aber als Beschäftigung gegen Entgelt im Sinne der Reichsversicherung und als Beschäftigungsverhältnis im Sinne des Einkommensteuergesetzes.

Die Notstandsarbeiter erhalten an Stelle der Erwerbslosenunterstützung eine Vergütung[2]), die der Leistung anzupassen ist. Soweit die Art der Arbeit es irgend zuläßt, ist eine Akkordvergütung oder die Gewährung von Leistungsprämien vorzusehen. Falls dies nicht möglich ist, muß mindestens ein bestimmtes angemessenes Maß an Arbeitsleistung für den Arbeitstag festgesetzt werden.

Mit dieser Maßgabe[3]) bestimmt sich die Vergütung der Notstandsarbeiter in ihrer Höhe nach der tariflichen oder, mangels einer solchen, nach der ortsüblichen Entlohnung, die für Arbeiten gleicher Art am Orte der Notstandsarbeit gezahlt wird.

Wenn in einzelnen besonders gelagerten Fällen diese Bemessung der Vergütung bei einer Notstandsarbeit zur Folge haben würde, daß der Antrieb zur Aufnahme anderer Arbeit nicht erhalten bleiben oder daß für andere Arbeiter ein Anreiz entstehen würde, zu der Notstandsarbeit abzuwandern, so kann der Verwaltungsausschuß[4]) des Landesamts für Arbeitsvermittlung, das für den Ort der Notstandsarbeit zuständig ist, mit Genehmigung der obersten Landesbehörde[5]) oder der von ihr bestimmten Stelle für die Vergütung im Sinne des Abs. 3 eine obere[6]) Grenze festsetzen. Er kann mit Genehmigung der obersten Landesbehörde oder der von ihr bestimmten Stelle auch anordnen, nach welchem[7]) Tarifvertrage die Vergütung zu errechnen ist. Derartige Festsetzungen und Anordnungen sollen nach Möglichkeit vor Beginn der Notstandsarbeit getroffen werden.

[1]) Die Hauptstreitpunkte in den Bestimmungen über öffentliche Notstandsarbeiten sind in den letzten Jahren die Rechtsform des Arbeitsverhältnisses und die Entlohnung gewesen. Früher stand der Notstandsarbeiter in einem regelrechten Arbeitsverhältnis, er hatte fast alle Rechte und Pflichten des freien Arbeiters. Daraus haben sich aber, besonders in den Zeiten des Ruhrkampfes, derartige Mißstände herausgebildet, vor allem bei der Entlohnung, daß die Bestimmungen vom 17. November 1923 im Gegensatz zur bisherigen Regelung den Grundsatz aufstellten: „Die Beschäftigung des Notstandsarbeiters ist kein Arbeitsverhältnis, sondern eine Form der Erwerbslosenfürsorge. Seine Arbeit stellt die Gegenleistung für die Unterstützung dar, die er erhält."

Demgemäß erhielt der Notstandsarbeiter keinen Lohn, sondern die Erwerbslosenunterstützung mit bestimmten Zuschlägen, je nach der Dauer der Arbeit in der Woche und bei besonders guten oder schwierigen Arbeiten. Entsprechend dieser Rechtsform wurden die Notstandsarbeiter gegen Krankheit wie die übrigen Erwerbslosen versichert. Gegen Unfall waren sie versichert, da nach der Auffassung des Reichsversicherungsamts der Abschluß eines Arbeitsvertrags nicht erforderlich ist, um die Versicherung zu begründen. Sie waren aber nicht invalidenversicherungspflichtig, da ihre Unterstützungsbeträge, Zuschläge und Prämien nicht als Entgelt i. S. der Invalidenversicherung galten. Sie brauchten für ihre Bezüge keine Steuern zu bezahlen, ebenso keine Beiträge zur Erwerbslosenfürsorge, erwarben durch die Beschäftigung bei Notstandsarbeiten aber auch nicht eine neue Anwartschaft auf die Erwerbslosenfürsorge. Aber auch diese Regelung hat sich nicht bewährt. Vor allem wegen der verhältnismäßig niedrigen Entlohnung ließ die Arbeitsleistung stark nach, sodaß die Kosten der Notstandsarbeit vielfach nicht in angemessenem Verhältnis zum Erfolg standen.

Die jetzigen Bestimmungen versuchen es nun mit einem Rechtsverhältnis besonderer Art: Die Beschäftigung bei Notstandsarbeiten ist eine Form der Erwerbslosenfürsorge, sie gilt jedoch in gewissem Umfange als Arbeitsverhältnis. Sie kommen dem Notstandsarbeiter in der Frage der Entlohnung und der Sozialversicherung so weit als möglich entgegen, auf der anderen Seite aber ermöglichen sie dem Träger der Maßnahme durch die Rechtsform des Arbeitsverhältnisses als Fürsorgeverhältnisses eine weitgehende Einwirkung auf die Art der Durchführung der Arbeit.

Aus dem eigenartigen Rechtsverhältnis ergeben sich naturgemäß erhebliche Zweifelsfragen über die Rechtsfolgen dieses Arbeitsverhältnisses, da sich aus § 9 nur schwer der wirkliche Wille des Gesetzgebers erkennen läßt. Fest steht, daß ein Vertragsverhältnis nicht vorliegt und daß die Notstandsarbeiter nicht als gewerbliche Arbeiter gelten können. Daraus ergeben sich nachstehende Rechtsfolgen:

a) Da die Beschäftigung der Erwerbslosen bei Notstandsarbeiten eine Form der Erwerbslosenfürsorge ist, folgt daraus umgekehrt, daß bei Notstandsarbeiten — abgesehen von Fach- und Stammarbeitern — grundsätzlich nur unterstützte Erwerbslose beschäftigt werden sollen (§ 6 der Best. Wegen der Ausnahme für Ausgesteuerte vgl. Anm. 5 zu § 6). Daraus würde weiter zu folgern sein, daß die Zeit der Tätigkeit bei öffentlichen Notstandsarbeiten auf die Unterstützungshöchstdauer anzurechnen wäre. Das ist jedoch durch Art. 9 Abs. 4 der Ausführungsvorschriften vom 2. Mai 1925 (abgedr. S. 66) ausdrücklich ausgeschlossen worden.

Nicht anwendbar sind die Vorschriften über das Schlichtungswesen. Streitigkeiten hat die Stelle zu entscheiden, welche nach §§ 11, 14 der Bestimmungen die Grundförderung bewilligt. Nicht anzuwenden sind die Bestimmungen des Betriebsrätegesetzes. Eine gesetzliche Vertretung der Notstandsarbeiter im Sinne des BRG. ist nicht möglich. Dagegen bestehen keine Bedenken, wenn die Notstandsarbeiter Vertrauensmänner mit der

Wahrnehmung ihrer Interessen betrauen. Sie können sich dazu auch der Gewerkschaften als der anerkannten Vertretungen der Arbeitnehmerschaft bedienen (vgl. Anm. 1 zu § 16 der Verordnung).

Nicht in Betracht kommen die tarifvertraglichen Bestimmungen über Arbeitszeit, Urlaub, Unabdingbarkeit.

Nicht ohne weiteres anwendbar sind die Vorschriften über die Arbeitsordnung, Arbeitsbücher usw.

Zweifel bestehen bei der Frage der Arbeitszeit nach der Verordnung vom 21. Dezember 1923 (RGBl. I S. 1249) und bei den reinen Arbeiterschutzvorschriften. Hier wird man sich jedoch unbedenklich auf den Standpunkt stellen können, daß diese Vorschriften auf die Notstandsarbeiter anzuwenden sind; denn sie wollen nicht den Arbeiter als Arbeiter, sondern als Menschen schützen.

Die übrigen vorerwähnten Vorschriften, die nicht ohne weiteres für Notstandsarbeiter in Betracht kommen, können jedoch zum Teile sinngemäß angewandt werden. Denn die Bestimmungen über die öffentlichen Notstandsarbeiten wollen selbstverständlich nicht die Notstandsarbeiter als weniger schutzbedürftig bezeichnen. Aufgabe des Arbeitsnachweises als der die Notstandsarbeiter zuweisenden Stelle wird es sein, beim Träger der Maßnahme von vornherein darauf hinzuwirken, daß hier entsprechende Richtlinien aufgestellt werden. Entsprechende Bedingungen können auch in den Grundförderungsbescheid aufgenommen werden.

b) Die Beschäftigung bei Notstandsarbeiten gilt aber als Beschäftigung gegen Entgelt i. S. der Reichsversicherung.

Deshalb sind auf den Notstandsarbeiter die Bestimmungen über Kranken-, Invaliden-, Unfall- und Angestelltenversicherung wie beim sonstigen Arbeitnehmer anzuwenden. Bei der Krankenversicherung ist nicht mehr wie früher nach § 20 der Verordnung zu verfahren, sie richtet sich, auch im Grundlohn, nach den Bestimmungen der RVO.

Da der Notstandsarbeiter gegen Krankheit pflichtversichert ist, muß er nach § 34 der Verordnung Beiträge zur Erwerbslosenfürsorge zahlen. Er kann dadurch aber auch nach § 4 Abs. 1 der Verordnung eine neue Anwartschaft auf Erwerbslosenfürsorge erwerben, wenn er mindestens 3 Monate als Notstandsarbeiter beschäftigt war, vgl. die Erl. zu §§ 4, 18 der VO.

c) Die Beschäftigung bei der Notstandsarbeit gilt als Beschäftigungsverhältnis i. S. des Einkommensteuergesetzes. Während bisher der Notstandsarbeiter steuerfrei war, unterfällt er jetzt dem Lohnabzug. Das ist berechtigt, da er in den meisten Fällen nunmehr in der Entlohnung dem freien Arbeiter gleichsteht und diesem gegenüber wesentlich bevorzugt wäre, wenn er Steuern für sein Entgelt nicht abzuführen hätte. Aus diesem Grunde wird man auch anerkennen müssen, daß das Entgelt den Vorschriften über die Lohnpfändung unterliegt (vgl. auch Dr. Kaut in Arbeit und Beruf 1925 S. 430). Da es sich aber nicht um Arbeitslohn im rechtlichen Sinne handelt, kann nicht auf Zahlung im gewöhnlichen gerichtlichen Verfahren geklagt werden, vielmehr kommt hier nur der Rechtsweg des § 29 der Verordnung in Betracht.

d) Notstandsarbeiter können, da sie nicht in einem Arbeitsverhältnis stehen, nicht streiken. Die Niederlegung der Arbeit durch sie würde lediglich bedeuten, daß sie die ihnen zugedachte Fürsorge ablehnen. Deshalb würden sie aus der Fürsorge auszuschließen sein. Auch eine Aussperrung ist bei ihnen rechtlich nicht möglich und würde nur den Ausschluß aus der Fürsorge bedeuten.

e) Einen Anspruch auf Beschäftigung bei Notstandsarbeiten hat der Erwerbslose nicht, ebensowenig auf Weiterbeschäftigung. Das Ende der Notstandsarbeit zu bestimmen, steht dem Träger der Maßnahme frei, soweit er nicht etwa einem Unternehmer gegenüber gebunden ist. Bestimmungen über Einhaltung einer Sperrfrist wie bei der Stillegungsverordnung bestehen nicht.

[2]) Die Begründung des Entwurfs sagt zur Frage der Ent-

lohnung: „Einerseits zeigt die Erfahrung, daß eine normale, wirtschaftlich vertretbare Leistung des Notstandsarbeiters nur bei angemessener Bezahlung zu erreichen ist. Andererseits muß die Vergütung des Notstandsarbeiters so bemessen sein, daß das Streben, wieder eine normale Beschäftigung in der Wirtschaft einzunehmen, nicht ertötet wird und damit für andere Arbeiter kein Anreiz geboten wird, auf dem Wege über die unterstützende Erwerbslosenfürsorge zu den Notstandsarbeiten abzuwandern."

[3]) „Mit dieser Maßgabe" bedeutet: unter Berücksichtigung der Vorschriften in Abs. 2 soll der tarifliche Lohn erreicht werden. Der Tarifvertrag selbst gilt für die Notstandsarbeit nicht (vgl. Anm. 1). Jedoch sind die tariflichen Vorschriften über die Regelung der Entlohnung für Regentage usw. anwendbar. Erwerbslosenunterstützung darf mit Rücksicht auf die Höhe der Vergütung für ausfallende Regentage oder sonstige Tage, an denen nicht gearbeitet werden kann oder darf, z. B. Feiertage, die in die Woche fallen, nicht mehr gewährt werden (vgl. Besch. der RAV. vom 8. September 1925, RABl. S. 477). Werden Notstandsarbeiten durch Naturereignisse von längerer Dauer oder mit längeren Nachwirkungen unterbrochen, z. B. durch Hochwasser, so empfiehlt es sich, die Arbeit auch formal einzustellen, um den Notstandsarbeiter wieder der Erwerbslosenunterstützung teilhaftig werden zu lassen. — Gruppenakkord ist zulässig.

[4]) Diese Befugnis hat der Verwaltungsausschuß für alle Fälle, in denen diese Frage zweifelhaft ist (Besch. des RAM. vom 13. Juni 1925, RABl. S. 286). Er kann auch ohne Anrufung tätig werden, wenn er es aus den Gründen des Abs. 4 für erforderlich hält. Im übrigen kann auch im Grundförderungsbescheid und in der Anerkennung bei verstärkter Förderung bestimmt werden, nach welchem Vergütungssatz die Arbeit durchzuführen ist.

[5]) Vgl. Anm. 6 zu § 1 der VO.

[6]) Er kann z. B. anordnen, daß nur ein bestimmter

Hundertsatz eines Tariflohns gezahlt werden darf. Vor den Bestimmungen vom 13. November 1923 wurden im allgemeinen 85 v. H. des maßgebenden Tariflohnes für ledige, 90 v. H. für verheiratete Notstandsarbeiter gezahlt.

[1]) Z. B. hat der Verwaltungsausschuß des Thüringischen Landesamts für Arbeitsvermittlung die Notstandsarbeiterlöhne folgendermaßen festgesetzt:

nach dem jeweilig maßgebenden Tariflohn für Arbeiten gleicher Art, sobald die Notstandsarbeit an einen Privatunternehmer vergeben wird,

nach dem für ungelernte Gemeindearbeiter maßgebenden Tarif einschließlich sozialer Zulagen oder mangels eines solchen nach dem ortsüblichen Lohne, wenn die Arbeiten von Gemeinden in eigener Regie ausgeführt werden (vgl. S. 276 a).

§ 10.

Jeder unterstützte Erwerbslose ist verpflichtet, eine Beschäftigung bei einer Notstandsarbeit unter denselben Bedingungen anzunehmen, unter denen er nach § 13 Abs. 1 der Verordnung über Erwerbslosenfürsorge ein Arbeitsangebot annehmen [1]) muß. Dabei tritt an die Stelle des angemessenen ortsüblichen Lohnes die Vergütung nach den Bestimmungen des § 9.

Erwerbslosen, die zu einer Notstandsarbeit überwiesen werden, die einen Wechsel des Aufenthaltsorts bedingt, kann [2]) aus Mitteln der Erwerbslosenfürsorge freie Fahrt an den Beschäftigungsort bewilligt werden, wenn es aus besonderen Gründen weder dem Träger der Notstandsarbeit noch dem Unternehmer zugemutet werden kann, diese Kosten zu tragen. Den zurückbleibenden Familienangehörigen können für die Dauer [3]) der Beschäftigung bei der Notstandsarbeit die Familienzuschläge der Erwerbslosenunterstützung (§ 3 Abs. 2

der Verordnung über Erwerbslosenfürsorge) ganz oder teilweise gewährt werden.

Soweit die Heranziehung von Erwerbslosen zu Notstandsarbeiten dadurch verhindert wird, daß ihnen die erforderliche Arbeitsausrüstung[1]) nicht zur Verfügung steht, darf ihnen das Fehlende aus Mitteln der Erwerbslosenfürsorge vorgestreckt werden. In Fällen besonderen Bedürfnisses kann auf die Rückerstattung bis zum Zwölffachen des täglichen Unterstützungssatzes des Empfängers verzichtet werden.

[1]) § 13 der Verordnung setzt die Vermittlung in ein regelrechtes Arbeitsverhältnis voraus, konnte deshalb, da die Notstandsarbeit nur ein Fürsorgeverhältnis ist, auf dieses nicht ohne weiteres angewandt werden. Deshalb hat § 10 der Bestimmungen ausdrücklich auf ihn verwiesen. Demnach hat der Erwerbslose auch eine Notstandsarbeit anzunehmen, die außerhalb seines Berufs oder Wohnorts liegt, wenn sie ihm nach seiner körperlichen Beschaffenheit zugemutet werden kann. Die Arbeitsaufnahme außerhalb des Wohnorts erleichtern die in Abs. 2 vorgesehenen Unterstützungen. Die Arbeit darf nur dann verweigert werden, wenn nicht angemessener ortsüblicher Lohn, d. h. Entlohnung nach den Vorschriften des § 9 der Bestimmungen, geboten wird, die Unterkunft sittlich bedenklich ist und bei Verheirateten die Versorgung der Familie unmöglich wird. Der letzte Einwand wird jedoch durch Zahlung der Familienzuschläge nach Abs. 2 Satz 2 entkräftet werden können. Verweigert der Erwerbslose die Arbeit ohne stichhaltigen Grund, dann ist ihm die Unterstützung zu entziehen. Dasselbe gilt bei passiver Resistenz.

[2]) Die Fahrtkosten sollen also nur ausnahmsweise bewilligt werden. Sie gehören dann zum Fürsorgeaufwand im Sinne der §§ 36, 37 der Verordnung.

[3]) Die Bestimmung über die Gewährung der Familienzuschläge lehnt sich eng an § 13 Abs. 3 der Verordnung an. Ebenso wie dort die Zuschläge für die Dauer des auswärtigen Arbeitsverhältnisses gewährt werden können (vgl. Anm. 17 zu § 13), so hier für die Dauer der Beschäftigung bei der Notstandsarbeit, das heißt grundsätzlich zunächst für 3 oder 6 Monate, während deren der Erwerbslose nach § 8 bei der Notstandsarbeit beschäftigt werden kann. Da aber der Erwerbslose gegebenenfalls auch länger dabei tätig sein kann, allerdings nicht als anrechnungsfähiger Notstandsarbeiter, sondern als freier Arbeiter, so können ihm auch für diese Zeit die Zuschläge zugebilligt werden. Denn sie bilden eine Ergänzung des Lohnes (vgl. Anm. 16 zu § 13), die Vergütung wird sich aber dadurch, daß der Notstandsarbeiter bei derselben Arbeit als freier Arbeiter weiter beschäftigt wird, nicht ändern, wenn nicht besondere Höchstgrenzen nach § 9 Abs. 4 festgesetzt worden sind.

Die Familienzuschläge können, da sie einen Lohnzuschuß darstellen, auch dann gewährt werden, wenn der Berechnung der Förderung nach § 13 Durchschnittsbeträge zu Grunde gelegt werden. In diesen sind zwar bereits Zuschläge für 2 Kinder enthalten, sie kommen aber nicht dem Erwerbslosen, sondern dem Träger der Notstandsarbeit, zu Gute. Die Mittel der Erwerbslosenfürsorge werden hierbei doppelt belastet, soweit es sich nicht lediglich um die Frau handelt.

Zuständig für die Bewilligung der Familienzuschläge ist der Vorsitzende des öffentlichen Arbeitsnachweises.

[4]) Während bei der Arbeitsausrüstung bisher unterschieden wurde zwischen der für Erwerbslose, die zur Aufnahme einer Arbeit auf dem freien Arbeitsmarkte vermittelt wurden (Art. 3 Abs. 3 der Ausführungsvorschriften vom 25. März 1924) und der für Notstandsarbeiter, sind beide Fälle jetzt gleichgestellt (vgl. Art. 6 Abs. 1 der Ausführungsvorschriften vom 2. Mai 1925, abgedr. S. 59).

B. Förderung[1]).

I. Grundförderung.

§ 11.

Die Förderung einer Notstandsarbeit wird mit Zustimmung des Verwaltungsausschusses[2]) vom Vorsitzenden[3]) des öffentlichen Arbeitsnachweises bewilligt[4])[5]), in dessen Bezirk[6]) die Erwerbslosen unterstützt werden, die bei der Notstandsarbeit beschäftigt werden sollen. Umfaßt der Bezirk des Arbeitsnachweises mehrere Errichtungsgemeinden, so hat der Vorsitzende des Arbeitsnachweises sich vorher[7]) mit den Vorständen derjenigen andern Errichtungsgemeinden, aus denen Erwerbslose in größerer Zahl bei der Notstandsarbeit beschäftigt werden sollen, über die Durchführung der Notstandsarbeit zu verständigen. Wenn der Verwaltungsausschuß seine Zustimmung versagt, so kann sie auf Antrag des Vorsitzenden des Arbeitsnachweises durch die Zustimmung des Verwaltungsausschusses des Landesamts ersetzt[8]) werden.

[1]) Bisher wurde unterschieden zwischen „kleinen" und „großen" Notstandsarbeiten. Die kleinen Notstandsarbeiten wurden von der Gemeinde mit Zustimmung des Verwaltungsausschusses des öffentlichen Arbeitsnachweises anerkannt, die Mittel wurden zu 1/3 von der Gemeinde, zu 2/3 durch die Beiträge der Arbeitgeber und Arbeitnehmer aufgebracht. Die großen Notstandsarbeiten wurden durch die oberste Landesbehörde genehmigt, die Mittel dafür stellten Reich und Land je zur Hälfte zur Verfügung.

Wie sich schon aus der Bezeichnung ergibt, waren die „kleinen" die unbedeutenderen und wenig umfangreichen, die „großen" die volkswirtschaftlich besonders wertvollen Arbeiten von mindestens 2000 Tagewerken. Beide Arten von Arbeiten waren selbständig.

Die jetzigen Bestimmungen legen diese Unterscheidung in die Form der Förderung und trennen nach Grundförderung und verstärkter Förderung, aber mit der Abweichung, daß die verstärkte Förderung — von dem Ausnahmefall des § 19 der Bestimmungen abgesehen — grundsätzlich nur genehmigt werden darf, wenn zuvor die Grundförderung bewilligt worden ist. Die verstärkte Förderung darf bei besonders wertvollen Arbeiten von mindestens 2000 Tagewerken anerkannt werden, für die übrigen wird nur die Grundförderung bewilligt. Die Bewilligungsform ist insofern anders geregelt worden, als nicht mehr „die Gemeinde mit Zustimmung des Verwaltungsausschusses" die Grundförderung zuerkennt, sondern der Vorsitzende des öffentlichen Arbeitsnachweises, allerdings in den Fällen des § 14 der Best. unter Zustimmung der obersten Landesbehörde oder der von ihr bestimmten Stelle; in diesem Falle kann auch der Vorsitzende des Landesamts für Arbeitsvermittlung mit Zustimmung seines Verwaltungsausschusses die Grundförderung bewilligen.

Die Mittel für die „Grundförderung" werden in derselben Weise aufgebracht wie seinerzeit die für die „kleinen" Notstandsarbeiten, die für die „verstärkte" ebenso wie ehedem die für die „großen Notstandsarbeiten".

[2]) Da $^{5}/_{6}$ der Mittel für die Grundförderung durch die Beiträge der Arbeitgeber und Arbeitnehmer aufgebracht werden müssen, sollen diese durch ihre Vertretung im Verwaltungsausschuß bei der Entscheidung über die Verwendung der Mittel mitwirken.

[3]) Der Vorstand der Errichtungsgemeinde kann, wenn er es zur Wahrung der öffentlichen Interessen für erforderlich hält, dem Vorsitzenden bindende Weisungen erteilen (§ 28 der Verordnung); er kann ihm z. B. vorschreiben, daß bestimmte Gruppen von Notstandsarbeiten überhaupt nicht gefördert werden, er kann ihn in der Förderungshöhe beschränken, z. B. all-

gemein nur die einfache Ersparnis als Zuschuß zulassen. Die Weisung kann sich auch auf den einzelnen Fall beziehen.

[4]) Damit wird dem Vorsitzenden aber nicht das Recht eingeräumt, selbständig — ohne den Verwaltungsausschuß — Anträge auf Grundförderung abzulehnen, deren Maßnahmen nach seiner Auffassung nicht förderungswürdig sind. Denn der Verwaltungsausschuß soll gerade, weil die von ihm vertretenen Gruppen der Wirtschaft den Hauptteil der Grundförderung aufbringen, über die Verwendung der Mittel mit entscheiden, und es ist gar nicht ausgeschlossen, daß er Maßnahmen für förderungswürdig hält, die der Vorsitzende ablehnt. Selbständig ablehnen kann der Vorsitzende dagegen Anträge, die weder der Form noch dem Inhalt nach als solche bezeichnet werden können.

[5]) Uebereinstimmender Beschluß zwischen Vorsitzenden und Verwaltungsausschuß ist nicht erforderlich, es genügt Mehrheitsbeschluß.

[6]) Diese Regelung ist zu rechtfertigen für den Normalfall, wo die Notstandsarbeit im Bezirke des Arbeitsnachweises ausgeführt wird, weil dieser Bezirk die Grundförderung zu tragen hat. Für andere Fälle ist die Bestimmung nicht glücklich. Es ist ein eigenartiger Rechtszustand, daß die nach § 11 zuständige Stelle über eine Notstandsarbeit entscheiden darf, die in einem andern, vielleicht fern liegenden Kreise vorgenommen werden soll. Hier ist eine Verständigung mit dem Arbeitsnachweis, in dessen Bezirk die Arbeit ausgeführt wird, geboten. Wegen der Aufbringung der Mittel vgl. Anm. 8 zu § 12.

[7]) Wegen des zu tragenden Anteils am Aufwand vgl. § 38 der Verordnung und § 12 Abs. 3 Satz 3 der Best.

[8]) Eine weitere Beschwerde ist nicht zulässig.

§ 12.

Die Förderung kann als Darlehen [1]) oder [2]) als verlorener Zuschuß gewährt werden. Soweit eine Förderung durch Darlehen ausreicht, dürfen verlorene

Zuschüsse nicht bewilligt werden. Die Verzinsung, Tilgung und Sicherung der Darlehen regelt[3]) der Vorsitzende des Arbeitsnachweises; er hat sich dabei im Benehmen[4]) mit dem Verwaltungsausschusse zu halten.

Der Vorsitzende des Arbeitsnachweises hat die Bewilligung und die daran geknüpften Bedingungen[5]) dem Träger der Notstandsarbeit schriftlich[6]) mitzuteilen. Der Bescheid muß die Arbeit näher bezeichnen und ferner ihre voraussichtliche Dauer, die Zahl der Erwerbslosen, die bei ihr beschäftigt werden sollen, und die Höhe[7]) des Darlehns oder Zuschusses angeben. Der Träger muß sich verpflichten, die gestellten Bedingungen einzuhalten.

Die Förderung in Form von Darlehen oder Zuschüssen darf in der Regel die Ersparnis an Erwerbslosenunterstützung nicht übersteigen. In Ausnahmefällen, insbesondere zur Abgeltung erhöhter Kosten infolge der Heranziehung auswärtiger Erwerbsloser[1]) kann die Förderung bei Zuschüssen auf das Anderthalbfache, bei Darlehen auf das Zweieinhalbfache der Ersparnis erhöht werden. Die Förderung gehört zum Fürsorgeaufwand[8]) gemäß § 33 der Verordnung über Erwerbslosenfürsorge.

Der Vorsitzende des Arbeitsnachweises oder des Landesamts ist verpflichtet, sich den Nachweis[9]) erbringen zu lassen, daß die zur Verfügung gestellten Mittel für die Notstandsarbeit, für die sie bewilligt wurden, verwandt und daß die gestellten Bedingungen eingehalten worden sind.

Die oberste Landesbehörde kann weitere Anordnungen über das Verfahren bei der Bewilligung der Grundförderung und über die Rechnungslegung treffen.

[1]) In erster Linie kommt eine Förderung durch Darlehen in Betracht. Nur wo sie nicht ausreicht, vor allem in den Fällen, wo infolge der sonstigen geldlichen Belastung (vgl. den in Abs. 3 angegebenen Fall) durch die Notstandsarbeit die Aufbringung von Zinsen und Tilgungsbeträgen dem Träger nicht zugemutet werden kann, darf ein Zuschuß gewährt werden. Im Gegensatz zu früher, wo die Förderung auch mit Zuschüssen bis zum 2½ fachen der ersparten Erwerbslosenunterstützung gehen konnte, ist jetzt der Regelsatz das Einfache der Ersparnis, nur in Ausnahmefällen darf eine höhere Förderung gewährt werden. Die produktive Erwerbslosenfürsorge ist die teuerste Fürsorge für Erwerbslose. Sie muß besonders vor Mißbrauch geschützt werden. Deshalb ist die Grundförderung im Regelfall, die verstärkte nur auf der darlehnsweisen Hingabe von Mitteln aufgebaut.

[2]) Die Frage, ob nur Darlehen oder nur Zuschuß oder beide zusammen in gewissem Verhältnis gegeben werden dürfen, wird verschieden beantwortet. Für letzteres haben sich ausgesprochen der preußische Minister für Volkswohlfahrt (der Erlaß III R I 2962 vom 18. August 1925 erklärt die gemeinsame Gewährung von Darlehen oder Zuschüssen bis zum doppelten Betrage der ersparten Erwerbslosenunterstützung für zulässig) und Albrecht-Wilhelmi S. 73, obwohl zweifelnd. § 12 sagt jedoch zweifelsfrei, daß die Förderung als Darlehen oder als verlorener Zuschuß gewährt werden darf. Da aber die Förderung mit Zuschüssen im allgemeinen wesentlich wertvoller für den Träger ist als die zu verzinsenden und zu tilgenden Darlehen, wird mit einem niedrigeren Zuschuß dieselbe Wirkung erzielt werden können als mit einem höheren Darlehen. Es besteht deshalb kein Anlaß, ein gemischtes System zuzulassen, zumal in vielen Fällen der Grundförderung ein das einfache nicht übersteigendes Darlehen nicht im Verhältnis zum Gesamtaufwand steht.

[3]) Die bewilligende Stelle ist hier an gesetzliche Richtlinien nicht gebunden. Der einheitlichen Behandlung wegen ist es

aber dringend erwünscht, wenn die für Darlehen der verstärktem Förderung gegebenen Vorschriften des § 17 der Bestimmungen zu Grunde gelegt werden. Ein niedriger Zinsfuß bei Darlehen bedeutet in vielen Fällen gleichsam einen verlorenen Zuschuß. Ueber Zins- und Tilgungspläne vgl. Albrecht-Wilhelmi S. 74 ff.

[4]) Im Benehmen heißt: nach vorheriger Verhandlung mit dem Verwaltungsausschusse kann der Vorsitzende frei entscheiden, an die Auffassung des Ausschusses ist er hier nicht gebunden (so auch Albrecht-Wilhelmi S. 80).

[5]) Wegen besonderer sozialer Bedingungen vgl. Anm. 1a letzter Absatz zu § 9 der Bestimmungen.

[6]) Er hat einen Grundförderungsbescheid auszustellen, der mindestens die in Abs. 2 Satz 2 angegebenen Punkte berücksichtigen muß. Vgl. Anm. 2 zu § 21 (Rechtscharakter) und Muster S. 275.

[7]) Die Höhe richtet sich lediglich nach den Tagewerken, die von anrechnungsfähigen Erwerbslosen geleistet werden. 10 Erwerbslose arbeiten 50 Tage = 500 Tagewerke. 500 mal Durchschnittsbetrag nach § 13 ergibt die Höhe der Förderung, die naturgemäß nur unter der Voraussetzung in dieser Höhe in Aussicht gestellt wird, daß tatsächlich die vorgesehenen Tagewerke geleistet werden.

Werden weniger Tagewerke geleistet als vorgesehen, so wird die Förderungssumme entsprechend gekürzt. Werden mehr Tagewerke geleistet, so werden in entsprechender Anwendung des § 27 der Bestimmungen sie in die Förderung einbezogen, soweit die im Grundförderungsbescheid vorgesehene Zahl der Erwerbslosentagewerke um nicht mehr als 5 v. H. überschritten wird. Andernfalls ist rechtzeitig ein entsprechender Ergänzungsbescheid zu beantragen. Der Träger muß nachweisen, daß die Tagewerke ohne Verschulden überschritten worden sind, das ist z. B. der Fall, wenn man bei Erdarbeiten unvermutet auf größere Mengen felsigen Gesteins gestoßen ist, deren Bearbeitung mehr Zeit in Anspruch nimmt. Ein berechtigter Grund liegt jedoch nicht vor, wenn die Arbeit unzulässig gestreckt, also die Arbeitsleistung zu niedrig angesetzt oder mangelhaft erfüllt worden ist. Die bewilligenden Stellen tun gut, sich bei kleineren Gemeinden der sachverständigen Kreisbauämter zu bedienen.

Entsprechend der Erläuterung in Anm. 1 a Abs. 5 zu § 9 der Bestimmungen wird der Förderungsbetrag für höchstens 8 Arbeitsstunden täglich gewährt. Eine tatsächlich etwas andere Verteilung der Arbeitszeit mit Rücksicht auf einen früheren Arbeitsschluß am Sonnabend ist möglich.

*) Da die Grundförderung zum Fürsorgeaufwand gehört, ist sie in derselben Weise wie dieser zu decken, d. h. $^8/_9$ aus den Beiträgen der Arbeitgeber und Arbeitnehmer, $^1/_9$ hat die Errichtungsgemeinde zu tragen (vgl. § 42 der Verordnung), und zwar die Errichtungsgemeinde, aus der die Erwerbslosen zur Notstandsarbeit entnommen werden. Sie hat nicht lediglich das Neuntel der Unterstützung, sondern das der Förderung zu tragen, die nach § 12 Abs. 3 über die einfache Unterstützung hinausgehen kann. Ist Träger der Maßnahme eine politische Gemeinde eines weiteren Gemeindeverbandes und werden die Erwerbslosen aus dieser Gemeinde entnommen, so wird der weitere Gemeindeverband als Errichtungs- oder Miterrichtungsgemeinde das Gemeindeneuntel der politischen Gemeinde auferlegen dürfen, wenn ihr der Erfolg der Maßnahme zugute kommt.

*) Der Nachweis wird erbracht durch die ordnungsmäßige Abrechnung auf Grund der laufend ordnungsmäßig geführten Lohnlisten. Auf diesen wie auf der Abrechnung hat der Vorsitzende des Arbeitsnachweises nach vorheriger Prüfung festzustellen, daß die bei der Notstandsarbeit beschäftigten Notstandsarbeiter den Voraussetzungen des § 8 der Bestimmungen entsprechen und daß die Bedingungen des Grundförderungsbescheides eingehalten worden sind.

§ 13.

Die Berechnung der Förderung nach § 11 und 12

kann [1]) durch Durchschnittsbeträge vereinfacht werden. Insbesondere kann

a) für alle [2]) Notstandsarbeiter von einem einheitlichen Satze der Erwerbslosenunterstützung ausgegangen werden, der dem Unterstützungssatz [3]) eines männlichen Erwerbslosen über 21 Jahre mit den Zuschlägen für zwei Kinder [4]) entspricht;

b) für Notstandsarbeiter, die in Orten von verschiedener Teuerungsklasse unterstützt worden sind, eine einheitliche Klasse [5]) zugrunde gelegt werden, und zwar die Klasse, nach der die Mehrzahl der Notstandsarbeiter unterstützt worden ist; soweit sich das nicht ermitteln läßt, der Ort der mittleren Teuerungsklasse.

[1]) Es können aber auch die Unterstützungssätze der einzelnen bei der Notstandsarbeit beschäftigten Erwerbslosen zugrunde gelegt werden. Die Entscheidung hierüber trifft die Stelle, welche die Grundförderung bewilligt.

[2]) Wenn Durchschnittssätze der Förderung zu Grunde gelegt werden, dann gelten sie — ohne Rücksicht auf den Familienstand des einzelnen — für alle bei der betreffenden Notstandsarbeit beschäftigten Erwerbslosen. Diese Durchschnittssätze dürfen jedoch nicht zu Grunde gelegt werden, wenn nur oder überwiegend jugendliche Erwerbslose beschäftigt werden (so auch Albrecht-Wilhelmi S. 81, Zschucke S. 231). Vgl. Anm. 7 zu § 12 der Best.

[3]) Zu Grunde gelegt werden kann der jeweils gültige Unterstützungssatz je vom Tage seines Inkrafttretens an, soweit die Anordnung über Höchstsätze die Anwendung nicht ausdrücklich ausschließt. Die bewilligende Stelle kann aus besonderen Gründen auch anordnen, daß der neue Höchstsatz bei einer Arbeit nicht zu berücksichtigen ist. Das kann z. B. geschehen, wenn die Höchstsätze nachträglich den Lohnerhöhungen angepaßt werden,

ohne daß inzwischen eine neue Steigerung der Löhne eingetreten ist. In diesem Falle erhöhen sich die Gesamtkosten der Arbeiten gegenüber dem Voranschlag nicht. Vgl. S. 210 Anm. 1 und S. 213, B.

[4]) Der Frauenzuschlag darf nicht mit eingesetzt werden.

[5]) Ortsklasse, vgl. § 10 der Verordnung.

§ 14.

Soweit ein Arbeitsnachweisbezirk zur Deckung des Fürsorgeaufwandes Beihilfen aus einer Ausgleichskasse [1]) gemäß § 39 der Verordnung über Erwerbslosenfürsorge oder vom Reiche oder Lande (§ 33 Abs. 2 der Verordnung) erhält, bedarf die Bewilligung der Grundförderung der Zustimmung der obersten Landesbehörde oder der von ihr bestimmten Stelle. Soweit ein Arbeitsnachweisbezirk einer Beitragsgemeinschaft gemäß § 39 der genannten Verordnung angeschlossen ist, kann die oberste Landesbehörde die Bewilligung der Grundförderung von ihrer Zustimmung oder der Zustimmung einer von ihr bestimmten Stelle abhängig machen. Sie kann in diesem Falle auch anordnen, daß die Bewilligung unmittelbar durch das Landesamt für Arbeitsvermittlung erfolgt [2]); der Vorsitzende des Landesamts hat dabei die Zustimmung seines Verwaltungsausschusses einzuholen. Umfaßt der Bezirk eines Arbeitsnachweises oder einer Ausgleichskasse oder einer Beitragsgemeinschaft mehrere Länder oder Teile mehrerer Länder und soll die Bewilligung einer Grundförderung von einer Zustimmung abhängig gemacht werden, so einigen [3]) sich die beteiligten obersten Landesbehörden über ein Stelle, welche die Zustimmung ausspricht.

In allen andern Fällen hat der Vorsitzende des

Arbeitsnachweises oder des Landesamts für Arbeitsvermittlung (Abs. 1 Satz 3) die Bewilligung einer Förderung gemäß §§ 11 bis 13 der obersten Landesbehörde oder der von dieser bestimmten Stelle unverzüglich anzuzeigen.

Die oberste Landesbehörde oder die von ihr nach Abs. 2 bestimmte Stelle prüft, ob die Bewilligung nach den vorstehenden Bestimmungen zulässig war.

Sie muß gegen die Inangriffnahme oder Fortführung der Arbeiten Einspruch erheben, wenn[1]) die begründete Vermutung besteht,

a) daß die Vorschriften der §§ 1 bis 13 nicht beachtet sind,

b) daß keine ernstliche Arbeitsleistung von den Erwerbslosen verlangt wird,

c) daß Arbeiter entlassen worden sind, um eine Förderung ihrer Arbeit mit Mitteln der Erwerbslosenfürsorge herbeizuführen.

Der Vorsitzende des Arbeitsnachweises oder Landesamts (Abs. 1 Satz 3) kann hiergegen die Entscheidung der obersten Landesbehörde anrufen, soweit[2]) diese die Prüfung nach Abs. 2 einer anderen Stelle übertragen hat.

[1]) Vgl. die Erläuterungen zur VI. Ausführungsverordnung, abgedr. S. 109.

[2]) Für Thüringen ist, da eine Beitragsgemeinschaft fürs ganze Land besteht, angeordnet worden:

Der Antrag auf Förderung einer Maßnahme als Notstandsarbeit ist beim zuständigen öffentlichen Arbeitsnachweis mit den erforderlichen Unterlagen so rechtzeitig einzureichen, daß der beabsichtigte Beginn durch die ordnungsmäßige Durchführung des Bewilligungsverfahrens nicht verzögert wird. Der Vorsitzende des Arbeitsnachweises hat den Antrag und die Unterlagen zu prüfen und mit einem Gutachten an den Vorsitzenden des Landesamts für Arbeitsvermittlung weiterzugeben. Er kann sich der Mitwirkung des Verwaltungsausschusses bedienen.

Der Vorsitzende des Landesamts bewilligt die Förderung. Er hat dabei die Zustimmung seines Verwaltungsausschusses einzuholen. Unmittelbar nach der Bewilligung hat er die Akten dem Ministerium für Inneres und Wirtschaft, Abteilung Wirtschaft, vorzulegen, das innerhalb einer Woche feststellt, ob gegen die Förderung Bedenken bestehen. Mit der Notstandsarbeit darf grundsätzlich erst begonnen werden, nachdem der Vorsitzende des Landesamts dem Träger der Maßnahme die Entscheidung übermittelt hat.

[3]) Einigen sie sich nicht, so müssen alle beteiligten obersten Landesbehörden zustimnen.

[4]) Sie kann auch in anderen als den ausdrücklich genannten Fällen Einspruch erheben.

[5]) Hat sich die oberste Landesbehörde (wie in Thüringen) die Entscheidung selbst vorbehalten, dann ist diese endgültig.

II. Verstärkte Förderung [1]).

§ 15.

In besonderen Fällen kann für Notstandsarbeiten außer der Förderung nach den §§ 11 bis 14 noch eine verstärkte Förderung aus [2]) Reichs- und Landesmitteln (§ 32 der Verordnung über Erwerbslosenfürsorge) gewährt werden. Sie kann erfolgen

1. durch Uebernahme einer Bürgschaft,
2. durch Hingabe eines Darlehns [3]).

Die verstärkte Förderung muß in einem angemessenen [4]) Verhältnis zu der Ersparnis an Erwerbslosenunterstützung stehen, die durch die Notstandsarbeit eintritt.

[1]) Vgl. die Erläuterungen zu § 1 der Bestimmungen.

[2]) Nach § 32 der Verordnung tragen Reich und Land je die Hälfte.

[3]) Eine verstärkte Förderung durch Zuschüsse ist nicht mehr möglich.

[4]) Die Förderung (einschließlich der Grundförderung) muß nach den geltenden Bestimmungen in einem angemessenen Verhältnis zu der ersparten Erwerbslosenunterstützung stehen. Als obere Grenze für dieses angemessene Verhältnis ist durch die Erleichterungsbestimmungen vom 5. Januar 1926 (RABl. S. 4). in den notleidenden Bezirken, in denen die Zahl der unterstützten Erwerbslosen 2 v. H. der Einwohnerzahl übersteigt, das Fünffache, in den besetzten und geräumten Gebieten das Sechsfache der ersparten Unterstützung festgesetzt worden. Ueber 80 % der Gesamtkosten der Notstandsarbeit darf aber die Förderung nicht hinausgehen. In ganz besonderen Ausnahmefällen, in denen aus sozialen und politischen Gründen dringend notwendige Notstandsarbeiten andernfalls unterbleiben müßten, darf in den besetzten und geräumten Gebieten eine Förderung bis zu 90 % der Gesamtkosten bewilligt werden.

„Wegen der Höhe der Grundförderung verbleibt es bei den Vorschriften des § 12 der Bestimmungen über öffentliche Notstandsarbeiten vom 30. April 1925."

Wegen weiterer Erleichterungen vgl. Anhang.

§ 16.

Eine verstärkte Förderung aus Reichs- und Landesmitteln darf nur gewährt werden für Notstandsarbeiten, deren Durchführung in besonders hohem Maße notwendig [1]) und ohne [2]) eine derartige Förderung nicht möglich ist und bei denen außerdem folgende Voraussetzungen zusammentreffen:

1. Die Notstandsarbeit muß mehr als 2000 Erwerbslosentagewerke [3]) umfassen,

2. Die Erwerbslosen, die bei einer Notstandsarbeit beschäftigt werden sollen, müssen mindestens zwei Wochen[4]) von einer Gemeinde[5]) unterstützt worden sein, in der die Zahl der unterstützten[6]) Erwerbslosen 1 vom Hundert[7]) der Einwohner erreicht.

Mit Zustimmung der Reichsarbeitsverwaltung kann die oberste Landesbehörde in besonderen Fällen von einer dieser[8]) Voraussetzungen oder von beiden absehen.

[1]) Vgl. Anm. 1 zu § 1 der Bestimmungen. Als besonders förderungswürdig erscheinen Kulturarbeiten (Bodenverbesserungen, Urbarmachungsarbeiten, Flußberichtigungen, Kanalbauten, Talsperren).

Bodenverbesserungsarbeiten können auch aus den Mitteln der deutschen Bodenkultur-A.-G. gefördert werden. Eine gleichzeitige Förderung einer Maßnahme als öffentliche Notstandsarbeit und aus Mitteln der deutschen Bodenkultur-A.-G. ist jedoch grundsätzlich nicht zulässig, da letzterer Mittel sich je zur Hälfte aus Reichsmitteln der produktiven Erwerbslosenfürsorge und aus Mitteln der deutschen Rentenbank zusammensetzen. Wird in besonderen Ausnahmefällen die Förderung desselben Unternehmens auf beiden Wegen zugelassen, so kann es sich nur um räumlich oder zeitlich vollkommen getrennte Arbeitsabschnitte handeln, da sonst eine Doppelförderung eintreten würde (Besch. des RAM. vom 2. Februar 1925, RABl. S. 125).

[2]) Vgl. § 3 der Bestimmungen.

[3]) Vgl. Anm. 7 zu § 12. 2000 Tagewerke ergeben sich, wenn z. B. 100 Erwerbslose je 20 Tage oder 50 Erwerbslose je 40 Tage beschäftigt werden. Auch hier kommen nur die von „anrechnungsfähigen" Erwerbslosen geleisteten Tagewerke in Betracht (vgl. § 6 der Best.).

[4]) Vgl. § 6 der Best.

[5]) Gemeinde = politische Gemeinde.

[6]) Die Ausgesteuerten sind dabei nicht zu berücksichtigen.

[7]) Diese Voraussetzung muß bei Beginn der Arbeit vorliegen, wenn nicht eine Ausnahme nach Abs. 2 bewilligt wird. Sinkt im Verlaufe der Arbeit dieser Satz, so darf diese mit Mitteln der produktiven Erwerbslosenfürsorge nur dann durchgeführt werden, wenn sie aus technischen oder sozialen Gründen nicht eingestellt oder die Durchführung mit eigenen Mitteln dem Träger der Maßnahme nicht zugemutet werden kann.

[8]) Unter Ziffer 1 und 2; von anderen Voraussetzungen kann weder die Reichsarbeitsverwaltung noch der Reichsarbeitsminister entbinden.

§ 17.

Die Darlehen sind planmäßig[1]) zu tilgen[2]) und tunlichst[3]) zu sichern[4]). Die Tilgungsfrist[5]) soll in der Regel fünf Jahre und darf zehn Jahre nicht übersteigen. Die Zinsbedingungen sind den Diskontbedingungen der Reichsbank tunlichst[6]) anzupassen.

[1]) Nach einem Tilgungsplan, den die bewilligende Stelle aufstellt.

[2]) Die Darlehen müssen also zurückgezahlt werden. Die vielfach vorhandene Hoffnung, auf die Rückzahlung der Darlehen würde verzichtet, ist irrig.

[3]) Damit wird gesagt, daß sie nicht in jedem Falle zu sichern sind. Bei Gemeinden, Kreisen usw. wird im allgemeinen von einer Sicherung abgesehen werden können; das ist bei ihnen um so ungefährlicher, als der Darlehnsgeber sich notfalls an den Ueberweisungssteuern schadlos halten kann.

[4]) Der Grad der Sicherung (Schuldschein, Bürgschaft, Hypothek usw.) richtet sich nach dem Einzelfalle. Bei Darlehen, die länger als 3 Jahre laufen, ist eine Goldmarkklausel — 1 R.-M. = dem am Zahltage an der Londoner Börse notierten Preise für 1/2790 Kilogramm Feingold — aufzunehmen (Erlaß des RAM. vom 29. April 1926).

[5]) Die Darlehen sollen in der Regel nur kurzfristig gegeben werden, die Tilgungsfrist soll 5 Jahre nicht übersteigen. In besonderen Fällen kann ein Darlehn auf längere Zeit, jedoch auf nicht länger als 10 Jahre gewährt werden. Für die notleidenden Bezirke, in denen die Zahl der unterstützten Erwerbslosen 2 v. H. der Einwohnerzahl übersteigt, ist durch die Erleichterungsvorschriften vom 5. Januar 1926 vorübergehend nachgelassen worden, daß vor Beginn der Tilgungsfrist ein bis zwei tilgungsfreie Jahre eingeschaltet werden, sodaß die erste Tilgungsrate erst am Ende des zweiten und dritten Haushaltsjahres nach Fertigstellung der Notstandsarbeit fällig ist. Außerdem können in geeigneten Fällen die Tilgungsraten in mäßiger Steigerung gestaffelt werden. Die Laufzeit des Darlehns darf dadurch aber nicht über 10 Jahre hinaus verlängert werden.

[6]) Sie sollen also im allgemeinen ihnen gleich sein, können aber auch anders festgesetzt werden. Zur Zeit darf auf Grund der Erleichterungsbestimmungen vom 5. Januar 1926 der Zinssatz in den Bezirken, die unter besonders großer Erwerbslosigkeit leiden und in denen die Zahl der unterstützten Erwerbslosen 2 v. H. übersteigt, bis auf 5 v. H., in den besetzten und geräumten Gebieten bis auf 4 v. H. herabgesetzt werden.

Wegen vorübergehender weiterer Erleichterungen vgl. Anh.

§ 18.

Soweit Notstandsarbeiten, die eine verstärkte Förderung empfangen, einen Ertrag [1]) erwarten lassen, soll dem Reiche und dem Lande ein angemessener Anteil an dem Ertrage gesichert werden.

[1]) Nach der Begründung zum Entwurf wird eine derartige Beteiligung nur bei besonders ertragreichen Unternehmungen in Frage kommen, „die erhebliche Erträge noch über die Summen hinaus, die zur Verzinsung und Tilgung der aufgenommenen Darlehen erforderlich sind, abwerfen."

§ 19.

Bei Notstandsarbeiten größeren Umfanges von mehr [1]) als örtlicher Bedeutung kann, insbesondere wenn bei ihnen Erwerbslose aus mehreren Arbeitsnachweisbezirken beschäftigt werden sollen, auf die Grundförderung nach §§ 11 bis 14 ganz oder teilweise verzichtet [2]) werden. Soweit in solchen Fällen bei der Arbeit, insbesondere infolge der Beschäftigung von Erwerbslosen, ein unrentierlicher [3]) Aufwand entsteht, können aus Reichs- und Landesmitteln auch Zuschüsse [4]) bis zur Höhe [5]) der Ersparnis an Erwerbslosenunterstützung, in Ausnahmefällen bis zum Anderthalbfachen dieser Ersparnis gewährt [6]) werden. Bei der Berechnung eines derartigen Zuschusses können Durchschnittssätze nach § 13 zugrunde gelegt werden.

[1]) Bei solchen Arbeiten würde das Verfahren für die Grundförderung, wie es durch die §§ 11—14 geregelt ist, zu umständlich sein. Denn wenn Erwerbslose aus mehreren Arbeitsnachweisbezirken beschäftigt werden sollen, müßte in jedem Arbeitsnachweisbezirke die Förderung besonders bewilligt werden. Würde das nicht erreicht werden können, dann würde die Gefahr eintreten, daß die ganze Arbeit nicht ausgeführt werden könnte. Deshalb ermöglicht § 19, ganz oder teilweise auf die Grundförderung zu verzichten. Wird nur teilweise auf die Grundförderung verzichtet, so ist der Restbetrag der Grundförderung zu $^{8}/_{9}$ aus den Beiträgen der Arbeitgeber und Arbeitnehmer, zu $^{1}/_{9}$ von der Errichtungsgemeinde aufzubringen.

[2]) Der Verzicht kann nicht vom Träger der Maßnahme, sondern nur von der für die Anerkennung nach § 20 der Bestimmungen zuständigen Stelle ausgesprochen werden.

[3]) Z. B. durch Minderleistungen der Erwerbslosen.

[4]) § 19 stellt den einzigen Fall dar, wonach aus Reichs- und Landesmitteln Zuschüsse gegeben werden können.

[2]) D. h. bis zum Einsachen, vgl. § 11 der Best.

[3]) Zuständig für die Entscheidung ist die nach § 20 der Best. maßgebende Stelle.

§ 20.

Zuständig für die Bewilligung einer verstärkten Förderung ist die Reichsarbeitsverwaltung,

a) wenn die verstärkte Förderung [1]) den Betrag von 200 000 Reichsmark übersteigt,

b) wenn die Förderung sich auf einen längeren Zeitraum als sechs Monate erstreckt, [2])

c) wenn ein privates oder gemischtwirtschaftliches Unternehmen gefördert wird, [3])

d) wenn die Maßnahme sich auf den Bereich mehrerer Länder erstreckt,

e) wenn das Reich oder ein Land selbst als Träger des Unternehmens in Frage kommt.

Im übrigen ist die oberste Landesbehörde zuständig; sie kann die Entscheidung außer in den Fällen des § 22 auf andere Stellen übertragen, soweit die Gesamtförderung einschließlich der nach §§ 11 bis 14 den Betrag von 100 000 Reichsmark nicht übersteigt.

Auch soweit die Reichsarbeitsverwaltung zuständig ist, ist der Antrag [4]) an die oberste Landesbehörde oder an die von dieser bestimmte Stelle zu richten, dabei ist, abgesehen von den Fällen des § 19, ein Nachweis über die erfolgte Grundförderung beizubringen. Die oberste Landesbehörde oder die von dieser bestimmten Stellen prüfen den Antrag vor und geben ihn mit ihrer Stellungnahme an die Reichsarbeitsverwaltung (Reichsamt für Arbeitsvermittlung) weiter.

[1]) Reichs- und Landesanteil zusammen. Wird auf die Grundförderung nach § 19 der Best. verzichtet und ein Zuschuß aus Reichs- und Landesmitteln gewährt, so ist dieser Betrag bei der Frage, ob die Reichsarbeitsverwaltung zuständig ist, der verstärkten Förderung hinzuzurechnen (Besch. des RAM. vom 9. Juli 1925, RABl. S. 309).

[2]) Wenn die Förderung sich von vornherein über sechs Monate hinaus erstreckt. Ist zunächst eine Frist von sechs Monaten als ausreichend angesehen worden und stellt sich im Laufe der Durchführung heraus, daß sie nicht ausreicht, so kann die oberste Landesbehörde nach § 24 Abs. 2 der Best. die Frist um höchstens zwei Monate verlängern.

[3]) Vgl. § 2 der Best.

[4]) Mit den Unterlagen, durch welche die Notwendigkeit der verstärkten Förderung nachgewiesen werden soll.

Bei jedem Antrag auf verstärkte Förderung ist unerläßlich ein genau aufgestellter Finanzierungsplan, aus dem zu ersehen ist, in welcher Weise die nicht durch Grund- und gegebenenfalls verstärkte Förderung gedeckte Summe aufgebracht werden soll.

§ 21.

Wird für eine Notstandsarbeit eine verstärkte Förderung gewährt, so wird eine Anerkennung [1]/[2]) ausgestellt. Mit dem Empfange der Anerkennung hat der Förderungsempfänger zu bestätigen, daß er bereit ist, sich den Bestimmungen über die Notstandsarbeiten zu unterwerfen.

Die Anerkennung muß enthalten:

a) Bezeichnung der Notstandsarbeit,

b) Angabe der Anzahl der Erwerbslosen, die bei der Arbeit beschäftigt werden sollen und nach § 6 für die Förderung angerechnet werden können, und der Arbeitsnachweise, von denen sie entnommen werden sollen,

c) den Zeitraum, für den die verstärkte Förderung bewilligt wird,
d) Höhe und Art der verstärkten Förderung,
e) bei Darlehen die Zins- und Tilgungsbedingungen und die gestellten Sicherheiten,
f) etwaige besondere dem Förderungsempfänger erteilte Auflagen,
g) die Verpflichtung, etwaige Vorschüsse sofort zurückzuzahlen, falls die Notstandsarbeit nicht oder nur teilweise ausgeführt oder falls die Anerkennung zurückgezogen wird, und sie in Höhe des Reichsbankdiskontsatzes zu verzinsen von dem Zeitpunkt ab, seitdem sie nicht mehr bestimmungsgemäß verwendet wurden.

[1]) Vgl. das Muster des Grundförderungsbescheids S. 275 Die Anerkennung weicht insofern ab, als hierin die durch die Art der Förderung (Darlehen, Bürgschaft) sich ergebenden Bedingungen festzustellen sind.

[2]) Die „Bewilligung" bei der Grundförderung und die „Anerkennung" bei der verstärkten Förderung sind in ihrer rechtlichen Wirksamkeit einander gleich. Beide stellen eine öffentlich-rechtliche Willenserklärung, einen einseitigen Verwaltungsakt dar, der auf Unterwerfung des Trägers der Förderung unter die Bedingungen der bewilligenden Stelle gerichtet ist. Das geschieht bereits durch die stillschweigende Entgegennahme des Bescheids oder der Anerkennung. Der besonderen Unterwerfungserklärung in § 21 Satz 2 bedurfte es an sich rechtlich nicht. Diese Bestimmung dient wohl mehr der völligen Klarstellung darüber, daß sich der Förderungsempfänger ausdrücklich unterwirft. Denn er ist dazu nicht gezwungen, muß dann aber auf die Förderung verzichten.

Inwieweit privatrechtliche Zuständigkeit in Frage kommt, hängt davon ab, ob die Rechtsverhältnisse im Bescheid oder in der Anerkennung selbst festgelegt werden oder ob im Anschluß daran ein privatrechtlicher Vertrag geschlossen wird, in dem einzelne Rechtsverhältnisse im Wege der Vereinbarung besonders festgestellt werden. Nur für diese letzteren ist der zivilrechtliche Klageweg möglich, im übrigen aber sind Streitigkeiten zwischen der bewilligenden Stelle und dem Förderungsempfänger im Verwaltungswege zu regeln. Vgl. Albrecht-Wilhelmi S. 100 ff, Lehfeldt S. 219, Zschucke S. 229 und dessen Aufsatz: Die rechtliche Natur der Anerkennung in der produktiven Erwerbslosenfürsorge, Neue Zeitschrift für Arbeitsrecht, Jahrgang 2, Heft 4 Sp. 227 ff.

§ 22.

Die verstärkte [1]) Förderung kann in Ausnahmefällen fest [2]) zugesichert werden, wenn es sich anders [3]) nicht ermöglichen läßt, eine Notstandsarbeit in Gang zu bringen, deren Durchführung infolge der Lage des Arbeitsmarktes unerläßlich erscheint. Soweit in derartigen Fällen die erwartete Ersparnis [4]) an Erwerbslosenunterstützung ohne Verschulden des Trägers der Arbeit infolge von Umständen, die nicht vorherzusehen waren, nicht eintritt, kann die oberste Landesbehörde oder in den Fällen, in denen sie für die Anerkennung zuständig ist, die Reichsarbeitsverwaltung die fest bewilligte Förderungssumme trotzdem auszahlen. Der Träger der Arbeit hat aber den Nachweis [5]) zu erbringen, daß er sich in jeder Weise bemüht hat, die entsprechende Zahl anrechnungsfähiger Notstandsarbeiter zu beschäftigen.

[1]) Nur diese, nicht die Grundförderung.

[2]) Dem Träger der Maßnahme wird damit die Ungewißheit genommen, ob er auch stets die erforderlichen Erwerbslosen sich bei einer unvermuteten Besserung des Arbeitsmarktes wird beschaffen können. Zugleich wird ihm damit die Gewißheit ge-

geben, daß die in seinen Finanzierungsplan eingestellten Förderungssummen aus Reichs- und Landesmitteln nicht gekürzt werden.

[3]) Nur unter dieser Voraussetzung. Ist die Arbeit einmal in Gang gebracht worden, so wird nachträglich eine feste Zusicherung im allgemeinen nicht mehr als zulässig anzusehen sein. Da ein Finanzierungsplan vor der Anerkennung erforderlich ist, ist zu prüfen, ob er von vornherein so aufgestellt ist, daß er auch gewisse Aenderungen der Arbeitsmarktlage berücksichtigt; so empfiehlt sich ein gewisser Spielraum bei den Posten, die durch Anleihe gedeckt werden sollen.

[4]) Durch Vermittlung der Notstandsarbeiter in feste Arbeitsstellen.

[5]) Z. B. durch Bescheinigungen des Arbeitsnachweises, zweckmäßig sogar hier des Landesamts für Arbeitsvermittlung.

§ 23.

Der Antrag auf verstärkte Förderung soll vor Beginn der Arbeit gestellt[1]) werden. In Ausnahmefällen, die besonders zu begründen sind, kann er noch bis zu vier Wochen nach Beginn der Arbeit zugelassen werden; in diesen Fällen muß jedoch bei Beginn der Arbeit eine Anzeige[2]) an die Behörde[1]) erstattet werden, an die der Antrag zu richten ist. Dies gilt nicht für Ergänzungsanerkennungen[3]); diese müssen jedoch spätestens einen Monat nach Beendigung der betreffenden Arbeit ausgesprochen werden.

Eine Anerkennung darf nicht mehr ausgesprochen werden nach Fertigstellung der Arbeit oder wenn der Antrag länger als sechs Monate zurückliegt.

[1]) Bei der obersten Landesbehörde oder der von ihr bestimmten Stelle, vgl. § 20 Abs. 3 der Best.

[2]) Sie enthält zweckmäßigerweise die Bezeichnung der

Arbeit, Angaben über ihre voraussichtliche Dauer, die Zahl der dabei beschäftigten Erwerbslosen, die Höhe der Gesamtkosten und die Mitteilung, daß und wann die Grundförderung genehmigt worden ist.

[3]) Eine Ergänzungsanerkennung macht sich notwendig, wenn sich im Laufe der Arbeit herausstellt, daß sie länger dauert oder mehr Erwerbslosentagewerke umfaßt, als bei Beginn der Arbeit angenommen und deshalb in der Anerkennung selbst berücksichtigt worden war. Eine Ergänzungsanerkennung ist nach § 27 Abs. 1 der Bestimmungen jedoch nicht erforderlich, wenn die in der Anerkennung vorgesehene Zahl der Erwerbslosentagewerke um nicht mehr als 5 v. H. überschritten wird.

§ 24.

Eine Anerkennung erlischt [1]), soweit die Arbeiten nicht zu der vorgesehenen Zeit ausgeführt werden. Ein Antrag auf Aenderung der Förderungsfrist gilt als neuer [2]) Antrag und ist als solcher zu prüfen.

In besonders begründeten Fällen ist die oberste Landesbehörde ermächtigt, die Förderungsfrist um höchstens zwei Monate zu verlängern. [3])

[1]) Arbeitstagewerke, die nach dem Erlöschen geleistet werden, sind bei der Abrechnung auszuscheiden.

[2]) Er kann deshalb auch nur genehmigt werden, wenn die erforderlichen Voraussetzungen vorliegen (vgl. § 16). Es empfiehlt sich, von vornherein die Förderungsfrist etwas reichlicher zu bemessen, damit nicht durch Witterungsunbilden usw. die Frist vorzeitig erschöpft wird.

[3]) Vgl. Anm. 2 zu § 20.

§ 25.

Die obersten Landesbehörden übersenden Abschrift jeder für Arbeiten in ihrem Lande erteilten Anerkennung der Reichsarbeitsverwaltung.

C. Abrechnung.

§ 26.

Für die Abrechnung der Notstandsarbeiten, welche eine verstärkte Förderung nach §§ 15 bis 25 erfahren, gelten die folgenden Bestimmungen:

Die Grundlage der Abrechnung bildet eine Liste der Notstandsarbeiter, die in der Regel nach dem beiliegenden [1]) Formblatt A anzulegen ist. In ihm hat der Träger der Notstandsarbeit die Verwendung der Notstandsarbeiter fortlaufend nachzuweisen. Diese Abrechnung bleibt bei der obersten Landesbehörde oder der von ihr bestimmten Stelle.

[1]) Abgedr. S. 273. Die Abrechnungsvorschriften der §§ 26 ff. beziehen sich nur auf die verstärkte Förderung, können aber ebenso bei der Grundförderung angewandt werden. In diesem Falle genügt eine Nachweisung für beide Förderungen.

§ 27.

Nach Beendigung [1]) einer Notstandsarbeit ist der Reichsarbeitsverwaltung Schlußrechnung nebst Schlußzahlungsanweisung in beglaubigter Abschrift nach beiliegendem [2]) Formblatt B einzureichen; sie erstattet darauf den Reichsanteil. Hierzu ist eine Ergänzungsanerkennung nicht erforderlich, wenn die in der Anerkennung vorgesehene Zahl der Erwerbslosentagewerke um nicht mehr als 5 vom Hundert überschritten wird. Beträgt die Ueberschreitung mehr als 5 vom Hundert, so ist rechtzeitig (§ 23) eine Ergänzungsanerkennung zu beantragen [3]).

Die Schlußrechnung muß die Bescheinigung der obersten Landesbehörde oder einer von ihr bestimmten

Stelle enthalten, daß die Bedingungen der Anerkennung eingehalten sind.

[1]) Wegen der Folgen bei verspäteter Abrechnung vgl. § 30 der Best.

[2]) Abgedr. S. 274.

[3]) Vgl. § 23 der Best.

§ 28.

Die Reichsarbeitsverwaltung kann den Ländern auf Antrag Pauschalvorschüsse gewähren. Die Vorschüsse dürfen den schätzungsweisen Betrag der Reichsanteile nicht übersteigen, der an die Träger der Notstandsarbeiten jeweils auszuzahlen ist. Bei ihrer Bemessung werden die Reichsanteile derjenigen Maßnahmen, deren Förderungsfrist länger [1]) als sechs Monate verstrichen ist, in Abzug gebracht. Die Vorschußanforderungen sind durch die Angabe der geplanten Maßnahmen, der Höhe und Art ihrer Förderung und der Zahl der zu beschäftigenden Notstandsarbeiter zu begründen und zu belegen.

Vorschüsse, welche den Bedarf eines Monats übersteigen, sind unaufgefordert der Reichsarbeitskasse (Reichsversorgungskasse) wieder zuzuführen. Im übrigen sind die Pauschalvorschüsse am Schlusse des Rechnungsjahres wieder einzuziehen.

[1]) Vgl. § 30 Satz 2 der Best.

§ 29.

Sämtliche Belege müssen von dazu befähigt erklärten Rechnungsbeamten rechnerisch geprüft und festgestellt sein. Der Reichsarbeitsverwaltung wie dem

Rechnungshofe des Deutschen Reichs bleibt vorbehalten, Belege einzufordern oder durch Beauftragte an Ort und Stelle nachprüfen zu lassen. Wegen der Aufbewahrung der Belege finden die bei den obersten Landesbehörden maßgebenden Bestimmungen Anwendung.

§ 30.

Die oberste Landesbehörde kann einen zugesicherten Förderungsbetrag versagen [1]), wenn der Träger der Notstandsarbeit der zuständigen Verwaltungsbehörde nicht spätestens innerhalb dreier Monate nach Ablauf der Förderungsfrist eine prüfungsfähige [2]) Abrechnung vorlegt. Die Reichsarbeitsverwaltung kann den Reichsanteil verweigern [3]), wenn ihr nicht spätestens sechs Monate nach Ablauf der Förderungsfrist die Schlußrechnung in beglaubigter Abschrift vorgelegt wird.

[1]) In diesem Fall kann die Anerkennnung zurückgezogen werden, sodaß die Darlehnssumme samt Zinsen sofort zurückzuzahlen ist. Entsprechende Vorbehalte sind bei der Anerkennung zu machen.

[2]) Prüfungsfähig ist die Abrechnung, wenn sie unter Beachtung der Vorschriften des § 26 der Best. nach Formblatt A aufgestellt ist.

[3]) Vgl. §§ 27, 28 der Best.

§ 31.

Fällige Zins- und Tilgungsraten sind durch die obersten Landesbehörden einzuziehen. Die Reichsanteile sind unter getrennter Angabe der Zins- und Tilgungsbeträge und Mitteilung der Zinsberechnung unverzüglich an die Reichsarbeitskasse (Reichsversorgungskasse) abzuführen. Für rückständige Beträge sind von den Darlehnsschuldnern mindestens die vertraglich festgesetzten Zinsen zuzüglich einer bereits in der Anerkennung festzusetzenden Erhöhung fortzuentrichten.

Als Tag der Zahlung gilt der Tag, an dem die Zins- und Tilgungsraten bei der empfangsberechtigten Kasse eingegangen sind.

Für die kassenmäßige Behandlung der Reichsmittel der produktiven Erwerbslosenfürsorge gelten im übrigen die Bestimmungen der Reichshaushaltsordnung.

§ 32.

Nicht zur Ausführung gelangte und vorzeitig abgebrochene Maßnahmen sind bis zum 10. jeden Monats listenmäßig der Reichsarbeitsverwaltung mitzuteilen [1]).

[1]) Der Träger der Maßnahme hat sofort der Stelle, welche die Förderung bewilligt hat, mitzuteilen, wenn eine Maßnahme überhaupt nicht ausgeführt oder vorzeitig abgebrochen wird.

D. Inkrafttreten und Uebergangsbestimmungen.

§ 33.

Die vorstehenden Bestimmungen treten mit dem 1. Mai 1925 in Kraft. Gleichzeitig treten die Bestimmungen über öffentliche Notstandsarbeiten vom 17. November 1923 (Reichsgesetzbl. I S. 1111) nebst der ergänzenden Anordnung über die Zuschläge und Prämien für Notstandsarbeiter vom 18. Januar 1924 (Reichsgesetzbl. I S. 35) außer Kraft.

§ 34.

Die oberste Landesbehörde bestimmt [1]) den Zeitpunkt, an dem die vorstehenden Bestimmungen für Notstandsarbeiten, die zur Zeit gefördert [2]) werden, in Kraft treten; sie kann insbesondere anordnen, daß bei öffentlichen Notstandsarbeiten von einer Grundförderung gemäß den §§ 11 bis 14 abgesehen wird.

Berlin, den 30. April 1925.

Der Reichsarbeitsminister
Dr. Brauns.

[1]) In Thüringen: 15. Juni 1925.

[2]) Das heißt: bereits im Gange sind. Maßnahmen, bei denen mit der Arbeit noch nicht begonnen worden ist, gelten nicht als „zur Zeit gefördert".

Bis zum Zeitpunkt der „Umstellung" galt für die im Gange befindliche Notstandsarbeit die Anordnung über Zuschläge und Prämien vom 18. Januar 1924 (RGBl. I S. 35), die durch die Verordnung vom 27. März 1925 bis zum 30. April 1925 verlängert worden war (RGBl. I S. 33.).

Formblatt A

Maßnahmen der produktiven Erwerbslosenfürsorge

Rechnungsjahr 192..

....
(Landeszentralbehörde)

Verrechnungsstelle: ....

....
(Geschäftsnummer)

Gesamtabrechnung

1. Anerkennung (Tag und Geschäftszeichen):
   vom .... 192.. Nr. ....
2. Maßnahme: ....
3. Träger des Unternehmens: ....
4. Zugebilligte Erwerbslosenunterstützung:
   nach Wirtschaftsgebiet ....
   " Ortsklasse ....
5. Förderungsbetrag für den Tag u. Erwerbslosen . . . . RM.

Innerhalb der Förderungsfrist vom .... 192.. bis .... 192.. waren bei der geförderten Maßnahme die unten verzeichneten Arbeitnehmer beschäftigt.

Nr.	Arbeitnehmer: Vorname	Arbeitnehmer: Familienname	Art der Beschäftigung	Arbeitsstelle und gegebenenfalls Baufirma	Von welchem öffentlichen Arbeitsnachweis überwiesen? Arbeitsnachweis	Von welchem öffentlichen Arbeitsnachweis überwiesen? Datum	Wenn nicht vom Arbeitsnachweis überwiesen, wann eingestellt?	Gesamtzahl der geleist. Arbeitsstunden	Bemerkungen
1	2	3	4	5	6	7	8	9	10
							zusammen .		

Arbeitstagewerke (vgl. Sp. 9) = ...

Als Gesamtförderungsbetrag d. Maßnahme ergibt sich .... RM.
hiervon sind ausgezahlt: a) als Vorschuß .... "
b) " Zuschuß .... "
c) " Darlehn .... "

Von dem Gesamtförderungsbetrag entfällt:
a) auf das Reich .... "
b) " " Land .... "

Die Richtigkeit vorstehender Angaben wird bescheinigt **mit der Feststellung, daß die Bedingungen der Anerkennung eingehalten sind.**

.................., den .... 192..

.... (Unterschrift*) .... (Dienststellung)

.... (Behörde)

*) Diese Bescheinigung ist vom Vorstand der öffentlichen Körperschaft oder seinem Stellvertreter unterschriftlich zu vollziehen. Die Stellung des Unterzeichnenden ist anzugeben.

Formblatt B

Maßnahmen der produktiven Erwerbslosenfürsorge

Rechnungsjahr 192...

Verrechnungsstelle: ....

Schlußrechnung und Schlußzahlungsanweisung

1. Anerkennung (Tag und Geschäftszeichen): vom ....192...Nr.........
2. Maßnahme: ....
3. Träger des Unternehmens: ....
4. Erwerbslosenunterstützung: nach Wirtschaftsgebiet..........................
 " Ortsklasse........................
5. Förderungsbetrag für den Tag und Erwerbslosen .... RM
6. Es ist zugebilligt:
 a) für Notstandsarbeiten:
 Zuschuß **Darlehn**
 b) für Landarbeiterwohnungen als Einheitssatz für 1 qm Nutzfläche
 Wohnungen ....
 Stall ....
 Scheune ....
7. Für die bezeichnete Maßnahme sind ausweislich der vorliegenden Abrechnung (Formblatt A): .... Arbeitstagewerke geleistet worden; anerkannt werden hiervon ....Arbeitertagewerke

Lfde. Nr.	Zuschußfrist	Gesamtzahl der Arbeitnehmer	Gesamtzahl der Arbeitertagewerke	qm Nutzfläche a) Wohnfläche b) Stallfläche c) Scheunenfläche	Landarbeiter: Wohnungen, Eigenheime

8. Als Gesamtförderungsbetrag ergibt sich ....RM.
 Hiervon entfällt auf das Reich ....RM.
 " " Land ....RM.
9. Die Richtigkeit vorstehender Angaben wird bescheinigt **mit der Feststellung, daß die Bedingungen der Anerkennung eingehalten sind.**

..............................., den ....192...

Unterschrift*) ....

Dienststellung ....

Behörde ....

---

*) Die Bescheinigung ist von der obersten Landesbehörde oder der von ihr bestimmten Verwaltungsstelle zu vollziehen.

Muster eines Grundförderungsbescheides.

Der Vorsitzende
des Thüringischen Landesamts
für Arbeitsvermittlung. Weimar, *4. Juli 1926.*

Aktenz.: *438 / 26*

Förderungsbescheid.

Die nachstehend bezeichnete Notstandsarbeit wird mit Zustimmung des Verwaltungsausschusses des Landesamts durch Zuschuß aus Mitteln der Erwerbslosenfürsorge nach Maßgabe der Abschnitte A und B der Bestimmungen über öffentliche Notstandsarbeiten vom 30. April 1925 (Reichsgesetzblatt I S. 53) und der Ausführungsanordnung des Thüringischen Ministeriums für Inneres und Wirtschaft, Abt. Wirtschaft, vom 16. Mai 1925 (Amts- und Nachr.-Blatt für Thüringen I S. 216) sowie der nachstehenden Bedingungen gefördert:

Ort der Notstandsarbeit: *Rhöngebiet*

Träger ber Notstandsarbeit: *Thür. Kreisamt Eisenach*

Art der Maßnahme: *Fertigstellung der Meliorationen*

In der Förderungszeit vom *1. Juni 1926* **bis** *31. Oktober 1926* **sollen von durchschnittlich** *400* **Erwerbslosen in** *90* **Arbeitstagen zusammen** *36000* **Arbeitsschichten geleistet werden. Die Gesamtkosten zur Durchführung der Maßnahme betragen voraussichtlich** *190000,—RM*, **sodaß auf den Arbeitstag eines Erwerbslosen ein Gesamtkostenaufwand von** *ca. 5,30 RM* **entfällt.**

Die ersparte Erwerbslosenfürsorge nach der als Durchschnitt angenommenen Ortsklasse *C* **beträgt täglich im Höchstfalle für eine männliche Person im Alter von über**

21 Jahren nebst den Zuschlägen für 2 Kinder nach den Sätzen vom *17. Dezember 1925 2,12 RM.*

Als Förderung wird für jeden nachgewiesenen durchschnittlich achtstündigen Arbeitstag eines Erwerbslosen ein Zuschuß in Höhe des *1½* fachen vorstehenden Satzes, nämlich *3,18 RM* zugesichert. Falls tatsächlich insgesamt *36000* anrechnungsfähige Erwerbslosentagewerke geleistet werden, beträgt hiernach der Zuschuß *36000* mal *3,18* ist *114480,— RM,* i. W.: *Einhundertvierzehntausendvierhundertundachtzig RMark.*

Als Notstandsarbeiter sind — bis zum Abruf durch den zuständigen öffentlichen Arbeitsnachweis, höchstens aber bis zur Dauer von drei Monaten — nur Personen anrechenbar, die unmittelbar vor ihrer Zuweisung zu dieser Maßnahme mindestens zwei Wochen auf Grund der Verordnung über Erwerbslosenfürsorge unterstützt worden sind und von dem für die Arbeitsstelle zuständigen öffentlichen Arbeitsnachweis als Notstandsarbeiter zugewiesen werden.

Sämtliche überwiesene Erwerbslose müssen dem zuständigen öffentlichen Arbeitsnachweis zur anderweitigen Vermittlung zur Verfügung stehen.

Stammarbeiter dürfen nicht angerechnet werden.

Tage, an denen nicht gearbeitet wird, sind nicht anrechenbar.

Der Unternehmer ist verpflichtet, auch Erwerbslose aus anderen Arbeitsnachweisbezirken zu beschäftigen, die ihm von dem zuständigen öffentlichen Arbeitsnachweis zugewiesen werden.

Die Vergütung der Notstandsarbeiter wird folgendermaßen festgesetzt:

a) nach dem jeweilig maßgebenden Tariflohn für

Arbeiten gleicher Art, sobald die Notstandsarbeit an einen Privatunternehmer vergeben wird,

b) nach dem für ungelernte Gemeindearbeiter maßgebenden Tarif einschließlich sozialer Zulagen oder mangels eines solchen nach der ortsüblichen Entlohnung, wenn die Arbeiten von Gemeinden oder Gemeindeverbänden in eigener Regie ausgeführt werden.

Die Tätigkeit der Notstandsarbeiter gilt als Beschäftigung gegen Entgelt im Sinne der Reichsversicherungsordnung und als Beschäftigungsverhältnis im Sinne des Einkommensteuergesetzes.

Der Förderungsbescheid wird ungültig, wenn die Notstandsarbeit nicht innerhalb der Förderungsfrist bedingungsgemäß ausgeführt wird.

Die richtige Ausführung der Arbeit, die Zahl der geleisteten Erwerbslosentagewerke und die Zahlung der festgesetzten Vergütungen an die Notstandsarbeiter ist dem öffentlichen Arbeitsnachweis innerhalb zwei Wochen nach Ablauf der Förderungsfrist mit dem Antrag auf Schlußrechnung unter Beachtung der in der Anlage beigefügten Richtlinien[1]) ordnungsgemäß nachzuweisen. Auf Verlangen des öffentlichen Arbeitsnachweises sind weitere Nachweise über die Einhaltung der Bedingungen des Förderungsbescheides zu erbringen.

Otto.

An

das Thür. Kreisamt
in Eisenach

[1]) Sie betreffen die Vorschriften, die bei Aufstellung von Teil- und Schlußabrechnungen zu beachten sind.

Ausführungsbestimmungen für die Förderung des Baues von Landarbeiterwohnungen aus Mitteln der produktiven Erwerbslosenfürsorge (Maßnahme 1925/26).

Vom 22. März 1925 (RABl. S. 126).

Auf Grund der Ermächtigung des Reichsarbeitsministers vom 12. Mai 1921 — III C (I C) 5900/21 — (Reichsarbeitsbl. S. 628) bestimme ich für die Förderung des Baues von Landarbeiterwohnungen aus Mitteln der produktiven Erwerbslosenfürsorge folgendes:[1])

Artikel 1.

Förderungswürdigkeit.

1. Förderungswürdig sind Werkwohnungen und Eigenheime, deren dauernde und ausschließliche Verwendung als Wohnungen deutschstämmiger Landarbeiter sichergestellt ist. Landarbeitern gleichgestellt sind ländliche Handwerker (Gärtner, Stellmacher usw.) und Forstarbeiter, letztere unter der Voraussetzung, daß sie einen längeren Teil des Jahres als Arbeitnehmer in landwirtschaftlichen Betrieben tätig sind. Ausnahmsweise können auch Wohnungsbauten für Bauhandwerker, die überwiegend in landwirtschaftlichen Betrieben oder für solche tätig sind, gefördert werden, wenn nachweislich nur durch Ausführung der Bauvorhaben eine Abwanderung der Handwerker in die Städte verhindert wird.

Grenzfälle sind der obersten Landesbehörde oder der von dieser bezeichneten Stelle zur Entscheidung vorzulegen.

2. Werkwohnungen auf staatlichem Grundbesitz sowie Um- und Erweiterungsbauten können nicht gefördert werden. [1])

[1]) Geändert, s. S. 294.

Artikel 2.

Verfahren.

1. Die Bestimmungen über das Verfahren trifft die oberste Landesbehörde. Sie bestimmt insbesondere den Träger der Maßnahme und schreibt vor, welche Unterlagen der Antragsteller dem Träger einzureichen hat.

2. Der Träger der Maßnahme holt ein Gutachten des Landesamts für Arbeitsvermittlung ein über die Förderungswürdigkeit des Bauvorhabens vom Standpunkt des Arbeitsmarktes, insbesondere hinsichtlich der Einschränkung der ausländischen und der Vermehrung der einheimischen ständigen landwirtschaftlichen Arbeiterschaft. Eine Verzögerung der Bauvorhaben durch das Gutachten ist tunlichst zu vermeiden.

3. Anträge landwirtschaftlicher Arbeitnehmer und minderbemittelter Bauherren sind bevorzugt zu berücksichtigen.

4. Die Anerkennung der Bauvorhaben erfolgt nach dem beiliegenden [1]) Muster A, dessen Ergänzung den obersten Landesbehörden vorbehalten bleibt.

[1]) Abgedruckt S. 285.

Artikel 3.

Darlehen.

Die Förderung der Landarbeiterwohnungen erfolgt durch Tilgungsdarlehen, die von Reich und Land je zur Hälfte gewährt werden (§ 32 der Verordnung über Erwerbslosenfürsorge).

2. Die Darlehnsgeber können das Darlehen nicht kündigen, während der Darlehnsnehmer berechtigt ist, das Darlehen zum 1. Oktober jeden Jahres unter Einhaltung einer Kündigungsfrist von 4 Wochen zu kündigen. Ohne Einhaltung einer Kündigungsfrist ist das Darlehen sofort fällig, wenn

a) die Bauten nicht innerhalb der Förderungsfrist bezugsfertig hergestellt sind und nicht spätestens 4 Wochen nach Gebrauchsübernahme eine amtliche Bauabnahmebescheinigung dem Träger der Maßnahme eingereicht ist,

b) die Wohnungen und Stallgebäude zu anderen Zwecken als zur Unterkunft für deutschstämmige Landarbeiter und deren Wirtschaftsinventar verwendet werden,

c) der Eigentümer mit der Zahlung einer Jahresrate ganz oder teilweise in Verzug ist,

d) der Antragsteller wissentlich falsche Angaben zwecks Erlangung des Darlehens gemacht oder sich sonstiger schwerwiegender Zuwiderhandlungen gegen die Bestimmungen schuldig gemacht hat,

e) die Zwangsversteigerung oder Zwangsverwaltung des Grundstücks angeordnet ist.

Die obersten Landesbehörden können hinsichtlich der Kündigung weitere Bestimmungen treffen. Sie können insbesondere einen Zuschlag zu den noch nicht getilgten Darlehnsbeträgen bis zu 25 v. H. vorsehen.

3. Die Darlehen sind innerhalb von 10 Jahren zu tilgen. Werden sie an bedürftige Landarbeiter zur Errichtung von Eigenheimen gewährt, so kann die oberste Landesbehörde die Tilgungsdauer bis auf höchstens 20 Jahre festsetzen. Die Tilgungsraten sind am 1. Oktober jeden Jahres, jedoch frühestens 6 Monate nach Fertigstellung des Baues fällig.

4. Werden Tilgungsraten nicht rechtzeitig entrichtet, so ist die Darlehnsschuld während der Dauer des Verzugs in Höhe des jeweiligen Reichsbankdiskontsatzes zuzüglich 2 v. H. zu verzinsen. Alle Zahlungen sind an die empfangsberechtigte Kasse zu leisten. Als Tag der Zahlung gilt der Tag, an dem der Betrag bei der empfangsberechtigten Kasse eingeht.

5. Die Höhe des Darlehens soll 40 v. H. der Baukosten nicht übersteigen. Es wird durch Vervielfältigung der qm-Zahlen der Wohn- und Stallflächen mit festen Einheitssätzen (6) ermittelt. Wohnflächen können bis zu 70 qm, Ställe und Scheunen mit einer Nutzfläche bis zu 20 qm insgesamt bei Werkwohnungen und bis zu 40 qm insgesamt bei Eigenheimen je Landarbeiterwohnung in Ansatz gebracht werden.

Als Wohnfläche gilt die gesamte Grundfläche der abgeschlossenen Wohnung, und zwar abzüglich der Wandstärken, jedoch einschließlich der Grundfläche ausgebauter Dachräume. Bei der Berechnung der Wohnfläche ist die Grundfläche des Treppenhauses, bei Einfamilienhäusern die Grundfläche der Treppen nicht in Ansatz zu bringen, und zwar auch dann nicht, wenn die Treppe in die Küche usw. eingebaut ist.

6. Der Einheitssatz [1]) für einen qm Nutzfläche darf

	bei Werkwohnungen	bei Eigenheimen
für 1 qm Wohnfläche	30 RM.	40 RM.
für 1 qm Stallfläche	15 RM.	20 RM.
für 1 qm Scheunenfläche	6 RM.	8 RM.

nicht übersteigen. Es bleibt der obersten Landesbehörde überlassen, Einheitssätze unterhalb dieser Höchstsätze zu bestimmen.

[1]) Geändert, s. S. 289, 290.

Artikel 4.

Sicherstellung.

1. Die Sicherstellung des Darlehens erfolgt durch Eintragung einer Hypothek in Reichsmark zugunsten des Landes auf dem Grundstücke, auf welchem die Landarbeiterwohnung errichtet werden soll. In der Eintragungsbewilligung (Muster B) [1]) sind Höhe und Fälligkeit der Zins- und Tilgungsraten sowie die Kündigungs- und Rückzahlungsbedingungen zu bezeichnen. Die Hypothek ist an sicherer Stelle, jedenfalls innerhalb von fünf Sechsteln des nach den Beleihungsgrundsätzen der öffentlich-rechtlichen Kreditanstalten festzusetzenden Wertes einzutragen.

2. Zur Sicherung des Förderungszwecks ist ferner eine beschränkte persönliche Dienstbarkeit zugunsten

des Landes des Inhalts einzutragen, daß die Wohnung auf die Dauer von 50 Jahren nur von deutschstämmigen Landarbeiterfamilien bewohnt werden darf.

3. Die oberste Landesbehörde kann bestimmen, daß Rückzahlung im Falle der sofortigen Fälligkeit des Darlehns, Tilgung und etwaige Zuschläge durch eine gerichtliche oder notarielle Urkunde zu sichern sind, durch welche sich der Schuldner der sofortigen Zwangsvollstreckung in der Form unterwirft, daß diese gegen den jeweiligen Eigentümer des Grundstücks zulässig sein soll. Diese Verpflichtung bedarf der Eintragung im Grundbuch (§ 800 der Zivilprozeßordnung).

[1]) Abgedruckt S. 287.

Artikel 5.

Auszahlung, Kontrolle.

Die Auszahlung der Mittel sowie die Ueberwachung ihrer Verwendung erfolgt durch die oberste Landesbehörde oder die von dieser bezeichnete Stelle.

Artikel 6.

Verwaltungskosten.

Verwaltungskosten werden aus Reichsmitteln nicht erstattet. Eine Kürzung des Darlehens gegenüber dem Antragsteller oder die Auferlegung einer Gebühr für die Vermittlung des Darlehns darf nicht erfolgen.

Artikel 7.

Abrechnungen.

Der Erlaß besonderer Bestimmungen über die

Abrechnung bleibt vorbehalten. Bis dahin gelten die bisherigen Vorschriften.

Artikel 8.

Inkrafttreten.

Die Bestimmungen treten am 1. April 1925 in Kraft. Diejenigen Bauvorhaben, für welche vor diesem Tage Anerkennungen ausgesprochen sind, werden nach den bisherigen Ausführungsbestimmungen vom 20. Juli 1923 (Reichsarbeitsbl. S. 491) gefördert. Im übrigen treten diese mit Ablauf des 31. März 1925 außer Kraft.

Berlin, den 22. März 1925.

Der Präsident der Reichsarbeitsverwaltung
(Reichsamt für Arbeitsvermittlung).
Dr. Syrup.

Muster A

...., den.......................... 192

Anerkennung.

Die nachstehend bezeichnete Maßnahme, nämlich die Errichtung von ....Werkwohnungen
.......Eigenheimen für.......deutschstämm. Landarbeiterfamilie
„ .... „ ledige Landarbeiter
„ .... „ landwirtschaftliche Handwerker
„ ....
in ....
wird als geeignet und würdig zur Förderung aus Mitteln der produktiven Erwerbslosenfürsorge anerkannt.

I. Träger der Maßnahme ist: ....

II. Unternehmer der Maßnahme ist: (Name) ....
(Beruf) ....
(Wohnort) ....

III. Die Förderung soll sich auf die Zeit vom .... bis........................erstrecken.

IV. Die Gesamtkosten betragen voraussichtlich ....*RM.*

V. Zur Förderung der Maßnahme wird ein zinsloses Tilgungsdarlehen in Aussicht gestellt.

Der Berechnung des Darlehns werden folgende Einheitssätze zugrunde gelegt:

.... *RM.* für 1 qm Wohnfläche,
.... *RM.* „ 1 qm Stallfläche
.... *RM.* „ 1 qm Scheunenfläche.

VI. Bei ......qm zur Förderung kommender Wohnfläche
......qm „ „ „ Stallfläche
......qm „ „ „ Scheunenfläche

beträgt das Darlehn, falls die angemeldeten Leistungen erfüllt sind, ...*RM.*, in Worten: ....*RM.*

Hiervon entfallen auf das Reich ½ mit ....*RM.*
„ „ Land ½ „ ....*RM.*

VII. Das Darlehn wird auf ....Jahre gewährt.
Es ist jährlich am 1. Oktober mit 1/...... des Betrages = ...*RM.*, in Worten:........................ ....*RM.* zurückzuzahlen.

VIII. Die Ausführungsbestimmungen des Präsidenten der Reichsarbeitsverwaltung vom 22. März 1925 Nr. II P 1084/25 (Reicharbeitsbl. S. 126) und die Bestimmungen des Runderlasses .... vom........................ Nr. .... sowie etwaige Ergänzungen sind genau zu beachten.

Muster B

Eintragungsbewilligung.

...., den 192

Der Unterzeichnete ist Eigentümer des Grundstückes, das im Grundbuche des Amtgerichts zu .... von .... Band .... Blatt .... verzeichnet ist. Er beabsichtigt, auf diesem Grundstück unter Förderung aus Mitteln der produktiven Erwerbslosenfürsorge .... Wohnungen und Stallgebäude für deutschstämmige Landarbeiter zu errichten.

Als Eigentümer dieses Grundstückes bewilligt und beantragt der Unterzeichnete, für den .... Staat, vertreten durch den ....
zu ...., eine Hypothek mit folgendem Inhalt auf den vorbezeichneten Grundbesitz einzutragen:

1. Der Grundstückseigentümer ist verpflichtet, an die .... in .... jährlich am 1. Oktober, erstmalig am 1. Oktober 19...... einen Betrag von .... *RM.*, in Worten .... Reichsmark zu zahlen.

2. Die Hypothek wird durch Zahlung von .... der unter Ziffer 1 aufgeführten Jahresraten getilgt.

3. Der Eigentümer ist berechtigt, unter Einhaltung einer Kündigungsfrist von 4 Wochen die Hypothek zum 1. Oktober jedes Jahres abzulösen.

4. Der .... Staat kann die Hypothek nicht kündigen; er kann jedoch, vertreten durch den .... zu ....,

die sofortige Ablösung der Hypothek ohne Einhaltung einer Kündigungsfrist in folgenden Fällen verlangen:

a) wenn die obenbezeichneten Bauten nicht antragsgemäß bis zum .... bezugsfertig hergestellt sind und nicht spätestens 4 Wochen nach Gebrauchsabnahme eine amtliche Bauabnahmebescheinigung des .... dem Träger der Maßnahme eingereicht ist;

b) wenn die obenbezeichneten Wohnungen und Stallgebäude zu anderen Zwecken verwendet werden als zur Unterkunft für deutschstämmige Landarbeiter und deren Wirtschaftsinventar;

c) wenn der Eigentümer mit der Zahlung einer Jahresrate ganz oder teilweise im Verzug ist;

d) wenn der Antragsteller wissentlich falsche Angaben zwecks Erlangung des Darlehns gemacht oder sich sonstiger schwerwiegender Zuwiderhandlungen gegen die Bestimmungen schuldig gemacht hat;

e) wenn die Zwangsversteigerung oder Zwangsverwaltung des Grundstücks angeordnet ist.

Unterschrift:

Die vorstehende eigenhändige Unterschrift de.........
....beglaubige ich hiermit
................................., den .... 19.......
Nr. ....des Notariatsregisters für 19.......

Unterschrift:
Notar

Kostenrechnung

Wert des Gegenstandes: .... *M*
Gebühren nach: .... *M*

Der Präsident der Reichsarbeitsverwaltung (Reichsamt für Arbeitsvermittlung) Nr. II P 3298/25.

Berlin, NW. 40, den 30. Juli 1925.

Infolge der Schwierigkeiten, die hinsichtlich der Unterbringung Schwerbeschädigter [1]) in der Landwirtschaft wegen des Wohnungsmangels auf dem Lande bestehen, ist der Wunsch an mich herangebracht worden, die durch meine Ausführungsbestimmungen vom 22. März 1925 bestimmten Einheitssätze für Schwerbeschädigten-Wohnungen zu erhöhen. Da die Beschaffung von Wohnungen für Schwerbeschädigte von besonderer Bedeutung ist, erkläre ich mich damit einverstanden, daß entsprechend einer mit Preußen getroffenen Vereinbarung auch in den außerpreußischen Ländern die durch Art. 3 bestimmten Einheitssätze für Schwerbeschädigten-Wohnungen im Haushaltsjahr 1925 um 10 RM. je qm Wohnfläche und um 5 RM. je qm Stallfläche innerhalb des Mittelkontingents erhöht werden, falls das Land sich an der Förderung mit den gleichen Beträgen beteiligt. Ich bitte ergebenst, die Erhöhung der Sätze in den Anerkennungen und Schlußrechnungen besonders kenntlich zu machen.

Dr. Syrup.

[1]) Als Schwerbeschädigte gelten nach § 3 des Gesetzes über die Beschäftigung Schwerbeschädigter in der Fassung der Bekanntmachung vom 12. Januar 1923 (RGBl. I S. 58) Deutsche, die infolge einer Dienstbeschädigung oder durch Unfall oder beide Ereignisse um wenigstens 50 vom Hundert in ihrer Erwerbsfähigkeit beschränkt sind und auf Grund des Reichsversorgungsgesetzes, der vorangehenden Militärversorgungsgesetze oder von

Gesetzen, die das Reichsversorgungsgesetz für anwendbar erklären, oder auf Grund der reichsgesetzlichen Unfallversicherung, des Unfallfürsorgegesetzes vom 18. Juni 1901 (RGBl. S. 211) oder entsprechender landesrechtlicher Vorschriften Anspruch auf eine Pension oder auf eine der Minderung ihrer Erwerbsfähigkeit entsprechende Rente haben.

Im Zweifelsfalle werden die Bezirksfürsorgeverbände darüber Auskunft geben können, ob die gesetzlichen Voraussetzungen vorliegen.

Der Präsident der Reichsarbeitsverwaltung (Reichsamt für Arbeitsvermittlung) II P 5378/25.

Berlin, NW. 40, den 26. Nov. 1925.

Mit Zustimmung des Herrn Reichsarbeitsministers erkläre ich mich damit einverstanden, daß die durch meine Ausführungsvorschriften vom 22. März 1925 bestimmten Einheitssätze [1]) wie folgt erhöht [2]) werden:

a) für Werkwohnungen von mindestens 60 qm Wohnfläche auf:
   35 M. je qm Wohnfläche,
   20 „ „ „ Stallfläche,
   10 „ „ „ Scheunenfläche,

b) für Eigenheime auf:
   50 M. je qm Wohnfläche,
   25 „ „ „ Stallfläche,
   15 „ „ „ Scheunenfläche.

Die erhöhte Förderung darf jedoch nur für Bauten gewährt werden, die nach dem 1. Juli 1925 begonnen worden sind. Ferner ist Voraussetzung der Erhöhung, daß das für das Haushaltsjahr 1925 zugeteilte Kontingent durch die Erhöhung nicht überschritten wird.

Bei der Gelegenheit gestatte ich mir, noch auf einen anderen Punkt zurückzukommen. Die nach Art. 3 Abs. 3 meiner Ausführungsvorschriften dem Schuldner gewährte Bewegungsfreiheit (Fälligkeit der Tilgungsrate am 1. Oktober jeden Jahres, jedoch frühestens 6 Monate nach Fertigstellung des Baues) hat sich nach den bisherigen Erfahrungen nicht als völlig ausreichend erwiesen. Wenn auch nach der bezeichneten Vorschrift dem Schuldner von Tilgungsraten bei Bauten, die in der Zeit vom 1. April bis 30. September eines Jahres vollendet sind, praktisch eine Schonungsfrist von über einem Jahr gewährt ist, so ist nicht zu verkennen, daß die Rückzahlung der ersten Tilgungsrate in einem anderen Zeitpunkt der Fertigstellung des Baues erhebliche Schwierigkeiten macht. Dies gilt insbesondere für Erbauer von Eigenheimen, die gerade im ersten Jahre neben den Kosten für den Bau ihrer Wohnung weitere erhebliche Mittel aufbringen müssen, aber auch in Anbetracht der zeitlichen Schwierigkeiten in der Landwirtschaft für die Hersteller von Werkwohnungen. Ich bin deshalb damit einverstanden, daß über die 6-Monatsfrist des Art. 3 hinaus dem Schuldner ein weiteres Freijahr eingeräumt wird, jedoch darf hierdurch der Lauf der Tilgungsfristen von 10 und 20 Jahren selbst nicht betroffen werden. Vielmehr erhöhen sich dann die einzelnen Tilgungsraten innerhalb der Tilgungsfristen entsprechend. Die Bewilligung der Freizeit bitte ich indessen nur auf äußerste Härtefälle, in denen sonst eine Stundung ausgesprochen werden müßte, zu beschränken. Auch gestatte ich mir die Anregung, daß

Sie diese Bewilligung sich gegebenenfalls selbst vorbehalten.

Dr. Syrup.

An den

Preußischen Herrn Minister für Volkswohlfahrt [3])

Berlin.

[1]) Da die Einheitssätze Höchstsätze sind, bleibt es den obersten Landesbehörden überlassen ob sie diese oder niedrigere Sätze der Förderung zu Grunde legen wollen.

[2]) Für Schwerbeschädigte können die Einheitssätze entsprechend dem Schreiben vom 30. Juli 1925 — II P 3298/25 — um ein Zusatzdarlehen in Höhe von je 10,— RM. je qm Wohnfläche und 5,— RM. je qm Stallfläche erhöht werden.

[3]) Gilt auch für die Länder, welche diese Sätze für ihr Staatsgebiet in Kraft gesetzt haben.

Der Präsident der Reichsarbeitsverwaltung (Reichsamt für Arbeitsvermittlung)

Berlin, NW. 40, den 1. Dezbr. 1925.

In letzter Zeit sind wiederholt Anerkennungen für Landarbeiterwohnungen mit auffallend geringer Wohnfläche ausgesprochen worden. So wurden z. B. insbesondere Eigenheime mit einer Wohnfläche von nur 30—35, teilweise sogar nur mit 20—25 qm als förderungswürdig anerkannt. Auch wenn es sich in diesen Fällen um ganz besonders bedürftige Landarbeiter handelt, deren Mittel zur Deckung höherer Baukosten nicht ausreichen, so darf ich doch darauf hinweisen, daß die Bereitstellung von Mitteln der produktiven Erwerbslosenfürsorge für den Landarbeiterwohnungsbau die Förderung gesundheitlich und kulturell geeigneter Wohnungen für deutsche Landarbeiter bezweckt und daß Bauten von so geringer Wohnfläche grundsätzlich nicht als förderungswürdig anerkannt werden können. Der Preußische Herr Minister für Volkswohlfahrt hat aus diesem Grunde in Ziffer 6 f seines Runderlasses vom 27. März 1925 (III R I 1250/25) angeordnet, daß jede Wohnung regelmäßig Wohnküche, Schlafstube, 2 Kammern (zur Trennung der heranwachsenden Kinder nach Geschlechtern), Bodenraum, Keller, Stall und Abort enthalten sollen. Diese Raumgröße und Raumverteilung, die auch mir zweckentsprechend erscheint, beansprucht eine durchschnittliche Wohnfläche von mindestens 50 bis 70 qm. Unterhalb dieser Grenze dürfen übrigens auch für Werkwohnungen die erhöhten Sätze für Darlehen entsprechend meinem Schreiben vom 26. November 1925 — II P 5378/25 — nicht gewährt werden. Ich bitte daher, zukünftig bei der Prüfung der Förderungswürdigkeit der Maßnahme auf die Schaffung von ausreichendem Wohnraum besonderen Wert zu legen.

In Vertretung: Dr. Kaphahn.

Der Präsident der Reichsarbeitsverwaltung (Reichsamt für Arbeitsvermittlung) II P 2008/26.

Berlin, NW. 40, den 20. März 1926.

An

die obersten Landesbehörden.

Betrifft: Förderung des Baues von Landarbeiterwohnungen aus Mitteln der produktiven Erwerbslosenfürsorge.

Die Arbeitgeber- und die Arbeitnehmervertreter des landwirtschaftlichen Fachausschusses der Reichsarbeitsverwaltung haben einstimmig beantragt, zur Beseitigung der Mißstände bei der Unterbringung lediger Landarbeiter künftig in gewissem Umfange auch Um- und Erweiterungsbauten zuzulassen, deren Förderung z. Zt. gemäß Artikel 1 Absatz 2 Satz 2 der Ausführungsbestimmungen vom 22. März 1925 (RABl. S. 126) nicht gestattet ist. Für eine solche Förderung kommen nach der Auffassung der Landwirtschaft insbesondere bereits vorhandene Werkwohnungen und Eigenheime von Arbeitern der Landwirtschaft in Frage, die zu wenig Wohnraum haben, um fremde Hofgänger von der Deputatarbeiterfamilie getrennt unterbringen zu können, ohne daß ein Bedürfnis für die Errichtung eines neuen Wohngebäudes besteht. Obgleich gegen die Förderung solcher Um- und Erweiterungsbauten mit Recht Bedenken erhoben werden, vor allem, weil die Durchführung der Maßnahme und die Kontrolle der hierfür gewährten Mittel schwierig ist, glaube ich in Anbetracht der Notwendigkeit der Schaffung neuen Wohnraumes für land- und forstwirtschaftliche Arbeiter doch, mich der Anregung nicht verschließen zu können.

Ich erkläre mich damit einverstanden, daß bis zu 10 v. H. der kontingentsmäßig für das Haushaltsjahr 1926 für den Bau von Landarbeiterwohnungen zur Verfügung gestellten Mittel für Um- und Erweiterungsbauten bereits bestehender Werkwohnungen und Eigenheime dann verwendet werden, wenn hierdurch nachweislich neuer Wohnraum für einheimische land- und forstwirtschaftliche Arbeiter geschaffen wird. Voraussetzung ist, daß sich das Land an der Maßnahme im gleichen Umfange wie das Reich beteiligt.

Um Mißbräuche hinsichtlich der Verwendung der Mittel zu vermeiden, bitte ich ergebenst, dafür Sorge zu tragen, daß nur solche Anträge genehmigt werden, bei denen die Erfüllung der obengenannten Voraussetzung sichergestellt ist. Daher wird die Förderung für bäuerliche Eigenwohnungen nicht in Frage kommen.

Dr. Syrup.

Errichtung von Arbeitsnachweisgebäuden.

Der Reichsarbeitsminister. Berlin NW 40,
IV. 6160/25. 23. Juli 1925.

An
den Herrn Präsidenten der Reichsarbeitsverwaltung
(Reichsamt für Arbeitsvermittlung)
im Hause.

Betrifft: Errichtung von Arbeitsnachweisgebäuden mit Mitteln der Erwerbslosenfürsorge.

I. . . .

II. Nach erneuter Prüfung erkläre ich mich ferner damit einverstanden, daß gemäß § 32 der Verordnung über Erwerbslosenfürsorge vom 16. Februar 1924 (Reichsgesetzbl. I S. 127) Darlehen aus Mitteln der produktiven Erwerbslosenfürsorge zum Bau von Arbeitsnachweisgebäuden gewährt werden. Ich ermächtige Sie, für diesen Zweck aus Reichsmitteln bis zu 3 (drei) Millionen Reichsmark zu verwenden. Dabei müssen jedoch folgende Voraussetzungen erfüllt werden:

1. Zuständig für die Bewilligung von Darlehen für Arbeitsnachweisbauten ist in jedem Einzelfalle die Reichsarbeitsverwaltung im Einvernehmen mit der obersten Landesbehörde.

2. Die Hingabe der Darlehen kommt nur in Betracht, soweit die Länder sich gemäß § 32 a. a. O. mit dem gleichen Betrag wie das Reich beteiligen.

3. Jede Bewilligung setzt voraus, daß die Gelder auf anderem Wege zu erträglichen Bedingungen nicht erhältlich sind. Es darf jeweils höchstens die Hälfte [1]) der Errichtungskosten gewährt werden.

4. Arbeitsnachweisbauten dürfen nur in Angriff genommen werden, wenn sie aus arbeitsmarktpolitischen Gesichtspunkten besonders dringlich sind, und keinesfalls in Bezirken und zu Zeiten, in denen eine Vermehrung der Arbeitsgelegenheiten dem Angebot an Bauarbeitern nicht entspricht und vielleicht die Heranziehung ausländischer Bauarbeiter zur Folge hätte. Mein Rundschreiben vom 6. März 1925 — IV 2308/25 (Reichsarbeitsbl. S. 109) — ist zu beachten.

5. Bei Errichtung der fraglichen Gebäude ist jeder entbehrliche Aufwand der Ausstattung zu vermeiden.

III. Auch für die Verzinsung und Tilgung der aus der produktiven Erwerbslosenfürsorge gegebenen Darlehen können im Rahmen meines zu I erwähnten Erlasses Mittel der unterstützenden Erwerbslosenfürsorge in Anspruch genommen werden.

Abschrift (einschließlich des ersten Absatzes meines zu I und III angezogenen Erlasses) erhalten die obersten Landesbehörden für Erwerbslosenfürsorge und Arbeitsnachweiswesen (in Preußen die Herren Minister für Volkswohlfahrt und für Handel und Gewerbe). Ich ersuche Sie, in Verbindung mit diesen das weitere zu veranlassen.

Abdruck übersende ich ergebenst zur gefälligen Kenntnis und mit dem Anheimstellen der weiteren

[1]) Geändert durch Ziffer 3 der Richtlinien vom 17. Juli 1926.

Veranlassung. Der erwähnte erste Absatz meines Schreibens vom 19. Juni — IV 5241/25 — lautet:

„Mit Rücksicht auf die Bedeutung einer ordnungsmäßigen Unterbringung der Arbeitsnachweise für die Hebung der Arbeitsvermittlung bin ich damit einverstanden, daß zur Förderung des Baues von Arbeitsnachweisgebäuden die Mittel der unterstützenden Erwerbslosenfürsorge für die Verzinsung und Tilgung von Darlehen, die zu diesem Zweck aufgenommen werden, in dem Rahmen herangezogen werden, der den Aufwendungen für einen angemessenen Mietzins entspricht. Natürlich muß in jedem Falle sichergestellt werden, daß das Gebäude von der Verwaltungsgemeinde nicht hinterher für andere Zwecke ganz oder teilweise benutzt wird bezw., daß in diesem Falle entsprechende Rückvergütungen stattfinden."

Dr. Brauns.

Der Reichsarbeitsminister. Berlin, den 17. Juli 1926.
IV. 5938/26.

An
die obersten Landesbehörden für Arbeitsnachweiswesen und Erwerbslosenfürsorge.

Betrifft: Errichtung von Arbeitsnachweisgebäuden.

Die Landesbehörden, die von der Möglichkeit, aus Mitteln der produktiven Erwerbslosenfürsorge Arbeitsnachweisbauten zu fördern, Gebrauch machen wollen, haben sich mit den in meinem Rundschreiben vom 7. April 1926 — IV 3868/26 — vorgeschlagenen neuen Richtlinien für die Förderung von Arbeitsnachweisgebäuden einverstanden erklärt. Zwei Länder haben angeregt, auch die Förderung von Umbauten von Arbeitsnachweisgebäuden zuzulassen, weil durch sie in vielen Fällen mit weit geringeren Mitteln als bei Neubauten der gleiche Zweck erreicht werden könne.

Ich habe daher den Herrn Präsidenten der Reichsarbeitsverwaltung mit sofortiger Wirkung ermächtigt, den bisher noch nicht aufgebrauchten Teil der bereitgestellten 3 000 000 RM. nach folgenden Grundsätzen zu verwenden:

1. Die Darlehen für Arbeitsnachweisbauten werden von den obersten Landesbehörden im Einvernehmen mit der Reichsarbeitsverwaltung bewilligt.

2. Die Darlehen werden nur dann gewährt, wenn die Länder sich gemäß § 32 der VO. über Erwerbslosenfürsorge vom 16. Februar 1924 (Reichsgesetzbl. I S. 127) mit dem gleichen Betrag wie das Reich beteiligen.

3. Das Darlehen der produktiven Erwerbslosenfürsorge darf jeweils höchstens in Höhe von $^2/_3$ der Kosten gewährt werden, die zur Erstellung der für Arbeitsnachweiszwecke bestimmten Räumlichkeiten erforderlich sind. Der Wert des Grund und Bodens ist hierbei nicht miteinzurechnen.

4. Arbeitsnachweisbauten sollen in erster Linie in Orten gefördert werden, die unter starker Arbeitslosigkeit leiden, und nur dort, wo der Arbeitsnachweis so unzulänglich untergebracht ist, daß die ordnungsmäßige Arbeitsvermittlung und dadurch der Abbau der Erwerbslosenfürsorge darunter leidet, andere geeignete Räume für den Arbeitsnachweis infolge der Wohnungsnot nicht zur Verfügung stehen und die Gemeinde

finanziell nicht in der Lage ist, selbst neu zu bauen und auch die Mittel für einen Neubau nicht auf anderem Wege zu erträglichen Bedingungen beschaffen kann.

5. Die Bauten dürfen nicht in Bezirken und zu Zeiten in Angriff genommen werden, in denen durch den Bau ein Mangel an Bauarbeitern entsteht und deshalb vielleicht ausländische Bauarbeiter herangezogen werden müssen.

6. Bei der Ausstattung der Arbeitsnachweisgebäude ist jeder entbehrliche Aufwand zu vermeiden.

7. Umbauten können ausnahmsweise gefördert werden, wenn dadurch für absehbare Zeit gewährleistet wird, daß der Arbeitsnachweis angemessen untergebracht wird. Instandsetzungsarbeiten sind aber von der Förderung ausgeschlossen.

8. Es ist in geeigneter Weise sicherzustellen, daß die mit Mitteln der produktiven Erwerbslosenfürsorge geförderten Bauten dauernd für Arbeitsnachweiszwecke verwandt werden.

9. Die Darlehen der produktiven Erwerbslosenfürsorge sind zum Reichsbankdiskontsatz, aber nicht zu mehr als 5 % zu verzinsen und in längstens 15 Jahren zu tilgen. Die Zins- und Tilgungsraten können aus Beitragsmitteln entnommen werden. Mietszahlungen an die Gemeinde für die Ueberlassung der Arbeitsnachweisräume sind alsdann ausgeschlossen. In weiterem Umfange darf das Beitragsaufkommen nicht in Anspruch genommen werden, weder zur Verzinsung und Tilgung anderweitig zu beschaffender Baugelder noch zur Ergänzung etwa fehlenden Baukapitals.

10. Für die Verteilung der Mittel auf die Länder ist der Schlüssel zugrunde zu legen, der für die Verteilung der sonstigen Mittel der produktiven Erwerbslosenfürsorge gilt. Abweichungen bedürfen meiner Zustimmung; doch können die Anteile der Länder, die sich an den Förderungsmaßnahmen nicht beteiligen, andern Ländern für Arbeitsnachweisbauten zur Verfügung gestellt werden.

J. A.: Dr. O. Weigert.

III. Die Reichsverordnung über Erwerbslosenfürsorge mit Erläuterungen.

I. Einrichtung der Fürsorge.

§ 1.

(1) Die Gemeinden [1]) sind verpflichtet [2]), soweit ein Bedürfnis [3]) dazu besteht, eine Fürsorge [4]) für Erwerbslose einzurichten, der sie nicht den Rechtscharakter der Armenpflege [5]) beilegen dürfen. Das Ziel dieser Fürsorge ist im einzelnen Falle die Beendigung der Erwerbslosigkeit durch die Aufnahme von Arbeit. Nur insoweit dieses Ziel nicht erreicht werden kann, sind Unterstützungen nach Maßgabe der folgenden Bestimmungen zu gewähren.

(2) Die oberste Landesbehörde [6]) kann mit Zustimmung des Reichsarbeitsministers und des Reichsministers der Finanzen anordnen, daß Gemeinden eine Fürsorge für Kurzarbeiter [7]) einrichten.

[1]) Gemeinden im Sinne des § 1 sind die Errichtungsgemeinden der öffentlichen Arbeitsnachweise (vgl. § 42 der VO.), demnach im allgemeinen die Stadt- und Landkreise (vgl. z. B. Thür. Verordnungen zur Ausführung des ANG. vom 18. Januar 1923 und 30. April 1924, Ges.-S. S. 35, 238). Durch die „Verpflichtung“, eine Fürsorge für Erwerbslose einzurichten, erhalten die Errichtungsgemeinden die Eigenschaft als Träger der Fürsorge, wenn das Gesetz das auch nicht ausdrücklich sagt.

Im Gegensatz hierzu beabsichtigt der Entwurf der Arbeitslosenversicherung, ähnlich den Krankenkassen besondere Träger zu schaffen in den Landesarbeitslosenkassen, die rechtsfähig sind, deren Vorstand die Eigenschaft einer öffentlichen Behörde hat und deren Bezirke sich mit den Bezirken der Landesämter für Arbeitsvermittlung decken (vgl. Einführung S. 17).

Den Errichtungsgemeinden ist die Aufgabe, eine Fürsorge für Erwerbslose einzurichten, übertragen worden, da sie leistungsfähigere Verbände sind als früher die politischen Gemeinden. Diese handeln nur noch als Beauftragte der Errichtungsgemeinden, sind aber verpflichtet, sie bei der Durchführung der Fürsorge zu unterstützen. Sie können mit der Kontrolle der Erwerbslosen und der Auszahlung der Unterstützung betraut werden. Den Vorständen der Einzelgemeinden kann auch, wenn Errichtungsgemeinde ein weiterer Gemeindeverband (Landkreis) ist oder unter den Errichtungsgemeinden eines gemeinsamen Arbeitsnachweises ein weiterer Gemeindeverband oder mehrere weitere Gemeindeverbände sind, im ersten Fall vom Vorstand des Gemeindeverbandes, im zweiten gemeinschaftlich vom Vorsitzenden des Arbeitsnachweises und vom Vorstand des Gemeindeverbandes die Entscheidung über die Unterstützungsgesuche für ihren Bezirk übertragen werden (vgl. § 27 Abs. 3 und § 30 der VO.). Insbesondere stellen die politischen Gemeinden Pflichtarbeiten nach § 14 der VO. und Notstandsarbeiten nach § 32 der VO. bereit und richten Fortbildungs- und Umschulungskurse nach Art. 8 der Auss.-B. vom 2. Mai 1925 (abgedruckt S. 63) ein. Die den einzelnen politischen Gemeinden eines Gemeindeverbandes durch die Fürsorge entstehenden Lasten werden auf sämtliche Gemeinden des Gemeindeverbandes verteilt (vgl. § 38 der VO.).

Die öffentlichen Arbeitsnachweise sind nicht Träger der Fürsorge. Aus praktischen Gründen, besonders wegen des engen Zusammenhangs zwischen Fürsorge und Arbeitsnachweis, ist ihnen die **Durchführung** der Fürsorge übertragen worden. Die Verantwortung für ordnungsmäßige Durchführung tragen die

Errichtungsgemeinden, deshalb die Vorschrift des § 28 der VO., daß der Vorstand der Gemeinde dem Vorsitzenden des öffentlichen Arbeitsnachweises bindende Weisungen erteilen kann, deshalb die Haftung der Gemeinde nach § 41 der VO. für grobe Verstöße auch des Vorsitzenden des Arbeitsnachweises. Vgl. Anm. 1 zu § 27.

Die Errichtungsgemeinden (bei gemeinsamen öffentlichen Arbeitsnachweisen die Verwaltungsgemeinde) vertreten die Erwerbslosenfürsorge auch im Prozeß; denn die Erwerbslosenfürsorge ist keine juristische Person, wie durch das Urteil des Amtsgerichts Hannover 23 C 6731/24 vom 7. Oktober 1924 (RABl. 1925 S. 61) ausdrücklich festgestellt wird:

Die Erwerbslosenfürsorge ist keine juristische Person.

Entscheidungsgründe:

„Nach § 56 ZPO. hat das Gericht den Mangel der Parteifähigkeit von Amtswegen zu berücksichtigen. Das Gericht gelangt zu der Feststellung, daß der Träger der Erwerbslosenfürsorge der Magistrat H. ist. Wenn der Kläger behauptet, daß:

1. die Erwerbslosenfürsorge eine von den politischen Gemeinden losgelöste besondere „Einrichtung" der Errichtungsgemeinden des öffentlichen Arbeitsnachweises H. ist,
2. die Erwerbslosenfürsorge eigenes Vermögen besitzt,
3. dieses Vermögen nach den Bestimmungen der Verordnung über Erwerbslosenfürsorge und der Satzung des öffentlichen Arbeitsnachweises verwaltet wird,

so mag das zugegeben werden. Unrichtig ist aber die Folgerung, daß danach die Erwerbslosenfürsorge eine juristische Person darstellt, und zwar eine solche auf Grund besonderer Reichsgesetze, ähnlich wie bei Krankenkassen. Bei diesen letzteren ist die Eigenschaft als juristische Person im Gesetz ausdrücklich festgelegt. Eine analoge Anwendung solcher besonderer Bestimmungen auf die Erwerbslosenfürsorge-Organe, wie hier den öffentlichen Arbeitsnachweis, geht nicht an. Nach der vom

Kläger selbst angezogenen Verordnung sind die „Gemeinden" verpflichtet, eine Fürsorge für Erwerbslose einzurichten. Für die in Hannover bestehende Erwerbslosenfürsorge ist diese „Errichtungsgemeinde" die Stadtgemeinde H., vertreten durch den Magistrat. Uebrigens enthält die Satzung für den öffentlichen Arbeitsnachweis im § 3 die Bestimmung,

> daß der Arbeitsnachweis vorbehaltlich weiterer Bestimmungen in der Satzung von der Stadtgemeinde H. verwaltet wird, und daß der Vorsitzende die Verwaltung des Arbeitsnachweises im Auftrage der Verwaltungsgemeinde führt.

Aus dieser Bestimmung ist klar zu ersehen, daß auch bei Errichtung der Satzung der öffentliche Arbeitsnachweis niemals als eine selbständige juristische Person angesehen ist.

Da sonach der Vorsitzende des öffentlichen Arbeitsnachweises auch nicht der Vertreter eines parteifähigen Rechtsobjekts ist, so war die Klage aus diesem Grunde abzuweisen, ohne daß in eine materielle Prüfung des Rückforderungsanspruches eingetreten zu werden braucht."

²) Kommt die Gemeinde dieser öffentlich-rechtlichen Pflicht zur Einrichtung der Fürsorge nicht nach, so kann sie nach § 2 der VO. dazu angehalten werden.

Richtet sie die Fürsorge nicht ordnungsmäßig ein, stellt sie z. B. nicht das erforderliche oder geeignete Personal ein, sodaß die Fürsorge nicht ordnungsmäßig durchgeführt werden kann, durch unordentliche Führung der Listen bei der Auszahlung, durch Nichtbeachtung der Ablaufzeiten der einzelnen Unterstützungsempfänger, durch Versagen der Arbeitsvermittlung sonst vermeidbare Aufwendungen für die Fürsorge entstehen, so macht sie sich außerdem haftbar nach § 41 der VO.

³) Ein Bedürfnis zur Einrichtung der Fürsorge besteht, wenn Erwerbslose vorhanden sind, denen nicht sofort Arbeit nachgewiesen werden kann. Die Zahl der vorhandenen Erwerbslosen muß die Einrichtung der Fürsorge rechtfertigen. Fällt das Bedürfnis weg, so ist die Fürsorge einzustellen. Ge-

schieht das nicht oder wird eine Fürsorge eingerichtet, obwohl kein Bedürfnis dafür besteht, so sind die dadurch entstehenden Verwaltungskosten nicht als notwendige Kosten der öffentlichen Arbeitsnachweise anzusehen und können deshalb nicht zu $^2/_3$ aus den Beitragseinnahmen gedeckt werden (vgl. § 36 Abs. 1 der VO.). Die Gemeinde hat sie vielmehr selbst zu tragen. Auch die Arbeitskräfte, die auf die Verwaltungskosten des Arbeitsnachweises verrechnet werden, dürfen nur so lange beschäftigt werden, als es unbedingt notwendig ist. Vgl. Anm. 3 C zu § 36.

Bei der Einrichtung der Fürsorge ist zu beachten: Nach § 13 Abs. 3 ANG. dürfen — von der Ausnahmebestimmung für den Geschäftsführer abgesehen — im öffentlichen Arbeitsnachweis grundsätzlich nur Angestellte beschäftigt werden. Die Geschäfte der Erwerbslosenfürsorge dagegen können, soweit es sich nicht um reine Aufgaben des Arbeitsnachweises handelt (Arbeitsvermittlung), auch von Beamten erledigt werden.

[4]) Die Erwerbslosenfürsorge beruht auf Artikel 163 Abs. 2 der Reichsverfassung:

„Jedem Deutschen soll die Möglichkeit gegeben werden, durch wirtschaftliche Arbeit seinen Unterhalt zu erwerben. Soweit ihm angemessene Arbeitsgelegenheit nicht nachgewiesen werden kann, wird für seinen notwendigen Unterhalt gesorgt. Das Nähere wird durch besondere Reichsgesetze bestimmt."

Die Fürsorge für Erwerbslose ist grundsätzlich Reichsangelegenheit, sie ist aber den Gemeinden übertragen worden und gilt deshalb für sie als Auftragsangelegenheit.

Sie umfaßt:

a) die Erwerbslosenunterstützung (§§ 3—19 der VO.) einschließlich Gewährung von Arbeitsausrüstung, Anlernezuschuß, Umschulungsmaßnahmen (vgl. Artikel 6 und 8 der Ausführungsvorschriften vom 2. Mai 1925, abgedruckt S. 59, 63).

b) die Versorgung der Erwerbslosen für den Krankheitsfall (§§ 20—26 der VO.),

c) Kurzarbeiterunterstützung bei Einrichtung einer Fürsorge für Kurzarbeiter (§ 1 Abs. 2, §§ 8, 10 der VO., Anordnung über Kurzarbeiterfürsorge vom 20. Februar 1926, abgedr. S. 138),

d) Beschäftigung im Wege der Pflichtarbeit (§ 14 der VO., Artikel 7 der Ausf.-B. vom 2. Mai 1925, abgedruckt S. 61),

e) Beschäftigung bei Notstandsarbeiten (vgl. Bestimmungen über öffentliche Notstandsarbeiten vom 30. April 1925, abgedruckt S. 216).

Für die verstärkte Förderung bei Notstandsarbeiten werden besondere Mittel vom Reich und Land bereitgestellt, die Grundförderung und die sonstige Fürsorge wird aus den Mitteln der unterstützenden Erwerbslosenfürsorge bestritten, und zwar zu $^{8}/_{9}$ aus den Beitragsmitteln der Arbeitgeber und Arbeitnehmer (vgl. § 33 Abs. 1 der VO., § 12 Abs. 3 Satz 3 der Bestimmungen über öffentliche Notstandsarbeiten), das restliche Neuntel ist von den Errichtungsgemeinden zu tragen (vgl. § 37 der VO., wegen der Umlagemöglichkeit vgl. § 38 der VO.). Der Reichsarbeitsminister kann aber mit Zustimmung des Reichsrats den Anteil der Gemeinden auf $^{1}/_{6}$ erhöhen (vgl. § 37 Abs. 2 der VO.). Die Kosten der öffentlichen Arbeitsnachweise werden zu $^{2}/_{3}$ aus dem Beitragsaufkommen, zu $^{1}/_{3}$ von den Errichtungsgemeinden getragen (vgl. §§ 36 Abs. 1, 37 Abs. 1 der VO.).

[5]) Der Begriff „Armenpflege" hatte früher den Charakter der Minderwertigkeit, weshalb Armenunterstützte von öffentlichen Rechten ausgeschlossen waren, z. B. hatten sie nicht das aktive und passive Wahlrecht zum alten Reichstag. Hiervor wollte man die infolge des Krieges Erwerbslosen schützen. Der entehrende Charakter wurde der Armenpflege durch Artikel 109 der neuen Reichsverfassung genommen. Der Hauptunterschied zur Armenpflege besteht jetzt darin, daß auf die Gewährung der Armenunterstützung kein klagbarer Anspruch besteht, dagegen hat der Erwerbslose, wenn die erforderlichen Voraussetzungen vorliegen, einen Rechtsanspruch gegen den Träger der Fürsorge auf Gewährung der Erwerbslosenunterstützung.

Die Frage, ob der Erwerbslose ein subjektives öffentliches Recht auf die Fürsorge hat, wird verschieden beantwortet. Zustimmend wie hier Kaskel, Das neue Arbeitsrecht, Berlin 1921, S. 93; Lehfeldt, die Erwerbslosenfürsorge, 2. Aufl. Anm. 2 zu § 1, ablehnend Böhm-Eichelsbacher, Arbeitsnachweisgesetz und Erwerbslosenfürsorge-Verordnung, Anm. 6 zu § 1, Zschucke, Die Erwerbslosenfürsorge, Ergänzungsband, Anm. 2 zu § 1, der meint, man könne „höchstens mit Fleiner, Institutionen des Verwaltungsrechts, von Reflexwirkungen des objektiven Rechts zugunsten der Erwerbslosen reden."

Schon die in Anm. 4 angeführte Bestimmung der Reichsverfassung deutet darauf hin, daß der Erwerbslose, soweit ihm angemessene Arbeitsgelegenheit nicht nachgewiesen werden kann, einen Anspruch darauf hat, daß ihm der notwendige Lebensunterhalt gewährleistet wird. Eine weitere Bestätigung der hier vertretenen Auffassung findet sich neuerdings in Artikel 1 der VII. Ausführungsverordnung vom 21. Januar 1926 (abgedruckt S. 124), der von der „Anwartschaft" spricht. Durch die Aufnahme dieses versicherungsrechtlichen Begriffs, der die rechtlich begründete Aussicht auf einen künftigen Rechtserwerb bedeutet, weist der Gesetzgeber, wenn vielleicht auch unbeabsichtigt, darauf hin, daß sich der Erwerbslose durch die vorangegangene mindestens dreimonatige kranken- oder angestelltenversicherungspflichtige Beschäftigung (§ 4 Abs. 1 der VO., Art. 1 der VII. Ausf.-VO.) einen Anspruch auf die Fürsorge verschaffen kann. Deshalb ist die Bestimmung des § 1 der VO., daß der Erwerbslosenfürsorge nicht der Charakter der Armenpflege beigelegt werden darf, auch jetzt noch berechtigt. Vgl. auch § 118 RVO.

[6]) Die oberste Landesbehörde im Sinne der Verordnung bestimmt das Landesrecht. In Frage kommen:

in Preußen: der Minister für Volkswohlfahrt in Berlin,

in Bayern: das Ministerium für soziale Fürsorge in München,

in Sachsen: das Arbeits- und Wohlfahrtsministerium in Dresden,

in Württemberg: das Arbeits- und Ernährungsministerium in Stuttgart,
in Baden: das Arbeitsministerium in Karlsruhe,
in Thüringen: das Ministerium für Inneres und Wirtschaft, Abt. Wirtschaft, in Weimar,
in Hessen: das Ministerium für Arbeit und Wirtschaft in Darmstadt,
in Hamburg: der Senat,
in Mecklenburg-Schwerin: das Ministerium (Abt. für Sozialpolitik) in Schwerin,
in Braunschweig: das Arbeitsministerium in Braunschweig,
in Oldenburg: das Ministerium der sozialen Fürsorge in Oldenburg,
in Anhalt: das Staatsministerium in Dessau,
in Bremen: der Senat,
in Lippe: das Landespräsidium in Detmold,
in Lübeck: der Senat,
in Mecklenburg-Strelitz: das Staatsministerium, Abt. des Innern, in Neustrelitz,
in Waldeck: der Landesdirektor in Arolsen,
in Schaumburg-Lippe: die Landesregierung in Bückeburg.

[7]) Kurzarbeiterunterstützung darf nur in den Gemeinden gezahlt werden, für deren Bezirk die Einrichtung einer Fürsorge für Kurzarbeiter von der obersten Landesbehörde jeweils angeordnet worden ist. Die Anordnung kann befristet oder unbefristet sein, sie kann sich auf das ganze Land oder Teile davon erstrecken. Sie kann von der obersten Landesbehörde zurückgezogen werden, wenn diese es für erforderlich hält.

Für die Kurzarbeiterfürsorge gilt jetzt die Anordnung vom 20. Februar 1926 (erläutert und abgedruckt S. 138).

§ 2.

Gemeinden [1]), die trotz eines vorhandenen Bedürfnisses [2]) keine oder keine genügende [3]) Erwerbslosen- oder Kurzarbeiterfürsorge einrichten, werden von der Gemeindeaufsichtsbehörde [4]) oder von der Behörde dazu angehalten, die durch die oberste Landesbehörde [5]) hierzu bestimmt wird. Diese Behörden können die dazu notwendigen Anordnungen für Rechnung [6]) der Gemeinden treffen.

[1]) Vgl. Anm. 1 zu § 1.

[2]) Vgl. Anm. 3 zu § 1. Bei Säumigkeit oder Weigerung der Gemeinde entscheidet die Gemeindeaufsichtsbehörde, ob ein Bedürfnis zur Einrichtung der Fürsorge für Erwerbslose oder Kurzarbeiter vorliegt.

[3]) Vgl. Anm. 2 zu § 1. Eine genügende Erwerbslosenfürsorge ist z. B. nicht eingerichtet, wenn die Errichtungsgemeinde nicht geeignete Räume oder nicht genügendes oder geeignetes Personal zur Verfügung stellt oder sich weigert, Gelegenheit für Pflichtarbeit oder Fortbildungs- oder Umschulungskurse bereit zu stellen, obwohl die Möglichkeit dazu vorhanden ist. Der Vorsitzende des Arbeitsnachweises ist dafür verantwortlich, daß die politischen Gemeinden seines Bezirks die Fürsorge im Sinne der Verordnung durchführen.

[4]) Welche Stelle Gemeindeaufsichtsbehörde im Sinne der Verordnung ist, bestimmt das Landesrecht.

Für Thüringen: Ministerium für Inneres und Wirtschaft, Abteilung Wirtschaft (vgl. Verordnung zur Ausführung des Notgesetzes vom 3. Juni 1921, Ges.-S. S. 163).

[5]) Vgl. Anm. 6 zu § 1.

[6]) Die Maßnahmen im einzelnen richten sich nach den landesrechtlichen Bestimmungen. Die dadurch entstehenden Kosten, soweit sie sich sonst hätten vermeiden lassen, hat die Gemeinde selbst zu tragen. Im übrigen werden sie nach § 36 Abs. 1 der Verordnung gedeckt.

Auf Grund des § 2 Satz 2 kann die zwangsweise Einstellung von Mitteln in den Haushaltplan der Gemeinde angeordnet werden.

II. Unterstützung.

§ 3.

(1) Die Fürsorge [1/2]) wird vorbehaltlich der Vorschriften [3]) der §§ 20 bis 26 nur arbeitsfähigen [4]) und arbeitswilligen [5]) Personen [6]), die sich infolge des Krieges [7/8]) durch gänzliche oder teilweise [10]) Erwerbslosigkeit [11]) in bedürftiger [12]) Lage befinden, gewährt. [13]) Erwerbslosigkeit ist nicht als Kriegsfolge anzusehen, wenn sie durch Ausstand [14/15]) oder Aussperrung überwiegend verursacht ist. Frühestens vier Wochen [16]) nach Abschluß [17]) des Ausstandes oder der Aussperrung können die Gemeinden den Arbeitnehmern beim Vorliegen der allgemeinen Voraussetzungen Erwerbslosenunterstützungen gewähren [17/18]).

(2) Angehörigen eines unterstützten Erwerbslosen, die gegen diesen einen familienrechtlichen [19]) Unterhaltsanspruch haben oder im Falle seiner Leistungsfähigkeit haben würden und [20]) bis zum Eintritt der Unterstützungsbedürftigkeit [21]) von ihm ganz oder in der Hauptsache unterhalten worden sind, darf keine selbständige [22]) Erwerbslosenunterstützung gewährt werden. In solchen Fällen ist vielmehr die Unterstützung angemessen zu erhöhen (Familienzuschläge) [23/27]). Stief- und Pflegekinder eines unterstützten Erwerbslosen stehen Angehörigen, die einen familienrechtlichen Unterhaltsanspruch gegen ihn haben, gleich, wenn sie bis zum Eintritt der Unterstützungsbedürftigkeit ganz oder in der Hauptsache unentgeltlich von ihm unterhalten worden sind.

[1]) Die Träger der Fürsorge sind verpflichtet, genau zu prüfen, ob die Voraussetzungen für die Gewährung der Er-

werbslosenunterstützung vorliegen, andernfalls machen sie sich eines groben Verstoßes gegen die ordnungsmäßige Durchführung der Fürsorge im Sinne des § 41 der VO. schuldig. Sie haben deshalb den Sachverhalt aufzuklären. Der Entwurf der Arbeitslosen-Versicherung sieht vor, daß der Arbeitsnachweis Ermittelungen jeder Art mit Ausschluß eidlicher Vernehmungen anstellen kann. „Alle Behörden und Privatpersonen haben dem Arbeitsnachweis die Auskünfte zu erteilen, die zur Durchführung des Verfahrens erforderlich sind." Vgl. auch Artikel 1 der Ausf.-Vorschr. vom 2. Mai 1925 (abgedr. S. 56).

Ergeben sich im Ermittelungsverfahren Umstände, die in der Regel geeignet sind, das Vorliegen einer der Voraussetzungen auszuschließen, so hat der Erwerbslose die Berechtigung seines Anspruchs zu beweisen. Es empfiehlt sich, die Erwerbslosen bei Aufnahme des Antrags auf Unterstützung bereits darauf hinzuweisen, daß sie sich wegen Betrugs strafbar machen, wenn sie sich die Erwerbslosenunterstützung durch unwahre Angaben verschaffen.

Die Quittungen, welche die Empfänger der Erwerbslosenunterstützung ausstellen, sind keine öffentlichen Urkunden, auch dann nicht, wenn sie in öffentlichen Registern oder im Anschluß an amtliche Beurkundungen oder innerhalb dieser ausgestellt sind. Sie sind stets Privaturkunden (Urteil des Reichsgerichts vom 8. November 1920).

[2]) Solange der Anspruch auf Erwerbslosenunterstützung streitig ist, darf Unterstützung aus Mitteln der Erwerbslosenfürsorge nicht gezahlt werden. Vielmehr hat hier zunächst die Wohlfahrtspflege einzugreifen. Sie kann sich nach Feststellung des Anspruches aus der Erwerbslosenfürsorge befriedigen, höchstens jedoch bis zu dem Betrage, der aufzuwenden gewesen wäre, wenn von vornherein Erwerbslosenunterstützung gewährt worden wäre.

Vorschüsse auf die Erwerbslosenunterstützung sind nicht unzulässig, aber auch nicht erwünscht. Sie müssen die Ausnahme bleiben. Stellt sich nach Gewährung des Vorschusses heraus, daß aus irgendwelchem Grunde Erwerbslosenunterstützung nicht gegeben werden darf, so dürfen die gezahlten Vorschüsse nicht auf die Mittel der Erwerbslosenfürsorge verrechnet werden. Durch die Vorschüsse dürfen die Höchstsätze der Erwerbslosenfürsorge nicht, auch nicht mittelbar, überschritten werden (vgl. Anm. 5 zu § 10).

Die Erwerbslosenunterstützung wird zur Behebung eines augenblicklichen Notstandes gewährt. Es ist deshalb unzulässig, sie nachträglich für länger zurückliegende Zeit zu geben, wenn nicht etwa aus Gründen, die dem Erwerbslosen nicht zur Last gelegt werden können, die Entscheidung über den Unterstützungsfall ungebührlich lange verzögert worden ist.

Auf die Rückzahlung überhobener Erwerbslosenunterstützung kann bis zum Zehnfachen des einfachen Inlands-Fernbriefportos verzichtet werden.

[3]) Die §§ 20—26 der Verordnung regeln die Versorgung des Erwerbslosen für den Krankheitsfall. Da bei Erkrankung die Hilfe durch die Krankenkasse einsetzt, scheidet die Erwerbslosenfürsorge aus. Nur im Falle des § 26, wenn nämlich die Gemeinde den Erwerbslosen nicht bei der Krankenkasse versichert oder die erforderlichen Meldungen oder Beitragszahlungen unterlassen hat und der Erwerbslose infolgedessen keine oder zu geringe Leistungen von der Krankenkasse erhält, wird einem durch Krankheit **vorübergehend arbeitsunfähigen** Erwerbslosen die Hauptunterstützung in Höhe des durch die Säumnis der Gemeinde verursachten Ausfalls gewährt. Vgl. noch § 25.

[4]) Der Begriff „arbeitsfähig“ wird in der Verordnung selbst und in den Ausführungs-Vorschriften nicht erläutert. § 45 des Entwurfs der Arbeitslosenversicherung bestimmt ihn in folgender Weise:

„Arbeitsfähig .... ist, wer imstande ist, durch eine Tätigkeit, die seinen Kräften und Fähigkeiten entspricht und ihm unter billiger Berücksichtigung seiner Ausbildung und seines bisherigen Berufes zugemutet werden kann, wenigstens ein Drittel dessen zu erwerben, was geistig und körperlich gesunde Personen derselben Art mit ähnlicher Ausbildung in derselben Gegend durch Arbeit zu verdienen pflegen."

In diesem Sinne kann der Begriff schon jetzt im allgemeinen angewandt werden, wenn auch selbstverständlich nicht engherzig. Nicht unbeachtet bleiben darf für die Frage der Arbeitsfähigkeit, ob der Erwerbslose überhaupt bei normaler Arbeitsmarktlage auf dem Arbeitsmarkt vermittelt werden kann.

Personen, die wegen einer 66 $^{2}/_{3}$ v. H. übersteigenden Beeinträchtigung der Erwerbsfähigkeit Rente beziehen, sind jetzt nicht mehr wie früher als arbeitsunfähig anzusehen, wenn sie die Voraussetzung des § 4 Abs. 1 der Verordnung erfüllen.

Ob Arbeitsfähigkeit vorliegt, ist gegebenenfalls durch ärztliche Untersuchung festzustellen. Die Kosten hierfür können auf die Verwaltungskosten des Arbeitsnachweises verrechnet werden.

Nicht arbeitsfähig im Sinne der Verordnung sind Personen in Untersuchungs-, Schutz- oder Strafhaft, ferner solche, die in einem Arbeitshause oder einer Besserungsanstalt untergebracht sind, ebenso Unfallverletzte, die in einer Heilanstalt sind, da sie für die Arbeitsvermittlung auf dem allgemeinen Arbeitsmarkt nicht in Betracht kommen. Angehörigen solcher Personen können deshalb auch Familienzuschläge aus der Erwerbslosenfürsorge nicht gewährt werden. Sie können nur aus Wohlfahrtsmitteln unterstützt werden. Vgl. auch die Erläuterungen zur IV. Ausführungsverordnung vom 4. Juli 1924 (abgedruckt S. 82).

[5]) Nicht arbeitswillig sind alle Personen, die sich der Aufnahme einer regelmäßigen Tätigkeit zu entziehen suchen, z. B. Landstreicher, oder die ohne stichhaltigen Grund nachgewiesene Arbeit nicht annehmen (vgl. § 13 der VO.).

Die Arbeitswilligkeit ist genau zu prüfen (vgl. Einführung S. 4), gegebenenfalls durch Beschäftigung bei Notstandsarbeit.

Es empfiehlt sich, die Erwerbslosen auf die Folgen einer etwaigen Arbeitsverweigerung hinzuweisen.

[6]) Der Begriff „Personen“ deutet darauf hin, daß Erwerbslosenunterstützung grundsätzlich nicht nur Arbeitnehmer beziehen können, sondern auch Angehörige freier Berufe, selbständige Gewerbetreibende usw. Der Kreis der Bezugsberechtigten deckt sich also nicht ohne weiteres mit dem der Krankenkassenpflichtmitglieder, er wird aber eingeschränkt durch § 4 Abs. 1 der Verordnung, wonach Unterstützung nur der erhalten kann, der in den letzten 12 Monaten mindestens 3 Monate hindurch eine krankenversicherungspflichtige Beschäftigung ausgeübt hat. Da selbständige Gewerbetreibende usw. diese Bedingung im allgemeinen nicht erfüllen, kommen sie nur in besonderen Ausnahmefällen für die Erwerbslosenunterstützung in Betracht, z. B. wenn ein Arbeitnehmer, der unter die Voraussetzung des § 1 Abs. 1 der Verordnung fällt, einen selbständigen Gewerbebetrieb aufmacht. Solche Personen müssen sich dann der Pflichtarbeit und Meldepflicht in derselben Weise unterziehen wie andere Erwerbslose. Sie müssen auch jederzeit bereit sein, sich in Arbeit vermitteln zu lassen, selbst unter Aufgabe ihres Gewerbebetriebes. Letzteres schon vor der Aufnahme in die Erwerbslosenfürsorge zu fordern, erscheint unnötig. Die Bedürftigkeit dieser Antragsteller ist aber an der Hand ihrer Bücher oder sonstiger Unterlagen über Vermögens- und Einkommensverhältnisse besonders genau zu prüfen. Es würde unbillig sein, zu verlangen, daß sie etwa ihre Werkstatteinrichtung vor Gewährung der Erwerbslosenunterstützung veräußern. Damit würde ihnen die Möglichkeit genommen, ihren Betrieb wieder aufzunehmen. Solche Vermögensstücke können im allgemeinen als „kleiner Besitz“ im Sinne des § 7 Abs. 6 der Verordnung angesehen werden. Während der Unterstützungsdauer ist bei solchen Personen besonders scharf darauf zu achten, daß sie nicht etwa ihren Gewerbebetrieb nebenher fortführen und dadurch sich unberechtigt Nebeneinnahmen verschaffen.

Lehrlinge sind, obwohl sie erst für ihren späteren Beruf

ausgebildet werden, als Arbeitnehmer zu bezeichnen. Solange ihr Lehrvertrag läuft, sind sie also, auch wenn sie kein Entgelt erhalten, in Arbeit und können deshalb Erwerbslosenunterstützung nicht erhalten, auch nicht bei der sogenannten berufsüblichen Arbeitsaussetzung wie bei den Maurerlehrlingen während des Winters. Endet das Lehrverhältnis jedoch durch Zeitablauf, so ist die dadurch hervorgerufene Erwerbslosigkeit noch nicht Kriegsfolge. Unterstützung kann deshalb erst nach der in Anm. 7 Abs. 5 angegebenen Wartezeit gewährt werden. Dagegen kann Kriegsfolge vorliegen, wenn das Lehrverhältnis vorzeitig ohne Verschulden des Lehrlings z. B. durch Geschäftseinstellung infolge Konkurses endet. Hier kann Unterstützung nach Ablauf der Wartezeit des § 9 bewilligt werden.

[7]) Der Begriff „Kriegsfolge" darf nicht eng ausgelegt werden. Kriegsfolge ist die Erwerbslosigkeit, die auf der durch den Krieg hervorgerufenen Wirtschaftslage beruht. Schon im Frieden übliche Arbeitskürzungen z. B. wegen Inventuraufnahme oder tarifliche Arbeitskürzungen sind ebensowenig Kriegsfolge wie Arbeitseinstellung infolge Kesselreinigung, Rohrbruchs oder der in gewissen Zeitabständen wiederkehrenden Erneuerung von Glasöfen in den Glashütten usw. In Zweifelsfällen sind die zuständigen Gewerbeaufsichtsbeamten darüber zu hören, ob der Grund der Betriebseinstellung oder -einschränkung Kriegsfolge ist.

Die durch Witterungseinflüsse hervorgerufene Erwerbslosigkeit der Saisonarbeiter (Bau- und Erdarbeiter) ist nicht Kriegsfolge. Ebenso liegt Kriegsfolge nicht vor, wenn die Erwerbslosigkeit durch freiwillige oder unbegründete Aufgabe der Arbeitsstelle oder durch eigenes Verschulden herbeigeführt worden ist.

Beispiele: Verläßt jemand eine ständige landwirtschaftliche Arbeit freiwillig, um in einem anderen Erwerbszweig eine höhere Entlohnung zu suchen, und wird er in dieser Stellung erwerbslos, so liegt Kriegsfolge nicht vor, da er die Erwerbslosigkeit selbst verschuldet hat (Entsch. d. Preuß. Min. f. Volkswohlfahrt vom 31. Mai 1922).

Selbstverschuldete Erwerbslosigkeit liegt vor, wenn die Entlassung erfolgt wegen ungebührlichen Betragens, wegen Vergehens gegen Mitarbeiter, wegen „passiver Resistenz" bei Verrichtung der Arbeit.

In allen solchen Fällen kann Erwerbslosenunterstützung erst nach einer längeren Wartezeit gewährt werden, wenn anzunehmen ist, daß der Erwerbslose bei normalen wirtschaftlichen Verhältnissen inzwischen Arbeit gefunden haben würde, was jetzt infolge der veränderten Verhältnisse nicht möglich ist.

Der Reichsarbeitsminister hat diese Regelung auch für die berufsübliche Arbeitsaussetzung der Saisonarbeiter während des Winters zugelassen, obwohl dagegen zweifellos erhebliche Bedenken insofern bestehen, als die Löhne dieser Berufsgruppen eben mit Rücksicht auf die übliche zeitweise Erwerbslosigkeit die der übrigen Arbeitnehmer zum Teil erheblich übersteigen.

Die Gewährung der Erwerbslosenunterstützung ohne Einhaltung der verlängerten Wartezeit hat der Reichsarbeitsminister — Schreiben IV Nr. 184/26 vom 7. Januar 1926 — für zulässig erklärt bei den Arbeitnehmern, die durch die Hochwasserkatastrophe im Dezember 1925 erwerbslos geworden waren, soweit sie im übrigen die Voraussetzungen der Verordnung erfüllten. Dieser Fall ist jedoch als Ausnahme zu betrachten.

Als Wartezeit wird grundsätzlich eine Zeit von 4 Wochen wie bei Erwerbslosigkeit infolge Ausstandes oder Aussperrung anzunehmen sein. Sie kann je nach Lage des einzelnen Falles verlängert oder verkürzt werden. Durch eine kurzfristige Gelegenheitsarbeit kann diese Frist nicht beseitigt werden. Der Entwurf der Arb.-Vers. sieht eine Wartezeit von 4 Wochen vor.

In einem besonderen Fall, im Gesetz über Erhöhung der Bier- und Tabaksteuer vom 10. August 1925 (abgedruckt S. 166) hat der Gesetzgeber bestimmt, daß die durch dieses Gesetz verursachte Erwerbslosigkeit „in jedem Falle als Kriegsfolge im

Sinne der Verordnung über die Erwerbslosenfürsorge zu behandeln" ist (vgl. Anm. 10 daselbst).

Wegen der Gewährung von Unterstützung an Personen in Untersuchungs-, Schutz- oder Strafhaft vgl. die Erläuterungen zur IV. Ausführungsverordnung vom 4. Juli 1924 (abgedruckt S. 82).

[5]) Flüchtlingen gegenüber kann nicht geltend gemacht werden, daß ihre Erwerbslosigkeit nicht Kriegsfolge sei. Soweit sie auf Grund der Verordnung über die Auflösung der Flüchtlingslager vom 17. Dezember 1923 (RGBl. I S. 1202) einer Gemeinde zugewiesen sind, ist diese Gemeinde nach § 12 der Verordnung über Erwerbslosenfürsorge in Verbindung mit § 11 Abs. 2 der Verordnung über die Auflösung der Flüchtlingslager zuständig. Fehlen die allgemeinen Voraussetzungen für die Aufnahme in die Erwerbslosenfürsorge, z. B. bei Arbeitsunfähigkeit, so ist der Fürsorgebedürftige notfalls einem anderen Fürsorgezweige zuzuführen.

Wird ein Ausländer dadurch erwerbslos, daß die nach der Bekanntmachung des Präsidenten der Reichsarbeitsverwaltung über die Einstellung und Beschäftigung ausländischer Arbeiter vom 2. Januar 1923 (RABl. S. 43) und der Abänderungsverordnung dazu vom 16. März 1925 (RABl. S. 110) erforderliche Beschäftigungsgenehmigung versagt wird, dann liegt Kriegsfolge vor. Bei Verbürgung der Gegenseitigkeit (vgl. § 6 der Verordnung) kann Unterstützung gewährt werden (so auch Sächsische Ausführungsbestimmungen vom 16. Februar 1924. Nr. 11).

[6]) Um feststellen zu können, ob die Entlassung des Arbeitnehmers Kriegsfolge ist, verpflichtet Artikel 1 der Ausf.-V. des Reichsarbeitsministers vom 2. Mai 1925 (abgedruckt S. 56) den Arbeitgeber, den Grund der Lösung des Beschäftigungsverhältnisses dem Vorsitzenden des Arbeitsnachweises anzugeben. Ob es sich empfiehlt, vom Arbeitgeber eine eidesstattliche Versicherung darüber zu verlangen, daß der Grund der Entlassung richtig angegeben ist, ist nach dem einzelnen Fall zu beurteilen.

Im allgemeinen wird sie zu entbehren sein, da nicht anzunehmen ist, daß sich der Arbeitgeber der Gefahr aussetzen will, infolge Angabe eines unrichtigen Entlassungsgrundes wegen Betrugs bestraft zu werden.

[10]) Teilweise Erwerbslosigkeit liegt vor, wenn der Arbeitnehmer noch oder nur eine teilweise Beschäftigung hat. Grundsätzlich stellt auch die Kurzarbeit eine Teilerwerbslosigkeit dar. Lehfeldt (Anm. 6 zu § 3) und Wahrburg-Berndt (Anm. 10 b zu § 3, Nachtrag) bestreiten das, weil die Kurzarbeiterunterstützung besonders geregelt sei. Dieser Grund ist nicht stichhaltig. Andererseits kann Zschucke (Anm. 8 zu § 3, Ergänzungsband) nicht zugestimmt werden, wenn er Kurzarbeitern Teilunterstützung in dem Falle gewähren will, daß keine besondere Kurzarbeiterfürsorge eingeführt ist. Vielmehr wird man sagen müssen: Auch Kurzarbeit ist eine Form der Teilerwerbslosigkeit, durch Einschränkung der Arbeitszeit wird das Entgelt des Arbeitnehmers, sein Erwerbseinkommen vermindert, aber da die Unterstützung bei Kurzarbeit durch besondere Bestimmungen geregelt ist, kommt eine Unterstützung nach § 3 nicht in Betracht.

Man kann die Teilerwerbslosigkeit aber auch nicht, wie Lehfeldt (Anm. 6 zu § 3) meint, nur auf die Fälle beziehen, „in denen jemand, der an sich erwerbslos ist, während des Unterstützungszeitraumes Gelegenheitsarbeit verrichtet.“ Man denke an den (nicht vereinzelten) Fall, daß ein Buchhalter die schriftlichen Arbeiten für zwei kleinere Geschäfte verrichtet, täglich für das eine vormittags, für das andere nachmittags. Das eine Geschäft wird durch Konkurs stillgelegt. Der Buchhalter hat nur noch halbtageweise Beschäftigung, es liegt unzweifelhaft Teilerwerbslosigkeit vor. Deshalb wird die eingangs gegebene Begriffsbestimmung in den Wechselfällen der Praxis den gerechten und vom Gesetzgeber wohl beabsichtigten Ausgleich schaffen.

[11]) Zu prüfen ist, ob der Antragsteller überhaupt erwerbslos ist.

Durch Rundschreiben vom 8. August 1924 (RABl. S. 346) hatte der Reichsarbeitsminister die Gewährung von Erwerbslosenunterstützung an sogenannte Werksbeurlaubte zugelassen, d. h. an Personen, deren Arbeitsverhältnis mit dem Arbeitgeber weiter bestehen blieb, die aber mit Rücksicht auf die wirtschaftliche Lage des Betriebes für kürzere oder längere Zeit „werksbeurlaubt" wurden. Dabei hatte er als Grundsatz aufgestellt:

„Der Begriff der Erwerbslosigkeit wird nicht zu eng ausgelegt werden dürfen. Voraussetzung der Fürsorge braucht nicht unbedingt eine förmliche Entlassung des Arbeitnehmers zu sein. Vielmehr genügt es, wenn das Beschäftigungsverhältnis tatsächlich beendet ist. Es ist auch ohne Belang, ob über die Aufrechterhaltung tariflicher Rechte und sonstiger Vergünstigungen oder über die weitere freiwillige Entrichtung sozialer Leistungen durch den Arbeitgeber Abreden getroffen sind. Unerläßlich ist aber, daß der Arbeitgeber auf die Arbeitsleistung, der Arbeitnehmer auf das Arbeitsentgelt keinen Anspruch mehr hat. Die Legitimationspapiere braucht der Arbeitgeber dem Arbeitnehmer nicht bereits ausgehändigt zu haben, wohl aber muß er jederzeit dazu bereit sein. Auch Abmachungen über eine spätere Wiederaufnahme der Beschäftigung steht nichts im Wege. Entscheidendes Gewicht ist jedoch darauf zu legen, daß durch solche Abreden die Vermittlung des Arbeitnehmers in andere Arbeit nicht leidet; im Verhältnis zu dem öffentlichen Arbeitsnachweise muß er einem entlassenen Arbeitnehmer in jeder Beziehung gleichstehen. Insbesondere darf er angebotene Arbeit auch dann nicht ablehnen, wenn sich ihre Dauer voraussichtlich über den Zeitpunkt hinaus erstreckt, der in den Vereinbarungen mit dem alten Arbeitgeber als Zeitpunkt einer etwaigen Wiederaufnahme der Beschäftigung vorgesehen ist.

Unter diesen Voraussetzungen glaube ich gegen die Gewährung von Erwerbslosenunterstützung an derart beurlaubte Arbeitnehmer keine Einwendungen erheben zu sollen."

Dieser Grundsatz **gilt jetzt nicht mehr.** Vielmehr hat der Reichsarbeitsminister bei Erlaß der Anordnung über Kurzarbeiterfürsorge vom 20. Februar 1926 (abgedr. S. 138) ausdrücklich bestimmt (RABl. S. 53):

„Erwerbslosenunterstützung darf vom 1. März 1926 nur noch Erwerbslosen bewilligt werden, deren Arbeitsverhältnis völlig — auch rechtlich — gelöst ist. Insbesondere muß der Arbeitgeber ihnen die Arbeitspapiere ausgehändigt haben. Das hindert nicht, daß der Arbeitgeber dem Arbeitnehmer gegenüber die moralische oder rechtliche Verpflichtung übernimmt, ihn bei Besserung der Wirtschaftslage bevorzugt wieder einzustellen und ihm den Genuß der Vergünstigungen zu erhalten, die durch längere Zugehörigkeit zum Betriebe erworben werden (Urlaub, Pensionseinrichtungen u. a.)".

Werksbeurlaubte, die vor dem 1. März 1926 in die Erwerbslosenfürsorge aufgenommen worden waren, durften bis längstens zum 27. März 1926 unterstützt werden. Seitdem dürfen sie keine Erwerbslosenunterstützung mehr erhalten.

Im übrigen ist auch zu prüfen, ob der Erwerbslose tatsächlich ohne Erwerb ist. So kann Erwerbslosigkeit nicht angenommen werden, wenn der aus seiner Arbeitsstelle entlassene Sohn im Betriebe seines Vaters sich mit betätigt und dadurch dem Vater die Einstellung einer Hilfskraft erspart.

[12]) Die Träger der Erwerbslosenfürsorge haben die Vermögens-, wirtschaftlichen und Familienverhältnisse der Antragsteller genau zu prüfen. Nach einem Schreiben des Reichsministers der Finanzen vom 19. Mai 1920 hat dieser die Finanzämter ermächtigt, den Trägern der Erwerbslosenfürsorge zur Feststellung der Bedürftigkeit der Erwerbslosen über deren Veranlagungen sowie über die Veranlagung der Personen Auskunft zu erteilen, die nach dem Bürgerlichen Gesetzbuch zur Gewährung von Unterhalt an die Erwerbslosen verpflichtet sind; der Einwilligung der betreffenden Personen hierzu bedarf es nicht.

Die familienrechtlichen Unterhaltsansprüche der Antragsteller, soweit sie nach den §§ 1601 ff. des Bürgerlichen Gesetzbuches begründet sind, haben die Träger der Erwerbslosenfürsorge besonders zu prüfen und, wenn solche festgestellt werden, weiter zu verfolgen.

Stellt sich für eine Zeit, für die der Erwerbslose schon Erwerbslosenunterstützung erhalten hat, heraus, daß ein Unterhaltsanspruch bestand, so kann der Träger der Erwerbslosenfürsorge Erstattung der gewährten Summe von dem Unterhaltspflichtigen verlangen. Er kann seinen Anspruch auf Geschäftsführung ohne Auftrag und ungerechtfertigte Bereicherung stützen. Er muß dartun, daß das Maß der Unterhaltspflicht mit Einschluß etwaiger sonstiger dem Erwerbslosen zustehender Unterstützungen die Erwerbslosenfürsorge ausschließt oder doch einschränkt (Urteil des OLG. Hamburg vom 19. Oktober 1920).

Nach § 1602 des Bürgerlichen Gesetzbuchs ist unterhaltsberechtigt nur, wer außerstande ist, sich selbst zu unterhalten. Hierzu gehören auch Personen, die arbeitsfähig sind, aber eine ihren Verhältnissen angemessene Erwerbstätigkeit nicht finden können. Den Begriff „Bedürftigkeit" nach seinem Inhalt und Umfang festzulegen, erscheint weder zweckmäßig noch möglich. Diese Frage ist von Fall zu Fall zu prüfen. Dem Träger der Erwerbslosenfürsorge muß hier ein gewisser Spielraum gelassen werden, um den Forderungen des Einzelfalles gerecht werden zu können und Härten zu vermeiden. Vgl. die Erläuterungen zu § 7.

Bei der Prüfung der Bedürftigkeit eines Erwerbslosen sollen außer seinen eigenen Einnahmen auch solche der in seinem Haushalt lebenden Familienangehörigen mit berücksichtigt werden, weil die in einem Haushalt zusammengeschlossenen Familienmitglieder eine wirtschaftliche und sittliche Einheit bilden und daher in Zeiten der Not zu ihrer gegenseitigen Unterstützung auch insoweit herangezogen werden können, als eine gesetzliche Unterhaltspflicht sonst nicht besteht.

Eine bedürftige Lage infolge des Krieges liegt bei Personen nicht vor, die bisher laufend Armenunterstützung empfangen haben. Wird dagegen ein selbständiges Mitglied einer armenrechtlich unterstützten Familie, das bisher eigenen Verdienst hatte, erwerbslos, so hat es unter den allgemeinen Voraussetzungen Anspruch auf Erwerbslosenfürsorge.

Wenn ein Familienmitglied, durch dessen Einnahmen die Familie mit erhalten worden ist, sodaß eine bedürftige Lage und damit die Erwerbslosenfürsorge ausgeschlossen war, die Familie verläßt, um ihr dadurch die Unterstützung zu verschaffen, so ist das als Umgehung der Verordnung anzusehen. In solchen Fällen ist Unterstützung nicht zu gewähren.

Erhält jemand beim Ausscheiden aus seiner bisherigen Stellung eine Abfindung, so ist seine Bedürftigkeit im Sinne der Erwerbslosenfürsorge grundsätzlich solange zu verneinen, als für jeden Tag nach der Entlassung ein dem bisherigen Arbeitsentgelt entsprechender Betrag aus der Abfindung aufgewendet werden kann. Aus welchem Grunde die Abfindung gewährt wird, ist bedeutungslos. Diese Fälle sind in der Praxis nicht selten.

Wird z. B. ein Geselle oder Gehilfe vor rechtmäßiger Beendigung des Arbeitsverhältnisses vom Arbeitgeber entlassen, so kann er nach § 124 b GO. für den Tag des Vertragsbruchs und jeden folgenden Tag der vertragsmäßigen oder gesetzlichen Arbeitszeit, höchstens aber für eine Woche, den Betrag des ortsüblichen Tagelohnes fordern. Nach § 133 e GO. haben dasselbe Recht Betriebsbeamte, Werkmeister und Techniker. Hierher zählen ferner die Fälle des § 628 Abs. 2 des Bürgerlichen Gesetzbuchs, § 70 Abs. 2, § 77 Abs. 3 des Handelsgesetzbuchs (Ersatz des durch die Aufhebung des Arbeitsverhältnisses entstehenden Schadens, den der Arbeitgeber zu leisten hat, wenn er durch vertragswidriges Verhalten dem Arbeitnehmer einen wichtigen Grund zur Kündigung gegeben hat).

Die wichtigsten Fälle der neueren Rechtsprechung sind die der §§ 87 Abs. 2, 88 des Betriebsrätegesetzes. Nach § 88 ist der Arbeitgeber im Falle der Weiterbeschäftigung verpflichtet, dem Arbeitnehmer, falls inzwischen die Entlassung erfolgt war, für die Zeit zwischen der Entlassung und der Weiterbeschäftigung Lohn oder Gehalt zu gewähren. Da es sich hier um eine reine Gehaltsabfindung handelt, ist nicht zweifelhaft, daß sie auf die Zeit der Erwerbslosigkeit zu verrechnen und die Bedürftigkeit im Sinne des obigen Grundsatzes zu verneinen ist. Hat der Arbeitnehmer in der Zwischenzeit bereits Unterstützungen aus der Erwerbslosen- oder Armenfürsorge erhalten, so kann der Arbeitgeber sie anrechnen und muß sie der Stelle zurückerstatten, welche die Unterstützungen gewährt hat (§ 88 BRG.).

Zweifel sind dagegen in der Praxis bezüglich der Abfindung aus § 87 Abs. 2 entstanden. „Geht die Entscheidung dahin, daß der Einspruch gegen die Kündigung gerechtfertigt ist, so ist zugleich fur den Fall, daß der Arbeitgeber die Weiterbeschäftigung ablehnt, ihm eine Entschädigungspflicht aufzuerlegen." Dieser Entschädigungsanspruch ist nach Flatow, Kommentar zum Betriebsrätegesetz (10. Aufl. Anm. 3 zu § 87) seiner Rechtsnatur nach eine eigenartige Auswirkung des Arbeitsvertrages. „Sie soll den Arbeitnehmer für den Verlust der Stelle entschädigen, den er erleidet, weil der Arbeitgeber trotz der im BRG. ihm auferlegten Pflicht, nur aus triftigem Grunde zu kündigen, nach wie vor dennoch aus einem gesetzlich gemißbilligten Grunde mit zivilrechtlicher Wirksamkeit kündigen kann. Die Entschädigung ist daher kein Arbeitsentgelt im engeren Sinne, sondern ein Ausgleich für Vermögens- und Nichtvermögensschaden." Wenn auch dieser Rechtsauffassung zuzustimmen ist, so verkennt die Praxis zum Teil, daß für die Verrechnung bei Erwerbslosigkeit diese Rechtsnatur nicht das ausschlaggebende ist. Maßgebend ist vielmehr, daß diese Abfindung wirtschaftlich dem Arbeitsentgelt gleichsteht und daß durch diese Entschädigung für eine gewisse Zeit die Bedürftigkeit behoben wird.

Unbillig wirkt bei der jetzigen Regelung aber, daß sich die Verrechnung der Abfindung nach dem „bisherigen Arbeitsentgelt" bemißt, also dem letzten vor der Abfindung, sodaß z. B. Tariflohnerhöhungen, die wahrend der Erwerbslosigkeit eintreten, nicht zu berücksichtigen sind. Sozial gerechter wirkt die in § 65 des Entwurfs der Arbeitslosenversicherung vorgesehene Regelung, wonach Unterstützung nicht zu zahlen ist, solange aus einer Abfindung oder Entschädigung „für jeden dem Ausscheiden aus der Beschäftigung folgenden Tag der Arbeitslosigkeit ein Betrag in Höhe des Arbeitsentgelts aufgewendet werden kann, das der Arbeitslose nach den jeweils geltenden tariflichen

Lohnvereinbarungen, in Ermangelung von solchen jeweils als ortsüblichen Lohn beziehen würde, wenn er aus seiner Arbeitsstelle nicht infolge Arbeitslosigkeit ausgeschieden wäre."

Wegen der erhöhten Bedürftigkeit bei Schwerkriegsbeschädigten und Schwerbeschädigten vgl. Anm. 1 zu § 7.

Wird dem Erwerbslosen Erwerbslosenunterstützung gewährt, so hat er, wenn er sich nicht wegen Betrugs strafbar machen will, sofort dem Vorsitzenden des Arbeitsnachweises zu melden:

wenn er nachträglich aus seiner früheren Beschäftigung eine Abfindung oder eine Entschädigung erhält,

wenn er oder einer seiner Angehörigen, für den der Familienzuschlag gewährt wird, eine Lohnarbeit übernimmt oder sonst zu Verdienst kommt,

wenn einer seiner Angehörigen, für den er den Familienzuschlag erhält, stirbt oder von einen Dritten Unterhalt bekommt.

[13]) Die Rückforderung zu Unrecht gezahlter Erwerbslosenunterstützung aus anderem Grunde als dem in Anm. 12 Abs. 3 angegebenen kann gestützt werden auf ungerechtfertigte Bereicherung (§§ 812 ff. BGB.) — dazu ist erforderlich, daß die Bewilligung der Erwerbslosenunterstützung durch Anordnung derselben Stelle, die sie ausgesprochen hat, oder einer vorgesetzten Behörde rückgängig gemacht wird, — oder auf unerlaubte Handlung (§§ 823 ff. BGB.). Hier ist ein Ersatzanspruch gegeben. Dabei ist jedoch zu prüfen, ob und inwieweit durch eigene Maßnahmen des Trägers der Erwerbslosenfürsorge der entstandene Schaden hätte abgewandt werden können.

Unterstützungsbeträge, deren Rückerstattung angeordnet worden ist, sind wie Gemeindeabgaben beizutreiben.

[14]) Bei Ausstand oder Aussperrung gilt als Grundsatz für die Erwerbslosenfürsorge: strengste Unparteilichkeit im Wirtschaftskampf, keine Unterstützung der Streitteile mit öffentlichen Mitteln.

Für die Bestimmung der Begriffe Ausstand und Aussperrung ist es, soweit die Erwerbslosenfürsorge in Betracht kommt, ohne Bedeutung, ob der Ausstand oder die Aussperrung unter Vertragsbruch erfolgt ist oder nicht. Als wesentliches

Merkmal kommt nur die gemeinsame Arbeitsniederlegung oder die gemeinsame Entlassung der Arbeitnehmerschaft, einer Gruppe oder eines Teiles davon in Betracht, die zur Erreichung eines bestimmten Zwecks, also als Kampfmittel, erfolgt. Ob dieses Kampfmittel von Arbeitgeber- oder Arbeitnehmerseite „zu Recht" angewandt worden ist, ist nicht nachzuprüfen. Zu prüfen ist nur, ob die Erwerbslosigkeit überwiegend durch den Ausstand oder die Aussperrung verursacht worden ist. Diese Erwerbslosigkeit ist nach § 3 Abs. 1 nicht als Kriegsfolge anzusehen.

Sympathie-Streiks und -Aussperrungen stehen in ihrer Wirkung auf die Erwerbslosenfürsorge den übrigen Ausständen und Aussperrungen gleich. Wegen etwaiger Ansprüche infolge unrechtmäßiger Lösung des Arbeitsverhältnisses vgl. Besch. d. Reichsarbeitsministers vom 20. März 1921, RABl. 1921 S. 524.

Passive Resistenz ist nicht Streik, kann aber zur Aussperrung führen (vgl. Besch. d. Reichsarbeitsministers vom 30. April 1923, RABl. 1923, S. 530). Vgl. dazu auch Anmerkung 7 Abs. 4 zu § 3.

Erwerbslosenunterstützung darf nicht gezahlt werden den Arbeitnehmern, die in einem Betriebe beschäftigt waren, der infolge Ausstandes oder Aussperrung in diesem Betriebe ganz oder teilweise stillgelegt worden ist, aber auch den Personen nicht, die infolge eines in einem anderen Betriebe ausgebrochenen Streiks oder einer Aussperrung zum Feiern gezwungen sind (z. B. wegen Materialmangels), sofern nur dieser Streik oder diese Aussperrung die Erwerbslosigkeit überwiegend verursacht hat.

Erwerbslosenunterstützung darf auch dann nicht gezahlt werden, wenn die Arbeiter, die zur Aufnahme der Arbeit aufgefordert worden sind, dem aber nicht Folge geleistet haben, nunmehr auf Grund des § 123 Ziffer 3 der Gewerbeordnung fristlos entlassen werden.

Wird von einer solchen Entlassung auch ein Arbeitnehmer mit betroffen, dessen Entlassung von vornherein zu einem bestimmten Zeitpunkt feststand, so wird er von diesem Zeitpunkt an in die Erwerbslosenfürsorge aufgenommen werden können, wenn im übrigen die Voraussetzungen dafür gegeben sind; denn diese Erwerbslosigkeit ist nicht durch Ausstand oder Aussperrung überwiegend verursacht worden.

Ausstand oder Aussperrung sind auch dann als überwiegende Ursache der Erwerbslosigkeit anzusehen, wenn offenkundig die Absicht bestand, die Einstellung gewisser Betriebe oder Betriebsteile durch Arbeitsniederlegung zu erzwingen. Kommen andere Gründe, wie Mangel an Rohstoffen, Hilfsstoffen oder Halbfabrikaten oder die ungünstige allgemeine Wirtschaftslage hinzu, so ist zu prüfen, welche Ursachen überwiegen.

[15]) Die Stellung und Tätigkeit des Arbeitsnachweises bei Wirtschaftskämpfen regelt § 42 ANG.

Erwerbslose sollen nicht zu Arbeiten angehalten und vermittelt werden, um deren Ausführung und Entlohnung ein wirtschaftlicher Kampf geführt wird. Die Uebernahme solcher Arbeiten gilt nach herrschender Ansicht als Streikbruch und kann deshalb den unterstützten Erwerbslosen nicht zugemutet werden (Rundschr. d. Preuß. Ministers f. Volkswohlfahrt vom 2. März 1921, RABl. 1921, S. 522).

Die Bestimmungen des § 42 ANG. können auch auf einen Ausstand oder eine Aussperrung von Zwischenmeistern (vgl. Anm. 1 b zu § 34) angewandt werden (Besch. des RAM. vom 29. Dezember 1924, „Arbeit und Beruf" 1925, S. 69).

[16]) Ausstand oder Aussperrung gilt als solange fortdauernd, bis entweder eine Einigung zwischen den Parteien, besonders durch Annahme eines Schiedsspruchs, zustande kommt oder ohne eine förmliche Einigung die Arbeit im Betriebe oder in dem betroffenen Betriebsteil wieder aufgenommen wird. Die vierwöchige Wartezeit beginnt nicht schon mit der Erklärung des Arbeitgebers, daß die Arbeitnehmer entlassen seien, sondern erst mit dem Tage, an dem der Ausstand oder die Aussperrung als beendet anzusehen ist (Vgl. RABl. 1922, S. 3).

Durch die Erklärung des Arbeitgebers, daß er wegen Arbeitsmangels die Arbeitnehmer nicht wieder einstellen könne, wird die vierwöchige Wartezeit weder abgekürzt noch aufgehoben, da die Arbeitnehmer nicht durch den Arbeitsmangel, sondern durch Ausstand oder Aussperrung erwerbslos geworden sind und meist der Arbeitsmangel nur dadurch hervorgerufen worden ist, daß die Aufträge infolge des Ausstandes oder der Aussperrung zurückgezogen worden sind.

17) Werden nach Beendigung des Ausstandes oder der Aussperrung einzelne Arbeitnehmer nicht wieder eingestellt, sei es, weil sie unmittelbar am Streik beteiligt waren, sei es, daß ihre Arbeitsstelle durch einen anderen besetzt worden ist, so ist ihre Erwerbslosigkeit noch als Folge des Arbeitskampfes anzusehen. Erwerbslosenunterstützung darf ihnen frühestens vier Wochen nach Abschluß des Ausstandes oder der Aussperrung gewährt werden, wenn die allgemeinen Voraussetzungen vorliegen. Eine Abkürzung der 4-Wochen-Frist ist nicht zulässig, kann auch nicht dadurch erreicht werden, daß der Erwerbslose während dieser Frist eine nur wenige Tage dauernde Aushilfs- oder Gelegenheitsarbeit annimmt. Seine Erwerbslosigkeit beruht immer noch auf dem Ausstand oder der Aussperrung.

Der Entwurf der Arbeitslosen-Versicherung sieht vor, daß **nur für die Dauer** des Ausstandes oder der Aussperrung Erwerbslosenunterstützung nicht gezahlt werden darf, da die vierwöchige Wartezeit den versicherungsrechtlichen Grundsätzen widersprechen würde.

Eine von einer Arbeitnehmerorganisation über einen Betrieb verhängte Sperre (Boykott) ist einem Ausstande nicht gleichzuachten. Bei der „Sperre" verbietet lediglich ein Arbeitnehmerverband seinen Mitgliedern, eine freiwerdende Stelle anzunehmen, verlangt dagegen nicht, daß die dort beschäftigten Arbeitnehmer die Arbeit niederlegen. Deshalb ist der Erwerbslose verpflichtet, eine ihm zugewiesene Arbeit in einem gesperrten Betriebe aufzunehmen. In einem solchen Falle liegt Streikbrecherarbeit nicht vor. Entwickelt sich dagegen aus der Sperre ein wirklicher Arbeitskampf, insbesondere ein Ausstand, dann sind die Bestimmungen über Ausstand oder Aussperrung anzuwenden (Entsch. des RAM. vom 19. März 1926, RABl. S. 118).

[18]) Zu der Frage der Gewährung von Armenunterstützung an streikende oder ausgesperrte Arbeiter hat der Reichsminister des Innern unter dem 16. Februar 1924 — II 1465 B — folgende Stellung eingenommen:

Grundsätzlich wird davon ausgegangen werden müssen, daß öffentliche Mittel nicht in einer Weise verwendet werden dürfen, die aauch nur mittelbar darauf hinausläuft, im Wirtschaftskampfe die eine oder die andere Partei zu unterstützen. Dieser Grundsatz, der in der Verordnung über Erwerbslosenfürsorge befolgt ist, muß auch für das Armenwesen gelten. Die Frage, ob streikenden oder ausgesperrten Arbeitern, die selbst oder in der Person ihrer Familienangehörigen durch den Streik oder die Aussperrung hilfsbedürftig werden, allgemein Armenunterstützung gewährt werden darf, ist daher grundsätzlich zu verneinen. Unabhängig davon ist die Frage der individuellen Bedürftigkeit im armenrechtlichen Sinne zu prüfen; es können Fälle denkbar sein, in denen streikende oder ausgesperrte Arbeiter und vor allem deren Angehörige infolge ihrer besonders großen persönlichen Notlage als hilfsbedürftig im armenrechtlichen Sinne anzusehen und aus Armenmitteln zu unterstützen sind. Diese Fälle müssen indessen auf Ausnahmen beschränkt bleiben.

[19]) In Frage kommen die Bestimmungen der §§ 1601—1615 (Unterhaltspflicht der Verwandten in gerader Linie), 1360, 1361 (Unterhaltspflicht während der Ehe), 1703 (Unterhaltspflicht gegenüber dem Kinde bei nichtiger Ehe), 1708 ff. (Unterhaltspflicht gegenüber unehelichen Kindern), 1739 (Unterhaltspflicht gegenüber für ehelich erklärten Kindern), 1765, 1766 BGB. (Unterhaltspflicht bei Annahme an Kindesstatt).

Ein rechtskräftig geschiedener Ehegatte ist nicht mehr „Angehöriger". Deshalb darf für ihn ohne Rücksicht auf etwa bestehende Unterhaltsansprüche (§§ 1578 ff. BGB) der Familienzuschlag nicht gewährt werden. Auch für Angehörige nicht unterstützungsberechtigter Personen und fremde im Haushalt eines Erwerbslosen beschäftigte Personen (z. B. eine Haushälterin) dürfen Familienzuschläge nicht gezahlt werden, da sie nicht „Angehörige“ sind und nicht einen familienrechtlichen Unterhaltsanspruch gegenüber dem Erwerbslosen haben. Ebenso darf der Familienzuschlag nicht bewilligt werden für eine erwachsene arbeitsfähige Tochter, die ihrem erwerbslosen Vater den Haushalt führt, da sie nicht außerstande ist, sich selbst zu unterhalten und deshalb einen Unterhaltsanspruch gegenüber ihrem Vater nicht hat (Besch. des RAM. vom 28. Januar 1924, RABl. S. 126). Für Ausnahmefälle hat der RAM. in einem Besch. vom 9. März 1926 (RABl. S. 75) dazu weiter ausgeführt:

Es können auch Fälle vorkommen, in denen die Tochter zur Führung des väterlichen Haushalts tatsächlich in solchem Umfange benötigt wird, daß sie trotz Arbeitsfähigkeit eine ihren Verhältnissen angemessene Erwerbstätigkeit nicht finden kann. Solche Fälle werden insbesondere dann vorliegen, wenn im Haushalt noch jüngere Geschwister mitzuversorgen sind. Nach anerkannter Rechtsauffassung ist die Tochter dann im Sinne des § 1602 BGB außerstande, sich selbst zu unterhalten, und hat den Unterhaltsanspruch gegen ihren Vater. In diesem Falle kann der Familienzuschlag auch für ein volljähriges Kind gezahlt werden — (vgl. auch RAM. vom 19. April 1921, RABl. S. 592).

Wegen Versagung der Familienzuschläge an Angehörige von Untersuchungs-, Straf- oder Schutzhaftgefangenen vgl. Anm. 4 Abs. 5 zu § 3.

[20]) Beide Voraussetzungen müssen also gegeben sein. Es bestehen jedoch keine Bedenken, diesen Angehörigen solche Personen gleichzustellen, die erst nach Eintritt der Unterstützungsbedürftigkeit des Erwerbslosen die Eigenschaft als Angehörige durch Geburt oder Heirat erlangen, sofern anzunehmen ist, daß sie von dem Erwerbslosen ganz oder in der Hauptsache unterhalten worden wären, wenn sie schon vorher Angehörige gewesen wären (Entsch. des RAM. vom 11. Juli 1924, RABl. S. 299).

[21]) Der Eintritt der Unterstützungsbedürftigkeit und der der Erwerbslosigkeit fallen zeitlich nicht immer zusammen. Das

zeigt sich insbesondere bei Gewährung einer Abfindung, wo der Eintritt der Unterstützungsbedürftigkeit soweit hinausgeschoben wird, als für jeden Tag nach der Entlassung (Eintritt der Erwerbslosigkeit) ein dem bisherigen Arbeitsentgelt entsprechender Betrag aus der Abfindung aufgewandt werden kann (vgl. Anm. 12 Abs. 8 zu § 3).

[22]) Selbständige Erwerbslosenunterstützung können grundsätzlich die Familienangehörigen beziehen, die in einem selbständigen Arbeitsverhältnis gestanden haben und aus diesem heraus arbeitslos geworden sind. Vgl. § 10 Abs. 4 der VO. und Anm. 16—18 dazu. Die Voraussetzung des § 4 Abs. 1 der VO. muß auch bei ihnen vorliegen. Vgl. auch Anm. 27 zu Art. III des Gesetzes über Erhöhung der Bier- und Tabaksteuer, abgedr. S. 166.

[23]) Die Familienzuschläge sind keine selbständigen Unterstützungen, sondern bilden eine Erhöhung der Hauptunterstützung. Wenn deshalb auch an sich die sogenannten Zuschlagsempfänger nicht den Vorschriften des § 13 der VO. über die Bereitschaft zur Arbeit unterliegen, so kann doch die Verweigerung von Arbeit durch diese Personen vielfach ein Mißbrauch der Fürsorge sein. Vgl. dazu Anm. 4 zu § 16.

[24]) Ein uneheliches Kind ist als Familienmitglied der Person zu behandeln, welche die Kosten seines Unterhalts ganz oder überwiegend bestreitet. Lebt das Kind nicht im Haushalt dieser Person, so kann die Gemeinde den Zuschlag an den auszahlen, in dessen Haushalt das Kind verpflegt wird (z. B. den Vormund). Das ist empfehlenswert, damit der Zuschlag auch wirklich dem Kinde zugute kommt. Der Familienzuschlag darf aber nur gewährt werden, wenn der Unterhaltspflichtige das Kind bis zum Eintritt der Erwerbslosigkeit ganz oder in der Hauptsache unterhalten hat, nicht aber z. B. dann, wenn der Unterhaltsanspruch vor Eintritt der Unterstützungsbedürftigkeit gegen den Erwerbslosen nicht geltend gemacht worden ist. Ob er zur Leistung bereit und fähig gewesen wäre, macht dabei keinen Unterschied. Ebenso ist die Gewährung des Familienzuschlages unzulässig in Fällen, in denen der außereheliche Er-

zeuger eines Kindes bis zum Eintritt der Erwerbslosigkeit nicht in angemessener Weise oder überhaupt nicht zu dessen Unterhalt beigetragen hat, da die Voraussetzung des § 3 Abs. 2 nicht gegeben ist (Präs. der RAV. vom 31. Mai 1926, Arbeit und Beruf S. 362).

[25]) Allgemein können bei Familienangehörigen, die nicht in die häusliche Gemeinschaft des Hauptunterstützungsempfängers aufgenommen sind, die Familienzuschläge unmittelbar an die Person oder Anstalt gezahlt werden, in deren Obhut der Angehörige steht.

[26]) Oertlich zuständig für die Gewährung des Familienzuschlags ist bei Angehörigen, die in einer anderen Gemeinde wohnen, nicht der Wohnort des Angehörigen, sondern der des Hauptunterstützungsempfängers.

[27]) Die zeitliche Begrenzung der Familienzuschläge richtet sich nach den Bestimmungen des § 18 mit Ausnahme der Familienzuschläge für doppelten Haushalt nach § 13 Abs. 3. Vgl. dazu Anm. 17 zu § 13.

§ 4.

(1) Die Erwerbslosenunterstützung wird Erwerbslosen nicht gewährt, die in den letzten 12 Monaten [1]) vor Eintritt [2]) ihrer Unterstützungsbedürftigkeit weniger als drei [3]) Monate hindurch eine Beschäftigung ausgeübt haben, in der sie gegen Krankheit pflichtversichert [4 / 13]) waren.

(2) Der Reichsarbeitsminister kann mit Zustimmung des Reichsrats und nach Benehmen mit dem Verwaltungsrate des Reichsamts für Arbeitsvermittlung Ausnahmen [14]) zulassen.

[1]) Diese Zeitspanne fällt nicht mit dem Kalenderjahr zusammen.

Die Zwölfmonatsfrist wird in einem Falle durch die IV. Ausführungsverordnung vom 4. Juli 1924 (abgedr. S. 82) verlängert: „In die im § 4 Abs. 1 der Verordnung über Erwerbslosenfürsorge vom 16. Februar 1924 bezeichnete Frist von 12 Monaten ist die Zeitdauer einer von dem Erwerbslosen erlittenen Untersuchungs- oder Strafhaft nicht einzurechnen."

[2]) Vgl. dazu Anm. 21 zu § 3.

[3]) Also mindestens 3 Monate hindurch muß eine krankenversicherungspflichtige Beschäftigung ausgeübt worden sein, wenn Unterstützung begehrt wird.

Die drei Monate brauchen nicht unmittelbar vor dem Eintritt der Unterstützungsbedürftigkeit (vgl. Anm. 21 zu § 3) zu liegen, müssen aber innerhalb der letzten 12 Monate liegen. Sie sollen mindestens zum größten Teile zusammenhängen.

Aus dem Zusammenhang mit den 12 Monaten (Jahresfrist) ergibt sich, daß der Monat hierbei voll zu rechnen ist, also einschließlich der Sonn- und Feiertage. Nach § 126 RVO. wird, wenn ein Zeitraum von Monaten nicht zusammenhängend zu verlaufen braucht, der Monat zu 30 Tagen gerechnet. Der Erwerbslose muß demnach eine krankenversicherungspflichtige Beschäftigung von 90 Tagen nachweisen (ebenso Lehfeldt II. Aufl. Anm. 3 zu § 4).

Auf die Dreimonatsfrist ist die Zeit anzurechnen, während deren ein Arbeitnehmer, obwohl das Arbeitsverhältnis zu Recht bestand, z. B. wegen unrechtmäßiger Entlassung vorübergehend verhindert war, die Beschäftigung tatsächlich auszuüben. Für diese Zeit sind auch Beiträge zur Erwerbslosenfürsorge zu entrichten.

Einer versicherungspflichtigen Beschäftigung gleichzuachten und deshalb ebenfalls auf die Dreimonatsfrist anzurechnen ist die Zeit, während deren ein Arbeitnehmer, nachdem er die für seine Krankenversicherungspflicht maßgebende Verdienst- oder Einkommensgrenze überschritten hat, noch versicherungspflichtig bleibt, weil er nach § 165 b RVO. erst mit dem ersten Tage des vierten Monats aus der Versicherungspflicht ausscheidet. Auch bleibt hier die Beitragspflicht solange bestehen (vgl. Anm. 1 f zu § 34).

Dagegen kann der Bezug einer Entschädigung auf Grund des § 87 des Betriebsrätegesetzes mit einer versicherungspflichtigen Beschäftigung nicht gleichgestellt werden. Denn das Beschäftigungsverhältnis findet hier seinen Abschluß und auch die Beitragspflicht zur Krankenkasse und zur Erwerbslosenfürsorge hört auf. Es würde hier auch kein innerer Grund vorhanden sein, etwa die Höhe der Entschädigung als Maßstab für die Zeit zu nehmen, die angerechnet werden sollte (Besch. des RAM. vom 9. März 1925 RABl. S. 129).

*) Nach § 165 RVO. werden für den Fall der Krankheit pflichtversichert:

1. Arbeiter, Gehilfen, Gesellen, Lehrlinge, Hausgehilfen,
2. Betriebsbeamte, Werkmeister und andere Angestellte in ähnlich gehobener Stellung, sämtlich, wenn diese Beschäftigung ihren Hauptberuf bildet,
3. Handlungsgehilfen und -Lehrlinge, Gehilfen und Lehrlinge in Apotheken,
4. Bühnenmitglieder und Musiker ohne Rücksicht auf den Kunstwert ihrer Leistungen,
5. Lehrer und Erzieher,

5a. Angestellte in Berufen der Erziehung, des Unterrichts, der Fürsorge, der Kranken- und Wohlfahrtspflege, die nicht unter Nr. 2 oder 5 fallen, wenn diese Beschäftigung ihren Hauptberuf und die Hauptquelle ihrer Einnahmen bildet,

6. Hausgewerbetreibende, soweit ihnen nicht ein jährliches Einkommen in dem nach § 165 a festgesetzten Betrage sicher ist,
7. die Schiffsbesatzung deutscher Seefahrzeuge, soweit sie weder unter die §§ 59 bis 62 der Seemannsordnung (Reichsgesetzbl. 1902 S. 175 und 1904 S. 167), noch unter die §§ 553 bis 553 b des Handelsgesetzbuches fällt, sowie die Besatzung von Fahrzeugen der Binnenschiffahrt.

Voraussetzung der Versicherung ist für die im Abs. 1 unter Nr. 1 bis 5a und Nr. 7 Bezeichneten, mit Ausnahme der Lehrlinge aller Art, daß sie gegen Entgelt (§ 160) beschäftigt werden, für die unter Nr. 2 bis 5a Bezeichneten sowie für Schiffer außerdem, daß ihr regelmäßiger Jahresarbeitsverdienst an Entgelt nicht den nach § 165a festgesetzten Betrag übersteigt. Für die Jahresarbeitsverdienst- (Einkommens-) Grenze werden Zuschläge, die mit Rücksicht auf den Familienstand gezahlt werden (Frauen-, Kinderzuschläge), nicht angerechnet.

Weiter sind pflichtversichert nach § 162 RVO. die Hausgewerbetreibenden (Text des § 162 s. S. 179, 5).

Endlich kommt in Betracht § 1 des Reichsknappschaftsgesetzes:

„Arbeitnehmer (männliche und weibliche) in knappschaftlichen Betrieben unterliegen der Versicherung nach diesem Gesetze.

Arbeitnehmer sind Arbeiter sowie Angestellte, die ausschließlich oder überwiegend für den technischen, wirtschaftlichen oder kaufmännischen Betrieb eines oder mehrerer knappschaftlicher Betriebe beschäftigt sind."

Der nach § 165a RVO. festzusetzende Betrag ist seit 15. Januar 1925 (VO. vom 10. Januar 1925, RGBl. I S. 2) auf 2700 M. festgesetzt worden. Nach § 165b RVO. scheidet jedoch der, welcher diese Verdienstgrenze überschreitet, erst mit dem ersten Tage des vierten Monats nach Ueberschreiten der Verdienstgrenze aus der Versicherungpflicht aus. Das gleiche gilt sinngemäß für Hausgewerbetreibende bei Ueberschreiten der nach § 165a maßgebenden Einkommensgrenze. Während dieser drei Monate besteht also die Versicherungspflicht weiter, so daß dieser Zeitraum für die Erfüllung der Voraussetzung des § 4 anzurechnen ist, wenn eine entsprechende Beschäftigung geleistet wird. Vgl. Anm. 3.

[5]) „Unständig Beschäftigte", die eine versicherungspflichtige Beschäftigung gegen Entgelt ausüben, werden abweichend von der Regel des § 306 RVO. nicht bereits mit dem Eintritt in die Beschäftigung, sondern erst durch die Eintragung in das Verzeichnis der unständig Beschäftigten Mitglied der zuständigen Krankenkasse (§ 442 Abs. 3 RVO.). Erst von diesem Zeitpunkt an sind sie gegen Krankheit pflichtversichert. Die Voraussetzung des § 4 Abs. 1 ist bei ihnen deshalb nur dann er-

füllt, wenn sie in diesem Zeitraum mindestens drei Monate hindurch in das Verzeichnis eingetragen waren (Besch. des RAM. vom 4. März 1925, RABl. S. 129).

Versichert sind sie nach § 442 RVO. jedoch nur, soweit sie nicht nach § 168 RVO. versicherungsfrei sind. Zur Ausführung des § 168 hat der Bundesrat gemäß Bekanntmachung, betreffend die Befreiung vorübergehender Dienstleistungen von der Krankenversicherungspflicht vom 17. November 1915 (RGBl. S. 762) nachstehendes beschlossen:

Vorübergehende Dienstleistungen bleiben versicherungsfrei, wenn sie

1. von Personen, die überhaupt keine berufsmäßige Lohnarbeit verrichten, nur gelegentlich, insbesondere zur gelegentlichen Aushilfe ausgeführt werden und auf weniger als eine Woche entweder nach der Natur der Sache beschränkt zu sein pflegen, oder im voraus durch den Arbeitsvertrag beschränkt sind;
2. von Personen, die sonst berufsmäßige Lohnarbeit verrichten, während vorübergehender Arbeitslosigkeit nur gelegentlich, insbesondere zur gelegentlichen Aushilfe ausgeführt werden und auf höchstens drei Arbeitstage entweder nach der Natur der Sache beschränkt zu sein pflegen, oder im voraus durch den Arbeitsvertrag beschränkt sind;
3. von Personen, die sonst keine berufsmäßige Lohnarbeit verrichten, zwar in regelmäßiger Wiederkehr, aber nur nebenher [1]) und gegen ein geringfügiges Entgelt [1]) ausgeführt werden. Als geringfügig gilt ein Entgelt, wenn es für den Lebensunterhalt während des Zeitraums, innerhalb dessen die Beschäftigung in regelmäßiger Wiederkehr ausgeübt wird, nicht wesentlich ist;

[1]) „Nebenher oder gegen geringfügiges Entgelt verrichtet sind im allgemeinen Dienstleistungen, die im Durchschnitt der Beitragswoche nicht mehr als $^1/_3$ der üblichen Arbeitszeit beanspruchen und deren Entgelt $^1/_3$ des ortsüblichen Tagelohns (§§ 149 ff.) nicht über-

steigt (vgl. AN 1914 S. 766). Gehen mehrere nebeneinander ausgeübte vorübergehende Dienstleistungen zusammen über die bezeichnete Drittelgrenze hinaus, so ist Versicherungspflicht gegeben; denn solche Arbeitnehmer sind berufsmäßig tätig und bedürfen wie andere berufsmäßige Arbeitnehmer, die nur bei einem Arbeitgeber tätig sind, des Schutzes der Versicherung" (Kommentar zur RVO. von Schulz, zu § 168);

4. von Berufsarbeitern [1]) während des Bestehens eines regelmäßigen versicherungspflichtigen oder nach den §§ 169 bis 174 RVO. versicherungsfreien Arbeitsverhältnisses zu einem bestimmten Arbeitgeber für andere Arbeitgeber nebenher, sei es gelegentlich, sei es in regelmäßiger Wiederkehr ausgeführt werden;

[1]) „Wird ein Berufsarbeiter neben seiner versicherungspflichtigen Hauptbeschäftigung von anderen Arbeitgebern nebenher, sei es gelegentlich, sei es in regelmäßiger Wiederkehr beschäftigt, so sind für keine dieser Nebenbeschäftigungen, die nach I Nr. 4 obiger Bekanntmachung versicherungsfrei sind, Kassenbeiträge zu entrichten (AN. 1918 S. 350). In diesem Falle würde die Mitberücksichtigung der nebenbei verrichteten Dienstleistungen nur für die Lohnklasse Bedeutung haben; zu diesem Vorteil des Arbeitnehmers würde die Belästigung des Arbeitgebers durch die Versicherung nicht im richtigen Verhältnis stehen." (Komm. von Schulz);

5. zur schleunigen Hilfeleistung bei Unglücksfällen, bei Verheerungen durch Naturereignisse, bei Verkehrs- oder Betriebsstörungen und dergl. geleistet werden, sofern die Dienstleistungen voraussichtlich höchstens 3 Arbeitstage dauern werden;

6. von Bediensteten ausländischer Eisenbahnverwaltungen in Eisenbahnbetrieben des Inlandes ausgeführt werden;

7. von Bediensteten ausländischer Betriebe im Inland geleistet werden, soweit diese Betriebe mit einzelnen Be-

triebshandlungen vorübergehend in das Inland hinübergreifen;

8. vom Personal ausländischer Schiffe ausgeführt werden, die im Binnenschiffahrtsverkehre deutsche Wasserstraßen befahren und nicht nach Entscheidung des Versicherungsamts ihres Beschäftigungsorts (§ 1331 der RVO.) im Inland einen regelmäßigen Verkehr von erheblicher Dauer unterhalten;

9. von Personen, die nicht zur Schiffsbesatzung gehören, im Ausland auf Seefahrzeugen oder auf Fahrzeugen der Binnenschiffahrt geleistet werden.

[6]) Soweit „unständig Beschäftigte" versicherungsfrei sind, kann die währenddem geleistete Tätigkeit nicht auf die Frist des § 4 Abs. 1 angerechnet werden. Das gilt auch für die Personengruppen, welche die RVO. selbst für versicherungsfrei erklärt hat oder die auf ihren Antrag oder den ihres Arbeitgebers von der Versicherungspflicht befreit werden:

§ 159.

Die Beschäftigung eines Ehegatten durch den anderen begründet, vorbehaltlich der Vorschriften der §§ 551, 928, 1062, keine Versicherungspflicht.

§ 169.

Versicherungsfrei sind Beamte, Aerzte und Zahnärzte in Betrieben oder im Dienste des Reiches, der Deutschen Reichsbahn-Gesellschaft, eines Landes, eines Gemeindeverbandes, einer Gemeinde oder eines Versicherungsträgers, wenn ihnen gegen ihren Arbeitgeber ein Anspruch mindestens entweder auf Krankenhilfe in Höhe und Dauer der Regelleistungen der Krankenkassen (§ 179) oder für die gleiche Zeit auf Gehalt, Ruhegeld, Wartegeld oder ähnliche Bezüge im anderthalbfachen Betrage des Krankengeldes (§ 182) gewährleistet ist.

Das gleiche gilt für Beschäftigte der im Abs. 1 bezeichneten Arbeitgeber, die auf Lebenszeit oder nach Landesrecht unwiderruflich oder mit Anrecht auf Ruhegehalt angestellt sind,

sowie für Lehrer und Erzieher an öffentlichen Schulen oder Anstalten und ferner für Angehörige der Schutzpolizei im Sinne des § 1 des Reichsgesetzes über die Schutzpolizei der Länder vom 17. Juli 1922 (Reichsgesetzbl. I S. 597, s. S. 128 § 4.

§ 170.

Beamte in Betrieben oder im Dienste anderer öffentlicher Verbände oder öffentlicher Körperschaften werden auf Antrag des Arbeitgebers durch die oberste Verwaltungsbehörde von der Versicherungspflicht befreit, wenn ihnen gegen ihren Arbeitgeber einer der in § 169 bezeichneten Ansprüche gewährleistet ist oder sie lediglich für ihren Beruf ausgebildet werden.

Das gleiche gilt für Beamte der bisher landesherrlichen Hof-, Domanial-, Kameral-, Forst- und ähnlichen Verwaltungen, der bisher Herzoglich Braunschweigischen Landschaft und der Fürstlich Hohenzollernschen Fideikommißverwaltung.

Das gleiche gilt ferner für Beschäftigte der im Abs. 1, 2 bezeichneten Arbeitgeber, die auf Lebenszeit oder nach Landesrecht unwiderruflich oder mit Anrecht auf Ruhegehalt angestellt sind.

§ 172.

Versicherungsfrei sind

1. Beamte des Reichs, der Deutschen Reichsbahn-Gesellschaft, der Länder, der Gemeindeverbände, der Gemeinden und der Versicherungsträger, Lehrer und Erzieher an öffentlichen Schulen oder Anstalten, solange sie lediglich für ihren Beruf ausgebildet werden,
2. Soldaten, die eine der im § 165 bezeichneten Tätigkeiten im Dienste oder während der Vorbereitung zu einer bürgerlichen Beschäftigung ausüben, auf die § 169 anzuwenden ist,
3. Personen, die zu ihrer wissenschaftlichen Ausbildung für den zukünftigen Beruf gegen Entgelt tätig sind,
4. Mitglieder geistlicher Genossenschaften, Diakonissen, Schwestern vom Roten Kreuz, Schulschwestern und ähn-

liche Personen, wenn sie sich aus überwiegend religiösen oder sittlichen Beweggründen mit Krankenpflege, Unterricht oder anderen gemeinnützigen Tätigkeiten beschäftigen und nicht mehr als freien Unterhalt oder einen geringen Entgelt beziehen, der nur zur Beschaffung der unmittelbaren Lebensbedürfnisse an Wohnung, Verpflegung, Kleidung und dergleichen ausreicht.

§ 173.

Auf seinen Antrag wird von der Versicherungspflicht befreit, wer eine Invalidenrente bezieht oder dauernd invalide im Sinne des § 1255 Abs. 2 ist, solange der vorläufig unterstützungspflichtige Träger der Armenfürsorge einverstanden ist.

Auf seinen Antrag wird ferner befreit, wer die Leistungen seiner Kasse für die zulässige Höchstdauer bezogen hat und deshalb keinen Anspruch mehr auf die Leistungen der Krankenhilfe seitens dieser Krankenkasse hat, solange die Arbeitsunfähigkeit oder die Notwendigkeit der Heilbehandlung während der Fortdauer derselben Krankheit besteht.

§ 174.

Auf Antrag des Arbeitgebers werden von der Versicherungspflicht befreit

1. Lehrlinge aller Art, solange sie im Betrieb ihrer Eltern beschäftigt sind,
2. Personen, die bei Arbeitslosigkeit in Arbeiterkolonieen oder ähnlichen Wohltätigkeitsanstalten vorübergehend beschäftigt werden.

[7]) Die Beschäftigung bei öffentlichen Notstandsarbeiten gilt nach § 9 Abs. 1 der Bestimmungen vom 30. April 1925 (abgedr. S. 236) „als Beschäftigung gegen Entgelt im Sinne der Reichsversicherung". Demnach ist die Beschäftigungszeit hierbei auf die Frist des § 4 Abs. 1 anzurechnen. Außer Betracht dagegen bleibt die Versicherung der Erwerbslosen und der Pflichtarbeiter nach § 20 der Verordnung, da es sich hierbei nicht um eine Pflichtversicherung handelt.

⁸) Die Beschäftigung der höher bezahlten Angestellten, die der Angestelltenversicherungspflicht unterliegen, erfüllt seit Inkrafttreten der VII. Ausführungs-Verordnung vom 21. Januar 1926 (abgedr. S. 124) ebenfalls die Voraussetzung des § 4. Vgl. die Erläuterungen zur VII. Ausf.-VO., insbes. zu Art. 1.

⁹) In Betracht kommt nur die Versicherung bei einer reichsdeutschen Krankenkasse (Besch. des RAM. vom 4. Juni 1924, RABl. S. 259). Dazu gehören nach einem Bescheid des RAM. vom 30. Juli 1924 auch die Krankenkassen des Saargebiets; denn das Saargebiet „bildet auch heute noch einen Teil des deutschen Reiches, das nur vorübergehend auf die Ausübung seiner Hoheitsrechte verzichtet hat". „In Oberschlesien liegt die Sache insofern anders, als der jetzt polnische Teil in aller Form abgetreten und somit Ausland geworden ist. Dennoch besteht die Möglichkeit, Polnisch-Oberschlesien wenigstens für die hier vorliegende Frage" — (also, ob die Voraussetzung des § 4 erfüllt ist) — „als Inland anzusehen, da das Oberschlesien-Abkommen vom 15. Mai 1922 in Arbeitsfragen stets von dem Grundsatz ausgeht, daß die beiden Teile des geteilten Oberschlesien im Verhältnis zum anderen Staat nicht als Ausland anzusehen sind."

Das Oberschlesien-Abkommen hat durch das Gesetz vom 11. Juni 1922 (RGBl. II S. 37) Gesetzeskraft erhalten. Dem Sinne dieses Abkommens entspricht es, „daß Oberschlesier polnischer Staatsangehörigkeit in Deutsch-Oberschlesien unter denselben Voraussetzungen und in demselben Umfange zur Erwerbslosenfürsorge zugelassen werden wie Reichsangehörige. Dabei werden als Oberschlesier, dem Genfer Abkommen entsprechend, alle die, aber auch nur die Personen anzusehen sein, die im Besitze der sog. Verkehrskarte sind. Die Gleichbehandlung mit den Reichsangehörigen bleibt auf Oberschlesien beschränkt, so daß in den übrigen Teilen Deutschlands ein Oberschlesier, der für Polen optiert hat, wie ein anderer polnischer Staatsangehöriger zu behandeln ist." (Besch. des RAM. vom 21. März 1925, RABl. S. 165.). Vgl. dazu § 6 der VO.

[10]) § 4 Abs. 1 setzt die sog. Anwartschaft fest (über diesen Begriff vgl. Anm. 5 Abs. 3 zu § 1 der VO.)

Zu beachten ist, daß § 4 lediglich eine versicherungspflichtige Beschäftigung verlangt, nicht aber als Voraussetzung für die Gewährung der Fürsorge die Forderung aufstellt, daß Beiträge zur Erwerbslosenfürsorge gezahlt sind. Der gegenteilige Standpunkt wurde in der I. Auflage dieses Kommentars vertreten, er beruhte auf der Begründung des RAM. zum Entwurf der Verordnung. Nachdem der Reichsarbeitsminister jedoch wiederholt erklärt hat, daß er den Grundsatz Leistung — Gegenleistung jetzt nicht aufstellen wolle, muß der frühere Standpunkt aufgegeben werden, obwohl der jetzige Zustand nicht befriedigend ist; denn er führt zu den unerwünschten Ergebnissen, daß Unterstützung auch die erhalten können, die Beiträge nicht bezahlt haben, und daß auf der anderen Seite Personen mangels Bedürftigkeit oder wegen des Fehlens einer sonstigen Voraussetzung, z. B. der verbürgten Gegenseitigkeit bei den polnischen Staatsangehörigen (vgl. § 6 der VO.), Unterstützung nicht erhalten können, obwohl sie Beiträge zur Erwerbslosenfürsorge geleistet haben.

[11]) Unterstützung kann zur Zeit nicht gewährt werden ehemaligen Angehörigen der Staatspolizei, der Reichswehr, abgebauten Beamten, da sie die Voraussetzungen des Abs. 1 nicht erfüllen. Der Reichsarbeitsminister hat abgelehnt, für die abgebauten Beamten Ausnahmen nach Abs. 2 zuzulassen. Der Reichsminister der Finanzen hat jedoch Richtlinien zur Gewährung von Unterstützungen an abgebaute Beamte erlassen (abgedr. S. 455).

Wegen der selbständigen Gewerbetreibenden vgl. Anm. 6 zu § 3 der VO.

[12]) Durch freiwillige Beiträge kann die Berechtigung zum Bezuge der Erwerbslosenunterstützung nicht erworben werden, da der Reichsarbeitsminister von der Ermächtigung nach § 34 Abs. 4 Nr. 3 der VO. bisher noch nicht Gebrauch gemacht hat (Besch. des RAM. vom 9. April 1926, RABl. S. 130).

[13]) Der öffentliche Arbeitsnachweis hat bei jedem Unterstützungsfall zu prüfen, ob die Voraussetzungen des § 4 Abs. 1 vorliegen. Durch Feststellung beim Arbeitgeber auf Grund des Artikel 1 der Ausführungs-Vorschriften vom 2. Mai 1925 (abgedr. S. 56) und durch Befragung der Krankenkasse ist ihm die Möglichkeit dazu geboten.

[14]) Der Reichsarbeitsminister hat bisher (vgl. Anm. 11) lediglich in der IV. Ausführungs-Verordnung vom 4. Juli 1924 (abgedr. S. 82) von dieser Ermächtigung Gebrauch gemacht. Danach ist in die im § 4 Abs. 1 bezeichnete Frist von zwölf Monaten die Zeitdauer einer von dem Erwerbslosen erlittenen Untersuchungs- oder Strafhaft nicht einzurechnen (vgl. die Erläuterungen dazu).

§ 5.

(1) Erwerbslosen [1]) [2]), die das 16. Lebensjahr noch nicht vollendet haben, wird die Erwerbslosenunterstützung nicht gewährt. Erwerbslosen, die das 16., aber noch nicht das 18. Lebensjahr vollendet haben, wird sie nur gewährt, soweit die oberste Landesbehörde [3]) oder die von ihr bezeichnete Stelle nach Anhörung [4]) des Verwaltungsausschusses des Landesamts für Arbeitsvermittlung festgestellt hat, daß es Personen dieser Altersgruppen nach der allgemeinen Lage des Arbeitsmarktes trotz besonderer Bemühungen erst nach längerer Arbeitslosigkeit möglich sein wird, Arbeit zu erlangen.

(2) Erwerbslose, die nach Abs. 1 nicht unterstützungsberechtigt sind, bei denen im übrigen aber die Voraussetzungen für die Unterstützung vorliegen, können zu den Arbeiten nach § 14 zugelassen [5]) werden. Sie erhalten dann die entsprechende Unterstützung [6]).

[1]) Zu unterscheiden ist zwischen Erwerbslosen

a) unter 16 Jahren,

b) zwischen 16 und 18 Jahren,

c) über 18 Jahren.

Zu a) Den Erwerbslosen unter 16 Jahren (eine untere Altersgrenze besteht nicht) wird grundsätzlich Unterstützung nicht gewährt. Sie kann ihnen jedoch nach Abs. 2 dann zugebilligt werden, wenn sie zur Pflichtarbeit nach § 14 der VO. zugelassen worden sind. Teilnahme an Veranstaltungen nach § 15 genügt nicht.

Zu b) Erwerbslosen, die das 16., aber noch nicht das 18. Lebensjahr vollendet haben, wird die Unterstützung nur gewährt, soweit die oberste Landesbehörde die im Abs. 1 geforderte Feststellung getroffen hat **und** die Erwerbslosen entweder zu den Arbeiten des § 14 zugelassen worden sind **oder**, sofern solche geeignete Arbeiten nicht vorhanden sind, sie gemäß § 15 an Veranstaltungen teilnehmen, die der beruflichen Fortbildung oder Umschulung oder der Allgemeinbildung dienen.

In den Fällen a) und b) müssen außerdem die sonstigen Voraussetzungen für die Gewährung der Unterstützung (§§ 3, 4, 6, 7 der VO.) vorliegen.

Zu c) Erwerbslose über 18 Jahren erhalten die Unterstützung unter den üblichen Voraussetzungen.

[2]) Nach Artikel 2 der Ausführungsvorschriften vom 2. Mai 1925 (abgedr. S. 57) darf jedoch jugendlichen Erwerbslosen, die nach § 5 der Verordnung nicht unterstützungsberechtigt sind, Arbeitsausrüstung und freie Fahrt zur Reise in den Beschäftigungsort nebst Reise- und Umzugsbeihilfen auch dann bewilligt werden, wenn sie zu Pflichtarbeit aus Mangel an Beschäftigungsgelegenheit nicht zugelassen werden können, eine Maßnahme, die zweifellos geeignet sein wird, die Arbeitsvermittlung der Jugendlichen zu erleichtern.

Dringend erwünscht ist, um die jugendlichen Erwerbslosen vor den Gefahren der Straße zu bewahren, sie an Fortbildungskursen nach Artikel 8 der Ausführungsvorschriften vom 2. Mai 1925 in größerem Umfange zu beteiligen.

[3]) Vgl. Anm. 6 zu § 1.

[4]) Ist nicht so viel wie „Zustimmung".

[5]) Durch den Verwaltungsausschuß des öffentlichen Arbeitsnachweises, vgl. § 14. Wegen der für Jugendliche vom Arbeitsnachweis auszustellenden Bescheinigungen vgl. Anm. 1 Abs. 3 zu § 6 der Bestimmungen über öffentliche Notstandsarbeiten (abgedr. S. 229).

[6]) Nämlich die Unterstützung für Erwerbslose unter 21 Jahren.

§ 6.

(1) Ausländern [1]) [2]) wird die Erwerbslosenfürsorge gewährt, wenn ihr Heimatstaat [3]) deutschen Erwerbslosen nachweislich eine gleichwertige [4]) Fürsorge gewährt.

(2) Der Reichsarbeitsminister kann mit Zustimmung des Reichsrats anordnen [5]), daß Ausländern die Fürsorge auch ohne diese Voraussetzung gewährt wird.

(3) Die Reichsregierung kann anordnen [7]), daß gegen Angehörige eines ausländischen Staates ein Vergeltungsrecht angewendet wird.

(4) Der Reichsarbeitsminister kann bestimmen, daß die Zugehörigkeit [6]) zu einer Versicherung gegen Arbeitslosigkeit, die im Ausland auf Grund einer ausländischen Gesetzgebung eingeführt ist, einer Beschäftigung im Sinne des § 4 Abs. 1 gleichzustellen ist.

[1]) Zur Zeit darf Erwerbslosenunterstützung unter den allgemeinen Voraussetzungen gewährt werden den erwerbslosen Staatsangehörigen des Freistaates Danzig, Deutschösterreichs, Schwedens, der Schweiz, der Tschechoslowakei, Italiens, Großbritanniens und Luxemburgs in demselben Umfange wie deutschen Erwerbslosen, da diese Länder deutschen Erwerbslosen eine gleichwertige Fürsorge zuteil werden lassen. Bezüglich des Saargebiets und der polnischen Oberschlesier vgl. Anm. 9 zu § 4.

Dänischen Staatsangehörigen, die in Deutschland erwerbslos werden, darf Erwerbslosenfürsorge unter den allgemeinen Voraussetzungen gewährt werden, wenn sie seit dem 1 .Juli 1919 im Deutschen Reiche wohnen.

Erwerbslosenunterstützung darf auch gewährt werden Balten deutscher Abstammung, welche die deutsche Reichsangehörigkeit nicht haben und ehemaligen deutschen Reichsangehörigen aus den an Polen abgetretenen Gebieten, die durch den Friedensvertrag die deutsche Reichsangehörigkeit verloren und die polnische erworben haben, wenn sie nach Auskunft der Flüchtlingsfürsorge als Flüchtlinge anzusehen sind. Im übrigen darf Staatsangehörigen Rußlands und Polens (für Polen hat der RAM. zuletzt unterm 26. Mai 1926 festgestellt, daß der nach § 6 Abs. 1 erforderliche Nachweis der gleichwertigen Fürsorge noch nicht geführt werden konnte) Erwerbslosenunterstützung nicht gewährt werden, ebenso auch nicht den Staatsangehörigen Frankreichs, der Niederlande, der Vereinigten Staaten von Amerika, Ungarns, Lettlands, Norwegens und Jugoslawiens.

[2]) Personen ohne Staatsangehörigkeit, sogenannte Staatenlose, gelten nicht als Ausländer. Daraus war in der I. Aufl. der Schluß gezogen worden, daß sie Unterstützung unter den allgemeinen Voraussetzungen erhalten könnten (ebenso Böhm-Eichelsbacher S. 57, Zschucke S. 13). Durch Besch. vom 17. November 1924 (RABl. S. 472) hat sich der RAM. auf den gegenteiligen Standpunkt gestellt. Es sei nicht angängig, diese Personen grundsätzlich günstiger zu stellen als solche, die eine fremde Staatsangehörigkeit besitzen, es sei kein Staat da, der die Gegenseitigkeit der Fürsorge verbürge. Deshalb dürften Staatenlose zur Erwerbslosenfürsorge in Deutschland nicht zugelassen werden. Dieser Bescheid ist bindend, befriedigt aber nicht und geht zudem offenbar von irrtümlichen Voraussetzungen aus. Denn wenn anerkannt wird, daß der Staatenlose nicht Ausländer ist, kann er auch nicht unter die Ausländersonderbestimmungen des § 6 der Verordnung eingereiht werden. Da aber andererseits die Voraussetzung, daß der Erwerbslose deutscher Staatsangehöriger sein müsse, in die Verordnung selbst

nicht aufgenommen ist, sondern sich lediglich durch Umkehrschluß aus § 6 ergibt, würde an sich kein Hinderungsgrund bestehen, auch Staatenlose wie Inländer zu behandeln.

[3]) Welche ausländischen Staaten in Frage kommen, bestimmt jeweils der Reichsarbeitsminister (Art. 3 der Ausf.-V. vom 2. Mai 1925, abgedr. S. 57). Anderen Ausländern als den angegebenen darf Erwerbslosenunterstützung nicht gewährt werden.

[4]) Gleichwertig heißt: nach Voraussetzungen und Leistungen im wesentlichen gleich der deutschen Erwerbslosenfürsorge.

[5]) Derartige Anordnungen sind bisher nicht ergangen.

[6]) Ist durch die II. Ausführungsverordnung des Reichsarbeitsministers vom 4. April 1924 (RABl. Amtl. Teil S. 181) für die Zugehörigkeit zur österreichischen Arbeitslosenversicherung angeordnet worden (abgedruckt S. 79).

§ 7.

(1) Eine bedürftige [1]) Lage ist vorbehaltlich der Bestimmungen [2]) in den Abs. 3 bis 6 nur insoweit anzunehmen, als die Einnahmen [3]) des zu Unterstützenden einschließlich der in seinem Haushalt [4]) lebenden Familienangehörigen [5]) derart geringe sind, daß er nicht imstande ist, damit den notwendigen [6]) Lebensunterhalt zu bestreiten und als ihm keine familienrechtlichen Unterhaltsansprüche [7]) zustehen, deren Erfüllung [7]) den notwendigen [6]) Lebensunterhalt ermöglichen würde.

(2) Einnahmen des Erwerbslosen, insbesondere Zinsen von Spargroschen [8]) und dergleichen, sind, abgesehen von den Ausnahmen [9]) in Abs. 3 bis 5, voll auf die Erwerbslosenunterstützung anzurechnen.

(3) Unterstützungen, die der Erwerbslose auf Grund eigener [10]) oder fremder [11]) Vorsorge bezieht [12]), sowie Rentenbezüge [13] / [14]) sind [15]) zur Hälfte ihres Betrages

auf die Erwerbslosenunterstützung anzurechnen.

(4) Was der Erwerbslose durch Gelegenheitsarbeit verdient, wird auf die Erwerbslosenunterstützung nur dann nicht angerechnet, wenn der Verdienst[16]) in einer Kalenderwoche 10 vom Hundert desjenigen Betrages nicht übersteigt, den der Erwerbslose bei voller Erwerbslosigkeit an Unterstützung einschließlich der Familienzuschläge für die Kalenderwoche beziehen würde. Der Mehrbetrag des Verdienstes wird zu 60 vom Hundert angerechnet.

(5) Völlig anrechnungsfrei[17]) bleiben:

1. Unterstützungen, die der Erwerbslose auf Grund eigener Vorsorge[18]) für den Fall der Arbeitslosigkeit bezieht,
2. Stillgeld[19]), das eine Wöchnerin auf Grund der reichsgesetzlichen Vorschriften über Wochenhilfe und Wochenfürsorge erhält,
3. Zusatzrente[20]), die auf Grund der §§ 88 bis 95 des Reichsversorgungsgesetzes in der Fassung[21]) der Bekanntmachung vom 30. Juni 1923 (Reichsgesetzbl. I S. 523) gewährt wird.

(6) Kleinerer Besitz[22]) (Spargroschen, Wohnungseinrichtungen) darf für die Beurteilung der Bedürftigkeit nicht in Betracht gezogen werden.

[1]) Vgl. Anm. 12, 13 zu § 3. Wenn nur Teilbedürftigkeit vorliegt, darf nur Teilunterstützung gewährt werden. Die Frage, wann Bedürftigkeit vorliegt, läßt sich nur nach der Lage des einzelnen Falles beurteilen. Dabei ist vor allem der Familienstand zu berücksichtigen und bei vorhandenem Vermögen zu prüfen, wie weit es für den Unterhalt nutzbar gemacht werden kann, ob es beleihbar ist (Grundbesitz) oder ob es zu angemessenem Preise verkäuflich ist (Möbel usw.). Es kann dem

Erwerbslosen aber im allgemeinen nicht zugemutet werden, erst alle vorhandenen Einrichtungsgegenstände zu veräußern, ehe ihm Unterstützung zugebilligt wird. Das würde zur Entwurzelung des Erwerbslosen führen können, die sozialpolitisch durchaus unerwünscht ist und ihm ein späteres Fortkommen unnötig erschweren würde.

Von besonderem Interesse sind die Versuche der Praxis, Richtlinien für die Bewertung des Besitzes und die daraus sich ergebende Frage, bei welchem Besitzstand noch Bedürftigkeit anzunehmen ist, aufzustellen. Wenn auch solche Richtlinien einen allgemeinen Maßstab abgeben, so sind sie gleichwohl im einzelnen, besonders gelagerten Falle oder je nach den verschiedenen Bodenarten abänderungsfähig. Hier sei hingewiesen auf die Bewertungsgrundsätze, die der Geschäftsführer des öffentlichen Arbeitsnachweises Saalfeld Ulrich in der Zeitschrift „Arbeit und Beruf" 1925 S. 11 vorschlägt:

„Durchschnittserträge von einem halben Hektar bei mittlerem Boden: Kartoffeln 100, Roggen 14, Weizen 18, Gerste 18 Zentner.

Bedürftigkeitsgrenze:

Bis zu einem Morgen: Die Bedürftigkeit wird voll anerkannt und die volle Unterstützung gewährt.

Von 1—2 Morgen: Bedürftigkeit wird nur voll anerkannt, wenn 2 oder mehr Kinder vorhanden sind. Sind bei 50 a oder zwei Morgen keine Kinder unter 16 Jahren oder nur eins vorhanden, so wird die Unterstützung zu 50 Prozent gewährt. Unterstützung wird aber abgelehnt, wenn zur Familie erwachsene Kinder gehören, die selbständigem Erwerb nachgehen. Ist bei einem Grundbesitz bis zu 50 a bezw. 2 Morgen kein Vieh vorhanden, so wird die Bedürftigkeit weitherziger anerkannt.

Von 2—4 Morgen: Wenn schlechter Boden sowie ungünstige Lage (Lehestener und Schmiedefelder Gegend) vorhanden, so wird wie im vorhergehenden Abschnitt entschieden.

Sind bei 1 oder mehr Morgen 2 Kühe vorhanden (bei gutem Boden), so wird die Unterstützung mangels Bedürftigkeit abgelehnt. Unterstützung wird nur gewährt, wenn es sich in diesen Fällen überwiegend um Oedland handelt oder Großvieh nicht vorhanden ist."

Richtlinien ähnlicher Art sind von einer großen Anzahl von Arbeitsnachweisen erlassen worden. Denn die Frage, wann Bedürftigkeit vorliegt oder durch welchen Grund — oder sonstigen Besitz sie ausgeschlossen wird oder welche Einnahmen der Familie ausreichend sind, die Bedürftigkeit zu verneinen, ist eine der schwierigsten der ganzen Erwerbslosenfürsorge. Sie ist um so mehr in den Brennpunkt des Interesses gerückt worden, als sich ihrer auch große politische Parteien angenommen und die Beseitigung dieser Voraussetzung im Reichstag gefordert haben, da sie sich nicht mehr rechtfertigen lasse, seitdem die Arbeitnehmer Beiträge zur Erwerbslosenfürsorge zahlen und sich damit einen Rechtsanspruch auf die Unterstützung erwerben.

Da die Erwerbslosigkeit auch in der Folgezeit nicht wesentlich abnehmen wird, werden die Arbeitsnachweise ohne Richtlinien nicht auskommen. Mit Recht weist das Sächsische Landesamt für Arbeitsvermittlung in Nr. 25 Jahrg. 5 der Zeitschrift „Der Arbeitsmarkt in Sachsen" darauf hin, daß es in Zeiten übermäßig starker Erwerbslosigkeit ganz unmöglich ist, „in jedem einzelnen Falle gefühlsmäßig die Bedürftigkeit zu beurteilen". Es hat deshalb seinen Arbeitsnachweisen, soweit sie selbst brauchbare Richtlinien noch nicht aufgestellt haben, das sog. Dresdener System empfohlen. Es ist in Anlehnung an die jeweiligen Erwerbslosenunterstützungssätze aufgebaut und unterscheidet einerseits zwischen Haushaltungsvorstand und den übrigen Angehörigen der Familie, anderseits zwischen verdienenden und nichtverdienenden Familienmitgliedern. Es werden danach berechnet

a) für den Haushaltungsvorstand
   mit Verdienst das Dreifache, ohne Verdienst das Zweifache der Hauptunterstützung eines Erwerbslosen über 21 Jahre,

b) für alle übrigen Angehörigen
mit Verdienst das Zweifache, ohne Verdienst das Einfache der Hauptunterstützung eines Erwerbslosen über 21 Jahre.

Dazu werden teilweise zum Ausgleich unbilliger Härten je nach der Familienstärke noch Beträge hinzugerechnet, desgl. werden bei Kriegsbeschädigten und Rentenempfängern gewisse Beträge des Einkommens anrechnungsfrei gelassen.

Eine weitherzige Prüfung der Bedürftigkeitsfrage hat der Reichsarbeitsminister bei Schwerkriegsbeschädigren empfohlen. „Die zur Entscheidung über Unterstützungsgesuche berufenen Stellen können bei Schwerkriegsbeschädigten, namentlich Kriegsblinden, wegen der besonderen Ausgaben, die diesen durch die Beeinträchtigung ihrer körperlichen Unversehrtheit entstehen, nach pflichtmäßigem Ermessen eine erhöhte Bedürftigkeit anerkennen und ein entsprechend erhöhtes Existenzminimum festsetzen. Auf den so ermittelten Bedarfsbetrag sind dann allerdings die Militärrenten einschließlich der Pflegezulage gemäß § 7 Abs. 3 der Verordnung zur Hälfte anzurechnen. Anrechnungsfrei bleibt nach § 7 Abs. 5 Satz 3 nur die Zusatzrente" (Besch. vom 6. Dezember 1924, RABl. 1925 S. 2).

Dieselben Grundsätze dürfen auch auf solche schwerbeschädigte Rentenempfänger angewandt werden, die in ihrer körperlichen Unversehrtheit so schwer beeinträchtigt sind, daß ihnen dadurch besondere Ausgaben erwachsen (Besch. des RAM. vom 6. Februar 1925, RABl. S. 128). Sinngemäß gelten diese Bestimmungen auch für die Kriegshinterbliebenen (Besch. des RAM. IV Nr. 4439/26 vom 26. April 1926).

In einem Falle ist die Prüfung der Bedürftigkeit gesetzlich ausgeschlossen worden, nämlich bei der Erwerbslosen- und Kurzarbeiterfürsorge der Tabakarbeiter usw. durch das Abänderungsgesetz vom 8. März 1926 (RGBl. I S. 151, abgedr. und erläutert S. 166).

²) Grundsätzlich sind die Einnahmen und der Besitz bei der Prüfung der Bedürftigkeit voll zu bewerten. Die Absätze 3—6 lassen aber einige bestimmt bezeichnete Ausnahmen davon zu.

³) Als Einnahmen kommen nur tatsächlich eingehende Geld- und Sachbezüge in Betracht. Zu berücksichtigen sind alle Einnahmen, die der Erwerbslose aus irgend einer Tätigkeit zieht, demnach auch Sitzungsgelder als Stadtverordneter, Tagegelder als Abgeordneter, Vergütungen für die Teilnahme an Sitzungen von Ausschüssen auf dem Gebiete der Selbstverwaltung der Gemeinde oder sonstiger öffentlich-rechtlicher Körperschaften, auch wenn sie unter der Bezeichnung als Aufwandsentschädigung gezahlt werden. Soweit diese Bezüge nicht lediglich Ersatz barer Auslagen, z. B. von Fahrgeldern, darstellen, sind sie als Einnahmen voll anzurechnen (vgl. preuß. Ausführungsbest., 12. Nachtrag). Erhält der Abgeordnete nur eine geringe Aufwandsentschädigung, so ist zu prüfen, ob in diesen Fällen ein erhöhter Bedarfssatz anzunehmen ist. Dabei ist besonders zu berücksichtigen, ob dem Abgeordneten durch die Ausübung seines Mandats Mehrausgaben (für doppelten Haushalt, Reisen, erhöhten Schreib- und Kleidungsaufwand, Zeitungsbezug usw.) entstehen. „Es liegt nicht im öffentlichen Interesse, die Abgeordneten im Falle ihrer Erwerbslosigkeit in diesen Ausgaben zu beengen." (Besch. des RAM. vom 13. Januar 1926, RABl. 1926 S. 24). Wegen der Anrechnung von Abfindungen usw. vgl. Anm. 12 zu § 3.

⁴) Der Begriff „Haushalt" ist nicht immer so umfassend wie der des „gemeinschaftlichen Hausstandes" des § 12 Abs. 3. „Unter einem gemeinschaftlichen Hausstande ist nur eine auf die Dauer berechnete, nicht auf Erwerb gerichtete Lebensgemeinschaft mehrerer Personen auf gemeinsamer hauswirtschaftlicher Grundlage zu verstehen." (RAM. vom 21. Juni 1920, RABl. 1921 S. 91). „Haushalt" dagegen ist die Hauswirtschaft schlechthin, auch eine Einzelperson kann einen Haushalt haben. Bei der Familie jedoch stehen beide Begriffe einander gleich.

⁵) Vgl. Anm. 12 Abs. 5 zu § 3. Unter „Familie" sind nicht nur die Ehegatten und Verwandten auf- und absteigender Linie zu verstehen, sondern auch Seitenverwandte und Verschwägerte, soweit sie den Hausstand des Erwerbslosen teilen (RAM. vom 21. Juni 1920, RABl. 1921, S. 91).

[6]) Das BGB. unterscheidet zwischen „standesmäßigem“ und „notdürftigem“ Unterhalt (§§ 1610, 1611). Der Begriff des „notwendigen“ Lebensunterhaltes ist ihm fremd. Es erscheint zweifelhaft, ob die VO. beabsichtigt, einen neuen Begriff einzuführen, der zwischen standesmäßigem und notdürftigem Unterhalt liegt, allerdings mehr nach der Seite des letzteren. Der Begriff erscheint übrigens auch im Artikel 163 Abs. 2 RV.: „Jedem Deutschen soll die Möglichkeit gegeben werden, durch wirtschaftliche Arbeit seinen Unterhalt zu erwerben. Soweit ihm angemessene Arbeitsgelegenheit nicht nachgewiesen werden kann, wird für seinen notwendigen Unterhalt gesorgt.“ Man wird als notwendigen Lebensunterhalt den bezeichnen können, der unbedingt erforderlich ist, aber auch, ohne Berücksichtigung der bisherigen Lebensstellung, ausreicht, um den Erwerbslosen bei körperlicher Unversehrtheit zu erhalten. Das Maß des notwendigen Unterhalts ist nach Lage der Verhältnisse verschieden. Gegebenenfalls kann nur eine Teilunterstützung nach § 10 Abs. 5 der VO. in Frage kommen.

[7]) Vgl. Anm. 19 zu § 3.

Ehe der Erwerbslose die Fürsorge in Anspruch nimmt, muß er sich zunächst an etwaige Unterhaltspflichtige halten.

[8]) Das Kapital selbst ist, soweit es sich nicht um „kleineren Besitz“ im Sinne des Abs. 6 handelt, für die Beurteilung der Bedürftigkeit in Betracht zu ziehen (vgl. Anm. 2).

[9]) Die Ausnahmen der Absätze 3 und 5 gelten auch für die Einnahmen der Familienangehörigen des Hauptunterstützungsempfängers, wenn das Einkommen der Familie festgestellt werden soll; sie sind also je nach ihrer Art zur Hälfte oder garnicht anzurechnen.

[10]) Z. B. aus einer Versicherung, die der Erwerbslose selbst abgeschlossen hat.

[11]) Bezüge, die dem Erwerbslosen von anderer Seite gewährt werden, z. B. von einer Stiftung, einer Versicherung, die ein anderer für den Erwerbslosen abgeschlossen hat (Vertrag zugunsten eines Dritten, vgl. § 328 BGB.).

Flüchtlingsfürsorge gilt als fremde Vorsorge im Sinne von § 7 Abs. 3, wenn aus der Flüchtlingsfürsorge laufende Unterhaltsrenten gewährt werden. Einmalige, nicht auf bestimmte Zeit gewährte Beihilfen, besonders zur Beschaffung von Möbeln, Wäsche und Kleidung, sind dagegen auf die Leistungen der Erwerbslosenfürsorge auch dann nicht anzurechnen, wenn sie aus Mitteln der Flüchtlingsfürsorge gewährt werden. Das Vorhandensein des Anspruchs eines Flüchtlings gegen das Reich auf Ersatz von Verdrängungsschäden schließt die Bedürftigkeit und damit die Fürsorgeberechtigung nicht schlechthin aus, sondern erst dann, wenn der Ersatzanspruch soweit verwirklicht werden kann, daß er dem Flüchtling wenigstens notdürftig die Schaffung eines neuen Lebensunterhalts ermöglicht.

Die Ansprüche auf Ersatz von Verdrängungsschäden nach der Verordnung über den Ersatz der durch die Abtretung deutscher Reichsgebiete entstandenen Schäden sowie der Kriegsschäden in den ehemaligen deutschen Schutzgebieten und im Ausland (Gewaltschädenverordnung vom 28. Oktober 1923, RGBl. I S. 1015) sind zum größten Teil dadurch verwirklicht worden, daß den Berechtigten bei Auflösung der Flüchtlingslager die Beträge ausgezahlt worden sind, die zur Erfüllung ihres Schadenersatzanspruchs bestimmt gewesen sind. Hierdurch sollte es den Empfängern ermöglicht werden, sich einen neuen Lebensunterhalt zu schaffen und dabei die empfangenen Summen zur Ergänzung und Beschaffung verlorenen Hausrats oder verlorenen Betriebsmaterials zu verwenden. Soweit für die Flüchtlinge nach Auflösung der Flüchtlingslager die Betreuung durch die Erwerbslosenfürsorge in Frage kommt, bestehen keine Bedenken, eine Entschädigung, die sich innerhalb der Höchstgrenze von 2000 Goldmark hält und zur Beschaffung von Hausrat und Gebrauchsgegenständen bestimmt ist, als kleineren Besitz im Sinne von § 7 Abs. 6 zu behandeln. Der Besitz der Entschädigungssumme allein schließt demnach nicht aus, daß die Bedürftigkeit bejaht wird.

[12]) D. h. tatsächlich bezieht.

[13]) Rentenbezüge sind regelmäßig wiederkehrende Leistun-

gen, auf die ein gesetzlicher Anspruch besteht. Hier kommen, da Rentenbezüge auf Grund eigener oder fremder Vorsorge bereits durch Absatz 3 berücksichtigt werden, vor allem die Renten aus der Sozialversicherung in Frage.

Vorschüsse auf die Renten oder laufende Teuerungszuschläge dazu sind in derselben Weise anzurechnen wie die Renten selbst. Laufende Renten und Gebührnisse können jedoch nur dann angerechnet werden, wenn sie tatsächlich in der Zeit eingehen, für die sie bestimmt sind. Werden sie nachträglich auf einmal gewährt, sei es, weil erst der Rentenanspruch festgestellt wird oder für zurückliegende Zeit eine Erhöhung gewährt wird, so können sie nicht nachträglich auf die bereits rechtmäßig gewährte Unterstützung angerechnet werden. Die Erwerbslosenunterstützung kann in diesem Falle auch nicht als ungerechtfertigte Bereicherung zurückgefordert werden. Durch die Gewährung der Rente für längere Zeit in einer Summe wird aber die Bedürftigkeit für die Erwerbslosenfürsorge für einen bestimmten Zeitraum der Zukunft ausgeschlossen sein.

Eine einmalige Teuerungsbeihilfe, die in der Form eines Zuschlags zur Rente gezahlt wird, ist kein Rentenbezug und nicht als solcher zu behandeln. Sie wird grundsätzlich als kleinerer Besitz im Sinne des Abs. 6 anzusehen sein.

[14]) Die Unterhaltsrente eines unehelichen Kindes ist auf die Erwerbslosenunterstützung der Mutter zur Hälfte anzurechnen, wenn das Kind im Haushalt der Mutter lebt (so auch Besch. des RAM. vom 14. August 1923, RABl. S. 710).

[15]) „Sind anzurechnen" heißt, müssen angerechnet werden.

[16]) Da die Erwerbslosenunterstützung netto gezahlt wird, ist auch beim Verdienst aus Gelegenheitsarbeit nur der Reinverdienst — ohne Steuern und etwaige sonstige Abzüge — zu berücksichtigen (a. M. Lehfeldt S. 63, der den Rohverdienst zu Grunde legen will). Der Gelegenheitsverdienst aus einer Kalenderwoche ist nur auf die Unterstützung dieser Woche anzurechnen. Fällt die Arbeit zum Teil in eine andere Woche, so kann dieser Teil auf die Erwerbslosenunterstützung der anderen

Woche verrechnet werden. Vgl. auch Besch. des RAM. vom 15. April 1926, RABl. S. 138.

Als Gelegenheitsarbeit gilt im allgemeinen eine Aushilfsarbeit von höchstens 1 Woche (vgl. Besch. des RAM. vom 28. August 1925, RABl. S. 469).

[17]) Bei der Feststellung, ob soziale Leistungen bei der Berechnung der Unterstützung anrechnungsfrei zu bleiben haben, ist davon auszugehen, daß § 7 Abs. 5 eine erschöpfende Aufzählung darstellt. Die Bestimmung kann deshalb nicht ausdehnend ausgelegt werden (so Besch. des RAM. vom 11. Juni 1925, Arbeit und Beruf 1925 S. 463).

[18]) Hierzu gehören vor allem die Unterstützungen, welche die Gewerkschaften ihren erwerbslosen Mitgliedern gewähren. Voraussetzung für die Anrechnungsfreiheit ist, daß der Erwerbslose sie auf Grund „eigener Vorsorge" bezieht, in der Regel also infolge Zahlung von Beiträgen.

[19]) Das Wochengeld, das auf Grund derselben gesetzlichen Vorschriften gewährt wird, ist dagegen zur Hälfte anzurechnen.

[20]) Witwen- und Waisenzusatzrenten sind dagegen zur Hälfte auf die Erwerbslosenunterstützung anzurechnen (Besch. des RAM. vom 11. Juni 1925, Arbeit und Beruf 1925 S. 463).

[21]) Jetzt in der Fassung vom 31. Juli 1925 (RGBl. I S. 165).

[22]) Was als „kleinerer Besitz" anzusehen ist, ist von Fall zu Fall zu prüfen. Mehrere Stücke Großvieh können grundsätzlich nicht als kleinerer Besitz bezeichnet werden, vielmehr ist hier zu verlangen, daß der Erwerbslose sich durch ihren Verkauf oder anderweite Verwertung selbst längere Zeit erhält. Die in Anm. 11 angegebene Grenze von 2000 Goldmark betrifft nur die Entschädigungen der Flüchtlinge, bei denen eine weitherzigere Auslegung geboten ist. In sonstigen Fällen liegt die Grenze weit unter dieser Summe. Vgl. auch Anm. 1 zu § 7.

§ 8.

Soweit eine Fürsorge für Kurzarbeiter [1]) eingerichtet ist, finden auf die Kurzarbeiterunterstützung die

§§ 3 und 6 dieser Verordnung mit der Maßgabe Anwendung, daß die Bedürftigkeit nur insoweit zu prüfen ist, als die Stelle es anordnet, die zur Entscheidung über die Unterstützung zuständig ist.

[1]) Die Kurzarbeiterunterstützung ist jetzt geregelt durch die Anordnung vom 20. Februar 1926 (abgedr. und erläutert S. 138).

§ 9.

(1) Erwerbslosenunterstützung darf erst nach einer Wartezeit [1]) von mindestens einer Woche [2]) gewährt werden.

(2) Die oberste Landesbehörde [3]) kann mit Zustimmung des Reichsarbeitsministers die Wartezeit bis auf drei Tage abkürzen. [4]) Eine Wartezeit besteht überhaupt [5]) nicht für

1. die im § 12 Abs. 3 bezeichneten Personen bei der Rückkehr in ihren früheren Wohnort,
2. Personen, die nach einer Beschäftigung von weniger als sechs Wochen oder nach Krankheit von mindestens einwöchiger Dauer unterstützungsbedürftig werden,
3. Personen, die unmittelbar vor Eintritt der Unterstützungsbedürftigkeit Kurzarbeit [6]) geleistet haben und deshalb Lohnkürzungen unterworfen waren.

[1]) Die Wartezeit beginnt grundsätzlich mit dem Tage, an dem der Antrag auf Erwerbslosenunterstützung gestellt wird. Sieht jedoch ein tatsächlich unterstützungsbedürftiger und unterstützungsberechtigter Erwerbsloser zunächst davon ab, die Erwerbslosenfürsorge in Anspruch zu nehmen, weil er glaubt, inzwischen Arbeit zu finden, so beginnt für ihn die Wartezeit mit dem Tage, an dem er sich beim Arbeitsnachweis gemeldet hat. Beantragt ein Arbeitnehmer Unterstützung, der eine Abfindung erhalten hat (vgl. Anm. 12 zu § 3), so daß die Be-

dürftigkeit zunächst zu verneinen ist, so beginnt die Wartezeit erst mit dem Eintritt der Unterstützungsbedürftigkeit (so auch Lehfeldt S. 66).

Wegen der Anmeldung zur Krankenkasse vgl. Art. 11 der Ausf.-Vorschr. vom 2. Mai 1925 (abgedr. S. 67).

²) Eine Woche = 7 Tage, obwohl die Erwerbslosenunterstützung nur für die 6 Wochentage gewährt wird (vgl. § 11).

Die Wartezeit ist in der unterstützenden Erwerbslosenfürsorge deshalb vorgesehen, weil angenommen werden muß, daß ein Erwerbsloser nicht gleich beim Eintritt der Erwerbslosigkeit bedürftig wird, da er seinen Lohn nach der allgemeinen Uebung erst am Schluß eines Arbeitszeitraums erhält. Da beim Notstandsarbeiter die Verhältnisse in dieser Beziehung nicht anders liegen als bei anderen Arbeitern, muß eine Tätigkeit bei einer Notstandsarbeit genau so behandelt werden wie jede andere Tätigkeit. Demnach finden auch auf Notstandsarbeiter die Vorschriften des § 9 ohne Einschränkung Anwendung. Der Erwägung, daß eine Wartezeit nach einer kurzfristigen Beschäftigung bei Notstandsarbeiten nicht gerechtfertigt erscheint, ist durch § 9 Absatz 2 Ziffer 2 Rechnung getragen. (Besch. des RAM. vom 22. Dezember 1925, RABl. 1926 S. 5).

³) Vgl. Anm. 6 zu § 1.

⁴) Das ist z. B. für Preußen, Sachsen, Thüringen geschehen.

⁵) Die Aufzählung in Abs. 2 ist erschöpfend. In allen anderen Fällen muß die Wartezeit eingehalten werden.

⁶) Voraussetzung der Ziffer 3 ist nur, daß Kurzarbeit geleistet und deshalb der Lohn gekürzt worden ist, nicht aber, daß auch Kurzarbeiterunterstützung gezahlt worden ist. Die Wartezeit besteht demnach weder für die Kurzarbeiter, die Kurzarbeiterunterstützung erhalten haben, noch für solche, die Kurzarbeiterunterstützung nicht erhalten haben.

§ 10.

(1) Ueber Art [1]), Höhe [2]) und Dauer [3]) der Unterstützung für die Erwerbslosen und Kurzarbeiter [4]) erläßt

der Reichsarbeitsminister Anordnungen nach Benehmen mit dem Verwaltungsrate des Reichsamts für Arbeitsvermittlung. Innerhalb [5]) dieser Anordnungen bestimmt der Verwaltungsausschuß des öffentlichen Arbeitsnachweises, was in seinem Bezirk zu gelten hat [6]).

(2) Die Unterstützung darf die für die einzelnen Orte [7]) nach Maßgabe ihrer Zugehörigkeit zu den Ortsklassen A bis E [8]) vorgeschriebenen Höchstsätze [5]) nicht übersteigen. Maßgeblich für die Einreihung der Orte in die Ortsklassen ist das Ortsklassenverzeichnis, wie es für die Gewährung von Ortszuschlägen für die Reichsbeamten **durch die Fünfte Ergänzung des Besoldungsgesetzes vom 13. Januar 1922 (Reichsgesetzbl. S. 87) und die bis zum 31. Oktober 1924 dazu erlassenen Ergänzungen und Aenderungen** [9]) aufgestellt ist. Die oberste Landesbehörde [10]) kann nach Zustimmung des Reichsarbeitsministers bestimmen, daß der für einen Ort eines einheitlichen Wirtschaftsgebiets [11]) geltende Höchstsatz auch für andere Orte dieses Gebiets zu gelten [12]) hat.

(3) Die Familienzuschläge [13]), die ein Erwerbsloser erhält, dürfen insgesamt das Zweifache [14]) der ihm [15]) gewährten Unterstützung nicht übersteigen.

(4) Die selbständigen [16]) Unterstützungen, die mehrere in einem gemeinschaftlichen Hausstand [17]) lebende Familienmitglieder erhalten, dürfen in ihrer Summe das Dreifache [18]) der Unterstützung nicht übersteigen, die dem höchstunterstützten Mitglied der Familie für seine Person zusteht. Der Vorstand der Familie gilt im Sinne dieser Bestimmung als ihr Mitglied.

(5) Wenn eine bedürftige [19]) Lage durch einen Teil-

betrag [5]) der Erwerbslosenunterstützung behoben werden kann, ist nur der Teilbetrag zu gewähren.

[1]) In bar oder in Sachleistungen. Die Gewährung in Form von Sachleistungen bestimmt der Verwaltungsausschuß mit Zustimmung des Vorstandes der für die Fürsorge zuständigen Gemeinde (vgl. Art. 4 der Ausf.-Vorschriften vom 2. Mai 1925, abgedr. S. 58).

[2]) Vgl. die zur Zeit geltenden Anordnungen, abgedr. S. 206).

[3]) Vgl. § 18.

[4]) Vgl. § 8.

[5]) Durch die Anordnungen des Reichsarbeitsministers werden die **Höchstsätze** für die Erwerbslosenunterstützung festgesetzt. Wenn der Verwaltungsausschuß es bestimmt, können auch niedrigere Unterstützungssätze gezahlt werden, die aber nicht den Charakter der Teilunterstützung nach Absatz 5 haben. Ein solcher Beschluß würde unter den jetzigen wirtschaftlichen Verhältnissen dem Sinne der VO. aber nur gerecht, wenn ihn besondere Umstände rechtfertigen, z. B. wenn in einem Bezirk die Höchstsätze sich zu sehr den Löhnen nähern oder sie gar erreichen. Hält der Verwaltungsausschuß herabgesetzte Unterstützungssätze aber für ausreichend zur Gewährung des notwendigen Lebensunterhalts (vgl. Anm. 6 zu § 7), beschließt später jedoch, zur Auszahlung der Höchstsätze überzugehen, so dürfen die Unterschiedsbeträge zwischen den bisher gezahlten Sätzen und den Höchstsätzen nicht nachgezahlt werden, da damit die zulässigen Höchstsätze überschritten werden würden und sich die Gemeinde den Folgen des § 41 der VO. aussetzen würde.

Auch indirekt durch Gewährung von Vorschüssen, die nicht angerechnet werden, oder von kostenlosen Speisungen dürfen die Höchstsätze nicht überschritten werden. Eine solche Verfehlung sieht der Reichsarbeitsminister auch dann als vorliegend an, wenn allen Erwerbslosen allgemein eine einmalige Beihilfe gegeben wird. Dagegen bestehen diese Bedenken nicht, wenn einzelnen Erwerbslosen auf besonderen Antrag in besonderen Ausnahmefällen, z. B. bei schwerer Erkrankung, Unglücks- oder

Todesfall in der Familie, großer Kinderzahl (in diesem Falle nur, soweit die Zahl der Kinder die übersteigt, für die Familienzuschläge gewährt werden, vgl. § 10 Abs. 3), aus Wohlfahrtsmitteln eine Unterstützung bewilligt wird.

[6]) Vgl. Art. 6 (Arbeitsausrüstung, Anlernezuschuß) und Art. 8 (Umschulungs- und Fortbildungskurse) der Ausf.-V. vom 2. Mai 1925 (abgedr. S. 59, 63).

[7]) Ort = politische Gemeinde.

[8]) Die Ortsklassen D und E sind für die Erwerbslosenfürsorge zu einer zusammengefaßt worden, sodaß demnach nur 4 Ortsklassen maßgebend sind.

[9]) Der Zusatz in § 10 „durch die Fünfte Ergänzung des Besoldungsgesetzes vom 13. Januar 1922 (Reichsgesetzbl. S. 87) und die bis zum 31. Oktober 1924 dazu erlassenen Ergänzungen und Aenderungen" ist durch die Verordnung über die Achtzehnte Ergänzung des Besoldungsgesetzes vom 23. Oktober 1924 (Reichsbesoldungsblatt S. 289) Artikel 4 Ziffer III eingefügt worden. Er besagt nichts anderes, als daß der bisherige Rechtszustand aufrecht erhalten bleibt. Demnach gelten auch jetzt noch für die Auszahlung der Unterstützungssätze das Ortsklassenverzeichnis (Fünfte Ergänzung des Besoldungsgesetzes) vom 13. Januar 1922 (RGBl. I S. 87 ff.) und die abändernde Bekanntmachung vom 3. März 1922 (RGBl. I S. 245). Für die Erwerbslosenfürsorge gilt das neue Ortsklassenverzeichnis, wie es für die Reichsbeamten durch die Verordnung vom 23. Oktober 1924 aufgestellt worden ist, nicht, da es nicht eine Ergänzung oder Aenderung „der Fünften Ergänzung des Besoldungsgesetzes" darstellt.

Die vielfachen Beschwerden darüber, daß das neue Ortsklassenverzeichnis für die Erwerbslosenfürsorge nicht in Kraft gesetzt worden ist, sind unbegründet. Das neue Verzeichnis stuft zwar eine Anzahl Orte höher, ebenso aber auch zahlreiche Orte tiefer ein, sodaß wieder Berufungen der Erwerbslosen aus den herabgestuften Orten die Folge sein würden. Demgegenüber schafft die jetzige Regelung einen Dauerzustand, der für die meisten Erwerbslosen günstiger ist. Anträge auf Höhereinstufung sind jetzt zwecklos, da beabsichtigt ist, das Lohnklassensystem (vgl. Erläuterungen S. 13) einzuführen, das sich nur noch nach dem bisher verdienten Lohn, nicht aber nach dem Ortsklassenverzeichnis richtet. Veränderungen im Verzeichnis werden bis dahin kaum noch zu erwarten sein.

Bei etwaigen Veränderungen im Ortsklassenverzeichnis ist jedoch zu beachten:

Gemeinden, die in eine höhere Ortsklasse eingestuft werden, dürfen die dadurch zulässigen höheren Unterstützungssätze frühestens von dem Tage an zahlen, an dem die die Aenderung enthaltende Nummer des Reichsgesetzblattes in Berlin ausgegeben wird. Selbst wenn die Höherstufung rückwirkend genehmigt wird, kommt eine Nachzahlung für die Erwerbslosenfürsorge nicht in Frage (vgl. Anm. 5).

[10]) Vgl. Anm. 6 zu § 1.

[11]) Unter einheitlichem Wirtschaftsgebiet ist eine Mehrheit von Gemeinden zu verstehen, die ein räumlich zusammenhängendes Gebiet bilden und in wirtschaftlicher Hinsicht, vor allem bezüglich der Kosten der Lebenshaltung und der vorwiegenden Erwerbsverhältnisse der Bewohner, annähernd gleiche Merkmale aufweisen (Besch. d. RAM. vom 29. Juli 1921, RABl. 1921 S. 869).

[12]) In diesem Falle gilt dann für die Erwerbslosenfürsorge die Ortsklasse des Hauptortes auch für die anderen Orte des einheitlichen Wirtschaftsgebietes ohne Rücksicht darauf, ob sie an sich im Ortsklassenverzeichnis in eine höhere oder niedrigere Ortsklasse eingereiht sind.

[13]) Vgl. § 3 Abs. 2 d. VO. und Anm. 23—27 zu § 3.

[14]) Das Zweifache ist die Höchstsumme, die durch die Anordnungen des Absatzes 1 auch vom Reichsarbeitsminister nicht überschritten werden darf. Wohl aber kann der Reichsarbeitsminister oder der Verwaltungsausschuß im Rahmen des Abs. 1 die Höchstsumme der Familienzuschläge niedriger festsetzen. Vgl. die Anordnungen über die Höchstsätze (Ziffer III der Anordn. vom 30. Januar 1925 und Ziffer II der Anordn. vom 17. Dezember 1925), abgedr. S. 207, 210.

[15]) Als Hauptunterstützungsempfänger.

[16]) Die „selbständigen" Unterstützungen stehen im Gegensatz zu den Familienzuschlägen des § 3 Abs. 2. Voraussetzung für die Gewährung der selbständigen Unterstützung nach § 10 Abs. 4 ist, daß ein wirtschaftlich selbständiges Mitglied der Familie eines unterstützten Erwerbslosen selbst erwerbslos wird und entweder einen familienrechtlichen Unterhaltungsanspruch gegen den Hauptunterstützungsempfänger nicht hat oder daß es diesen zwar hat, aber bis zum Eintritt der Unterstützungsbedürftigkeit von ihm nicht oder nicht in der Hauptsache unterhalten worden ist.

Bei Doppelverdienern (Mann und Frau sind als Arbeitnehmer tätig) ist im Falle der Erwerbslosigkeit des einen Teils gemäß § 7 zu prüfen, inwieweit unter Berücksichtigung des Lohnes des noch in Arbeit stehenden Teiles Bedürftigkeit anzunehmen ist. Gegebenenfalls ist nur ein angemessener Teil der Unterstützung zu gewähren.

Wegen der Tabakarbeiter vgl. Anm. 27 zur Tabakarbeiterfürsorge, S. 176.

[17]) Vgl. Anm. 9, 10 zu § 12 und Anm. 4 zu § 7.

[18]) Die Berechnung nach Abs. 4 ist oft schwierig. Jeder selbständige Unterstützungsempfänger hat Anspruch darauf, daß ihm seine Erwerbslosenunterstützung ausgezahlt wird, wie auch jeder seine besondere Kontrollkarte erhält. Wird die Höchstsumme durch die Unterstützungen, die mehreren selbständigen Unterstützungsempfängern an sich gewährt werden dürften, überschritten, so sind die Unterstützungen bei allen verhältnismäßig zu kürzen.

Die selbständige Unterstützung umfaßt die dem Erwerbslosen selbst gewährte Erwerbslosenunterstützung und etwaige nach § 3 Abs. 2 zulässige Familienzuschläge.

Durch die Anordnung über die Höchstsätze vom 30. Januar 1925 (abgedr. S. 208) Ziffer V ist die Höchstgrenze der selbständigen Unterstützungen, die mehrere in einem gemeinschaftlichen Hausstand lebende Familienmitglieder erhalten dürfen, auf das Zweieinhalbfache der Unterstützung festgesetzt worden, die dem höchstunterstützten Mitglied für seine Person zusteht.

Vgl. im übrigen Anm. 5.

[19]) Vgl. die Erläuterungen zu § 7.

[20]) Hierher gehören Personen, die nicht voll beschäftigt sind und sich in bedürftiger Lage befinden. Vgl. dazu auch Anm. 10 zu § 3.

Die Höhe der Teilunterstützung bestimmt der Vorsitzende, gegebenenfalls der Verwaltungsausschuß des öffentlichen Arbeitsnachweises.

§ 11.

Die Unterstützung darf nur für die sechs Wochentage [1]) gewährt werden.

[1]) Die Unterstützung darf nur für Sonntage nicht gewährt werden. Für Feiertage aber, die auf Wochentage fallen, darf sie gezahlt werden.

§ 12.

(1) Zuständig für die Gewährung der Erwerbslosenfürsorge [1]) ist die Gemeinde [2]), in der der Erwerbslose bei Eintritt der Unterstützungsbedürftigkeit [3]) seinen Wohnort [4]) hat. Für die Unterstützung Erwerbsloser, die bis zum Eintritt der Unterstützungsbedürftigkeit infolge ihrer Berufstätigkeit [5]) entweder keinen Wohnort hatten oder sich an ihrem Wohnort in der Regel nicht aufhalten konnten, ist die Gemeinde zuständig, in der sie bei Eintritt der Unterstützungsbedürftigkeit ihren Aufenthalt hatten, im zweiten Falle jedoch nur so lange, als sie sich an ihrem Wohnort nicht aufhalten.

(2) Zuständig für die Kurzarbeiterunterstützung [6]) ist die Gemeinde, in deren Bezirk der Kurzarbeiter beschäftigt wird.

(3) Gemeinden [2]), die in die Ortsklassen A und B eingereiht sind, können [7]) die Fürsorge für Erwerbs-

lose, die bei Eintritt der Unterstützungsbedürftigkeit [3]) in der Gemeinde [8]) noch nicht länger als sechs Wochen ihren Wohnort [4]) haben, auf vier Wochen beschränken. Endgültig zuständig [2]) für die Fürsorge ist in diesen Fällen die Gemeinde [8]), in welcher der Erwerbslose vor dem letzten Ortswechsel während wenigstens sechs Wochen seinen Wohnort gehabt hat. Die Beschränkung findet nicht statt, wenn der Erwerbslose vor Eintritt der Unterstützungsbedürftigkeit [3]) an seinem Wohnort mit seiner Familie einen gemeinschaftlichen Hausstand [9]) begründet hat und noch führt [10]) oder wenn die Rückkehr in den früheren Wohnort tatsächlich unausführbar [11]) ist. Das gleiche gilt für einen reichsdeutschen Erwerbslosen, wenn der Ort, in dem er zuletzt während wenigstens sechs Wochen seinen Wohnort gehabt hat, im Ausland oder in Teilen des Reichsgebiets liegt, die vom Deutschen Reiche abgetrennt oder von fremden Mächten besetzt sind, sofern die Rückkehr in diese Reichsteile aus politischen Gründen mit erheblichen Nachteilen für ihn verknüpft ist. Die Vorschriften dieses Absatzes finden auf die Kurzarbeiterunterstützung keine Anwendung.

(4) Zur Reise in den zur endgültigen Fürsorge zuständigen Wohnort ist dem Erwerbslosen [12]) von der einstweiligen fürsorgepflichtigen Gemeinde freie Fahrt [13]) sowie eine angemessene Beihilfe [14]) zu den Reiseunkosten einschließlich der Beförderung des Umzugsguts aus Mitteln der Erwerbslosenfürsorge zu bewilligen.

(5) Abweichende Vereinbarungen [15]) der Gemeinden über die Zuständigkeit sind nur zulässig, wenn sie im öffentlichen Interesse [16]) liegen, und bedürfen zu ihrer Wirksamkeit der Zustimmung der betreffenden obersten

Landesbehörden[16]) oder der von diesen bezeichneten Stellen.

(6) Als Wohnort[17]) im Sinne dieser Verordnung ist der Ort anzusehen, in dem sich eine Person nicht nur vorübergehend aufhält, sondern mit der Absicht längeren oder dauernden Verbleibens wohnt.

[1]) Nicht der Kurzarbeiterunterstützung. Vgl. Abs. 2.

[2]) Zuständig für die Gewährung, d. h. Bewilligung der Erwerbslosenfürsorge ist die Errichtungsgemeinde, soweit nicht nach § 27 der VO. die Entscheidungsbefugnis auf politische Gemeinden übertragen worden ist; die Höhe des Unterstützungssatzes richtet sich aber, wenn Wohnort nicht die Errichtungsgemeinde, sondern eine Einzelgemeinde ist, nach der Einstufung der Einzelgemeinde im Ortsklassenverzeichnis.

[3]) Vgl. Anm. 21 zu § 3. Grundsätzlich fallen allerdings unter den jetzigen wirtschaftlichen Verhältnissen Erwerbslosigkeit und Eintritt der Unterstützungsbedürftigkeit meist zusammen. Verzieht unmittelbar nach diesem Zeitpunkt ein Erwerbsloser in einen anderen Ort, so ist gleichwohl der bisherige Wohnort für die Gewährung der Unterstützung zuständig, abgesehen von den Fällen des Absatzes 1 Satz 2. Zwischen dem bisherigen Wohnort und dem Aufenthaltsort kann eine Vereinbarung nach Absatz 5 getroffen werden. Der Aufenthaltsort wird erst dann endgültig zuständig, wenn der Erwerbslose hier mit der Absicht längeren oder dauernden Verbleibens wohnt, Arbeit aufgenommen hat und hieraus erwerbslos wird.

[4]) Der Begriff des Wohnorts wird in Absatz 6 erläutert. Hat ein Arbeitnehmer an mehreren Orten eine Wohnstätte in der Weise, daß an dem einen Orte seine Familie wohnt, er selbst aber die Woche über eine Schlafstelle an seinem auswärtigen Arbeitsorte hat, so gilt als Wohnort im Sinne der VO. der Ort, wo die Familie wohnt. Dieser Ort ist unter den allgemeinen Voraussetzungen im Falle der Erwerbslosigkeit zur Zahlung der Unterstützung verpflichtet.

[5]) Betrifft z. B. Schiffer, Arbeiter auf Montage.

[6]) Vgl. die Erläuterungen zur Anordnung über Kurzarbeiterfürsorge vom 20. Februar 1926, abgedr. S. 138.

[7]) Nicht „müssen". Sie können die Unterstützung also allgemein oder in Einzelfällen auch über 4 Wochen hinaus gewähren. Beschränken sie sie aber auf 4 Wochen, dann muß der Erwerbslose in den endgültig zuständigen Ort zurückkehren, da er sonst die Unterstützung verliert. Es kann jedoch durch eine Vereinbarung nach Abs. 5 geholfen werden.

Die Orte, die im Ortsklassenverzeichnis in die Ortsklasse C bis E eingereiht sind, sind nicht mehr befugt, Erwerbslose nach vierwöchiger Unterstützungsdauer abzuschieben. Der Unterschied zwischen Aufenthaltsort und Wohnort fällt bei ihnen weg. Die Vorschriften des Abs. 3 gelten auch für Empfänger von Teilunterstützung nach § 10 Abs. 5 (Besch. des RAM. vom 24. März 1921, RABl. I S. 592).

[8]) Gemeinde = politische Gemeinde.

[9]) Durch Heirat oder Verlegung seines Hausstandes nach dem jetzigen Wohnort. Ein gemeinschaftlicher Hausstand ist eine auf die Dauer berechnete, nicht auf Erwerb gerichtete Lebensgemeinschaft mehrerer Personen auf eigener, gemeinsamer wirtschaftlicher Grundlage (RAM. vom 21. Juni 1920, RABl. 1921 S. 91). Vgl. auch Anm. 4 zu § 7.

[10]) Ob das vorliegt, ist Tatfrage. Kinder, die in den Hausstand ihrer Eltern aufgenommen worden sind, führen einen Hausstand nicht.

Der Besitz eigener Möbel kann auf eigenen Hausstand hindeuten. Wirtschaftet eine Familie, die Möbel nicht hat, in einer gemieteten möblierten Wohnung selbständig, so kann „eigener Hausstand" angenommen werden.

[11]) Sie darf nicht deshalb unausführbar sein, weil der Erwerbslose nicht zurückkehren will.

[12]) Zugleich für seine unterstützungsberechtigten Angehörigen.

[13]) Besteht grundsätzlich in der kostenfreien Beschaffung der

Fahrkarte oder eines Fahrtausweises, nicht in der Aushändigung von Reisegeld.

[14]) Daraus ergibt sich, daß die vollen Unkosten nicht aus der Erwerbslosenfürsorge gedeckt werden dürfen.

[15]) Diese Vereinbarungen sind erwünscht, um Härten zu vermeiden, die sich aus den Zuständigkeitsvorschriften ergeben. Sie dürfen jedoch nicht nur dem persönlichen Wohle des einzelnen Erwerbslosen dienen, sondern müssen der Allgemeinheit zugute kommen. Ob diese Voraussetzung vorliegt, entscheidet gegebenenfalls die oberste Landesbehörde oder die von ihr bezeichnete Stelle.

Die Vereinbarungen sind nur zulässig, wenn die Erwerbslosen im Aufenthaltsort zur Arbeitsvermittlung zugelassen und kontrolliert werden.

Für Thüringen:

Soweit Vereinbarungen zwischen thüringischen Gemeinden in Frage kommen, sind die Gemeinden oder Gemeindeverbände ermächtigt, diese selbständig zu treffen. Vereinbarungen mit außerthüringischen Gemeinden bedürfen der Zustimmung des Thüringischen Ministeriums für Inneres und Wirtschaft, Abteilung Wirtschaft. Bei solchen Vereinbarungen ist nur der Gemeindeanteil von der eigentlich zuständigen Gemeinde zu fordern oder ihr zu gewähren.

[16]) Vgl. Anm. 6 zu § 1.

[17]) Zu unterscheiden ist zwischen dem „Wohnsitz" im Sinne des § 7 des Bürgerlichen Gesetzbuchs und dem „Wohnort" im Sinne der Erwerbslosenfürsorge. Einen „Wohnsitz" begründet, wer sich an einem Orte ständig niederläßt. Als „Wohnort" dagegen ist der Ort anzusehen, an dem eine Person nur mit der Absicht längeren oder dauernden Verbleibens wohnt. Ob sich diese Absicht dann aus irgendwelchen Gründen in dem im Voraus gewollten Umfange nicht verwirklichen läßt, ist unerheblich. Der weitere Begriff des „Wohnorts" ist für die Fürsorge gewählt worden, um die Gewährung der Unterstützung nicht an bloßen Zuständigkeitsstreitigkeiten scheitern zu lassen.

Die Begründung des Wohnorts setzt eine Willenshandlung

voraus. Wird jemand gegen seinen Willen an einen Ort verbracht, z. B. in eine Strafanstalt, so begründet der dort nicht einen Wohnort.

Die Streitfrage, ob durch Saisonarbeit ein Wohnort begründet werden kann, hat Art. 5 der Ausführungsvorschriften vom 2. Mai 1925 (abgedr. S. 59) dahin entschieden: wer sich an einem Orte aufhält, um eine Saisonarbeit auszuüben, begründet dort einen Wohnort, wenn die Dauer des Aufenthalts neun zusammenhängende Monate erreicht hat.

§ 13.

(1) Die Unterstützung ist zu versagen oder zu entziehen, wenn der Erwerbslose sich weigert, eine nachgewiesene [1]) Arbeit [2]) anzunehmen, die auch außerhalb seines Berufs [3]) und Wohnorts liegen darf und ihm nach seiner körperlichen Beschaffenheit zugemutet werden kann. Die Weigerung kann nur [4]) damit begründet [5]) werden, daß für die Arbeit nicht angemessener [6]) ortsüblicher [7]) Lohn geboten [8]) wird, die Unterkunft sittlich bedenklich ist und daß bei Verheirateten die Versorgung der Familie unmöglich [9]) wird.

(2) Freie Fahrt [10]) für den Erwerbslosen zur Reise in den Beschäftigungsort nebst einer angemessenen Beihilfe [11]) zu den Reiseunkosten ist von der Gemeinde des letzten Wohnorts [12]) aus Mitteln der Erwerbslosenfürsorge zu bewilligen. Wenn die im Haushalt des Erwerbslosen lebenden Familienangehörigen zur Weiterführung des Haushalts in den Beschäftigungsort mitreisen oder nachfolgen und der Erwerbslose nachweist, daß deren Unterkunft in dem Beschäftigungsort gesichert ist, so ist auch diesen Familienangehörigen freie Fahrt nebst einer angemessenen Beihilfe zu den Reiseunkosten zu bewilligen. Auch kann die Gemeinde des

letzten Wohnorts eine Beihilfe zu den Unkosten der Beförderung des Umzugsguts aus Mitteln der Erwerbslosenfürsorge gewähren.

(3) Ist bei Verheirateten die Mitnahme der Familie in den auswärtigen Beschäftigungsort nicht angängig [13]) [14]) [15]), so kann [16]) die Gemeinde des letzten Wohnorts für die zurückbleibenden Familienangehörigen während der Dauer [17]) des auswärtigen Arbeitsverhältnisses die Familienzuschläge der Erwerbslosenunterstützung (§ 3 Abs. 2) ganz oder teilweise gewähren.

[1]) Grundsätzlich ist es erwünscht, daß die Arbeit durch die öffentlichen Arbeitsnachweise zugewiesen wird. Vgl. § 40 ANG. Da jedoch das Arbeitsnachweisgesetz weder den Melde-, noch den Benutzungszwang vorsieht und deshalb die öffentlichen Arbeitsnachweise die ihnen an sich zustehende Aufgabe der Arbeitsvermittlung nicht in vollem Umfange durchführen können, ist der Erwerbslose verpflichtet, auch Arbeit anzunehmen, die ihm von anderer Seite nachgewiesen wird. Er muß sich aber auch selbst um Arbeit bemühen (vgl. § 18 Abs. 4).

[2]) Die Verpflichtung zur Uebernahme von Arbeit bezieht sich grundsätzlich nur auf Arbeit innerhalb des Reichsgebiets.

[3]) Die Vorbildung kann im allgemeinen nicht ausschlaggebend sein für die Arbeitsvermittlung. Es empfiehlt sich aber, die Erwerbslosen nicht solchen Arbeiten zuzuweisen, die sie für ihren erlernten Beruf untauglich machen.

[4]) Damit werden andere allgemein anerkannte rechtliche oder moralische Weigerungsgründe nicht ausgeschlossen.

Wird dem Erwerbslosen Arbeit in einem Betriebe zugewiesen, in dem eine gesetzlich unzulässige Arbeitszeit verlangt wird, so ist er berechtigt, diese Arbeit abzulehnen. Für die Arbeitszeit ist maßgebend die Verordnung über die Arbeitszeit vom 21. Dezember 1923 (RGBl. I S. 1249), ferner tarifliche Vereinbarungen oder Festsetzung durch Schiedsspruch.

Ebenso kann dem Erwerbslosen Streikarbeit nicht zugemutet

werden (vgl. Anm. 15 zu § 3). Dagegen ist der Erwerbslose verpflichtet, Arbeit in einem „gesperrten" Betrieb aufzunehmen, vgl. Anm. 17 zu § 3.

[5]) Weigert sich der Erwerbslose aus anderen als den in Anmerkung 4 und im § 13 Abs. 1 Satz 2 angegebenen Gründen, eine Arbeit anzunehmen, so ist er arbeitsunwillig (vgl. Anm. 5 zu § 3) und hat nicht Anspruch auf Unterstützung. Zweckmäßig ist eine Verständigung mit dem Wohlfahrtsamt, damit der arbeitsunwillige Erwerbslose nicht von dort aus unterstützt wird.

[6]) Ob der Lohn angemessen ist, richtet sich nicht nach dem früheren Verdienst des Erwerbslosen, sondern nach der Arbeit, der er zugewiesen wird.

[7]) Arbeit zu dem in einem Tarifvertrag vereinbarten Mindestlohn muß angenommen werden, da einem solchen Abkommen eine Vereinbarung der Arbeitgeber und Arbeitnehmer zugrunde liegt. Der darin festgesetzte Lohn gilt für das betreffende Gewerbe als ortsüblich.

Wird einem Erwerbslosen Arbeit zum Tariflohn nachgewiesen, weigert sich der Arbeitgeber aber, ihm diesen zu zahlen, so ist die Weigerung des Erwerbslosen, diese Arbeit anzunehmen, nicht unberechtigt. Der Tariflohn ist grundsätzlich unabdingbar, mindestens, soweit es sich um eine Lohnkürzung zu Ungunsten des Arbeitnehmers handelt. Es kann dem Erwerbslosen nicht zugemutet werden, als Lohndrücker aufzutreten.

Zur Frage der Gewährung von Erwerbslosenunterstützung an Arbeitnehmer, welche die Arbeitsaufnahme wegen untertariflicher Bezahlung ablehnen, hat sich der RAM. neuerdings im Falle des Arbeitsnachweises Höxter in einem Schreiben vom 30. März 1926 an den Reichsminister der Finanzen wie folgt geäußert:

„Soweit die Beteiligten tarifgebunden sind (§§ 1 und 2 der Tarifvertragsverordnung vom 23. Dezember 1918 — Reichsgesetzbl. S. 1456 —) wird, wie ich annehmen darf, auch nach Ihrer Ansicht als **„angemessener** ortsüblicher Lohn" nur der Tariflohn angesehen werden können. Die gegenteilige Auffassung würde dazu führen, daß die Beteiligten durch den drohenden Verlust der Erwerbslosenunterstützung gezwungen würden, gegen die Bestimmungen des für sie bindenden Tarifvertrages zu verstoßen. Abgesehen davon, daß eine solche tarifwidrige Vereinbarung regelmäßig nach § 1 der Tarifvertragsverordnung unwirksam wäre und an ihre Stelle ohne weiteres die entsprechenden Bestimmungen des Tarifvertrages treten würden, kann auch der öffentliche Arbeitsnachweis arbeitsuchende Arbeitnehmer nicht im Gegensatz zu der ausdrücklichen Vorschrift des § 41 des Arbeitsnachweisgesetzes vom 22. Juli 1922 (RGBl. I S. 657) zu tariflich nicht zulässigen Bedingungen vermitteln.

Ist dagegen der Arbeitgeber oder der Arbeitnehmer nicht tarifgebunden, so ist es beim Vorhandensein etwaiger Tarifverträge Tatfrage, ob der Tariflohn als angemessener ortsüblicher Lohn im Sinne des § 13 Abs. 1 der Verordnung über Erwerbslosenfürsorge vom 16. Februar 1924 (Reichsgesetzbl. I S. 127) anzusehen ist. In Fällen, in denen z. B. ein Tarifvertrag nur für eine Minderzahl von Betrieben und Arbeitnehmern gilt, kann für die nichttarifgebundenen Parteien auch ein den Sätzen des Tarifvertrages nicht entsprechender Lohn als angemessener ortsüblicher Lohn angesehen werden. Ich brauche dabei wohl nicht zu betonen, daß die Frage, was in einer Berufsgruppe als angemessener ortsüblicher Lohn anzusehen ist, nicht schlechthin nach der tariflichen Lohnhöhe eines anderen nicht wesensgleichen Berufszweiges beurteilt werden kann."

Die Wirkung des Tarifvertrags endet nicht ohne weiteres mit dem Erlöschen des Tarifvertrags oder mit dem Widerruf der Allgemeinverbindlichkeit. Vielmehr ist auf Grund der Lehre von der Nachwirkung anzunehmen, daß der bisherige Inhalt des Tarifvertrags so lange als fortbestehend gilt, bis durch eine Vereinbarung zwischen den Parteien des Arbeitsvertrags oder eine Betriebsvereinbarung oder einen neuen Tarifvertrag etwas anderes bestimmt wird (vgl. Erdel, Karten-Auskunftei des Arbeitsrechts, Karte Tarifvertrag, Nachwirkung, und das einschlägige Schrifttum). Kommt eine neue Regelung nicht zustande, so gilt die Nachwirkung so lange, als die Einzelarbeitsverträge nicht aufgelöst werden (durch Kündigung, Betriebsstillegung usw.). Solange die Nachwirkung besteht, braucht der Erwerbslose nur die Arbeit anzunehmen, die nach dem bisherigen Tariflohn vergütet werden soll. Ist die Nachwirkung außer Kraft getreten, ohne daß ein Tarifvertrag oder eine sonstige Vereinbarung abgeschlossen worden ist, so ist jeweils festzustellen, welcher Lohn als angemessener ortsüblicher Lohn anzusehen ist. Dabei sind die vorher entwickelten Grundsätze zu beachten, insbesondere der vorletzte Satz des Schreibens des RAM. vom 30. März 1926.

Im übrigen ist die Frage, welcher Lohn — abgesehen vom Tariflohn — als ortsüblich zu bezeichnen ist, nach der durchschnittlichen Lohnhöhe des Arbeitsortes zu beantworten.

[8]) Der Erwerbslose muß nachweisen, daß ihm nicht angemessener ortsüblicher Lohn tatsächlich geboten worden ist. Wenn Erwerbslose Arbeitsstellen in der Landwirtschaft oder im Haushalt mit der allgemeinen Begründung ablehnen, daß dort zu wenig Lohn gezahlt würde, so genügt das nicht und führt zur Entziehung oder Versagung der Unterstützung.

[9]) Vgl. Abs. 3 des § 13.

[10]) Vgl. Anm. 13 zu § 12.

Zur Bewilligung der Fahrtkosten und der Umzugsbeihilfe ist es nicht erforderlich, daß der Erwerbslose die Erwerbslosenfürsorge schon in Anspruch genommen hat, wenn er nur dazu berechtigt war. Es ist zu prüfen, ob das der Fall ist. Dann können Fahrtkosten und Umzugsbeihilfe auch schon vor Ablauf der Wartezeit und auch unmittelbar nach Beendigung eines Ausstandes oder einer Aussperrung gewährt werden (Rdschr. d. RAM. vom 5. Juli 1922, RABl. S. 745), aber nur dann, wenn feststeht, daß der Erwerbslose am Zielort auch wirklich Arbeit erhält und der Arbeitsvertrag als abgeschlossen anzusehen ist. Das ist vom Fürsorgeträger stets zu prüfen.

Gewährung von Fahrtausweisen nach Zwischenstationen, um die Erwerbslosen abzuschieben, ist unzulässig. Es muß verhütet werden, daß Erwerbslose zwecklos im Lande umherreisen.

Die freie Fahrt darf nur zur ersten Reise in den Beschäftigungsort gewährt werden.

Bei Aufnahme einer Arbeit im Auslande, wozu auch die abgetretenen früher deutschen Gebiete gehören, darf Freifahrt nur bis zur Reichsgrenze gegeben werden. Grundsätzlich muß aber daran festgehalten werden, daß durch die Gewährung von Fahrgeld Auswanderungsbestrebungen nicht gefördert werden dürfen (so auch RAM. vom 13. Oktober 1924).

[11]) Vgl. Anm. 14 zu § 12.

[12]) Bewilligt werden Freifahrt und Umzugsbeihilfe vom Vorsitzenden des öffentlichen Arbeitsnachweises, soweit die Entscheidungsbefugnis nicht nach § 27 der VO. übertragen worden ist.

[13]) Die Zuschläge dürfen grundsätzlich nur Erwerbslosen gegeben werden, die bis zum Antritt der Beschäftigung unterstützt werden.

Sie dürfen nicht Arbeitnehmern, die bereits eine auswärtige Arbeitsstelle innehaben, nachträglich gewährt werden (Besch. d. RAM. vom 23. Februar 1924, RABl. S. 126).

Wegen der Gewährung von Fahrgeld und Familienzuschlägen an Notstandsarbeiter vgl. § 10 der Bestimmungen über öffentliche Notstandsarbeiten vom 30. April 1925 (abgedruckt S. 243).

[14]) Die Zuschläge dürfen nicht gewährt werden, wenn der Erwerbslose eine Beschäftigung in seinem bisherigen Wohnort annimmt, die Angehörigen aber außerhalb wohnen.

[15]) Pendelarbeitern, d. h. solchen Arbeitern, die täglich nach ihrer Arbeitsstelle fahren, dürfen die Familienzuschläge nicht gezahlt werden.

[16]) Zu der Frage, ob Beschwerde gegen die Versagung oder Entziehung der Familienzuschläge nach § 13 Abs. 3 zulässig ist, ist zu bemerken:

Die Familienzuschläge können Pflichtleistung oder freiwillige Mehrleistung sein.

Pflichtleistung sind sie im Falle des § 3 Abs. 2.

Danach sind Familienzuschläge zu geben, wenn ein Hauptunterstützungsempfänger Angehörige hat, die gegen ihn einen familienrechtlichen Unterhaltsanspruch haben oder im Falle seiner Leistungsfähigkeit haben würden und bis zum Eintritt der Unterstützungsbedürftigkeit von ihm ganz oder in der Hauptsache unterhalten worden sind.

Im Falle des § 13 Abs. 3 dagegen kann die Gemeinde des letzten Wohnorts den Familienangehörigen, deren Ernährer (Hauptunterstützungsempfänger) auswärts Arbeit aufgenommen hat, seine Familie aber nicht mitnehmen kann, die Familienzuschläge ganz oder teilweise gewähren. Verpflichtet dazu ist sie nicht; denn die Familienzuschläge sind Pflichtleistung nur, solange der Ernährer erwerbslos ist. Im Falle des § 13 Abs. 3 erscheinen sie deshalb zunächst als eine freiwillige Mehrleistung.

Nach § 13 Abs. 1 sind aber die Träger der Fürsorge verpflichtet, die Unterstützung zu versagen oder zu entziehen, wenn sich der Erwerbslose weigert, eine nachgewiesene Arbeit anzunehmen, die auch u. a. außerhalb seines Wohnorts liegen darf. Weigern kann er sich nur, wenn u. a. kein angemessener ortsüblicher Lohn geboten wird und bei Verheirateten die Versorgung der Familie unmöglich wird. Kann sich jedoch aus diesem Grunde der Erwerbslose weigern, eine nachgewiesene Arbeit anzunehmen, so muß man andrerseits den Schluß ziehen: die Gemeinde ist verpflichtet, ihm Arbeit zu einem Lohn nachzuweisen, der ihm die Versorgung seiner Familie gestattet. Wenn das nicht anders möglich ist, dann sind die Familienzuschläge in entsprechender Höhe zu gewähren, d. h. sie werden damit ein Teil des Lohnes, ein Lohnzuschuß aus öffentlichen Mitteln und bekommen trotz der „Kann"-Vorschrift des Abs. 3 den Rechtscharakter einer Pflichtleistung und verlieren den einer freiwilligen Mehrleistung. Gegen die Versagung der Pflichtleistung ist aber die Beschwerde zulässig.

[17]) Die Gewährung der Zuschläge ist also nicht auf den Zeitraum beschränkt, den § 18 der VO. für die Unterstützung vorsieht.

§ 14.

Unbeschadet der Vorschrift des § 13 hat der

Verwaltungsausschuß des öffentlichen Arbeitsnachweises, soweit die Gelegenheit dazu besteht, die Unterstützung von einer Arbeitsleistung [1]) abhängig zu machen. Die Arbeiten dürfen nur gemeinnützigen [2]) Charakter tragen. Als Arbeitsleistung kann auch eine Tätigkeit bei öffentlichen Notstandsarbeiten [3]) verlangt werden. Der Verwaltungsausschuß kann über die Dauer [1]) der Arbeitsleistung Bestimmungen treffen und hat dafür zu sorgen, daß den Erwerbslosen nur solche Arbeiten zugewiesen werden, die gemeinnützigen Charakter tragen und ihnen nach ihrem körperlichen Zustand zugemutet werden können. [4])

[1]) § 14 regelt die sogenannte Pflichtarbeit. Sie beruht auf dem Grundsatz: keine Unterstützung ohne Gegenleistung. Ueber die Rechtsverhältnisse der Pflichtarbeiter vgl. die Erläuterungen zu Art. 7 der Ausf.-V. vom 2. Mai 1925 (abgedr. S. 61). Die in § 14 enthaltene Vollmacht an den Verwaltungsausschuß schränkt Art. 7 hinsichtlich der Art der Arbeiten und der Arbeitszeit ein. Wie als Notstandsarbeit dürfen auch als Pflichtarbeit nur „zusätzliche" Arbeiten vorgenommen werden, d. h. Arbeiten, die sonst überhaupt nicht oder nicht zu dieser Zeit oder nicht in diesem Umfange ausgeführt werden würden.

Nach Art. 7 Abs. 3 soll die Arbeitsleistung des Pflichtarbeiters in der Regel 16 Stunden nicht übersteigen, während früher durchschnittlich 24 Stunden verlangt wurden.

Nach Art. 7 Abs. 2 soll der Träger der Pflichtarbeit dem Erwerbslosen eine nach ihrem Höchstmaß begrenzte Mehraufwandsentschädigung aus eigenen Mitteln gewähren. Wenn diese Vorschrift auch zunächst als Soll-Vorschrift erscheint, so besagt sie doch nur, daß der Träger der Pflichtarbeit innerhalb der hier bezeichneten Grenze die Höhe der Entschädigung nach eigenem Ermessen festsetzen darf. Es wäre unbillig, dem Pflichtarbeiter zuzumuten, daß er die nachweisbaren Mehraufwendungen selbst decken soll. Wird Pflichtarbeit in 16 Stunden geleistet, so gilt das für die Entschädigung als Arbeitsleistung in 2 vollen Arbeitstagen zu je 8 Stunden. Die Entschädigung ist deshalb nach der Hauptunterstützung zu berechnen, die der Pflichtarbeiter während 2 Tagen zu erhalten hat (so RAM. vom 7. Januar 1926, RABl. S. 30).

Die Regelung im einzelnen erfolgt durch den Verwaltungsausschuß des öffentlichen Arbeitsnachweises; er hat auch über Beschwerden in dieser Angelegenheit zu entscheiden. Er hat dafür zu sorgen, daß alle Erwerbslosen gleichmäßig beschäftigt werden. Zu diesem Zwecke kann er Anordnungen darüber treffen, ob die Arbeit zeitlich zusammenhängend zu leisten ist, in welcher Weise dies zu geschehen hat und wie der Schichtwechsel zu ordnen ist.

[2]) Der Begriff „gemeinnützig" ist nicht eng auszulegen. Gemeinnützig sind alle Arbeiten, die zum Wohle der Gesamtheit oder eines größeren unbeschränkten Kreises geleistet werden. In Frage kommen z. B. Ausbesserungen von Gemeindewegen, Gräbenreinigen, Schneebeseitigen, Erdarbeiten für Gemeindebauten, Herstellung von Ziegelsteinen, Schlackensteinen, Bauholz usw. für gemeinnützige Bauten in gemeindeeigenen Betrieben. Sind solche Betriebe nicht vorhanden, so ist durch Vereinbarung mit Privatbetrieben zunächst zu versuchen, daß Erwerbslose in diese im Wege des Arbeitsverhältnisses eingestellt werden. Ist das nicht möglich, so können nach Vereinbarung mit den Inhabern der Privatbetriebe diesen Erwerbslose vorübergehend zur Verrichtung der gemeinnützigen Arbeit gegen Entschädigung für Abnutzung der Werkzeuge usw. im Wege der Pflichtarbeit zur Verfügung gestellt werden. Es ist darüber zu wachen, daß sie nicht mit anderen Arbeiten beschäftigt werden.

Mit Ausbesserung des Schuhwerks und der Kleidungsstücke der Erwerbslosen können erwerbslose Schuster und Schneider beschäftigt werden. Die Erwerbslosen können als Ordnungsdienst bei der Auszahlung der Unterstützung, als Hilfskräfte bei Massenspeisungen, als Boten beschäftigt werden, es können ihnen Büroarbeiten im Arbeitsnachweis (Aktenheften, Listenführen usw.) übertragen werden.

Für weibliche Erwerbslose sind geeignet Näh- und Ausbesserungsarbeiten für Wohlfahrtseinrichtungen, Hilfe in Notstandsküchen, Kinderheimen usw.

Als Arbeiten von erzieherischem Wert kommen in Betracht: Instandsetzungsarbeiten in gemeinnützigen Anstalten, z. B. Kinderheimen, Kinderhorten, Jugendherbergen, Krankenhäusern, Siechenanstalten, Altersheimen, Krüppelanstalten. Sie werden von den Leitern der Wohlfahrtsämter nachgewiesen werden können und sind unter Mitwirkung von Wohlfahrtsorganen und Berufsschulkräften durchzuführen.

Vgl. auch § 5 mit Erläuterungen.

[3]) = Tätigkeit als Pflichtarbeiter bei öffentlichen Notstandsarbeiten.

[4]) Unberechtigte Verweigerung der Pflichtarbeit hat Entziehung der Erwerbslosenfürsorge zur Folge. Ausstand oder Aussperrung der Pflichtarbeiter ist rechtlich nicht möglich, sie würden sich als Arbeitsverweigerung mit nachfolgender Entziehung oder als Versagung der Unterstützung auswirken. Urlaub können Pflichtarbeiter nicht beanspruchen.

§ 15.

(1) Für Erwerbslose unter 18 Jahren, die nach § 5 Abs. 1 Satz 2 unterstützungsberechtigt [1]) sind, hat der Verwaltungsausschuß des öffentlichen Arbeitsnachweises die Unterstützung, sofern geeignete Arbeiten im Sinne des § 14 nicht vorhanden sind, von der Teilnahme an Veranstaltungen [2]), die der beruflichen Fortbildung oder der Allgemeinbildung dienen, abhängig zu machen [3]/[4]).

(2) Der Verwaltungsausschuß kann [1]) die Unterstützung auch für Erwerbslose über 18 Jahre von der Teilnahme an Veranstaltungen, die der beruflichen Fortbildung oder Umschulung oder der Allgemeinbildung

dienen, abhängig machen, soweit sie nicht von einer Arbeitsleistung abhängig gemacht ist.

[1]) Vgl. Anm. 1 b zu § 5.

[2]) Vgl. Art. 8 der Ausf.-Vorschr. vom 2. Mai 1925, abgedr. S. 63. Die Kosten dieser Veranstaltungen sind nicht Verwaltungskosten der Erwerbslosenfürsorge, sondern von der Gemeinde zu tragen (so RAM. vom 6. Mai 1924, RABl. S. 182).

[3]) In Thüringen geregelt durch die Bekanntmachung des Thür. Ministeriums für Volksbildung über die Beschäftigung jugendlicher Erwerbsloser vom 10. Januar 1924.

Sie lautet:

„Die Arbeitslosigkeit hat in erschreckendem Maße auch unter den jugendlichen Arbeitern um sich gegriffen. Ohne Arbeit, ohne Verdienst, wahrscheinlich zum Teil ohne richtige Ernährung und Unterkunft, bedeutet dies gerade für die reifende Jugend eine ungeheure Gefahr. Um ihr zu begegnen, bedarf es dringend entsprechender Maßnahmen besonders von Seiten der Schulen, einer opferfreudigen Tätigkeit der gesamten Thüringer Lehrerschaft. Wir hoffen, daß sie sich auch diesmal in den Dienst der Volksgemeinschaft stellen wird, bereit, die folgenden Maßnahmen mit allen Kräften zu unterstützen.

Zur Ausführung des § 9 Satz 3 der Verordnung über die Aufbringung der Mittel für die Erwerbslosenfürsorge vom 15. Oktober 1923 (RGBl. I. 984) wird im Einvernehmen mit dem Thür. Wirtschaftsministerium und nach Anhörung des Unterausschusses des Verwaltungsausschusses beim Landesamt für Arbeitsvermittlung angeordnet:

1. Jugendliche Erwerbslose, die Erwerbslosenunterstützung beziehen, sind verpflichtet, an den für sie anberaumten Kursen, Arbeiten und sonstigen Veranstaltungen der Berufsschule und der Volkshochschule bis zu 45 Stunden in

der Woche (einschl. des Pflichtunterrichts an der Berufsschule) teilzunehmen.

Die Pflicht der Teilnahme an den Veranstaltungen beginnt nach Ablauf der für die Gewährung der Erwerbslosenunterstützung maßgebenden dreitägigen Wartezeit.

2. Mit der Durchführung dieser Aufgabe wird ein von der Lehrerversammlung der Berufsschule bestimmter Vertreter beauftragt. Die Erwerbslosenunterstützung wird nach Verständigung mit dem Vorsitzenden des zuständigen Arbeitsnachweises entweder von ihm oder auf Grund seiner Bescheinigung nur denjenigen ausbezahlt, die an den vorgeschriebenen Beschäftigungen teilgenommen haben.

3. Die jugendlichen Erwerbslosen sind möglichst unter dem Gesichtspunkte zu beschäftigen, daß die ihnen zugewiesene Arbeit in erster Linie ihrer beruflichen Weiterbildung, in zweiter Linie gemeinnützigen Zwecken zu Gute kommt. In Zusammenarbeit mit der Gemeindeverwaltung, den Arbeitsnachweisen, Wohlfahrtsämtern, Gewerkschaften, Handwerkskammern usw. soll der von der Lehrerversammlung bestimmte Vertreter seine Maßnahmen planmäßig auf lange Sicht einstellen.

4. Arbeiten, die sich für die Ausführung durch die Berufsschule eignen, sind besonders: Allerhand schriftliche Arbeiten, die Herstellung von Lehrmitteln (Anschauungsmaterial für den Unterricht), Ausbesserung und Umbinden von Büchern der Jugend- und Volksbibliotheken, Ausbessern und Herstellen von Spielzeug und kleinen Schmucksachen, Ausbessern von Bekleidungsstücken usw., ferner Instandsetzungsarbeiten in gemeinnützigen Anstalten (Kinderheimen, Krankenhäusern, Altersheimen, Museen usw.).

Die Verwaltungs- und Materialkosten fallen der Gemeinde oder den öffentlichen Körperschaften zur Last, für welche die Arbeiten ausgeführt werden.

5. Die Verfügung über etwaige Reinerträge steht dem nach Ziffer 2 gewählten Vertreter zu. Sie können verwendet werden: zur Beschaffung von Rohstoffen, zur Bestreitung der auf Wanderungen, Besichtigungen usw. erwachsenden Unkosten oder zur Anschaffung von Lebensmitteln oder Bekleidungsgegenständen usw. Ländliche Gemeinden und Einzelauftraggeber sollen aufgefordert werden, den Preis möglichst in Lebensmitteln zu entrichten.

6. Für die Durchführung dieser Aufgaben können die Lehrpersonen sämtlicher Schulen bis zur Höchstzahl ihrer Ueberstunden (Verordnung vom 20. April 1922 Abs. 3) herangezogen werden. Die Schulämter regeln die dadurch nötigen Entlastungen und Vertretungen der an der Erwerbslosenfürsorge beteiligten Lehrer. Auch geeignete erwerbslose ältere Kräfte (Künstler, Handwerker, Techniker, Kaufleute usw.), die Erwerbslosenunterstützung beziehen, können zur Mitarbeit, zu Beaufsichtigungen bei Spielen und Wanderungen usw. herangezogen werden.

7. Die örtlichen Volkshochschulen werden ihre Lehrgänge den Erwerbslosen kostenlos öffnen. Die jugendlichen Erwerbslosen sind in der Benutzung dieser Bildungsgelegenheit zu beraten. Die so verwandten Stunden sind dem jugendlichen Erwerbslosen auf die Gesamtstundenzahl in Anrechnung zu bringen."

[4]) Erwerbslose im 17. und 18. Lebensjahre, die nach § 5 Abs. 1 Satz 2 Anspruch auf Erwerbslosenunterstützung haben, müssen wie die Erwerbslosen über 18 Jahren Pflichtarbeit leisten. Wenn aber derartige geeignete Arbeiten nicht vorhanden sind, so müssen sie an Veranstaltungen, die der beruflichen Fortbildung oder der Allgemeinbildung dienen, teilnehmen. Andernfalls darf ihnen Erwerbslosenunterstützung nicht gezahlt werden.

Bei Erwerbslosen über 18 Jahre kann die Erwerbslosenunterstützung von der Teilnahme an solchen Veranstaltungen neben der Beschäftigung bei Pflichtarbeit abhängig gemacht werden, wobei Art und Dauer der Arbeiten und der Veranstaltungen in angemessenem Verhältnis zur Unterstützung stehen müssen.

§ 16.

Der Verwaltungsausschuß des öffentlichen Arbeitsnachweises kann bestimmte Ausschließungsgründe für den Bezug der Erwerbslosenfürsorge (Mißbrauch der Einrichtung, Nichtbefolgung der Kontrollvorschriften und dergleichen) festsetzen. [1]/[4])

[1]) Die Verwaltungsausschüsse haben eine wirksame Kontrolle der Erwerbslosen durchzuführen, insbesondere durch eine Meldepflicht der Erwerbslosen. Die Meldezeiten können für jeden Tag auf eine andere Zeit gelegt werden. Die Anordnung darüber ist in der Zahlstelle an einer allen Eintretenden sichtbaren Stelle auszuhängen.

Die Erwerbslosen haben sich täglich zu melden. Mehrmalige Meldung an einem Tag wird nur bei besonderen Fällen angebracht sein. Den Ort der Meldestelle bestimmt der Verwaltungsausschuß. Um zu vermeiden, daß Erwerbslose von den Dörfern aus täglich zum städtischen Arbeitsnachweis gehen müssen, können Vereinbarungen zwischen den Arbeitsnachweisen und den Gemeindevorstehern getroffen werden, wonach die Erwerbslosen sich beim Gemeindevorsteher zu melden haben. Die Meldung von Facharbeitern darf sich grundsätzlich nicht auf die Fachabteilung beschränken, da ihnen auch Arbeit außerhalb ihres Berufes nachgewiesen werden kann (vgl. § 13 Abs. 1).

Die Vornahme der Kontrolle in Versammlungen ist nicht statthaft. Die Kontrolle durch Erwerbslosenräte ist unzulässig. Insbesondere dürfen von den Erwerbslosenräten die Meldekarten nicht gestempelt werden. Die Erwerbslosenräte sind nicht amtliche Organe.

Zu der Frage der Erwerbslosenräte hat der Reichsarbeitsminister folgende Stellung eingenommen:

Den Erwerbslosen kann nicht verwehrt werden, sich zur Wahrung gemeinsamer Interessen zusammenzuschließen. Die Gemeinden sind jedoch nicht verpflichtet, Arbeitslosen- oder Erwerbslosenräte als berufene Vertreter der Erwerbslosen anzuerkennen und mit ihnen als solchen zu verhandeln; denn die Erwerbslosen sind kein besonderer Stand. Zur Wahrnehmung der Interessen der einzelnen Erwerbslosen wird in erster Linie die betreffende Berufsorganisation (Gewerkschaft) berufen sein, welcher der Erwerbslose angehört.

Den Erwerbslosenräten darf demgemäß auch nicht eine Aufwandsentschädigung oder eine ähnliche Vergütung aus Mitteln der Erwerbslosenfürsorge gewährt werden. Es kann ihnen nicht ein besonderes Zimmer für ihre Arbeiten bereit gestellt werden. Auch sonst haben sie keinen Anspruch auf Vorzugsbehandlung. Sie haben sich zur selben Zeit wie andere Erwerbslose zu melden, Pflicht- und Notstandsarbeiten auszuführen, nachgewiesene Arbeit anzunehmen (§ 13 Abs. 1). Die Unterstützungsdauer des § 18 gilt auch für sie.

[2]) Werden die von den Trägern der Fürsorge auf Grund des § 16 erlassenen Ueberwachungsvorschriften von einem Erwerbslosen nicht beachtet, so kann ihm die Unterstützung entzogen werden.

[3]) Die von den Gemeinden erlassenen Ueberwachungsvorschriften sind an allgemein zugänglichen Orten (z. B. im Arbeitsnachweis, in der Zahlstelle) auszuhängen, da Ausschluß aus der Fürsorge wegen Verstoßes gegen die Kontrollvorschriften nur als berechtigt angesehen werden kann, wenn es dem Erwerbslosen möglich war, diese Vorschriften kennen zu lernen.

[4]) Ein Mißbrauch der Erwerbslosenfürsorge liegt z. B vor, wenn Familienangehörige, für die der Hauptunterstützungsempfänger die Familienzuschläge erhält, sich weigern, nachgewiesene Arbeit anzunehmen oder an beruflichen Ausbildungsmaßnahmen teilzunehmen. Der Mißbrauch kann auch schon darin bestehen, daß der Hauptunterstützungsempfänger ein solches Ver-

halten seiner Angehörigen duldet. In solchen Fällen ist die Unterstützung zu entziehen. Vgl. Anm. 23 zu § 3.

§ 17.

Gegen Beschlüsse, die der Verwaltungsausschuß des öffentlichen Arbeitsnachweises auf Grund der [1]) §§ 10 Abs. 1, 14 bis 16 faßt, ist Beschwerde [2]) an den Verwaltungsausschuß des Landesamts für Arbeitsvermittlung gemäß den §§ 51, 52 des Arbeitsnachweisgesetzes [3]) zulässig.

[1]) Anordnungen des Verwaltungsausschusses oder seines Unterausschusses über

a) Art, Höhe und Dauer der Unterstützung (§ 10 Abs. 1),

b) die Arbeitspflicht der Erwerbslosen (§ 14),

c) die Teilnahmepflicht an Veranstaltungen, die der beruflichen Fortbildung oder der Allgemeinbildung dienen (§ 15),

d) Ausschließungsgründe für den Bezug der Erwerbslosenfürsorge (§ 16).

[2]) § 17 führt ein besonderes Beschwerdeverfahren gegen die Beschlüsse des Verwaltungsausschusses des öffentlichen Arbeitsnachweises ein, soweit sie sich auf die verwaltungsmäßige Durchführung der Erwerbslosenfürsorge beziehen.

[3]) Abgedr. in Anm. 8 zu § 29.

§ 18.

(1) Die Unterstützung [1]) darf einem Erwerbslosen innerhalb von 12 Monaten [2]) höchstens [3]) für die Dauer von insgesamt 26 Wochen [4]) gewährt werden.

(2) Abweichungen [5]) bestimmt der Reichsarbeitsminister oder die von ihm bezeichnete Stelle. [6]) Ins-

besondere kann die Höchstdauer der Unterstützung für Angehörige von Berufen, die einen besonders günstigen Arbeitsmarkt aufweisen, bis auf 13 Wochen beschränkt[7]), für Angehörige von Berufen, die einen besonders ungünstigen[8]) Arbeitsmarkt aufweisen, über 26 Wochen hinaus ausgedehnt werden.

(3) Zur Vermeidung unbilliger Härten kann die Stelle, die zur Entscheidung über die Unterstützung zuständig[9]) ist, die Fürsorge ausnahmsweise über das zulässige Höchstmaß hinaus verlängern, jedoch nicht um mehr[10]) als 13 Wochen.

(4) Die für die Entscheidung zuständige[9]) Stelle hat die Erwerbslosenunterstützung auf einen kürzeren Zeitraum zu beschränken, wenn begründete Aussicht besteht, daß es dem Erwerbslosen möglich[11]) sein wird, sich innerhalb dieses Zeitraums durch eigene Bemühung eine Arbeit zu verschaffen, deren Ablehnung die Entziehung der Unterstützung nach sich zöge.

[1]) Darunter fällt auch die Teilunterstützung nach § 10 Abs. 5, nicht dagegen der Familienzuschlag für auswärts Beschäftigte nach § 13 Abs. 3 (vgl. Anm. 17 zu § 13). Wegen der Tabakarbeiterfürsorge vgl. Art. III Abs. 1 Ziff 2 des Ges. v. 10. Aug. 1925 und Anm. 11, 12 dazu, S. 166, 171.

[2]) Die 12 Monate des § 18 Abs. 1 sind nicht gleich dem Kalenderjahr. Sie sind von jedem Tage an, für den Erwerbslosenunterstützung gezahlt wird, rückwärts zu rechnen.

[3]) Der Anspruch auf Fürsorge ist erschöpft, wenn für die zulässige Höchstdauer Erwerbslosenunterstützung gewährt worden ist, d. h.

a) grundsätzlich nach 26 Wochen (§ 18 Abs. 1),

b) bei Berufen mit besonders günstigem Arbeitsmarkt nach

13 Wochen, wenn diese Beschränkung festgesetzt ist — bisher erfolgt für ledige landwirtschaftliche Arbeiter und Arbeiterinnen sowie für Hausgehilfen durch Art. 9 Abs. 2 der Ausf.-Vorschr. vom 2. Mai 1925, abgedr. S. 65. (§ 18 Abs. 2),

c) bei Angehörigen von Berufen mit besonders ungünstigem Arbeitsmarkt nach 39 Wochen, wenn das auf Grund der Voraussetzungen des Art. 9 Abs. 1 der Ausf.-Vorschr. vom 2. Mai 1925 ausdrücklich festgesetzt worden ist (§ 18 Abs. 2).

d) In allen drei Fällen kann zur Vermeidung unbilliger Härten die Höchstdauer der Unterstützung um 13 Wochen verlängert werden (§ 18 Abs. 3).

Ist der Anspruch auf Fürsorge erschöpft, so scheidet der Erwerbslose aus der Fürsorge aus. Unterstützung kann ihm erst wieder gewährt werden, wenn er inzwischen mindestens drei Monate hindurch eine krankenversicherungspflichtige Beschäftigung ausgeübt hat (§ 4 Abs. 1) und wenn die nach den einzelnen Abschnitten des § 18 zulässige Höchstdauer der Unterstützung in den letzten 12 Monaten nicht bereits verbraucht ist. Beide Voraussetzungen sind also zu prüfen (so auch RAM. vom 8. Dezember 1924, RABl. 1925 S. 2.) Trotz dem Nachweise der inzwischen ausgeübten Beschäftigung ist die Unterstützung zu versagen, wenn dem Erwerbslosen die Unterstützung innerhalb der letzten 12 Monate — zurückgerechnet von jedem Tag, für den sie erneut begehrt wird — während der zulässigen Höchstdauer bereits bewilligt worden war. Nachdem der RAM. die Unterstützungshöchstdauer fast durchweg auf 39 Wochen festgesetzt hat, genügt bereits eine krankenversicherungspflichtige Beschäftigung von drei Monaten und einem Tage, um einen neuen Unterstützungsfall in Lauf zu setzen. Denn schon der eine Tag, auf 12 Monate zurückgerechnet, genügt für die Feststellung, daß in den letzten 12 Monaten vorher eine Unterstützung während der Höchstdauer von 39 Wochen nicht gewährt worden ist.

Von den Fällen, in denen der Anspruch erschöpft ist, sind zu unterscheiden die, in denen noch nicht für die Höchstdauer die Unterstützung gewährt worden ist, in denen aber in den Verlauf der Unterstützungsdauer sich eine Zeit der Arbeit einschiebt. Handelt es sich hierbei um eine Gelegenheitsarbeit, deren Dauer höchstens eine Kalenderwoche beträgt, so wird dadurch der Unterstützungsfall nicht unterbrochen. Deshalb kann sofort nach Beendigung dieser Arbeit die Unterstützung ohne neuen Antrag weiter gewährt werden, ohne daß die Voraussetzung des § 4 erneut zu prüfen ist. Selbstverständlich darf aber durch die Weitergewährung der Fürsorge in Zusammenrechnung mit der bisher gegebenen die Höchstdauer nicht überschritten werden.

Soweit eine Beschäftigung von vornherein auf mehr als eine Woche berechnet ist oder sich tatsächlich länger ausdehnt, ist sie nicht mehr Gelegenheitsarbeit im Sinne des § 7 Abs. 4. Sie unterbricht den Unterstützungsfall. Nach Ablauf dieser Arbeit liegt ein neuer Unterstützungsfall vor, bei dem zu prüfen ist, ob die Voraussetzungen des § 4 gegeben sind und Unterstützung für die Höchstdauer des § 18 in den letzten 12 Monaten noch nicht gewährt worden ist. Die Unterstützung ist nur auf neuen Antrag hin zu gewähren.

Beispiel für den Normalfall des § 18 Abs. 1:

Wird Unterstützung vom 1. April 1926 an begehrt, so sind 12 Monate rückwärts zu rechnen; die Rückrechnung ergibt den 2. April 1925. Ist in der Zeit zwischen dem 2. April 1925 und dem 31. März 1926 einem Erwerbslosen insgesamt 26 Wochen hindurch Erwerbslosenunterstützung gewährt worden, so darf er auf Grund des § 18 Abs. 1 am 1. April 1926 Unterstützung nicht erhalten. Entsprechend ist für jeden folgenden Tag zu verfahren. Sobald die Rückrechnung ergibt, daß der Erwerbslose in den letzten 12 Monaten auch nur einen Tag weniger als 26 Wochen unterstützt worden ist, ist ihm die Unterstützung zu gewähren, falls die sonstigen Voraussetzungen erfüllt sind. Die

Unterstützung ist zu entziehen, wenn nach der Rückrechnung die Höchstdauer von 26 Wochen wieder erreicht ist (so auch RAM. vom 11. Juli 1924, RABl. S. 299).

Durch eine dreimonatige Beschäftigung bei Notstandsarbeiten kann der Erwerbslose ebenfalls eine neue Anwartschaft auf Unterstützung erwerben, vgl. Anm. 1 b zu § 9 der Bestimmungen über öffentliche Notstandsarbeiten vom 30. April 1925, abgedr. S. 241.

[4]) 26 Wochen = 156 Unterstützungstage, da die Sonntage bei der Erwerbslosenfürsorge nicht berücksichtigt werden. Die 26 Wochen brauchen nicht zusammenzuhängen.

[5]) Von dieser Befugnis hat der RAM. unterm 30. März 1926 (RABl. S. 102) Gebrauch gemacht und die Unterstützungsdauer auf 39 Wochen verlängert für alle Berufsgruppen, „bei denen nicht feststeht, daß Arbeitsgelegenheit vorhanden ist". Ausgenommen worden sind von der Verlängerung die Berufe, „für welche insbesondere die Jahreszeit Arbeitsgelegenheit bietet". Hierher gehören die Land- und Forstwirtschaft in ihren verschiedenen Zweigen, die Gärtnerei sowie die hauswirtschaftlichen Berufe. Das Baugewerbe mit seinen Hilfsbetrieben und die Baustofferzeugung, die zunächst auch ausgeschlossen waren, sind nachträglich durch Verfügung vom 9. Juni 1926 (RABl. S. 197) wegen der dauernd ungünstigen Lage des Baumarktes einbezogen worden. Beide Anordnungen gelten bis zum 31. Januar 1927.

Die Anordnung vom 30. März 1926 ist aber weiter auch auf die Ausgesteuerten erstreckt worden. Soweit sie „auf Grund der weniger weit gehenden bisherigen Anwendung der Bestimmungen bereits ausgesteuert sind", dürfen sie wieder in die Fürsorge aufgenommen werden, wenn bei ihnen die Voraussetzungen für den Bezug der Erwerbslosenunterstützung einschließlich der des § 4 Abs. 1 vorliegen. Selbstverständlich betrifft diese Ausnahmeregelung nur die Ausgesteuerten, die erst kurze Zeit vor dem Tage der Anordnung aus der Fürsorge ausgeschieden gewesen sind. Denn auch bei ihnen ist in jedem

Falle zu prüfen, ob sie in den letzten 12 Monaten mindestens 3 Monate eine krankenversicherungspflichtige Beschäftigung ausgeübt haben. Sie dürfen auch nur solange in der Fürsorge noch verbleiben, bis sie die für ihre Berufsgruppe zulässige Höchstdauer erreicht haben. Wegen der Verwendung Ausgesteuerter bei Notstandsarbeiten vgl. Anm. 5 zu § 6 der Best. über öffentliche Notstandsrbeiten, abgedr. S. 231.

Verlängerungen der Unterstützungshöchstdauer nach dem Absatz 2 für den betreffenden Beruf oder nach Abs. 3 für den betreffenden Unterstützten bleiben bestehen, bis sie ausdrücklich aufgehoben werden (so RAM. vom 8. Juli 1925, RABl. S. 309).

[6]) Vgl. dazu Art. 9 der Ausf.-Vorschr. vom 2. Mai 1925, abgedr. S. 65. Das Recht des RAM., Abweichungen von der normalen Höchstdauer zu bestimmen, ist dadurch unberührt geblieben. Vgl. Anm. 5.

[7]) Vgl. Art. 9 Abs. 2 der Ausf.-Vorschr. vom 2. Mai 1925. Thüringen hat, um dem Landarbeitermangel etwas zu steuern, auch für verheiratete landwirtschaftliche Arbeiter und Arbeiterinnen die Unterstützungshöchstdauer auf 13 Wochen beschränkt.

[8]) Vgl. Anm. 5.

[9]) Vgl. § 27. Der Vorstand der Gemeinde kann aber nach § 28 die bindende Weisung geben, daß die Unterstützung nicht über das gewöhnliche Höchstmaß hinaus ausgedehnt wird.

[10]) Die zusätzlichen 13 Wochen schließen sich an, wenn das zulässige Höchstmaß nach Abs. 1 oder 2 erfüllt ist, also nach 13, 26 oder 39 Wochen. Ob die zusätzliche Erwerbslosenunterstützung berechtigt ist und in welchem Umfange innerhalb der 13 Wochen, muß besonders streng nachgeprüft werden. Eine Anordnung durch den Vorsitzenden, daß die Unterstützung allgemein noch 13 Wochen weiter gewährt werden dürfe, würde unzulässig sein.

[11]) An sich soll der öffentliche Arbeitsnachweis dem Erwerbslosen eine Stelle nachweisen. Aus den in Anm. 1 zu § 13 an-

gegebenen Gründen ist der Erwerbslose jedoch verpflichtet, sich selbst auch um Arbeit zu bemühen. Um ihn hierzu anzuhalten, kann die für die Entscheidung zuständige Stelle, im allgemeinen also der Vorsitzende des Arbeitsnachweises, die Unterstützung auf einen kürzeren Zeitraum beschränken. Von dieser Bestimmung wird in der Praxis zu wenig Gebrauch gemacht, offenbar in der Annahme, diese Vorschrift sei dem Erwerbslosen ungünstig. Diese Auffassung verkennt völlig den ethischen Wert dieser Bestimmung. Sie trägt vielmehr dem Gedanken Rechnung, daß ein Erwerbsloser vom Arbeitgeber viel eher eingestellt wird, wenn er sich während seiner Unterstützungszeit hin und wieder infolge eigener Bemühungen Arbeit, sei es auch nur Gelegenheitsarbeit, verschafft hat. Zudem hat die Praxis in vielen Fällen gezeigt, daß trotz ungünstiger Arbeitsmarktlage tatsächlich Arbeitsstellen vorhanden waren, die dem Arbeitsnachweis jedoch nicht bekannt waren. Aus den angegebenen Gründen empfiehlt es sich überhaupt allgemein nicht, dem Erwerbslosen von vornherein die Unterstützung auf einen längeren Zeitraum (z. B. 13 oder 26 Wochen) in Aussicht zu stellen. Die geringe und durch entsprechende Organisation sehr zu vermindernde Mehrarbeit, die dem Arbeitsnachweis durch die wiederholte Bewilligung der Unterstützung entsteht, wird aufgewogen dadurch, daß auf diese Weise der Erwerbslose dem Vermittler bekannter und dadurch die Vermittlungstätigkeit sehr viel mehr erleichtert wird, als wenn dem Erwerbslosen von vornherein die Unterstützung auf einen langen Zeitraum bewilligt wird.

§ 19.

Die Erwerbslosenunterstützung [1/2]) ist der Pfändung [3]) nicht unterworfen.

[1]) Die Erwerbslosenunterstützung ist ebenso wie ihre Unterarten, die Teilunterstützung oder die Kurzarbeiterunterstützung, nicht pfändbar. Dasselbe wird man bei den Vergütungen der Notstandsarbeiter annehmen müssen. Wenn ihre Beschäftigung

auch als Beschäftigungsverhältnis im Sinne der Reichseinkommensteuer gilt, so bleiben die Notstandsarbeiter doch wie sonstige Erwerbslose in der Fürsorge, und es ist zweifellos nicht beabsichtigt gewesen, sie bezüglich der Pfändung während ihrer vorübergehenden Beschäftigung schlechter zu stellen als die sonstigen Erwerbslosen (a. M. Zschucke, S. 55).

[2]) Die Erwerbslosen-, die Teilunterstützung und die Kurzarbeiterunterstützung sind nach § 8 Nr. 10 Satz 1 des Reichseinkommensteuergesetzes vom 10. August 1925 (RGBl. I S. 189) steuerfrei. Eine besondere Vergünstigung besteht beim Steuerabzug vom Arbeitslohn für Kurzarbeiter nach dem (unveröffentlichten) Erlaß des Reichsministers der Finanzen vom 9. Februar 1926 (vgl. Neue Zeitschrift für Arbeitsrecht 1926 S. 311):

„Im Falle der Kurzarbeit sind bei Arbeitnehmern die im Gesetz für den betreffenden Lohnzahlungszeitraum vorgesehenen steuerfreien Beträge auch dann als steuerfrei außer Ansatz zu lassen, wenn der Arbeitnehmer für einen Teil des Lohnzahlungszeitraums ohne sein Verschulden keinen Lohn bezogen hat. Es sind deshalb z. B. bei einem Arbeitnehmer, der im Wochenlohn steht, aber in einem Betriebe tätig ist, in dem wegen Betriebseinschränkung nur drei Tage in der Woche gearbeitet wird, die Wochenbeiträge des steuerfreien Lohnbetrages und der Familienermäßigungen gutzubringen und nicht etwa nur drei Tagesermäßigungen zu berücksichtigen. Ebenso sind bei einem Arbeitnehmer, der im Wochenlohn steht und der zwar täglich, aber wegen Betriebseinschränkung nur vier Stunden am Tage arbeitet, die vollen Wochenbeträge, nicht etwa nur die Stundenbeträge gutzubringen."

[3]) Da Erwerbslosenunterstützung, Teilunterstützung und Kurzarbeiterunterstützung nicht pfändbar sind, können sie auch nicht abgetreten werden. Es kann auch nicht mit anderen Forderungen gegen sie aufgerechnet werden (vgl. §§ 400, 394 des Bürgerlichen Gesetzbuchs).

III. Versorgung für den Krankheitsfall.

§ 20.

(1) Die Gemeinde [1]), die zur Auszahlung der Erwerbslosenunterstützung zuständig ist, soll [2]) alle [3]) Erwerbslosen [4]), die sie zu unterstützen [5]) hat, bei der Allgemeinen Ortskrankenkasse ihres Bezirks oder [6]) einer anderen Krankenkasse (§ 225 der Reichsversicherungsordnung), die in ihrem Bezirk ihren Sitz hat und deren Leistungen denen der Allgemeinen Ortskrankenkasse mindestens gleichwertig [7]) sind, gegen Krankheit versichern. [8])

(2) Sie hat in diesem Falle den Erwerbslosen binnen [9]) drei Wochen nach Beginn der Unterstützung anzumelden und die vollen [10]) Beiträge aus Mitteln der Fürsorge [11]) für ihn zu zahlen. Die Mitgliedschaft beginnt mit dem Tage, für den die Erwerbslosenunterstützung nach den Vorschriften des § 9 erstmalig [12/14]) gezahlt werden darf. Der Versicherte ist abzumelden [15]), sobald die Voraussetzungen für den Bezug der Erwerbslosenunterstützung nicht mehr vollständig [16]) vorliegen.

(3) Nach näherer Bestimmung [17]) des Reichsarbeitsministers können Erwerbslose, die nach der Reichsversicherungsordnung oder dem Reichsknappschaftsgesetze zur Fortsetzung oder Aufrechterhaltung einer Versicherung gegen Krankheit berechtigt sind, die Versicherung bei ihrer früheren Kasse beantragen. [18/19])

1) = Errichtungsgemeinde. Vgl. auch Anm. 4 b zu § 1.

2) Während bis zum 29. Februar 1924 die Erwerbslosen gegen Krankheit versichert werden mußten, überläßt seitdem § 20 die Entscheidung darüber, ob sie versichert werden sollen

oder nicht, der Errichtungsgemeinde. Ob es vorteilhafter ist, die Erwerbslosen allgemein zu versichern oder davon abzusehen und die im Krankheitsfalle notwendigen Lasten selbst zu übernehmen, kann nur für den einzelnen Bezirk durch Vergleichung der an die Krankenkassen zu zahlenden Beiträge mit den Leistungen der Kassen für die erkrankten Erwerbslosen in bestimmten Zeitabschnitten geprüft werden. Die Gemeinde muß bei dieser Prüfung davon ausgehen, daß sie selbst nur 1/6 des Aufwands der Erwerbslosenfürsorge, also auch der Versicherungsbeiträge, zu tragen hat, während sie, wenn sie die Erwerbslosen nicht versichert, aus eigenen Mitteln zu zahlen hat den Aufwand für Krankenpflege, Wochenhilfe oder Familienhilfe oder die nach § 26 Satz 2 und 3 an ihre Stelle tretenden Ersatzleistungen; vgl. Anm. 5 zu § 26.

[3]) Entweder werden alle Erwerbslosen versichert oder keiner. Es geht nicht an, daß nur ein Teil, z. B. die verheirateten Erwerbslosen, bei der Allgemeinen Ortskrankenkasse versichert und ihr dadurch gegebenenfalls größere Unterstützungslasten auferlegt werden. Durch Versicherung aller Erwerbslosen bei einer Kasse wird die Gefahr besonderer Belastung durch kranke Erwerbslose auf mehr Schultern verteilt und damit geringer.

[4]) Nur die Vollerwerbslosen, denen die Pflichtarbeiter gleichstehen. Bei Teilunterstützung ist festzustellen, weshalb sie gewährt wird. Erhält der Erwerbslose Teilunterstützung, weil er selbst oder seine Familienmitglieder noch Einkünfte haben, so daß die Vollunterstützung ausgeschlossen ist, so kann er wie jeder andere Unterstützte versichert werden. Wird dagegen Teilunterstützung deshalb gewährt, weil der Arbeitnehmer daneben noch eine teilweise Beschäftigung hat (vgl. Anm. 10 zu § 3), so kann er nicht nach § 20 versichert werden, wenn er in dem teilweisen Beschäftigungsverhältnis pflichtversichert ist.

Da nach § 21 als Grundlohn das Doppelte des Betrags gilt, den der Erwerbslose als Erwerbslosenunterstützung für seine Person erhielte, wenn er nicht erkrankt wäre, so wird bei einem Empfänger von Teilunterstützung das Doppelte dieser

Teilunterstützung als Grundlohn zugrunde gelegt (ebenso Zschucke S. 60).

Kurzarbeiter können nicht nach § 20 versichert werden, da sie noch in versicherungspflichtiger Beschäftigung stehen.

Notstandsarbeiter sind pflichtversichert, obwohl ihre Beschäftigung eine Form der Fürsorge darstellt, sie kommen deshalb für die §§ 20 ff. nicht in Betracht (vgl. Anm. 1 b zu § 9 der Best. über öff. Notstandsarbeiten vom 30. April 1925, abgedr. S. 240). Dasselbe gilt für ausgesteuerte Erwerbslose, die bei Notstandsarbeiten beschäftigt werden dürfen (vgl. Anm. 5 zu § 6 daselbst).

„Aus Mitteln der Erwerbslosenfürsorge sind die Erwerbslosen gegen Invalidität und Alter nicht pflichtversichert und können auch freiwillig nicht versichert werden; dagegen ist der Vorsitzende des Oeffentlichen Arbeitsnachweises verpflichtet nachzuprüfen, ob die Gefahr besteht, daß die Anwartschaft für die Invaliditätsversicherung verloren geht. Er hat, wenn diese Besorgnis besteht, rechtzeitig beim zuständigen Fürsorgeverband anzuregen, daß aus Fürsorgemitteln die zur Erhaltung der Anwartschaft erforderliche Anzahl von Beitragsmarken verwendet wird. Den Bezirksfürsorgeverbänden wird empfohlen, eine entsprechende Fürsorge für Erwerbslose einzurichten. Da es sich dabei immer um die Behebung einer Notlage im einzelnen Falle handelt, ist eine unzulässige Ueberschreitung der Unterstützungssätze der Erwerbslosen in einer solchen Hilfsmaßnahme nicht zu erblicken." (6. Nachtrag zu den sächs. Ausf.-Best.).

[5]) Die Versorgung für den Krankheitsfall ist ein Teil der Fürsorge, vgl. Anm. 4 zu § 1.

[6]) Bei einer Land-, Betriebs-, Innungskrankenkasse, dagegen nicht bei einer Ersatzkasse (vgl. § 225 RVO.).

[7]) Vgl. §§ 259—263 RVO.

[8]) Die Versicherung nach § 20 ist weder Pflicht-, noch freiwillige Versicherung, sondern eine durch Gesetz besonders vorgeschriebene Versicherung, für welche die Vorschriften der RVO. gelten, soweit nicht Sondervorschriften in der VO. erlassen sind.

„Die Erwerbslosenfürsorgegesetzgebung regelt ebenso wie die Fürsorge für den gesunden Erwerbslosen selbständig auch die Fürsorge für den erkrankten Erwerbslosen. Nun schließt sich aber die Fürsorge für den erkrankten Erwerbslosen nach dem Inhalt der Erwerbslosenfürsorgeverordnung an die Krankenfürsorge für den Erwerbstätigen nach der Reichsversicherungsordnung an. Die Erwerbslosenfürsorgeverordnung trifft selbst insoweit nur die durch die Tatsache der Erwerbslosigkeit bedingten ergänzenden Vorschriften." (Entsch. des Reichsversicherungsamts vom 23. März 1926, RABl. S. 165.).

Die Krankenkasse kann sich nicht weigern, die Erwerbslosen aufzunehmen, wenn die Gemeinde das beantragt. Das ergibt sich mittelbar aus Artikel 10 Abs. 1 der Ausf.-Vorschr. vom 2. Mai 1925 (abgedr. S. 67). Der einzige stichhaltige Grund, aus dem die Kasse die Aufnahme ablehnen könnte, würde der sein, daß sie durch die Erwerbslosen eine zu starke Belastung befürchtet. Dieser Grund war zum Teil berechtigt, solange § 21 noch bestimmte: „Als Grundlohn gilt **der Betrag**, den der Erwerbslose als Erwerbslosenunterstützung für seine Person erhielte, wenn er nicht erkrankt wäre." Seitdem aber durch das Gesetz vom 11. August 1924 (RGBl. I S. 681) dieser Betrag **verdoppelt** worden ist, wird man kaum mehr annehmen können, daß die Krankenkasse zu stark belastet werden würde. Für den Ausnahmefall jedoch und zwar, soweit es nach dem Verhältnis der Zahl der Erwerbslosen zu der Zahl der erwerbstätigen Mitglieder die finanziellen Belange einer Krankenkasse notwendig machen, hat nach Art. 10 auf Verlangen der Kasse die Errichtungsgemeinde mit der Kasse für die versicherten Erwerbslosen einen erhöhten Beitragssatz zu vereinbaren.

Die Kasse ist jedoch verpflichtet, der Gemeinde die erforderlichen Unterlagen zur Rechtfertigung ihrer Forderung beizubringen, insbesondere über das Verhälttnis der Zahl der Erwerbslosen der Kasse zur Zahl ihrer erwerbstätigen Mitglieder, über die Einnahmen von beiden Gruppen und die Aufwendungen für sie. Der Reichsarbeitsminister hat die Kassen zur sparsamsten Geschäftsführung angewiesen, vgl. sein Rundschreiben vom 3. Mai 1924 (RABl. S. 185).

[9]) Vgl. Artikel 11 der Ausf.-Vorschr. vom 2. Mai 1925 (abgedr. S. 67).

[10]) Also Arbeitgeber- und Arbeitnehmeranteil.

[11]) Sie gehören zum Fürsorgeaufwand nach §§ 36 ff.

[12]) Der Erwerbslose wird demnach erst nach Ablauf der Wartezeit Mitglied der Kasse. Vgl. § 9 der VO. und Anm. 1 dazu.

Wird ein völlig arbeitsunfähiger Erwerbsloser nach § 20 angemeldet, so erwirbt er damit nicht die Mitgliedschaft der Krankenkasse. Denn der Grundsatz, daß völlige Arbeitsunfähigkeit bei Beginn der Beschäftigung die Krankenversicherungspflicht ausschließt, ist auch im Falle einer Anmeldung eines Erwerbslosen durch die Gemeinde auf Grund des § 20 entsprechend anzuwenden. Hat die Krankenkasse auf Grund einer solchen Anmeldung Krankenhilfeleistungen gewährt, so hat sie gegen die anmeldende Stelle einen Erstattungsanspruch. — Durch eine solche unwirksame Anmeldung wird eine etwa bestehende Mitgliedschaft bei einer anderen Kasse nicht berührt. Der Erwerbslose bleibt vielmehr nach § 311 RVO. ihr Mitglied, so lange die Kasse ihm Leistungen zu gewähren hat (Entsch. des Reichsversicherungsamts vom 10. Oktober 1925, Amtl. Nachr. des Reichsversicherungsamts Nr. 12 vom 15. Dezember 1925 Nr. 2911, Arbeit und Beruf 1926 S. 53).

[13]) Mit der Versicherung der Erwerbslosen durch die Gemeinde sind die Mitgliedschaft bei der Kasse und somit die vollen Mitgliedsrechte, soweit nicht ausdrücklich Ausnahmen vorgesehen sind, verbunden. Zu den Mitgliedsrechten gehört auch das aktive und passive Wahlrecht zu den Kassenorganen (so auch RAM. vom 11. Dezember 1924, RABl. 1925 S. 2).

[14]) Dem Erwerbslosen stehen dieselben Leistungen durch die Krankenkasse zu wie andern Mitgliedern.

Nach § 182a Abs. 1 RVO. haben von den Kosten für Arznei, Heil- und Stärkungsmittel die Versicherten in allen

Fällen 10 v. H., nach Abs. 2 bei Gefährdung der Kassenleistungen sogar bis zu 20 v. H., selbst zu tragen. Nach Abs. 3 setzt der Reichsausschuß für Aerzte und Krankenkassen die Ausnahmen von den Vorschriften der Abs. 1, 2 fest. Durch Anordnung vom 10. April 1924 hat der Reichsausschuß die Erwerbslosen allgemein von der anteiligen Kostenzahlung befreit (vgl. Amtl. Nachr. des Reichsversicherungsamts S. 120).

Von der Erhebung einer Gebühr für den Krankenschein nach § 187 b RVO. sind die Erwerbslosen dagegen nicht allgemein befreit.

[15]) Die Abmeldung des Versicherten hat unverzüglich, spätestens binnen 3 Tagen, zu erfolgen (Art. 11 Abs. 3 der Ausf.-Vorschr. vom 2. Mai 1925, abgedr. S. 68).

[16]) Vgl. §§ 3 ff.

[17]) Vgl. Artikel 12 der Ausf.-Vorschr. vom 2. Mai 1925.

[18]) Damit wird eine freiwillige Weiterversicherung zugelassen, jedoch grundsätzlich nur für die Erwerbslosen, die nach der RVO. oder dem Reichsknappschaftsgesetze zur Fortsetzung oder Aufrechterhaltung einer Versicherung gegen Krankheit berechtigt sind. Darunter fallen Erwerbslose, die einer Ersatzkasse angehören, nicht ohne weiteres. Ihr Versicherungsverhältnis erlischt nicht mit dem Ausscheiden aus der versicherungspflichtigen Beschäftigung, sondern kann nur durch Kündigung zum Schlusse des Kalendervierteljahres beendet werden. Um diesen Erwerbslosen erworbene Anwartschaften nicht zu nehmen oder um durch Neuversicherung nach § 20 Abs. 1 nicht eine Doppelversicherung herbeizuführen, hat sich der RAM. aus Billigkeitsgründen damit einverstanden erklärt, daß § 20 Abs. 3 auch auf die erwerbslosen Mitglieder von Ersatzkassen angewandt wird.

Jedoch können diese die Weiterversicherung bei ihrer früheren Kasse nur dann verlangen, wenn sie ohne die Mitgliedschaft bei der Ersatzkasse bei einer Krankenkasse nach der RVO. oder dem Reichsknappschaftsgesetz versichert und dort zur Fortsetzung oder Aufrechterhaltung ihrer Versicherung berechtigt wären (Art. 12 Abs. 3 der Ausf.-Vorschr. vom 2. Mai 1925).

Eine Neuversicherung Erwerbsloser gegen Krankheit bei Ersatzkassen ist nach § 20 Abs. 1 unzulässig. Vgl. Anm. 6.

[10]) Die frühere Kasse hat nicht den Anspruch auf erhöhte Beiträge (vgl. Anm. 8) wie die nach Abs. 1 von der Gemeinde gewählte Kasse.

Wegen erhöhten Krankengeldes vgl. Anm. 1 zu § 21.

§ 21.

Als [1]) Grundlohn [2]) gilt das Doppelte des Betrags [3]), den der Erwerbslose als Erwerbslosenunterstützung für seine [4]) Person erhielte, wenn er nicht erkrankt wäre.

Die Leistungen [5]) der Krankenkasse bestimmen sich nach den Vorschriften der Reichsversicherungsordnung. Das Krankengeld [1]) darf jedoch nicht höher sein als die Erwerbslosenunterstützung, die der Erwerbslose für seine Person erhielte, wenn er nicht erkrankt wäre. Streit [6]) über Beiträge und Leistungen wird im Verfahren nach der Reichsversicherungsordnung entschieden.

[1]) Diese Fassung beruht auf dem Gesetz vom 11. August 1924 (RGBl. I S. 681), in Kraft getreten am 2. September 1924. Bis dahin galt als Grundlohn nur der einfache Betrag der Hauptunterstützung. Um jedoch einen Mißbrauch der Krankenkasse durch die Erwerbslosen zu verhindern, ist durch Abs. 2 Satz 2 zugleich bestimmt worden, daß das Krankengeld nicht höher sein darf als die Hauptunterstützung. Hat sich jedoch der Erwerbslose nach § 20 Abs. 3 der VO. und Art. 12 Abs. 2 der Ausf.-Vorschr. vom 2. Mai 1925 bei seiner früheren Kasse nach einem höheren Grundlohn versichert — für den er die Mehrkosten übernehmen muß —, so wird in diesem Falle der Erwerbslose auch ein Krankengeld erhalten dürfen, das die Erwerbslosenunterstützung übersteigt (so RAM. vom 16. Juni 1926, RABl. S. 212).

[2]) Der Grundlohn ist der Maßstab für die Krankenkassenbeiträge und für die baren Leistungen der Krankenkasse. Nach § 385 RVO. sind die Beiträge in Hundertsteln des Grundlohnes so zu bemessen, daß sie, die anderen Einnahmen eingerechnet, für die zulässigen Ausgaben der Kasse ausreichen. Nach § 180 Abs. 1 RVO. werden die baren Leistungen der Kassen nach einem Grundlohn bemessen. Diesen setzt der Kassenvorstand stufenweise nach der verschiedenen Lohnhöhe der Versicherten fest, und zwar im Betrage des auf den Kalendertag entfallenden Teiles des Arbeitsentgelts im Durchschnitt jeder Lohnstufe. Für den Grundlohn ist das Entgelt zu berücksichtigen, soweit es für den Kalendertag den Betrag von 5 RM. nicht übersteigt. Für die Berechnung ist die Woche zu sieben Tagen anzusetzen.

Diese Bestimmung gilt entsprechend auch für die Krankenversicherung der Erwerbslosen. Wie jedoch in der allgemeinen Krankenversicherung bei der Berechnung des Grundlohns nicht für jeden der 7 Tage der volle, tatsächlich nur an 6 Tagen erzielte Verdienst zu Grunde gelegt werden darf, vielmehr der letztere auf die 7 Tage verteilt werden muß, kommt auch bei der Krankenversicherung der Erwerbslosen für die Woche insgesamt nur das sechsfache der doppelten täglichen Erwerbslosenunterstützung in Frage. Der eintägige Grundlohn beträgt daher $^{6}/_{7}$ der doppelten Erwerbslosenunterstützung. Nach diesem Grundlohn ist der Erwerbslose zu versichern. Eine besondere Einstufung in Lohnstufen oder Mitgliedsklassen findet nicht mehr statt (so Besch. des RAM. vom 19. Mai 1925, RABl. S. 261. Diese Auffassung des RAM. ist durch Entsch. des Reichsversicherungsamts vom 23. März 1926, abgedr. RABl. S. 166, bestätigt worden).

[3]) Durch eine kurz befristete Erhöhung der Unterstützungssätze ist eine Erhöhung des Grundlohnes nicht bedingt.

[4]) Also ohne Familienzuschläge.

[5]) Vgl. §§ 179 ff RVO. Gegenstand der Versicherung sind die Leistungen der Krankenkassen an Krankenhilfe, Wochen-

hilfe, Sterbegeld und an Familienhilfe. Diese Leistungen gelten als Regelleistungen der Kassen. Daneben stehen die durch die Satzung bestimmten Mehrleistungen.

[6]) Bei Streit über das Versicherungsverhältnis und die Beitragszahlung wird im Beschlußverfahren, bei Streit über Leistungen im Spruchverfahren entschieden.

§ 22.

(1) Hängt der Erwerb eines Rechts nach der Reichsversicherungsordnung oder dem Reichsknappschaftsgesetz oder der Satzung einer Krankenkasse davon ab, daß eine Wartezeit [1]) bei einer Kasse zurückgelegt ist oder während eines bestimmten Zeitraums eine Versicherung von bestimmter Dauer [1]) bestanden hat, so steht die Versicherung nach § 20 einer Versicherung auf Grund der Reichsversicherungsordnung oder des Reichsknappschaftsgesetzes oder bei einer Ersatzkasse gleich. Die Zeit von mindestens zehn oder sechs Monaten nach den §§ 195 a Abs. 2, 199, 205 a Abs. 1 Nr. 3 der Reichsversicherungsordnung gilt als Wartezeit im Sinne dieser Vorschrift.

[1]) Die Krankenversicherung der Erwerbslosen nach § 20 ist weder Pflicht-, noch freiwillige Versicherung (vgl. Anm. 8 zu § 20). Durch § 22 wird sie aber, soweit es sich um die Erfüllung einer bestimmten Wartezeit oder einer bestimmten Versicherungsdauer handelt, ausdrücklich einer Versicherung auf Grund der Reichsversicherungsordnung oder des Reichsknappschaftsgesetzes oder bei einer Ersatzkasse gleichgestellt.

Die hauptsächlichsten Wartezeiten der RVO.: §§ 195 a Abs. 2, 199, 205 a, 207—209, 451.

§ 23.

Ein Ausscheiden aus der Kasse, das deshalb erfolgt, weil eine Voraussetzung [1]) für den Bezug der Erwerbslosenunterstützung weggefallen ist, steht dem Ausscheiden wegen Erwerbslosigkeit im Sinne des § 214 der Reichsversicherungsordnung und dem Ausscheiden aus der versicherungspflichtigen Beschäftigung im Sinne des § 313 der Reichsversicherungsordnung gleich.[2]) Gehörte der Versicherte, bevor er nach § 20 dieser Verordnung versichert war, eine anderen Kasse an, so stehen ihm die Rechte aus § 313 der Reichsversicherungsordnung auch gegenüber dieser Kasse zu.

[1]) Vgl. § 20 Abs. 2 Satz 3.

[2]) Wer erwerbslos wird, scheidet grundsätzlich mangels einer versicherungspflichtigen Beschäftigung aus der Krankenversicherung aus. War er aber in den letzten 12 Monaten mindestens 26 Wochen oder unmittelbar vor dem Ausscheiden wegen Erwerbslosigkeit mindestens 6 Wochen bei einer Krankenkasse versichert, so behält er den Anspruch auf die Regelleistungen der Kasse, wenn der Versicherungsfall während der Erwerbslosigkeit und binnen 3 Wochen nach dem Ausscheiden eintritt. Sterbegeld wird auch nach Ablauf der 3 Wochen gewährt, wenn die Krankenhilfe bis zum Tode geleistet worden ist (§ 214 RVO.). § 313 RVO. gesteht dem Kassenmitglied nach Ablauf der gleichen Versicherungszeit wie im § 214 das Recht zu, beim Ausscheiden aus der versicherungspflichtigen Beschäftigung in seiner bisherigen Klasse oder Lohnstufe Mitglied zu bleiben, solange er sich regelmäßig im Inland aufhält und nicht Mitglied einer anderen Krankenkasse oder einer knappschaftlichen Krankenkasse wird.

Die Rechte dieser beiden Paragraphen können u. U. besonders bedeutungsvoll werden, wenn ein Erwerbsloser, der gegen Krankheit auf Grund des § 20 der VO. versichert ist, aus der Kasse ausscheidet, weil eine Voraussetzung für den Bezug der Erwerbslosenunterstützung weggefallen ist. Diese Rechte sollen dem Erwerbslosen gesichert werden. Deshalb wird das

Ausscheiden nach § 23 der VO. dem Ausscheiden nach §§ 214, 313 RVO. gleichgestellt.

§ 24.

Die Vorschriften des § 214 der Reichsversicherungsordnung gelten nicht, soweit [1]) danach dem Erwerbslosen neben dem Anspruch nach den vorstehenden Bestimmungen Ansprüche gegen eine andere Kasse zustehen würden.

[1]) Erkrankt ein Erwerbsloser, der bei einer anderen Kasse als der nach § 20 d. VO. von der Gemeinde gewählten Kasse versichert war, während der Erwerbslosigkeit und während drei Wochen nach dem Ausscheiden aus der bisherigen Kasse, so würde er nach § 214 der RVO. Anspruch auf die Regelleistungen der bisherigen Kasse, zugleich aber Anspruch auf die Leistungen seiner jetzigen Kasse haben. Diesen ungerechtfertigten Doppelbezug von Leistungen schließt § 24 der VO. aus. Er setzt den § 214 RVO. insoweit außer Wirkung, als die Leistungen bereits durch die jetzige Kasse gedeckt werden. Sind die Leistungen der bisherigen Kasse höher als die der jetzigen, so stehen sie dem Erwerbslosen zu, insoweit sie die Leistungen der jetzigen Kasse überschreiten.

§ 25.

(1) Neben Krankengeld, Wochengeld oder den Ersatzleistungen [1]), die an ihre Stelle treten, darf ein Erwerbsloser für seine Person keine Erwerbslosenunterstützung erhalten. Dagegen erhält er die Familienzuschläge. [2])

(2) Neben sonstigen [3]) Leistungen der Krankenversicherung wird die Erwerbslosenunterstützung in vollem Umfang gewährt.

[1]) Z. B. Kur und Verpflegung in einem Krankenhaus (Krankenhauspflege), vgl. § 184 RVO.

²) Hausgeld (vgl. § 186 RVO.) steht nach einer grundsätzlichen Entscheidung des Reichsversicherungsamtes vom 10. Februar 1920 (Amtl. Nachr. S. 283) den nach § 20 versicherten Erwerbslosen neben Krankengeld, Krankenhauspflege und den Familienzuschlägen nach § 25 Abs. 1 nicht zu. Wird es trotzdem gewährt, so ist es voll auf die Leistungen der Erwerbslosenfürsorge anzurechnen. Die Familienzuschläge sind nicht auf die Fristen des § 18 der Verordnung anzurechnen.

³) Neben sonstigen Leistungen der Krankenversicherung, vor allem, wenn nur ärztliche Behandlung und Versorgung mit Arznei, Brillen, Bruchbändern und anderen kleinen Heilmitteln (§ 182 Ziff. 1 RVO.) gewährt wird, ist die Erwerbslosenunterstützung in vollem Umfange zuzubilligen, wenn die Voraussetzungen dafür vorliegen. Sie darf also nur gegeben werden, wenn der erkrankte Erwerbslose noch arbeitsfähig im Sinne des § 3 Abs. 1 der VO. (vgl. Anm. 3, 4 zu § 3) ist.

§ 26.

Hat die Gemeinde einen Erwerbslosen nicht [1]) nach den Vorschriften der §§ 20, 21 versichert oder die erforderlichen Meldungen oder Beitragszahlungen unterlassen und erhält er infolgedessen keine oder zu geringe Leistungen von der Krankenkasse, so wird ihm die Hauptunterstützung in Höhe des dadurch verursachten Ausfalls gewährt, soweit [2]) er nicht dauernd arbeitsunfähig ist und im übrigen die Voraussetzungen [3]) für die Gewährung der Erwerbslosenunterstützung vorliegen. Daneben hat die Gemeinde dem Erwerbslosen die gleiche [4]) oder eine gleichwertige Krankenpflege, Wochenhilfe — diese jedoch mit Ausschluß des Wochengeldes — oder Familienhilfe aus eigenen [5]) Mitteln zu gewähren. Kann die Gemeinde die ärztliche Behandlung selbst nicht beschaffen, so hat sie dem Erwerbslosen dafür drei

Viertel des Krankengeldes zu gewähren, das ihm nach dem § 21 zusteht. Die Vorschriften über die Gewährung von Familienzuschlägen bleiben unberührt.

[1]) Die Gemeinde, die den Erwerbslosen überhaupt nicht (§ 20) oder nicht nach dem vorgeschriebenen Grundlohn (§ 21) versichert hat oder die erforderlichen Meldungen oder Beitragszahlungen unterlassen hat, so daß er nun von der Krankenkasse keine oder zu geringe Leistungen erhält, ist ihm ersatzpflichtig.

„In Höhe des dadurch verursachten Ausfalls" ist ihm die Erwerbslosenunterstützung zu gewähren, d. h. wenn er überhaupt nicht versichert worden ist, die Unterstützung für seine Person; denn nach § 182 Ziff. 2 RVO. beträgt das Krankengeld die Hälfte des Grundlohns, Grundlohn aber ist die doppelte Hauptunterstützung. Ist der Erwerbslose nicht nach dem vorgeschriebenen Grundlohn versichert, so erhält er die Unterstützung in der Höhe des Unterschiedsbetrages zwischen der Kassenleistung und der Hauptunterstützung.

[2]) Von der Voraussetzung der Arbeitsfähigkeit wird hier abgesehen, da es sich um erkrankte Erwerbslose handelt. Bei dauernder Arbeitsunfähigkeit darf jedoch keine Erwerbslosenunterstützung gewährt werden. Vgl. Anm. 12 zu § 20.

[3]) Vgl. §§ 3—7 und Anm. dazu.

[4]) Wie die sonst nach § 20 zuständige Krankenkasse.

[5]) Im Falle des § 26 hat die Gemeinde aus eigenen Mitteln zu zahlen den Aufwand für Krankenpflege, Wochenhilfe oder Familienhilfe oder die nach Satz 3 an ihre Stelle tretenden Ersatzleistungen, während die nach § 26 Satz 1 zu gewährende Hauptunterstützung und die Familienzuschläge nach Satz 4 aus den Mitteln der Erwerbslosenfürsorge zu zahlen sind. Vgl. den Aufsatz von Jäger: „Die Leistungen der Gemeinden im Krankheitsfalle bei unterlassener oder versäumter Versicherung der Erwerbslosen", RABl. Nichtamtl. Teil 1924 S. 457.

IV. Verfahren.

§ 27.

(1) Ueber Unterstützungsgesuche entscheidet der Vorsitzende [1]) des öffentlichen Arbeitsnachweises [2]).

(2) Hat der Arbeitsnachweis mehrere [3]) Errichtungsgemeinden [4]), so kann der Vorsitzende den Vorständen [5]) derjenigen Gemeinden, die nicht Verwaltungsgemeinde [6]) sind, mit ihrer Zustimmung die Entscheidung für ihre Bezirke übertragen. Auch ohne diese Zustimmung [7]) kann die Uebertragung durch die oberste Landesbehörde oder die von ihr bezeichnete Stelle ausgesprochen werden; gehören die beteiligten Gemeinden zu verschiedenen Ländern, so bedarf die Uebertragung einer gemeinschaftlichen Anordnung der obersten Landesbehörden.

(3) Ist der Arbeitsnachweis bei einem weiteren [8]) Gemeindeverband errichtet, so kann der Vorstand [9]) des Gemeindeverbandes die Entscheidung den Vorständen der Einzelgemeinden [10]) für ihren Bezirk übertragen. [11]) Das gleiche gilt, wenn sich unter den Errichtungsgemeinden eines gemeinsamen Arbeitsnachweises ein weiterer Gemeindeverband oder mehrere weitere Gemeindeverbände befinden; die Uebertragung geschieht in diesem Falle gemeinschaftlich durch den Vorsitzenden des Arbeitsnachweises und den Vorstand des weiteren Gemeindeverbandes. [11/12])

[1]) Der Vorsitzende des öffentlichen Arbeitsnachweises hat eine zweifache Stellung. Er ist Mitglied der Gemeindeverwaltung — infolge seiner Bestellung durch die Errichtungs-, ggf. Verwaltungsgemeinde (§ 8 ANG.) — und Vorsitzender und Mitglied des Selbstverwaltungsorgans des öffentlichen Arbeitsnachweises, des Verwaltungsausschusses (§ 7 ANG.). Beider Interessengebiete gehen öfter auseinander. Da aber durch die Ver-

ordnung vom 16. Februar 1924 die Gemeinde wieder stärker (vgl. Einführung S. 8) zu den Lasten der Erwerbslosenfürsorge herangezogen wird, wollte man ihr doch einen gewissen Einfluß auf die Durchführung der Erwerbslosenfürsorge gewähren. Deshalb gibt § 28 dem Vorstand der Gemeinde die Befugnis, dem Vorsitzenden des öffentlichen Arbeitsnachweises auf dem Gebiete der Erwerbslosenfürsorge bindende Weisungen zu erteilen. Vgl. § 28.

[2]) Der Vorsitzende ist verpflichtet, vor der Entscheidung die Voraussetzungen nachzuprüfen, vgl. Anm. 1 zu § 3. Er kann sich dabei, insbesondere wenn der Arbeitsnachweis bei einem weiteren Gemeindeverband errichtet ist oder ein solcher zu den Errichtungsgemeinden gehört, der Hilfe der einzelnen politischen Gemeinden bedienen.

Der Erwerbslose ist in der Entscheidung über sein Einspruchsrecht und über die dafür zuständige Stelle zu unterrichten. Vgl. § 29.

[3]) Der Arbeitsnachweis ist nicht Träger der Erwerbslosenfürsorge, vgl. Anm. 1 zu § 1.

[4]) Vgl. § 4 ANG. Z. B.: Errichtungsgemeinden des öffentlichen Arbeitsnachweises Weimar sind der Stadtkreis Weimar, der Stadtkreis Apolda und der Landkreis Weimar, Verwaltungsgemeinde ist der Stadtkreis Weimar.

[5]) Richtet sich nach Landesrecht.

[6]) Vgl. § 6 ANG., abgedr. als Anm. 6 zu § 35.

Dem Vorstand der Verwaltungsgemeinde braucht die Entscheidungsbefugnis nicht übertragen zu werden, da aus Zweckmäßigkeitsgründen die Errichtungsgemeinde als Verwaltungsgemeinde bestimmt werden wird, in welcher der öffentliche Arbeitsnachweis seinen Sitz hat (Berger—Donau, Arbeitsnachweisgesetz, Anm. 8 zu § 6).

[7]) Auf Antrag des Vorsitzenden des öffentlichen Arbeitsnachweises oder ohne diesen.

[8]) In Thüringen: der Landkreis.

[9]) In Thüringen: der Landrat.

[10]) Der Zustimmung des Vorsitzenden des öffentlichen Arbeitsnachweises bedarf es hierbei deshalb nicht, weil meist der Vorstand des weiteren Gemeindeverbandes zugleich Vorsitzender des öffentlichen Arbeitsnachweises ist, wenn der weitere Gemeindeverband alleinige Errichtungsgemeinde ist. Vgl. aber Abs. 3 Satz 2 des § 27.

[11]) Es empfiehlt sich, hiervon nur beschränkt Gebrauch zu machen; denn eine einheitliche Durchführung der Fürsorge wird nur gewährleistet, wenn die Entscheidungsbefugnis nicht zersplittert wird.

Im allgemeinen zweckmäßig ist es dagegen, den Vorständen der Einzelgemeinden die Entgegennahme und Vorprüfung der Unterstützungsgesuche und die Auszahlung der Unterstützung zu übertragen (vgl. Art. 13 der Ausf.-Vorschr. vom 2. Mai 1925, abgedr. S. 69).

[12]) Ueber Streit nach § 27 Abs. 3 entscheidet endgültig die oberste Landesbehörde.

[13]) Trotz der Uebertragung der Entscheidung auf andere Stellen bleibt der Fürsorgeträger der Aufsichtsbehörde gegenüber verantwortlich für die ordnungsmäßige Durchführung der Fürsorge in seinem Bezirk. Vgl. Anm. 3 und § 41.

§ 28.

Der Vorstand [1]) der Gemeinde kann, wenn er es zur Wahrung der öffentlichen Interessen [2]) für erforderlich hält, auf dem Gebiete der Erwerbslosenfürsorge, insbesondere für die Entscheidungen über Unterstützungsgesuche [3]), dem Vorsitzenden des öffentlichen Arbeitsnachweises bindende Weisungen erteilen. [4]) Vorher soll [5]) der Verwaltungsausschuß des Arbeitsnachweises gehört werden. Hat der Arbeitsnachweis mehrere Errichtungsgemeinden, so ist der Vorsitzende an die Weisungen des Vorstandes der Verwaltungsgemeinde [6]) gebunden. Dieser soll die Weisungen nach Benehmen [7]) mit den Vorständen der übrigen Errichtungsgemeinden erteilen. Den Vorständen der Errichtungsgemeinden, die nach § 27 Abs. 2 an die Stelle des Vorsitzenden treten, können bindende Weisungen gemäß Satz 1 nicht[3]) erteilt werden, den Vorständen der Einzelgemeinden[3]) (§ 27 Abs. 3) nur vom Vorstand ihres weiteren Gemeindeverbandes.

[1]) Dem Vorstand der Errichtungsgemeinde wird durch § 28 eine nicht unbedenkliche Machtbefugnis eingeräumt. Begründet erscheint sie insofern, als die Gemeinde Träger der Fürsorge ist, der Arbeitsnachweis ein Organ der Gemeinde ist, die Gemeinde einen Teil (aber nur $^1/_9$!) des Aufwands der Erwerbslosenfürsorge aufbringen muß und sie die Verantwortung für die ordnungsmäßige Durchführung der Fürsorge nach § 41 trägt. Da aber der Vorstand dem Vorsitzenden auch die Weisung geben kann, einen Beschluß des Verwaltungsausschusses nicht auszuführen, ohne daß dem Vorsitzenden ein Nachprüfungsrecht oder dem Verwaltungsausschusse ein Einspruchsrecht zusteht, so kann damit der Vorstand der Errichtungsgemeinde in erheblichem Umfange in die Rechte des Selbstverwaltungsorgans des Arbeitsnachweises, dessen Interessentengruppen $^8/_9$ des Aufwands der Erwerbslosenfürsorge zu decken haben, eingreifen. Vgl. auch Anm. 1 zu § 27 und Anm. 3 zu § 28.

[2]) Insbesondere der geldlichen, aber auch der moralischen (z. B. Verlängerung der Wartefrist bei selbstverschuldeter Erwerbslosigkeit) usw. Vgl. Anm. 1 zu § 27.

[3]) Aber nicht hinsichtlich der rechtlichen Würdigung, sondern soweit Ermessensvorschriften in Betracht kommen; z. B. kann er die Verlängerung der Unterstützungshöchstdauer eng begrenzen, er kann bei Streiks (z. B. wilden) die Wartezeit des § 3 Abs. 1 Satz 3 über vier Wochen hinaus verlängern, er kann für dehnbare Begriffe, wie die Prüfung der Bedürftigkeit, besondere Richtlinien geben. Wegen der Weisungen hinsichtlich öffent-

licher Notstandsarbeiten vgl. Anm. 3 zu § 11 der Best. vom 30. April 1925, abgedr. S. 247.

Würde, wie Lehfeldt (S. 106) will, die Weisungsbefugnis auch auf die rechtliche Würdigung erstreckt werden, dann erhielte diese Befugnis den strengen Charakter der Dienstaufsicht. Dem Vorstand der Gemeinde würde damit das Recht übertragen, durch Weisung an den Vorsitzenden in die Rechtsauffassungen der Mitglieder des Verwaltungsausschusses einzugreifen. Das dürfte nicht die Absicht des Gesetzgebers gewesen sein. In schweren Fällen, z. B. wenn dauernd Reibereien zwischen dem Vorstand der Gemeinde und dem Verwaltungsausschuß bestehen, würde damit die Gefahr hervorgerufen werden, daß dieses Weisungsrecht willkürlich ausgenutzt wird. Das würde um so bedenklicher sein, als für die Geltendmachung dieser Befugnis keine Verfahrensvorschriften bestehen. Daß dem Vorstand eine solche weitgehende Aufsicht nicht eingeräumt werden sollte, ergibt sich auch aus den Worten des § 28 „wenn er es zur Wahrung der öffentlichen Interessen für erforderlich hält". Vor allem als einem der Teile, der die Mittel mit aufbringen muß, als Interessenvertreter, wird dem Vorstand der Gemeinde diese Weisungsbefugnis übertragen. Selbstverständlich ist damit die Gemeinde nicht schutzlos gegenüber einer Gesetzesverletzung durch eine nach § 29 endgültige Entscheidung des Verwaltungsausschusses. Sie kann im Wege der landesgesetzlich geordneten Dienstaufsichtsbeschwerde sich an die Gemeindeaufsichtsbehörde wenden (vgl. Anm. 4 zu § 29).

Soweit es sich um Ermessensfragen handelt, ist die Weisungsbefugnis der Dienstaufsicht nicht gleichzuachten.

Die Weisung kann nur dem Vorsitzenden als Organ der Gemeindeverwaltung, nicht dagegen dem Verwaltungsausschusse erteilt werden, da er Selbstverwaltungsorgan ist (ebenso Lehfeldt S. 106, a. M. Zschucke Anm. 5 zu § 29). Wie aber bereits in Anm. 1 erwähnt ist, kann der Vorstand den Vorsitzenden anweisen, einen Beschluß des Verwaltungsausschusses nicht auszuführen. Der Vorsitzende, ggf. der Verwaltungsausschuß haben das Recht der Dienstaufsichtsbeschwerde.

Der Vorstand der Gemeinde kann einen Vorsitzenden, der sich weigert, seinen Weisungen Folge zu leisten, abberufen.

Wegen des Vorstandes eines weiteren Gemeindeverbandes vgl. Anm. 2 zu § 30.

[4]) Die Weisung kann auch für einen Einzelfall gegeben werden.

[5]) Geschieht das nicht, so ist die Weisung für den Vorsitzenden gleichwohl bindend.

[6]) Vgl. § 6 ANG., abgedr. als Anm. 6 zu § 35.

[7]) Bedeutet nicht „mit Zustimmung" oder „im Einvernehmen".

[8]) Da ihre Stellung rechtlich wesentlich anders zu beurteilen ist als die des Vorsitzenden. Der Vorstand der Gemeinde verkörpert die Gemeinde selbst, der Vorsitzende des öffentlichen Arbeitsnachweises ist nur Teil eines Organs der Gemeinde.

[9]) Geschieht aus der Erwägung heraus, daß die Gemeindevorsteher der kleinen Gemeinden eines weiteren Gemeindeverbandes ihre Stelle oft nur nebenamtlich versehen oder nicht Berufsbeamte sind und deshalb vielfach nicht die Erfahrungen wie der Vorstand einer Errichtungsgemeinde haben.

§ 29.

(1) Gegen die Entscheidung des Vorsitzenden ist binnen zwei Wochen nach ihrer Bekanntgabe Einspruch [1]) beim Verwaltungsausschusse [2]) des öffentlichen Arbeitsnachweises zulässig. § 50 Abs. 2 Satz 1 bis 4 des Arbeitsnachweisgesetzes [3]) findet Anwendung.

(2) Tritt der Ausschuß dem Vorsitzenden bei, so kann die Entscheidung durch ein Rechtsmittel [4]) nicht weiter angefochten werden. Andernfalls schlägt er Abänderung vor. Der Vorsitzende kann dem Vorschlage

stattgeben, sofern nicht eine Weisung[5]) der Gemeinde entgegensteht. Gibt er dem Vorschlag des Ausschusses nicht statt, so hat er die Sache der obersten Landesbehörde oder der von ihr bezeichneten Stelle vorzulegen. Gegen die Entscheidung dieser Stelle ist ein Rechtsmittel nicht gegeben.

(3) Abs. 1 und 2 finden entsprechende Anwendung, wenn auf Grund des § 27 Abs. 2 der Vorstand einer Gemeinde entschieden hat.[6])

(4) Soweit mehr als zwei Drittel des Gesamtaufwandes[7]) durch die Beiträge der Arbeitgeber und Arbeitnehmer aufgebracht werden, kann der Reichsarbeitsminister nach Benehmen mit dem Verwaltungsrate des Reichsamts für Arbeitsvermittlung die Vorschriften der Abs. 2 und 3 für das Reichsgebiet oder Teile desselben dauernd oder vorübergehend aufheben. Wenn seine Anordnung sich auf das ganze Reichsgebiet erstreckt, bedarf sie der Zustimmung des Reichsrats; wenn sie sich auf Teile des Reichsgebiets erstreckt, bedarf sie der Zustimmung der obersten Landesbehörden. Wird die Aufhebung ausgesprochen, so finden auf das Beschwerdeverfahren die §§ 50 bis 52[8]) des Arbeitsnachweisgesetzes Anwendung.

[1]) Eine Form ist hierfür in der Verordnung nicht vorgeschrieben, kann aber in der Entscheidung festgelegt werden. Mit Rücksicht auf eine ordnungsmäßige Aktenführung, die auch zum Zwecke etwaiger Nachprüfungen unerläßlich ist, wird der Einspruch nur schriftlich oder zu Protokoll des Vorsitzenden einzulegen sein.

[2]) Wie die Entscheidungsbefugnis des Vorsitzenden auf andere Stellen übertragen werden kann (§ 27), so kann auch der Verwaltungsausschuß seine Aufgaben durch Unterausschüsse er-

ledigen lassen. Dadurch tritt dieselbe rechtliche Wirkung ein, wie wenn sie der Verwaltungsausschuß selbst erfüllt. Die Unterausschußmitglieder sind aus der Reihe der Mitglieder des Verwaltungsausschusses zu entnehmen.

[3]) Vgl. Anm. 8.

[4]) Durch ein weiteres Rechtsmittel im Rechtszuge kann die Entscheidung nicht angefochten werden, wohl aber durch Dienstaufsichtsbeschwerde (a. M. Lehfeldt S. 108). Ist sie begründet, dann kann die zuständige Stelle (Gemeindeaufsichtsbehörde) auch eine endgültige Entscheidung des Verwaltungsausschusses im Wege der Dienstaufsicht abändern oder aufheben. Im Dienstaufsichtswege wird aber naturgemäß nur in besonderen Fällen eingegriffen werden dürfen, hauptsächlich wenn eine Gesetzesvorschrift durch die Entscheidung verletzt wird. Dagegen ist ein solches Eingreifen nicht zulässig, wenn es sich lediglich um eine andere Auslegung in einer Ermessensfrage handelt. Das Recht, im Wege der Dienstaufsicht einzugreifen, wird man zugestehen müssen, wenn eine auch in rechtlicher Hinsicht ordnungsgemäße Durchführung der Erwerbslosenfürsorge gesichert sein soll, zumal der Vorsitzende des öffentlichen Arbeitsnachweises oder die Mitglieder des Verwaltungsausschusses nicht rechtskundig zu sein brauchen. Das Dienstaufsichtsverfahren richtet sich nach Landesrecht.

Die Frage, ob der Verwaltungsausschuß selbst seine „endgültige" Entscheidung abändern kann, wird im allgemeinen zu verneinen sein. Man kann verlangen, daß der Fall soweit aufgeklärt wird, daß eine ordnungsmäßige Entscheidung möglich ist. In der Praxis hat sich jedoch gezeigt, daß die Beschwerdeführer wichtige Tatsachen zum Teil erst nach der Entscheidung des Verwaltungsausschusses vorbringen. Der Gesetzgeber hat die Entscheidung des Verwaltungsausschusses in dem Falle, wo er die Auffassung des Vorsitzenden bestätigt, wohl lediglich deshalb als endgültig bezeichnet, weil er die Sache für genügend geklärt hält und zwecklose Verwaltungsarbeit vermeiden will. Er hat aber nicht gewollt, daß eine Entscheidung endgültig sein soll, die auf unrichtigen Voraussetzungen aufgebaut ist. Deshalb wird man dem Verwaltungsausschusse das Recht zugestehen müssen, seine Entscheidung für den Fall selbst abzuändern, daß sich nachträglich herausstellt, daß sie von unrichtigen Voraussetzungen ausgegangen ist. Von diesem Recht wird aber nur in Härtefällen Gebrauch zu machen sein.

5) Vgl. § 28.

6) Der Einspruch geht also nicht erst an den Vorsitzenden des öffentlichen Arbeitsnachweises; Gemeinde in diesem Sinne = Errichtungsgemeinde. Wegen der Vorstände der Einzelgemeinden vgl. § 30.

7) Vgl. §§ 36 ff.

8) §§ 50—52 ANG. lauten:

§ 50.

Gegen die Entscheidungen des Vorsitzenden des Arbeitsnachweises oder seiner Stellvertreter ist schriftlicher Einspruch beim Verwaltungsausschuß oder, soweit es sich um die Tätigkeit einer Fachabteilung handelt, beim Fachausschuß zulässig.

Zum Einspruch berechtigt ist jeder, der an der Abänderung der Entscheidung ein Interesse hat. Bei Behandlung solcher Einsprüche, die von einer Vereinigung von Arbeitgebern oder Arbeitnehmern ausgehen, ist auf Antrag ein von ihr zu bestimmender Vertreter in mündlicher Verhandlung zu hören. Wird in der gleichen Angelegenheit wiederholt Einspruch erhoben, so entscheidet der Verwaltungsausschuß über die Anhörung der beschwerdeführenden Vereinigung. Der Einspruch hat keine aufschiebende Wirkung. Der Verwaltungsausschuß (Fachausschuß) entscheidet endgültig, soweit das Gesetz nicht anders bestimmt.

Wird die Entscheidung des Vorsitzenden durch den Verwaltungsausschuß (Fachausschuß) abgeändert, so ist der Vorsitzende berechtigt, innerhalb zweier Wochen die Entscheidung des Verwaltungsausschusses (Fachausschusses) des Landesamts anzurufen.

§ 51.

Gegen Entscheidungen des Verwaltungsausschusses, die nicht auf Einspruch ergangen sind, ist Beschwerde an den Verwaltungsausschuß des Landesamts zulässig. Ist die Entscheidung von einem Fachausschuß erlassen, so geht die Beschwerde, falls beim Landesamt ein entsprechender Fachausschuß besteht, an diesen. § 50 Abs. 2 gilt entsprechend.

§ 52.

Für die Landesämter gelten die §§ 50 und 51 entsprechend. In grundsätzlichen Fragen ist vor der Entscheidung des Verwaltungsrats der obersten Landesbehörde Gelegenheit zur Aeußerung zu geben.

§ 30.

Entscheidungen, die die Vorstände der Einzelgemeinden eines weiteren Gemeindeverbandes auf Grund des § 27 Abs. 3 treffen, können vom Vorstand [1]) des Gemeindeverbandes abgeändert werden. Auf die abändernden Entscheidungen, die hiernach getroffen werden, finden die §§ 28 [2]) und 29 Anwendung. [3] / [4])

[1]) Vgl. Anm. 8—12 zu § 27.

[2]) Nach § 28 letzter Satz kann der Vorstand des weiteren Gemeindeverbandes den Vorständen der Einzelgemeinden bindende Weisungen gemäß § 28 erteilen, wenn ihnen nach § 27 Abs. 3 die Entscheidungsbefugnis übertragen worden ist.

[3]) Der Einspruch geht also hier zunächst an den Vorstand des Gemeindeverbandes, der Einspruch auf dessen abändernde Entscheidung an den Verwaltungsausschuß (§ 29), vgl. aber Anm. 6 zu § 29.

[4]) Der Vorstand des Gemeindeverbandes kann seine Gemeindevorsteher anweisen, ihm alle Entscheidungen vorzulegen, er kann sie dann auch ohne Einspruch eines Berechtigten abändern.

§ 31.

Soweit eine Fürsorge [1]) für Kurzarbeiter eingerichtet [2]) ist, sind die Arbeitgeber verpflichtet, über den Arbeitsverdienst der Kurzarbeiter dem öffentlichen Arbeitsnachweis Auskunft zu geben und auf Verlangen der Gemeinde die Kurzarbeiterunterstützung kostenlos zu errechnen und auszuzahlen. [3])

[1]) Vgl. § 1 Abs. 2.

[2]) Vgl. Erläuterungen zu der Anordnung über Kurzarbeiterfürsorge vom 20. Februar 1926 abgedr. S. 138.

[3]) Sie sind aber nicht verpflichtet, die Beträge zu verlegen, sondern brauchen erst dann auszuzahlen, wenn ihnen die zuständige Stelle die entsprechenden Mittel bereit stellt.

V. Produktive Erwerbslosenfürsorge.

§ 32.

(1) Der Reichsarbeitsminister [1]) kann zur Unterstützung von Maßnahmen, die geeignet sind, den Abbau [2]) der Erwerbslosenfürsorge zu fördern, insbesondere zur Beschaffung von Arbeitsgelegenheit für die Erwerbslosen, Darlehen [3]) oder Zuschüsse [3]) aus Mitteln der Erwerbslosenfürsorge bewilligen. Die Darlehen und Zuschüsse bestimmen [4]) sich in ihrer Höhe nach der Zahl der Personen, die durch diese Maßnahmen der Erwerbslosenfürsorge entzogen oder ferngehalten werden. Die Bewilligung von Reichsmitteln [5]) verpflichtet das Land, den gleichen Betrag aus eigenen Mitteln zur Unterstützung von Maßnahmen aufzuwenden, die geeignet sind, den Abbau der Erwerbslosenfürsorge zu fördern.

(2) Der Reichsarbeitsminister kann diese Befugnisse ganz oder zum Teil auf andere Stellen übertragen. [6])

[1]) § 32 gibt dem RAM. die Ermächtigung, Maßnahmen der produktiven Erwerbslosenfürsorge zu fördern. Zu ihnen gehören nach der jetzigen Rechtslage der Erwerbslosenfürsorge:

a) als wichtigste die öffentlichen Notstandsarbeiten, vgl. die Bestimmungen über öffentliche Notstandsarbeiten vom 30. April 1925, abgedr. S. 216,
b) der Bau von Landarbeiterwohnungen auf Grund der Ermächtigung des RAM. vom 12. Mai 1921 (RABl. S. 628) nach den Ausführungsbestimmungen des Präsidenten der Reichsarbeitsverwaltung vom 22. März 1925 (RABl. S. 126, abgedr. S. 278),
c) neuerdings die Errichtung von Arbeitsnachweisgebäuden nach den Erlassen des RAM. vom 19. Juni und 23. Juli 1925 und 17. Juli 1926, abgedr. S. 296).

Nicht unmittelbar zur produktiven Erwerbslosenfürsorge gehören, aber denselben Zweck verfolgen und deshalb hier zu erwähnen sind:

a) die Gewährung von Arbeitsausrüstung (Art. 2, 6 der Ausführungsvorschriften vom 2. Mai 1925, abgedr. S. 57, 59),
b) die Zubilligung von freier Fahrt, Reise- und Umzugsbeihilfen (Art. 2 das., § 13 der VO.),
c) die Gewährung von Anlernezuschüssen (Art. 6 das.),
d) die Veranstaltung von Fortbildungs- und Umschulungskursen (Art. 8 das.),
e) die Gewährung von Familienzuschlägen an auswärts Beschäftigte (§ 13 Abs. 3 der VO.).

[2]) Der Begriff „Abbau" hat dieselbe Bedeutung wie Satz 2 des Abs. 1 des § 1: „Das Ziel dieser Fürsorge ist im einzelnen Falle die Beendigung der Erwerbslosigkeit durch die Aufnahme von Arbeit."

Förderungswürdig sind in erster Linie Maßnahmen, die geeignet sind, die Menge einheimischer Nahrungsmittel, Rohstoffe und Betriebsstoffe zu vermehren, die in hohem Maße menschliche Arbeitskraft beanspruchen und in geringem Maße sachlichen Aufwand verbrauchen,

durch deren Ausführung für die Dauer eine vorteilhaftere Verteilung der Arbeitskräfte herbeigeführt oder neue Arbeitskraft beschafft wird,

die dem Uebergang großstädtischer Arbeitskräfte in ein ländliches oder kleinstädtisches Arbeitsverhältnis dienen.

[3]) Darlehnsweise werden Mittel gewährt für

a) die verstärkte Förderung (vgl. §§ 15 ff. der Bestimmungen über öffentliche Notstandsarbeiten),

b) den Bau von Landarbeiterwohnungen,

c) den Bau von Arbeitsnachweisgebäuden.

Zuschüsse werden gewährt für

a) die Grundförderung (vgl. §§ 11 ff. der Bestimmungen über öffentliche Notstandsarbeiten),

b) freie Fahrt, Reise- und Umzugshilfen (Art. 2 der Ausführungsvorschriften vom 2. Mai 1925, § 13 der BO.),

c) Anlernezuschüsse (Art. 6 das.),

d) die Veranstaltung von Fortbildungs- und Umschulungsmaßnahmen (Art. 8 das.),

e) Familienzuschläge nach § 13 Abs. 3 der BO.

Darlehen oder Zuschüsse werden gewährt für

a) die Grundförderung (vgl. §§ 11 ff. der Bestimmungen über öffentliche Notstandsarbeiten),

b) Arbeitsausrüstung (Art. 2, 6 der Ausführungsvorschriften vom 2. Mai 1925).

[4]) Dieser Berechnungssatz gilt

a) für die Förderung von Notstandsarbeiten (vgl. § 13 dieser Bestimmungen),

b) für die Veranstaltung von Fortbildungs- und Umschulungsmaßnahmen (Art. 8 der Ausführungsvorschriften vom 2. Mai 1925),

c) für die Maßnahmen, die sich nur auf Einzelpersonen beziehen.

Eine andere Berechnungsweise gilt für den Bau von Landarbeiterwohnungen (Berechnung nach qm bebauter Wohn- und Stall-Fläche) und von Arbeitsnachweisgebäuden (Gewährung von Darlehen bis zu einem festbestimmten Verhältnissatz der Gesamtkosten).

[5]) Betrifft die eigentliche produktive Erwerbslosenfürsorge, also die verstärkte Förderung bei öffentlichen Notstandsarbeiten, den Bau von Landarbeiterwohnungen und Arbeitsnachweisgebäuden.

Der RAM. kann bei Notstandsarbeiten, die durch das Reich selbst ausgeführt werden, auf die Beteiligung des Landes verzichten (ähnlich Lehfeldt, S. 114).

Ob das Land aus seinen Haushaltmitteln der produktiven Erwerbslosenfürsorge nur die Maßnahmen fördern kann, für die das Reich die gleiche Summe gewährt, oder ob es auch ohne diese Beteiligung solche Maßnahmen durchführen kann, richtet sich nach den für die Haushaltmittel gegebenen Bestimmungen des Landes.

[6]) Der RAM. hat den obersten Landesbehörden diese Befugnisse in begrenztem Umfang übertragen bei der Genehmigung der verstärkten Förderung und bei der Gewährung von Darlehen zum Bau von Landarbeiterwohnungen und Arbeitsnachweisgebäuden.

VI. Aufbringung der Mittel.

§ 33.

(1) Die Mittel, die zur Bekämpfung der Arbeitslosigkeit sowie zur Fürsorge für die Erwerbslosen [1]) erforderlich sind, werden bis zu der im § 34 Abs. 3, 4 festgesetzten Höchstgrenze durch Beiträge von Arbeitgebern und Arbeitnehmern sowie durch eigene Leistungen der Gemeinden [2]) aufgebracht.

(2) Soweit die Höchstleistungen der Arbeitgeber, Arbeitnehmer und Gemeinden den notwendigen [3]) Auf-

wand der Erwerbslosenfürsorge in Bezirken mit ungewöhnlich großer Arbeitslosigkeit zeitweise nicht decken, leisten das Reich und die Länder Beihilfen.

[1]) Vgl. Anm. 4 zu § 1. Außerdem sind damit zu decken $^{2}/_{3}$ der notwendigen Kosten der öffentlichen Arbeitsnachweise und des Landesamts für Arbeitsvermittlung (vgl. §§ 34 Abs. 3; 36 der VO.).

[2]) Vgl. § 37 der VO.

[3]) Der notwendige Aufwand umfaßt die Aufwendungen, die gesetzlich zulässig und notwendig sind. Vgl. Anm. 2—3 zu § 36, Anm. 3 zu § 37 und Anm. 5 zu § 41.

§ 34.

(1) Beitragspflichtig sind die Arbeitnehmer, die auf Grund der Reichsversicherung oder des Reichsknappschaftsgesetzes für den Fall der Krankheit pflichtversichert [1]) sind, und ihre Arbeitgeber.

(2) Die Höhe der Beiträge setzt der Verwaltungsausschuß des öffentlichen Arbeitsnachweises für seinen Bezirk in Bruchteilen des Grundlohnes [2]) (Lohnstufen, wirklicher Arbeitsverdienst, Mitgliederklassen) fest, in den besonders bestimmten Fällen der §§ 39 und 45 der Verwaltungsausschuß des Landesamts für Arbeitsvermittlung. Gegen die Festsetzung durch den Verwaltungsausschuß des öffentlichen Arbeitsnachweises ist Beschwerde an den Verwaltungsausschuß des Landesamts für Arbeitsvermittlung zulässig, gegen die Festsetzung durch den Verwaltungsausschuß des Landesamts Beschwerde an den Verwaltungsrat des Reichsamts für Arbeitsvermittlung.

(3) Die Beiträge sind so zu bemessen, daß sie zwei Drittel der notwendigen [3]) Kosten des öffentlichen Ar-

beitsnachweises und den notwendigen[4]) Aufwand der Erwerbslosenfürsorge im Bezirke des öffentlichen Arbeitsnachweises insoweit decken, als er nicht von der Gemeinde nach § 37 getragen wird. Sie dürfen jedoch, außer im Falle des § 40 Abs. 2 Satz 2, drei vom Hundert des Grundlohns nicht übersteigen. Arbeitgeber und Arbeitnehmer tragen den Beitrag je zur Hälfte[5]/[6]).

(4) Der Reichsarbeitsminister kann mit Zustimmung des Reichsministers der Finanzen und des Reichsrats nach Benehmen mit dem Verwaltungsrate des Reichsamts für Arbeitsvermittlung

1. einen höheren Hundertsatz des Grundlohnes zulassen,
2. bestimmte Beschäftigungen oder Personengruppen für beitragsfrei erklären oder verschieden belasten,[7])
3. **die[8]) Beschäftigung[9]) von Arbeitnehmern, deren Arbeitsverdienst über die Grenze[10]/[11]) der Krankenversicherungspflicht hinausgeht, für beitragspflichtig erklären oder diese Arbeitnehmer zu freiwilligen Beiträgen zulassen,**
4. die Bildung und die Verwendung von Rücklagen vorschreiben[12]).

(5)[8]) Soweit Arbeitnehmer nicht gegen Krankheit pflichtversichert[13]) sind (Abs. 4 Nr. 3), bestehen die Beiträge in Bruchteilen des Arbeitsverdienstes.[14]) Der Reichsarbeitsminister kann mit Zustimmung des Reichsministers der Finanzen und des Reichsrats nach Benehmen mit dem Verwaltungsrate des Reichsamts für Arbeitsvermittlung anordnen, daß nicht der volle[15]) Arbeitsverdienst zugrunde gelegt wird.

[1]) a) Der Kreis der Beitragspflichtigen ist nach Abs. 1 auf die Krankenversicherungspflichtigen beschränkt worden, weil diese Versicherung die weitestgehende ist und man sich der Kranken-

kasse zum Einzug der Beiträge bedienen will. Beitragspflichtig sind demnach alle Arbeitnehmer, die nach § 165 RVO. und § 11 des Reichsknappschaftsgesetzes — bei einer reichsdeutschen oder ihr auf Grund des § 6 Abs. 4 der VO. gleichgestellten Krankenkasse — versicherungspflichtig sind, und ihre Arbeitgeber. Wegen der Einbeziehung der höher bezahlten Angestellten vgl. Anm. 11, 13—15.

Auch wenn die beitragspflichtigen Arbeitnehmer bei späterer Erwerbslosigkeit keinen Anspruch auf Erwerbslosenunterstützung haben, z. B. weil sie nicht als bedürftig zu bezeichnen sind oder weil sie Ausländer sind, deren Heimatstaat deutschen Erwerbslosen eine gleichwertige Fürsorge nachweislich nicht gewährt (vgl. § 6 Abs. 1 der VO.), sind sie gleichwohl zur Zahlung des Beitrages verpflichtet.

Krankenversicherungspflichtige brauchen aber für die Zeit, in der sie wegen Arbeitsunfähigkeit Krankenkassenbeiträge nicht zu entrichten haben, Beiträge zur Erwerbslosenfürsorge auch dann nicht zu leisten, wenn sie Gehalt oder Lohn vom Arbeitgeber weiter beziehen (Besch. d. RAM. vom 1. April 1924. RABl. S. 143). Diese Zeiten des Ruhens der Beitragspflicht sind trotzdem auf die Dreimonatsfrist des § 4 Abs. 1 der VO. anzurechnen, da der Versicherte auch während solcher Krankheitszeiten pflichtversichert bleibt; es sind ihm nur die Beiträge erlassen (Besch. d. RAM. v. 23. Mai 1924, RABl. S. 202).

Auch im Ausland wohnende Mitglieder einer deutschen Krankenkasse sind beitragspflichtig.

b) Bei Hausgewerbetreibenden ist zu unterscheiden:

Soweit sie selbständige Gewerbetreibende sind und krankenversicherungspflichtige Arbeitnehmer nicht beschäftigen, sind sie nicht beitragspflichtig. Denn Abs. 1 erklärt für beitragspflichtig die pflichtversicherten Arbeitnehmer und ihre Arbeitgeber (ebenso Lehfeldt S. 115).

Soweit sie Arbeitnehmer, also Heimarbeiter sind, unterfallen sie § 34 Abs. 1. Den Arbeitgeberanteil hat die Firma oder haben die Firmen anteilig zu tragen, für welche der Heimarbeiter arbeitet.

Soweit es sich um sog. Zwischenmeister handelt, gilt folgendes: soweit sie unmittelbar für den Auftraggeber selbst hausgewerblich arbeiten, sind sie als Arbeitnehmer anzusehen und haben den Arbeitnehmeranteil zur Erwerbslosenfürsorge beizusteuern (d. h. also die Hälfte des Gesamtbeitrages, vgl. § 34 Abs. 3 letzter Satz), soweit sie dagegen die ihnen vom Fabrikanten übergebenen Stoffe und Zutaten ihrerseits durch Heimarbeiter bearbeiten lassen, gelten sie als Arbeitgeber und haben den Arbeitgeberanteil zu tragen. Nach § 473 RVO. kann die Satzung der Krankenkasse hausgewerblichen Auftraggebern besondere Zuschüsse für die vom Hausgewerbetreibenden gelieferten Arbeitserzeugnisse auferlegen. Von diesen Zuschüssen, die ihrem Wesen nach von den Beiträgen verschieden sind, sind Erwerbslosenbeiträge nur insoweit zu leisten, als sie an die Stelle des für gewöhnlich vorgesehenen Arbeitgeberbeitrags treten (so RAM. vom 29. Dezember 1923, RABl. 1924 S. 6).

c) Beitragsfrei sind die freiwillig Versicherten, sowie die Beschäftigungen, die der Reichsarbeitsminister auf Grund des § 34 Abs. 4 Ziff. 2 für beitragsfrei erklärt hat, z. B. die Beschäftigung in der Land- und Forstwirtschaft, in der Fischerei, die Hausgehilfen, die Lehrlinge, je nach den besonders angegebenen Voraussetzungen (vgl. die V. Ausf.-Verordnung vom 18. Januar 1926, abgedr. S. 86). In diesen Fällen sind Arbeitgeber und Arbeitnehmer beitragsfrei.

d) Für Erwerbslose, welche die Gemeinde nach den §§ 20, 21 der VO. gegen Krankheit versichert hat, brauchen Beiträge zur Erwerbslosenfürsorge nicht bezahlt zu werden, da sie nicht krankenversicherungspflichtig sind. Kurzarbeiter müssen von ihrem Kurzlohn (ohne etwaige Kurzarbeiterunterstützung) die Beiträge leisten (vgl. auch RAM. vom 8. März 1926, RABl. S. 87).

e) Personen, die weniger als eine Woche Beschäftigung haben, sog. unständig Beschäftigte (vgl. § 441 RVO.), sind beitragspflichtig zur Erwerbslosenfürsorge, soweit sie nicht nach

§ 455 Abs. 1 RVO. durch die Kassensatzung von der Zahlung der Krankenkassenbeiträge befreit sind. Den Arbeitgeberanteil des Krankenkassenbeitrages für die unständig Beschäftigten trägt nach § 453 RVO. die Gemeinde, demnach auch den für die Erwerbslosenfürsorge. Der unständig Beschäftigte, der nach § 450 Abs. 3 RVO. seinen Krankenkassenbeitrag selbst einzuzahlen hat, hat auch grundsätzlich den Arbeitnehmeranteil zur Erwerbslosenfürsorge selbst zu zahlen (so RAM. vom 20. Mai 1924, RABl. S. 202). Vgl. auch Anm. 5 zu § 4.

f) Wer bisher versicherungspflichtig war, nun aber die durch die Verordnung vom 10. Januar 1925 (RGBl. I S. 2) für die Versicherungspflicht festgesetzte Verdienst- oder Einkommensgrenze von 2700 Goldmark überschreitet, scheidet erst mit dem ersten Tage des 4. Monats nach Ueberschreitung der Grenze aus der Versicherungs p f l i c h t aus. Bis dahin ist er deshalb auch verpflichtet, Beiträge zur Erwerbslosenfürsorge zu bezahlen.

g) Für die Mitglieder von Kaffeehauskapellen ist der Inhaber der Gaststätte für die Zahlung der Beiträge zur Erwerbslosenfürsorge verantwortlich, nicht der Leiter der Kapelle, auch wenn er die Musiker selbst annimmt und entlohnt. Ausländische Wanderarbeiter sind beitragspflichtig, vgl. Anm. 5 zu Art. 2 der V. Ausf.-VO. S. 95.

h) Soweit Behörden usw. von dem Rechte der §§ 169, 171 RVO. Gebrauch gemacht und ihre Angestellten für den Krankheitsfall sichergestellt haben, sind diese Personen von der Versicherungspflicht befreit, demnach nicht pflichtversichert, also auch nicht beitragspflichtig zur Erwerbslosenunterstützung.

i) Die Frage, ob eine nebenhergehende Tätigkeit, z. B. bei Landwirten als Bälgetreter und Läuter, krankenversicherungs- und damit erwerbslosenbeitragspflichtig ist, hängt von der Art und dem Umfang dieser Tätigkeit sowie der Höhe des vereinbarten Entgelts ab. Wird die Tätigkeit im Vergleich zum Hauptberuf nur nebenher verrichtet und ist das Einkommen aus dieser Tätigkeit für den Lebensunterhalt nicht wesentlich, so ist sie nach der Bekanntmachung vom 17. November 1915 über

Befreiung vorübergehender Dienstleistungen von der Krankenversicherungspflicht Ziffer 3 versicherungs- und damit beitragsfrei (Versicherungsamt Weimar vom 29. April 1926). Vgl. Anm. 5 zu § 4.

[2]) Vgl. § 180 RVO. Der Grundlohn, nach dem die baren Leistungen der Krankenkasse bemessen werden, kann festgesetzt werden nach dem durchschnittlichen Tagesentgelt der Mitgliederklassen, nach verschiedenen Lohnstufen oder nach dem wirklichen Arbeitsverdienst.

[3]) Vgl. § 2 ANG. und Art. 14, 15 der Ausf.-Vorschr. vom 2. Mai 1925, abgedr. S. 69.

[4]) Vgl. Anm. 3 zu § 33.

[5]) Entgegen den Krankenkassenbeiträgen, von denen der Arbeitgeber $^1/_3$, der Arbeitnehmer $^2/_3$ trägt.

[6]) Der Arbeitgeber, der die Beiträge zur Erwerbslosenfürsorge in anderem Umfange erhebt, z. B. in derselben Weise wie die Krankenkassenbeiträge, also den Arbeitnehmer stärker belastet, macht sich des Betrugs schuldig, der Arbeitgeber, der die den Arbeitnehmern abgezogenen Beiträge nicht abführt, der Unterschlagung. Unterschlagung kommt jedoch nicht in Frage, wenn der Arbeitgeber nur den Nettolohn auszahlt, die Beiträge also nicht „zurückhält" (vgl. Anm. 3 zu § 35).

[7]) Es können nur bestimmte Beschäftigungen oder Personengruppen für beitragsfrei erklärt oder verschieden belastet werden, nicht aber einzelne Personen oder einzelne Betriebe. Auch gemeinnützige Betriebe sind beitragspflichtig wie andere Betriebe (RAM. vom 31. Dezember 1923, RABl. 1924 S. 6).

[8]) Die Bestimmung ist eingefügt worden durch das Gesetz vom 17. Januar 1926 (RGBl. I S. 89) und mit Wirkung vom 1. Januar an in Kraft getreten.

[9]) Die bisherige Fassung „Arbeitnehmer, deren . . . ." war ungenau. Denn nach dem ganzen Aufbau der Beitragspflicht ist nicht nur der eine Teil der Arbeitsvertragsparteien, der Arbeitnehmer, beitragspflichtig, sondern Arbeitgeber und Arbeitnehmer je zur Hälfte. Deshalb ist jetzt auch in dieser Beziehung aus-

drücklich das Beschäftigungsverhältnis als solches als Grundlage für die Beitragsleistung bestimmt worden.

[10]) Als Höchstgrenze der Krankenversicherungspflicht ist anstelle der früheren von 2400 M. (VO. vom 29. Februar 1924, RGBl. I S. 157) durch die VO. vom 10. Januar 1925 (RGBl. I S. 2) mit Wirkung vom 12. Januar 1925 an ein Einkommen von 2700 RM. festgesetzt worden.

[11]) § 34 Abs. 4 Nr. 3 hat eine besondere Bedeutung durch die VII. Ausf.-VO. vom 21. Januar 1926 (RGBl. I S. 96, abgedr. S. 124) erhalten, wodurch die höher bezahlten Angestellten, d. h. die mit einem Jahreseinkommen von mehr als 2700 RM. bis zu 6000 RM., in die Erwerbslosenfürsorge aufgenommen werden.

[12]) Wegen des Reichsausgleichs vgl. die VI. Ausf.-VO. vom 18. Januar 1926, abgedr. S. 109.

[13]) Soweit sie also mehr als 2700 RM. Jahreseinkommen haben.

[14]) Während bei den Krankenkassen meist ein bestimmter Grundlohn zur Vereinfachung des Beitragsverfahrens festgesetzt wird und die Beiträge zur Erwerbslosenfürsorge in Bruchteilen dieses Grundlohnes erhoben werden, ist das nicht möglich bei Personen, deren Einkommen über der Höchstgrenze der Krankenversicherung liegt. In diesen Fällen soll deshalb nicht ein Grundlohn, sondern der Arbeitsverdienst zu Grunde gelegt werden.

[15]) Diese Bestimmung gewinnt ihre besondere Bedeutung durch die VII. Ausf.-VO. Der Regel nach müßten die höher bezahlten Angestellten, deren Einkommen über 2700 RM. hinausgeht, die Beiträge in Bruchteilen ihres wirklichen Arbeitsverdienstes entrichten. Das würde jedoch zu unbilliger Belastung führen, da nach dem jetzigen Aufbau der Unterstützungssätze in der Erwerbslosenfürsorge nicht unterschieden wird nach dem bisherigen Verdienst, sondern nur nach den einzelnen Wirtschaftsgebieten, Ortsklassen und zwischen Erwerbslosen unter und über 21 Jahren, in diesem Rahmen aber jeder,

abgesehen von den Fällen nur teilweiser Bedürftigkeit (vgl. § 10 Abs. 5 der VO.), die gleichen Unterstützungssätze erhält. Da ein höher bezahlter Angestellter mit 6000 RM. Einkommen denselben Unterstützungssatz erhält wie ein Arbeitnehmer mit z. B. 1200 RM. Jahresverdienst, mußte eine gesetzliche Grundlage dafür geschaffen werden, daß in solchen Fällen nur ein Teil des Arbeitsverdienstes als beitragspflichtig zu Grunde gelegt werden kann. Bei den höher bezahlten Angestellten ist durch Artikel 2 der VII. Ausf.-VO. bei der Berechnung der Beiträge zur Erwerbslosenfürsorge die obere Grenze der Krankenversicherungspflicht (2700 RM.) als wirklicher Arbeitsverdienst zu Grunde gelegt.

§ 35.

(1) Die Beiträge [1]) sind als Zuschläge zu den Krankenkassenbeiträgen und mit diesen zu entrichten. Auf die Zahlung finden [2]) die §§ 28, 29 und 394 bis 405 der Reichsversicherungsordnung [3/5]) entsprechende Anwendung.

(2) Die Krankenkassen [1]) führen die Beiträge unverzüglich an die Verwaltungsgemeinde [6]) des öffentlichen Arbeitsnachweises ab, in deren Bezirk sie ihren Sitz haben. Für die Krankenversicherung nach dem Reichsknappschaftsgesetze sowie für Betriebskrankenkassen und Ersatzkassen kann der Reichsarbeitsminister Abweichendes [7]) bestimmen.

(3) Die oberste Landesbehörde oder die von ihr bezeichnete Stelle kann der Gemeinde vorschreiben oder gestatten, daß die Beiträge auf eine andere Art [8]) als durch die Krankenkassen erhoben werden, und in diesem Falle auch die Beitreibung [9]) anderweitig regeln. [10]) Hierbei kann angeordnet werden, daß die Beiträge ohne Rücksicht [11]) auf den Grundlohn nach Bruchteilen des wirklichen Arbeitsverdienstes festgesetzt werden.

(4) Soweit [12]) Arbeitnehmer nicht gegen Krankheit pflichtversichert sind (§ 34 Abs. 4 Nr. 3), bestimmt [13]) der Reichsarbeitsminister, auf welche Weise die Beiträge zu erheben sind.

[1]) Vgl. die eingehenden Vorschriften in Art. 16 der Ausf.-Vorschr. vom 2. Mai 1925, abgedr. S. 71.

Wegen des Ersatzes der den Krankenkassen durch die Einziehung entstehenden Kosten vgl. die Anordnung über die Vergütungssätze der Krankenkassen für die Einziehung der Beiträge zur Erwerbslosenfürsorge vom 15. Dez. 1924, abgedr. S. 202.

[2]) Wortlaut und Zweck dieser Bestimmung ergeben, daß zur Erleichterung der Aufgabe der Krankenkasse die Einhebung der Beiträge zur Erwerbslosenfürsorge in genau der gleichen Weise wie die der Krankenkassenbeiträge erfolgen soll. Da die letzteren für den Kalendertag berechnet werden (vgl. § 180 RVO. und Anm. 2 zu § 21), sind auch die Beiträge zur Erwerbslosenfürsorge für 7 Tage zu berechnen, obwohl die Erwerbslosenunterstützung nur für 6 Wochentage gewährt werden darf (RAM. vom 1. April 1924, RABl. S. 143).

[3]) Durch die Anführung dieser Bestimmungen wird nicht ausgeschlossen, daß auch andere Vorschriften der RVO. entsprechend angewandt werden können. Denn da die Beiträge zur Erwerbslosenfürsorge als „Zuschläge" zu den Krankenkassenbeiträgen gekennzeichnet werden, sind sie nichts anderes als ein bestimmter Teil des gesamten Krankenkassenbeitrags, der zerfällt in den Beitrag für die Krankenkasse und den für die Erwerbslosenfürsorge. Zweifelhaft kann aber sein, ob die Strafvorschriften der §§ 532 ff. RVO. anzuwenden sind, insbesondere § 533, der die Arbeitgeber mit Gefängnis bedroht, „wenn sie Beitragsteile, die sie den Beschäftigten einbehalten oder von ihnen erhalten haben, der berechtigten Kasse vorsätzlich vorenthalten." Das Landgericht Weimar hat das durch Urteil vom 13. März 1925 verneint, da § 533 nicht ausdrücklich in § 35 angeführt ist. Vgl. auch Anm. 6 zu § 34.

*) § 28 RVO.

Rückstände werden, unbeschadet des § 754 a, wie Gemeindeabgaben beigetrieben. Nach den landesgesetzlichen Vorschriften regelt sich auch die aufschiebende Wirkung der Einwendungen gegen die Zahlungspflicht.

Soweit es nicht bereits landesgesetzlich vorgeschrieben ist, kann die Satzung des Versicherungsträgers bestimmen, daß dem Beitreibungsverfahren ein Mahnverfahren vorangeht und daß dafür eine Mahngebühr erhoben wird. Diese wird wie die Rückstände beigetrieben. Die Festsetzung ihres Betrags bedarf der Genehmigung der Aufsichtsbehörde.

Rückstände haben das Vorzugsrecht des § 61 Nr. 1 der Konkursordnung.

§ 29.

Der Anspruch auf Rückstände verjährt, soweit sie nicht absichtlich hinterzogen worden sind, in zwei Jahren nach Ablauf des Kalenderjahres der Fälligkeit.

Der Anspruch auf Rückerstattung von Beiträgen verjährt in sechs Monaten nach Ablauf des Kalenderjahres, in dem sie entrichtet worden sind, vorbehaltlich des § 1446 Abs. 2 und der §§ 1462, 1464.

Der Anspruch auf Leistungen der Versicherungsträger verjährt in vier Jahren nach der Fälligkeit, soweit dieses Gesetz nichts anderes vorschreibt.

§ 394.

Die Versicherungspflichtigen müssen sich bei der Lohnzahlung ihre Beitragsteile vom Barlohn abziehen lassen. Die Arbeitgeber dürfen die Beitragsteile nur auf diesem Wege wieder einziehen.

Die oberste Verwaltungsbehörde kann bestimmen, wie dem Arbeitgeber der Beitragsteil Versicherungspflichtiger aus ihrem Entgelt zu erstatten ist, wenn dieser ganz oder überwiegend aus Sachbezügen besteht oder von Dritten gewährt wird.

§ 395.

Die Abzüge für Beitragsteile sind gleichmäßig auf die Lohnzeiten zu verteilen, auf die sie fallen. Die Teilbeträge dürfen ohne Mehrbelastung der Versicherten auf volle 10 Reichspfennige abgerundet werden.

Sind Abzüge für eine Lohnzeit unterblieben, so dürfen sie nur bei der Lohnzahlung für die nächste Lohnzeit nachgeholt werden, wenn nicht die Beiträge ohne Verschulden des Arbeitgebers verspätet entrichtet worden sind.

Bei Hausgehilfen gelten Abschlagszahlungen nicht als Lohnzahlungen.

§ 396.

Steht der Versicherte gleichzeitig in mehreren versicherungspflichtigen Arbeitsverhältnissen, so haften die Arbeitgeber als Gesamtschuldner für die vollen Beiträge.

Auf Antrag eines der Arbeitgeber verteilt das Versicherungsamt die Beiträge.

§ 397.

Die Beiträge sind bei rechtzeitiger Abmeldung bis zum Tage des Ausscheidens aus der Beschäftigung, sonst bis zur vorschriftsmäßigen Abmeldung, längstens aber für die Dauer eines Jahres nach dem Ausscheiden zu zahlen.

Scheidet der Versicherte zwischen zwei Zahltagen aus der Beschäftigung aus und wird er rechtzeitig abgemeldet, so sind die vorausgezahlten Beiträge nach Verhältnis der Zeit zurückzuzahlen. Bei Betriebskrankenkassen sind die Beiträge bis zum Ende der Mitgliedschaft fortzuzahlen.

Der Kassenvorstand kann auf die Fortzahlung der Beiträge über das Ausscheiden aus der Beschäftigung hinaus verzichten. Lehnt er dies ab, so kann das Versicherungsamt den Verpflichteten auf Antrag von der Fortzahlung über die sechste Beitragswoche nach dem Ausscheiden aus der Beschäftigung hinaus ganz oder teilweise entbinden, wenn die Verspätung oder Unterlassung der Abmeldung nicht auf Vorsatz oder grobem Verschulden beruht. Die Entscheidung ist endgültig.

§ 397 a.

Der Vorstand der Krankenkasse kann von Arbeitgebern, die mit der Zahlung der Beiträge für die angemeldeten Beschäftigten und Hausgewerbetreibenden länger als eine Woche von der Zahlungsaufforderung ab in Verzug sind, einen Zuschlag zu den Beiträgen erheben, der für jede Woche des Verzugs vom Beginne der zweiten Woche ab zehn vom Hundert des Beitrags beträgt. Der Gesamtbetrag der Zuschläge darf das Fünffache der rückständigen Beiträge nicht überschreiten.

§ 398.

Auf Antrag einer Orts-, Land- oder Innungskrankenkasse sowie auf Antrag von Mitgliedern der Organe einer Betriebskrankenkasse kann das Versicherungsamt (Beschlußausschuß) widerruflich anordnen, daß Arbeitgeber, die mit Abführung der Beiträge rückständig sind und sich in einem Zwangsbeitreibungsverfahren als zahlungsunfähig erwiesen haben, nur ihren Beitragsteil einzahlen. Die von ihnen beschäftigten Versicherungspflichtigen haben dann ihren Beitragsteil an den Zahltagen selbst einzuzahlen.

Gegen diese Anordnung hat der Arbeitgeber die Beschwerde an das Oberversicherungsamt (Beschlußkammer). Es entscheidet endgültig.

§ 399.

Die Anordnung muß den Arbeitgeber, für den sie gilt, nach Namen, Wohnort und Geschäftsbetrieb bezeichnen. Sie wird ihm sowie der Polizeibehörde seines Wohnorts und des davon etwa getrennten Betriebssitzes schriftlich mitgeteilt. Verlegt der Arbeitgeber seinen Wohnort oder Betriebssitz, so benachrichtigt die Polizeibehörde die für den neuen Wohnort oder Betriebssitz zuständige Behörde.

§ 400.

Der Arbeitgeber hat die Anordnung durch dauernden Aushang in den Arbeitsstätten den von ihm beschäftigten Versicherungspflichtigen bekanntzumachen und diese bei jeder Lohnzahlung darauf hinzuweisen, daß sie ihren Beitragsteil selbst einzuzahlen haben.

§ 401.

Das Versicherungsamt (Beschlußausschuß) hebt die Anordnung auf, sobald ihm durch Bescheinigung des Kassenvorstandes nachgewiesen wird, daß alle rückständigen und fälligen Verpflichtungen des Arbeitgebers gegen die Kasse erfüllt sind.

§ 402.

Solange für Arbeitgeber, die sich im Zwangsbeitreibungsverfahren als zahlungsunfähig erwiesen haben, die Anordnung nicht getroffen ist, haben sie die Lohnabzüge zu machen und den Betrag spätestens binnen drei Tagen an die berechtigte Kasse abzuführen.

§ 403.

Die Satzung einer Orts-, Land- oder Innungskrankenkasse kann mit Zustimmung des Oberversicherungsamts bestimmen, unter welchen Voraussetzungen die Kasse Vorschüsse von den Arbeitgebern einfordern soll.

§ 404.

Auf Antrag beteiligter Kassen kann das Versicherungsamt (Beschlußausschuß) die gemeinsamen Meldestellen zugleich als Zahlstellen bestimmen, welche Beiträge annehmen und Leistungen auszahlen.

Es kann den Ortsbehörden mit Genehmigung ihrer Aufsichtsbehörden die Geschäfte der Zahlstellen übertragen.

Das Versicherungsamt kann die Krankenkassen mit ihrer Zustimmung und unter Vereinbarung über die Kosten bei der Einziehung der Beiträge unterstützen.

Die oberste Verwaltungsbehörde kann bestimmen, daß das Versicherungsamt nach Anhören der Kasse die geschäftsleitenden Angestellten als Vollstreckungsbeamte und sonstige Angestellte der Kasse als Vollziehungsbeamte bestellen darf.

§ 404 a

Der Reichsarbeitsminister kann Bestimmungen treffen, um die Einziehung der Beiträge zu vereinfachen.

§ 405.

Entsteht zwischen dem Arbeitgeber und seinen Beschäftigten Streit über die Berechnung und Anrechnung ihrer Beitragsteile, so entscheidet endgültig das Versicherungsamt (Beschlußausschuß).

Entsteht zwischen einem Arbeitgeber oder einem Versicherten oder bisher Versicherten oder einem zu Versichernden und einer Kasse Streit über das Versicherungsverhältnis oder über die Verpflichtung, Beiträge zu leisten, einzuzahlen oder zurückzuzahlen, so entscheidet das Versicherungsamt (Beschlußausschuß) und auf Beschwerde endgültig das Oberversicherungsamt.

Endgültige Entscheidungen über das Versicherungsverhältnis sind für alle Behörden und Gerichte bindend. Ist jedoch die Mitgliedschaft eines Versicherten für alle beteiligten Kassen endgültig und aus dem Grunde abgelehnt, daß er einer anderen von ihnen anzugehören habe, so bestimmt auf Antrag das diesen Kassen gemeinsame Versicherungsamt (Beschlußausschuß) oder Oberversicherungsamt (Beschlußkammer) oder, wo ein solches fehlt, die oberste Verwaltungsbehörde die zuständige Kasse, ohne an die früheren Entscheidungen gebunden zu sein.

[5]) Die Krankenkassenbeträge und demgemäß auch die Beiträge zur Erwerbslosenfürsorge haben die Arbeitgeber abzuführen. Bei den Ersatzkassen dagegen führt der Arbeitnehmer die Beiträge ab und der Arbeitgeber übergibt ihm seinen Anteil bei der Lohn- oder Gehaltszahlung (vgl. § 520 RVO.). Dieses Verfahren soll für Ersatzkassenmitglieder auch bei der Zahlung der Beiträge zur Erwerbslosenfürsorge angewandt werden. Wegen der Höhe des Beitrages und der Abführung vgl. Art. 16 Abs. 6 der Ausf.-Vorschr. vom 2. Mai 1925 und Anm. 3 dazu.

[6]) Vgl. § 6 ANG.: „Der öffentliche Arbeitsnachweis wird von der Errichtungsgemeinde verwaltet. Für gemeinsame öffentliche Arbeitsnachweise bestimmt die oberste Landesbehörde nach Anhörung des Landesamts sowie der beteiligten Gemeinden, welche Errichtungsgemeinde die Verwaltung übernimmt (Verwaltungsgemeinde)".

[7]) Geregelt durch Art. 17 der Ausf.-Vorschr. vom 2. Mai 1925, abgedr. S. 74.

[8]) Von dieser Ermächtigung hat nur Thüringen Gebrauch gemacht. Das Thür. Ministerium für Inneres und Wirtschaft hat durch Ausführungsanweisungen zu § 35 vom 1. Mai und 1. Dezember 1924 (Amts- und Nachr.-Bl. I S. 197 und 438) angeordnet:

„Auf Grund des § 39 Abs. 2 ist mit Wirkung vom 1. April 1924 ab eine Beitragsgemeinschaft für das Land Thüringen gebildet worden. Die Zahlungspflichtigen haben die Beiträge unmittelbar auf ein besonderes Postscheckkonto (Postscheckamt Erfurt Nr. 22729, Thür. Landesamt für Arbeitsvermittlung, Abt. Erwerbslosenfürsorge, Weimar) abzuführen, und zwar:

a) gewerbliche Arbeitgeber mit mehr als 3 Arbeitnehmern an den Tagen, an denen die Lohnsteuer fällig ist, d. h. grundsätzlich: für die Zeit vom 1. bis 10. eines Monats bis zum 15., für die Zeit vom 11. bis 20. eines Monats bis zum 25., für die Zeit vom 21. bis zum Schluß des Monats bis zum 5. des folgenden Monats; sind Ausnahmen vom Finanzamt zugelassen worden, dann an diesen Terminen,

b) gewerbliche Arbeitgeber mit nicht mehr als 3 Arbeitnehmern und die übrigen Beitragspflichtigen, soweit Beträge von über 10 Mk. monatlich in Frage kommen, je am letzten Tage des Monats, soweit weniger als 10 Mk. monatlich zu zahlen wären, zusammen für 1/4 Jahr je am letzten Tage des 3. Monats.

Die gewerblichen Arbeitgeber haben in ihren Büchern ein besonderes Konto für die Fürsorgebeiträge einzurichten und mindestens vierteljährlich aufzurechnen. Andere Zahlungspflichtige haben die Zahlkartenabschnitte als Beweisstücke aufzubewahren.

Die Zahlung der Beiträge wird durch die Kontrolleure der Thüringischen Landesversicherungsanstalt nachgeprüft. Sie sind mit besonderen Ausweisen versehen. Sie haben das Recht, sich von den Arbeitgebern die Lohnbücher, Lohnlisten und andere

Unterlagen als Beweismittel für die Beitragsleistungen vorlegen zu lassen und Auskünfte zu verlangen.

Die Beiträge werden nach Hundertteilen des wirklichen Arbeitsverdienstes festgesetzt.

Die Verwaltung der Beitragsgemeinschaft übernimmt das Thür. Ministerium für Inneres und Wirtschaft.

Die Kosten für die Verwaltung und Kontrolle trägt die Beitragsgemeinschaft; sie werden aus deu Beiträgen bestritten.

Der Arbeitgeber hat auf dem Entlassungsschein zu bescheinigen, daß und für welche Zeit Beiträge zur Erwerbslosenfürsorge abgeführt worden sind."

Ueber die Verzinsung bei Stundung oder bei Verzug ist eine besondere Ausführungsverordnung vom 18. Mai 1925 (Amts- u. Nachr.-Bl. I S. 215) erlassen worden.

*) Das Thüringische Staatsministerium hat das Beitreibungsverfahren durch Ausführungsverordnung vom 7. Januar 1925 (Amts- u. Nachr.-Bl. I S. 16) wie folgt geregelt:

Auf Grund des § 43 der Reichsverordnung über Erwerbslosenfürsorge vom 16. Februar 1924 (RGBl. I S. 127) wird zu deren Ausführung folgendes angeordnet:

Artikel 1.

§ 1.

Arbeitgeber, die ihre Beitragsanteile und die ihrer krankenversicherungspflichtigen Arbeitnehmer zur Erwerbslosenfürsorge nicht rechtzeitig abführen, sind öffentlich aufzufordern, innerhalb einer zu bestimmenden Frist zu zahlen; wird nicht innerhalb der Frist bezahlt, so können die Rückstände zwangsweise beigetrieben werden.

§ 2.

Vollstreckungsbehörde ist das Landesamt für Arbeitsvermittlung.

§ 3.

Ueber Anträge, Einwendungen und Erinnerungen, die den Anspruch, die Zulässigkeit oder die Art der Zwangsvollstreckung betreffen, entscheidet das Landesamt für Arbeitsvermittlung.

Gegen dessen Entscheidung ist binnen einer Ausschlußfrist von einer Woche die Beschwerde an das Ministerium für Inneres und Wirtschaft, Abteilung Wirtschaft, zulässig. Die Frist beginnt mit dem Zeitpunkte, in dem die Entscheidung dem Schuldner bekannt gemacht worden ist.

Die Einwendungen, Erinnerungen oder Beschwerden haben keine aufschiebende Wirkung.

§ 4.

Der Vollstreckungsschuldner hat die Kosten des Mahn- und Vollstreckungsverfahrens zu tragen. Sie werden wie die Rückstände selbst beigetrieben.

Artikel 2.

Diese Verordnung tritt mit ihrer Veröffentlichung in Kraft.

Weimar, den 7. Januar 1925.

Thüringisches Staatsministerium.

[10]) Die Stellung und demzufolge die Auswirkungen des Abs. 3 sind nicht zweifelsfrei. In der Begründung zum Entwurf ist darauf hingewiesen worden, daß es unter Umständen zweckmäßig sein könne, die Einziehung der Beiträge mit der Erhebung der Lohnsteuer zu verbinden. Gesteht man das zu, dann kann § 35 nur dahin gedeutet werden: Abs. 1 und 2 regeln das allgemeine Einzugsverfahren, Abs. 3 läßt unabhängig von Abs. 1 und 2 ein besonderes Verfahren zu. Demgemäß kann ein Land, das von Abs. 3 Gebrauch macht, ohne Rücksicht auf die Sondervorschriften des Artikel 17 für Zweigstellen, Betriebskrankenkassen und Ersatzkassen die Beiträge von allen beitragspflichtigen Personen erfassen, deren Lohnsummen in dem Lande entstehen. Denn es kann sich, wenn das Verfahren zweckvoll durchgeführt werden soll, nur auf die Quellenlehre des Einkommensteuerrechts stützen: Wo der Lohn entsteht, wird der Beitrag fällig. Ebenso OVA. Merseburg vom 26. Juni 1926 IV Nr. 110/26. Der RAM. hat sich in einer Entscheidung vom 11. Juni 1925 IV 5254/25 auf

den entgegengesetzten Standpunkt gestellt. Nach seiner Auffassung kann auf Grund von § 35 Abs. 3 nur die Art der Erhebung und Beitreibung, nicht aber die örtliche Zuständigkeit für die Entrichtung und Entgegennahme der Beiträge geändert werden. Durch eine Anordnung nach § 35 Abs. 3 könnte also die oberste Landesbehörde „nicht den Personenkreis, dessen Beiträge nach den sonstigen Vorschriften dem einen oder anderen Lande zugute kommen würden, anderweit begrenzen", sie könnte demnach nur die Beiträge erfassen, die an sich nach § 35 Abs. 2 oder § 39 Abs. 2 einer Gemeinde des betreffenden Landes zufließen würden (ebenso Lehfeldt S. 129). Durch diese Entscheidung wird § 35 Abs. 3 praktisch wirkungslos gemacht. Deshalb wird Thüringen sein Sonderverfahren am 1. August 1926 aufheben und die Beiträge wieder durch die Krankenkassen einziehen lassen.

[11]) Da der höchstzulässige Satz nach der VO. 3 v. H. des Grundlohnes ist, der weiteste Grundlohn aber der nach dem wirklichen Arbeitsverdienst ist, ist bei dem Verfahren nach § 35 Abs. 3 als Höchstsatz 3 v. H. des wirklichen Arbeitsverdienstes anzusehen. Zum Entgelt, also zum wirklichen Arbeitsverdienst, gehören nach § 160 RVO. neben Gehalt oder Lohn auch Gewinnanteile, Sach- und andere Bezüge, die der Versicherte, wenn auch nur gewohnheitsmäßig, statt des Gehaltes oder Lohnes oder neben ihm von dem Arbeitgeber oder einem Dritten erhält. Zum wirklichen Arbeitsverdienst gehören auch Frauen- und Kinderzuschläge zum Tariflohn.

[12]) Abs. 4 ist durch das Gesetz vom 17. Januar 1926 (RGBl. I S. 89) eingeführt worden und mit Wirkung vom 1. Januar 1926 in Kraft getreten.

[13]) Ist geschehen durch Art. 3 der VII. Ausf.-VO., abgedr. S. 134.

§ 36. [1])

(1) Aus der Beitragssumme sind zunächst zwei Drittel der notwendigen [2]) Kosten des öffentlichen Ar-

beitsnachweises ³) zu decken. Davon abgesehen ist durch die Beitragssumme der Fürsorgeaufwand ⁴) zu decken, soweit er nicht gemäß § 37 durch Leistungen der Gemeinde zu decken ist.

(2) Aus der Beitragssumme, die im Bezirk eines Landesamts für Arbeitsvermittlung eingeht, werden zwei Drittel der notwendigen Kosten des Landesamts gedeckt. Den ungedeckten Rest trägt die Errichtungskörperschaft. ⁵)

[1]) § 67 ANG. hatte bestimmt: „Die Kosten der Arbeitsnachweisämter werden durch besonderes Gesetz geregelt."

§ 36 stellt dieses besondere Gesetz dar und regelt in Verbindung mit § 37 endgültig die Frage der Deckung der notwendigen Kosten der öffentlichen Arbeitsnachweise dahin, daß $1/3$ die Errichtungsgemeinde(n) zu tragen hat (haben), während $2/3$ aus den Beiträgen der Arbeitgeber und Arbeitnehmer aufgebracht werden (so auch Wahrburg-Berndt Anm. 1 zu § 36, Zschucke S. 91, a. M. Berger-Donau Anm. 1 B zu § 67 ANG, welche die Regelung noch nicht als endgültig ansehen).

[2]) Im einzelnen ist die Kostendeckung wie folgt geregelt:

a) Wegen der notwendigen Kosten der öffentlichen Arbeitsnachweise vgl. Anm. 1 und 3. Nicht notwendige Kosten trägt die Stelle, die sie veranlaßt hat.

b) Die notwendigen Kosten des Landesamts für Arbeitsvermittlung werden zu $1/3$ von der Errichtungskörperschaft (meist das Land, vgl. darüber die Ausführungsvorschriften der Länder zum Arbeitsnachweisgesetz), zu $2/3$ aus den Beiträgen gedeckt, die im Bezirk des Landesamts eingehen. Nicht notwendige Kosten hat die Errichtungskörperschaft selbst zu tragen.

c) Der Aufwand der Erwerbslosenfürsorge wird zu $1/9$ von der (den) Errichtungsgemeinde(n) des öffentlichen Arbeitsnachweises gedeckt, zu $8/9$ aus den Beiträgen.

Ein Unterschied zwischen notwendigen und anderen Aufwendungen besteht beim Fürsorgeaufwand nicht.

3) Verwaltungskosten der Erwerbslosenfürsorge gelten als Kosten des öffentlichen Arbeitsnachweises. Das gilt auch dann, wenn gemäß § 27 der VO. und Art. 13 der Ausf.-Vorschr. vom 2. Mai 1925 Befugnisse übertragen sind; vgl. Art. 14 der Ausf.-Vorschr., abgedr. S. 69. Sie sind also von den Gemeinden zu $^1/_3$, aus den Beiträgen zu $^2/_3$ zu decken.

Zu den notwendigen Verwaltungskosten gehören nur solche Kosten, die ohne die Erwerbslosenfürsorge nicht entstanden wären, ohne die aber auch die Erwerbslosenfürsorge nicht durchführbar wäre. Innerhalb dieser Grenzen kann der Kostenaufwand erstattet werden.

A. Im einzelnen ist über die besonderen sachlichen Kosten zu bemerken:

1. Soweit der Fürsorgeträger Räume in eigenen Gebäuden (z. B. im Rathaus) der Erwerbslosenfürsorge zur Verfügung gestellt hat und dadurch gezwungen ist, andere Zweige seiner Verwaltung in gemieteten Räumen unterzubringen, können, sofern der ursächliche Zusammenhang hinreichend nachgewiesen ist, auch diese mittelbaren Kosten als durch die Erwerbslosenfürsorge herbeigeführt und daher erstattungsfähig angesehen werden.

2. Für die Neuanschaffung und Instandsetzung von Gegenständen zum und im Gebrauch der Erwerbslosenfürsorge gilt:

a) Anschaffungen, die durch den regelmäßigen laufenden Bedarf notwendig werden, z. B. für Reinigung, Beleuchtung und Heizung der Diensträume, für Bürobedürfnisse aller Art (Schreibwerk und dergl.), werden, soweit sie für die Fürsorge notwendig sind, unbedenklich der Fürsorge voll zur Last gelegt werden können,

b) bei Aufwendungen für einen außergewöhnlichen Bedarf (im Geschäftsverkehr meist als einmalige Anschaffung bezeichnet), z. B. Beschaffung von Büromöbeln, Anlage einer Kartothek und dergl., darf nur ein Abnutzungsgeld auf Mittel der Erwerbslosenfürsorge übernommen werden. Als jährliches Abnutzungsgeld ist vom Reichsarbeitsminister einheitlich der Betrag von 10 v. H. des Anschaffungspreises festgesetzt worden.

Notwendige Aufwendungen für Instandhaltungen und Instandsetzungen im Rahmen des sächlichen Verwaltungskostenaufwandes dürfen bis auf weiteres voll auf Mittel der Fürsorge übernommen werden.

c) Kosten, die durch die Inanspruchnahme fremder Gegenstände oder Einrichtungen entstehen, z. B. Mietzins für Büroräume, Post-, Fernsprech- und Telegraphengebühren, Sachversicherungen, Kosten der amtlichen Veröffentlichungen, gehen voll zu Lasten der Erwerbslosenfürsorge.

B. Für die besonderen Personalkosten, gleichgültig, ob es sich um Aufwendungen für Beamte oder Angestellte handelt, gilt folgendes:

1. Die Erstattung kann nur dann zugebilligt werden, wenn der Beamte oder Angestellte tatsächlich mit der Durchführung der Fürsorge während der Zeit beschäftigt war, für welche die Erstattung beansprucht wird. Das wird sich vielfach, namentlich da, wo die Fürsorge nur einen geringen Umfang hat, nur in dem Sinne bejahen lassen, daß zwar die Arbeitskraft des Beamten oder Angestellten von der Fürsorge teilweise beansprucht wird, nicht aber seine Einstellung durch die Fürsorge notwendig gemacht worden ist. In solchen Fällen, wo es sich nur um verhältnismäßig geringfügige Nebenleistungen eines hauptsächlich mit anderer Arbeit beschäftigten Beamten oder Angestellten handelt, dürfen Gehalts- oder Lohnbeträge nicht zu den Lasten der Erwerbslosenfürsorge verbucht werden. Das wird regelmäßig dann anzunehmen sein, wenn der Beamte oder Angestellte nicht mehr als mit einem Drittel seiner Arbeitskraft zu den Geschäften der Erwerbslosenfürsorge herangezogen wird. Nimmt sie den Beamten oder Angestellten stärker in Anspruch, so ist im Einzelfalle zu prüfen, inwieweit durch die Belastung etwa an anderer Stelle Mehrbedarf an Personal eintritt und infolgedessen ein gewisser Bruchteil der Gehälter oder Lohnbezüge als

Verwaltungskosten der Erwerbslosenfürsorge betrachtet werden kann.

Im übrigen vgl. wegen der Frage der Anrechnung des Gehalts des Vorsitzenden des öffentlichen Arbeitsnachweises, der Ruhegehälter und Wartegelder, der Beiträge zu Pensionskassen und der Verrechnung der Aufwendungen für die Beamten und Angestellten der Landesämter für Arbeitsvermittlung Art. 15 der Ausf.-Vorschr. vom 2. Mai 1925, abgedr. S. 69.

2. Sogenannte Fehlgelder dürfen auf Rechnung der Erwerbslosenfürsorge nur gewährt werden, wenn und soweit sie der Fürsorgeträger auch sonst seinen Beamten und Angestellten zu gewähren pflegt.

3. Aufwendungen für Tagegelder und andere Reisekosten der Beamten und Angestellten sind erstattungsfähig, soweit die Dienstreisen ausschließlich oder überwiegend den Zwecken der Erwerbslosenfürsorge dienen. Auch hier muß sich der Kostenansatz im Rahmen der Vergütungen halten, die der Fürsorgeträger sonst auch für die Dienstreisen gewährt.

C. Welche Kosten im einzelnen als notwendige Verwaltungskosten anzusehen sind, wird der pflichtmäßigen Prüfung der Fürsorgeträger überlassen bleiben müssen. Es ist darauf zu sehen, daß kein übermäßiger Aufwand getrieben wird. Insbesondere dürfen Angestellte, die in der Fürsorge tätig sind, nicht länger angestellt bleiben, als unbedingt nötig ist.

Die Träger der Fürsorge haben in ihren Abrechnungsbüchern die erstattungsfähigen Ausgaben sorgfältig getrennt von den nicht erstattungsfähigen zu führen.

Die Beamten, welche die monatlichen Abrechnungen unterschreiben, übernehmen mit ihrer Unterschrift die Gewähr, daß nur wirklich erstattungsfähige Ausgaben angemeldet werden. Bei wissentlich oder grob fahrlässiger unrichtiger Anmeldung hat der Betreffende zu gewärtigen, daß gegen ihn im Dienststrafwege eingeschritten und er für etwa entstandenen Schaden haftbar gemacht wird.

[4]) Vgl. Anm. 3 zu § 37.

[5]) Vgl. § 17 ANG. und Anm. 2 b.

§ 37.

(1) Die Gemeinde trägt [1]) die Kosten des öffentlichen Arbeitsnachweises, soweit sie nicht gemäß § 36 durch die Beiträge der Arbeitgeber und Arbeitnehmer gedeckt werden, sowie ein Neuntel [2]) des Aufwandes [3]) der Erwerbslosenfürsorge im Bezirke des Arbeitsnachweises.

(2) Der Reichsarbeitsminister kann mit Wirkung vom 1. Juli 1924 oder von einem späteren Zeitpunkt an mit Zustimmung des Reichsrats für das Reichsgebiet oder Teile desselben den Anteil der Gemeinden am Fürsorgeaufwande widerruflich bis auf ein Sechstel erhöhen. Er kann die Befugnis hierzu den obersten Landesbehörden übertragen. [4])

[1]) Vgl. Anm. 1—3 zu § 36 und Art. 18 der Ausf.-Vorschr. vom 2. Mai 1925, abgedr. S. 75.

[2]) § 37 ist am 1. März 1924 in Kraft getreten. Bis dahin hatten die Gemeinden nach § 4 der Verordnung über die Aufbringung der Mittel für die Erwerbslosenfürsorge vom 15. Oktober 1923 (RGBl. I S. 984) ein Fünftel des notwendigen Aufwandes der Erwerbslosenfürsorge in ihrem Bezirk und der notwendigen Kosten des öffentlichen Arbeitsnachweises, jedoch nicht mehr als ein Viertel dessen aufzubringen, was Arbeitgeber und Arbeitnehmer zusammen an Beiträgen leisteten.

[3]) Zum Aufwand der Erwerbslosenfürsorge gehören:

a) die Unterstützungsaufwendungen für Erwerbslose und Kurzarbeiter,

b) die Reisekosten, Reise- und Umzugsbeihilfen nach § 13 der VO. und Art. 2 der Ausf.-Vorschr. vom 2. Mai 1925.

c) die Familienzuschläge für doppelten Haushalt nach § 13 der Verordnung,

d) die Anlernezuschüsse, Kosten für Arbeitsausrüstung, Aufwendungen für Fortbildungs- und Umschulungsmaßnahmen nach den Art. 6 und 8 der Ausf.-Vorschr.

e) die Kosten für die Krankenversicherung der Erwerbslosen,

f) die Grundförderung der öffentlichen Notstandsarbeiten, einschließlich der Aufwendungen für freie Fahrt, Familienzuschläge bei doppeltem Haushalt, Arbeitsausrüstung nach den §§ 10, 11 ff. der Best. über öffentliche Notstandsarbeiten vom 30. April 1925, abgedr. S. 243, 246.

[4]) Diese Befugnis ist Thüringen übertragen worden.

§ 38.

Hat [1]) ein öffentlicher Arbeitsnachweis mehrere Errichtungsgemeinden oder ist er bei einem weiteren Gemeindeverband errichtet, so sind [2]) die Lasten [3]) auf die einzelnen Gemeinden unterzuverteilen. [4]) Die Regelung der Unterverteilung bleibt den obersten Landesbehörden überlassen.

[1]) § 38 unterscheidet 2 Fälle:

a) ein öffentlicher Arbeitsnachweis ist von mehreren Gemeinden errichtet, unter denen auch ein weiterer Gemeindeverband sein kann (gemeinsamer Arbeitsnachweis),

b) er ist bei einem weiteren Gemeindeverband als alleiniger Errichtungsgemeinde errichtet (sog. Kreisarbeitsnachweis).

Beim gemeinsamen Arbeitsnachweis sind die Lasten (s. Anm. 3) auf die einzelnen Errichtungsgemeinden zu verteilen. Ist darunter ein weiterer Gemeindeverband oder ist dieser alleinige Errichtungsgemeinde, so ist im ersten Falle der Anteil, der auf ihn als Miterrichtungsgemeinde entfällt, im letzten Falle der Gemeindeanteil auf die einzelnen politischen Gemeinden des weiteren Gemeindeverbandes unterzuverteilen.

[2]) Sind unterzuverteilen = Mußvorschrift. Die Vorschrift ist berechtigt. Früher führten die einzelnen politischen Gemeinden die Erwerbslosenfürsorge durch, sie hatten $^{2}/_{12}$ der Auf-

wendungen zu tragen. Durch die Mittelaufbringungsverordnung vom 15. Oktober 1923 (RGBl. I S. 984) wurde die Erwerbslosenfürsorge den öffentlichen Arbeitsnachweisen und damit deren Errichtungsgemeinden übertragen. Soweit eine politische Gemeinde selbst Errichtungsgemeinde ist, hat sich gegenüber früher nur die Höhe des Anteils geändert. Soweit es sich aber um einen gemeinsamen Arbeitsnachweis handelt, kann der Verwaltungsgemeinde nicht zugemutet werden, die Gemeindeanteile für die übrigen Errichtungsgemeinden zu tragen, und soweit ein weiterer Gemeindeverband in Betracht kommt, ist es nicht die Absicht des Gesetzgebers gewesen, ihm die Gemeindelast für den ganzen Kreis aufzubürden, schon aus dem Grundsatze heraus, daß eine ordnungsmäßige Durchführung einer solchen Fürsorge nur dann gewährleistet ist, wenn die einzelne Gemeinde an den Kosten beteiligt wird.

[3]) Unter „Lasten" sind die Mittel zu verstehen, welche die Gemeinden aufzubringen haben, also $^1/_3$ der notwendigen Kosten des öffentlichen Arbeitsnachweises und $^1/_9$ des Aufwands der Erwerbslosenfürsorge (a. M. Lehfeldt S. 132, der beim gemeinsamen Arbeitsnachweis nur den Anteil der Arbeitsnachweiskosten unterverteilen will, während den Anteil am Fürsorgeaufwande jede Errichtungsgemeinde selbst zu tragen habe, eine Auffassung, die offenbar dem Willen des Gesetzgebers nicht gerecht wird, vgl. Anm. 2 und 4).

[4]) Den obersten Landesbehörden ist es überlassen worden, die Unterverteilung zu regeln, da sie die wirtschaftlichen und sozialen Verhältnisse der Errichtungs- und politischen Gemeinden besser kennen.

Das Reichsamt für Arbeitsvermittlung hat in seinen „Bestimmungen über den Inhalt der Satzung öffentlicher Arbeitsnachweise" vom 17. November 1922 auf Grund des § 5 Abs. 4 ANG. bestimmt, daß die Satzung enthalten muß:

„5. Bei gemeinsamen Arbeitsnachweisen und gemeinsamen Fachabteilungen die Grundsätze über die Verteilung der Kosten auf die einzelnen Errichtungsgemeinden."

Deshalb hat z. B. Thüringen bestimmt: „Die bisherige Unterverteilung der Lasten des Arbeitsnachweises auf die Errichtungsgemeinden bleibt aufrecht erhalten und ist in gleicher Weise auf die Lasten der Erwerbslosenfürsorge anzuwenden." (Ausführungsanweisung vom 1. Mai 1924). Die Lasten können aber auch anders verteilt werden, die Kosten des Arbeitsnachweises und der Aufwand der Fürsorge können nach verschiedenen Maßstäben umgelegt werden. Insbesondere kann bei der Verteilung einmal die Leistungsfähigkeit der Gemeinde, daneben die Belastung mit dem Aufwand in der Erwerbslosenfürsorge berücksichtigt werden. Das empfiehlt sich, da ein Grundgedanke der Verteilung ist: Entlastung der einzelnen Gemeinde, Umlegung auf tragfähigere Schultern. Die Leistungsfähigkeit kann festgestellt werden nach den Ueberweisungen der Reichs-Einkommen- und Körperschaftssteuer, nach dem Grundbesitz der Gemeinde, den Bodenerträgnissen. Dagegen führt die Umlage nach der Kopfzahl der Bevölkerung vielfach zu Härten, da sie die Leistungsfähigkeit nicht genügend berücksichtigt.

Ein weiterer Gemeindeverband hat die Lasten auf alle seine politischen Gemeinden umzulegen. Es bleibt ihm jedoch unbenommen, leistungsschwache Gemeinden geringer zu belasten.

Für weitere Gemeindeverbände ist die Verteilung in Thüringen nach folgendem Schlüssel geregelt worden:

„Soweit ein Landkreis Errichtungs- oder Miterrichtungsgemeinde eines öffentlichen Arbeitsnachweises ist, hat er die auf ihn entfallenden Lasten des Arbeitsnachweises und der Erwerbslosenfürsorge auf seine politischen Gemeinden unterzuverteilen. Die Unterverteilung ist in der Weise vorzunehmen, daß 50 v. H. dieser Lasten von den politischen Gemeinden zu tragen sind, die Erwerbslose unterstützen. Die restlichen 50 v. H. sind auf sämtliche Gemeinden des Kreises nach dem Verhältnis ihrer Anteile an den Reichsüberweisungssteuern zu verteilen und zwar 25 v. H. davon je am Ende des Monats, 25 v. H. am Ende des Haushaltjahres.

Ausnahmen von diesem Verteilungsmaßstab können durch

das Ministerium für Inneres und Wirtschaft, Abteilung Wirtschaft, zugelassen werden." (Ausf.-Anw. vom 1. August 1926).

§ 39.

(1) Gemeinden[1]), die Träger verschiedener öffentlicher Arbeitsnachweise sind, können durch übereinstimmenden Beschluß bestimmen, daß die Beiträge der Arbeitgeber und Arbeitnehmer nach dem Gesamtaufwande[2]) bemessen werden, der in den Bezirken ihrer Arbeitsnachweise entsteht.[3]) Der Beschluß bedarf der Zustimmung der obersten Landesbehörde oder der von dieser bezeichneten Stelle[4]) und muß bestimmen, welcher Verwaltungsausschuß die Beiträge festzusetzen hat. Die Festsetzung kann mit seiner Zustimmung auch dem Verwaltungsausschuß eines Landesamts für Arbeitsvermittlung übertragen werden.

(2) Auch ohne Beschluß der Gemeinden kann die oberste Landesbehörde anordnen[5]), daß die Beiträge nach dem Gesamtaufwand eines größeren Bezirks bemessen werden. Dieser Bezirk soll regelmäßig der eines Landesamts für Arbeitsvermittlung sein. Die Anordnung muß bestimmen, welcher Verwaltungsausschuß die Beiträge festzusetzen hat. Sie kann bestimmen, daß die Krankenkassen die Beiträge an eine andere Stelle als die Verwaltungsgemeinde des öffentlichen Arbeitsnachweises abzuführen haben.[6])

(3) Der Reichsarbeitsminister[7]) kann mit Zustimmung des Reichsrats und nach Benehmen mit dem Verwaltungsrate des Reichsamts für Arbeitsvermittlung bestimmen, daß die Beiträge der Arbeitgeber und Arbeitnehmer nach dem Gesamtaufwande bemessen

werden, der im ganzen Reichsgebiet, in mehreren Ländern oder in Bezirken, die zu mehreren Ländern gehören, entsteht.

¹) = Errichtungsgemeinden.

²) Gesamtaufwand = Aufwand der Erwerbslosenfürsorge und die notwendigen Kosten des öffentlichen Arbeitsnachweises. Vgl. Anm. 3 zu § 37 und Anm. 1—3 zu § 36.

³) Diese Beschlüsse bilden die Grundlage für die Gefahren- oder Beitragsgemeinschaften.

⁴) Lehnt die „bezeichnete Stelle" ab, so kann Beschwerde bei der obersten Landesbehörde erhoben werden. Hat diese dagegen von ihrem Uebertragungsrecht keinen Gebrauch gemacht, so kann, wenn sie ihre Zustimmung versagt, der Beschluß der Gemeinden nicht durchgeführt werden.

⁵) Für Thüringen:

Auf Grund des § 39 Abs. 2 ist angeordnet worden, daß vom 1. April 1924 ab die Beiträge nach dem Gesamtaufwande des Landes bemessen werden.

Die Höhe der Beiträge hat der Verwaltungsausschuß des Landesamts für Arbeitsvermittlung festzusetzen.

⁶) So hat Sachsen angeordnet, daß alle Krankenkassen die vereinnahmten Beiträge an die Kasse des Landesamts für Arbeitsvermittlung abzuliefern haben, vom 1. August 1926 ab ist für Thüringen die gleiche Regelung getroffen worden.

⁷) Vgl. die VI. Ausf.-VO. vom 18. Januar 1926, abgedr. S. 109, die den lange erwarteten Reichsausgleich bringt.

§ 40.

(1) Die Beihilfen des Reichs und der Länder werden in der Weise gewährt, daß das Reich und das Land je die Hälfte des notwendigen Aufwandes für die Erwerbslosenfürsorge trägt, der durch die Beiträge nach

§ 36 und die Gemeindeleistungen nach den §§ 37, 38 nicht gedeckt wird.

(2) Die Beihilfepflicht des Reiches und der Länder tritt [1]) erst ein, wenn mindestens zwei Wochen hindurch die höchsten [2]) nach § 34 Abs. 3, 4 zulässigen Beiträge erhoben worden sind. Soweit demgemäß Reichs- und Landesbeihilfen versagt bleiben, ist der Ausfall durch erhöhte [3]) Beiträge der Arbeitgeber und Arbeitnehmer zu decken.

[1]) Nach Artikel 9 der VI. Ausf.-VO. vom 18. Januar 1926 (abgedr. S. 120) tritt die Beihilfepflicht des Reichs und der Länder erst nach Erschöpfung der Reichsausgleichskasse ein.

Ueber das Vorschuß- und Verrechnungsverfahren bei Eintritt der Beihilfepflicht des Reichs und Landes vgl. Art. 19 Abs. 2, 4 der Ausf.-Vorschr. vom 2. Mai 1925, abgedr. S. 76.

[2]) Z. Zt. 3 v. H. des Grundlohnes.

[3]) In diesem einen Falle kann der Höchstsatz von 3 v. H. des Grundlohnes solange überschritten werden, bis der Ausfall gedeckt ist.

§ 41.

(1) Gemeinden [1]), welche die Höchstsätze der Erwerbslosenunterstützung überschreiten [2]) oder andere grobe Verstöße gegen die ordnungsmäßige Durchführung der Fürsorge begehen oder zulassen, kann die Reichsbeihilfe durch den Reichsminister der Finanzen, die Landesbeihilfe durch die oberste Landesbehörde entzogen [3]) werden. Als grober Verstoß gilt auch eine offenbar ungesetzliche Entscheidung des Vorsitzenden des öffentlichen Arbeitsnachweises sowie die Ausführung offenbar ungesetzlicher Beschlüsse des Verwaltungsausschusses eines Arbeitsnachweisamts. Die Entziehung

der Reichs- oder Landesbeihilfe kann auf einen Teil des Fürsorgeaufwandes beschränkt werden.

(2) Die obersten Landesbehörden und die von ihnen bezeichneten Stellen sind berechtigt, die Durchführung der Erwerbslosenfürsorge nachzuprüfen[4]) und für bestimmungswidrige[5]) Aufwendungen die Landesbeihilfe zu versagen. Die Versagung zieht den Verlust der Reichsbeihilfe nach sich.

(3) Den Ausfall, der durch die Entziehung oder Versagung der Reichs- oder Landesbeihilfe entsteht, trägt die Gemeinde aus eigenen[6]) Mitteln. Handelt es sich um einen weiteren Gemeindeverband oder um mehrere Errichtungsgemeinden eines gemeinsamen öffentlichen Arbeitsnachweises, so kann bei der Entziehung oder Versagung angeordnet werden, daß der Ausfall von einzelnen der mehreren Errichtungsgemeinden oder von Einzelgemeinden des weiteren Gemeindeverbandes zu tragen und wie er auf die Gemeinden zu verteilen ist.

[1]) Errichtungsgemeinden.

[2]) Wegen Ueberschreitung der Höchstsätze vgl. Anm. 5 zu § 10. In Betracht kommen nur schuldhafte Ueberschreitungen (so auch Lehfeldt S. 139).

[3]) Die Dauer der Entziehung setzt die entziehende Stelle fest.

[4]) Ohne Rücksicht darauf, ob Reichs- und Landesbeihilfen in Anspruch genommen werden oder nicht.

[5]) Nur für die bestimmungswidrigen Aufwendungen (vgl. Anm. 3 zu § 33) im Gegensatz zu Abs. 1. Während die Entziehung nach Abs. 1 eine Strafmaßnahme darstellt, sieht Abs. 2 lediglich eine Richtigstellung der Verrechnung vor.

[6]) Er darf nicht auf Beitragsmittel übernommen werden.

VII. Schlußvorschriften.

§ 42.

(1) Gemeinde[1]) im Sinne dieser Verordnung ist die Errichtungsgemeinde[2]) des öffentlichen Arbeitsnachweises, soweit sich nicht aus einzelnen Bestimmungen[3]) ein anderes ergibt.

[1]) Vgl. Anm. 1 zu § 1.

[2]) Vgl. § 4 ANG: „Den öffentlichen Arbeitsnachweis errichtet die Gemeinde oder der weitere Gemeindeverband, für deren Bezirk der öffentliche Arbeitsnachweis bestimmt ist (Errichtungsgemeinde)."

[3]) Vgl. §§ 12 Abs. 3, 27 Abs. 3, 28, 30, 38 d. VO.

§ 43.

Der Reichsarbeitsminister[1]), die obersten Landesbehörden und die Verwaltungsausschüsse der öffentlichen Arbeitsnachweise können Vorschriften zur Ausführung dieser Verordnung erlassen. Die Ausführungsvorschriften des Reichsarbeitsministers gehen denen der obersten Landesbehörden, die der obersten Landesbehörden denen der Verwaltungsausschüsse vor.

[1]) Vgl. die Ausf.-Vorschr. vom 2. Mai 1925, die II., IV.—VII. Ausf.-VO.

§ 44.

(1) Der Vorstand der Gemeinde[1]) ist befugt, bei Zuwiderhandlungen[2]) gegen die Vorschriften dieser Verordnung, die zu ihr erlassenen Ausführungsvorschriften oder die Beschlüsse der Gemeinden[3]), die zu ihrer Durchführung erlassen sind, Ordnungsstrafen zugunsten[4]) der Gemeindekasse bis zur Höhe von 150 Goldmark[5]) für jeden Fall festzusetzen[6]).

(2) Die gleiche Befugnis haben die Stellen, die nach § 27 zur Entscheidung über ein Unterstützungsgesuch berufen sind, hinsichtlich ihrer Beschlüsse.

(3) Die Strafen werden wie Gemeindeabgaben beigetrieben.

[1]) Der Errichtungs-, bei gemeinsamen öffentlichen Arbeitsnachweisen der Verwaltungsgemeinde.

[2]) Darunter ist nach Lehfeldt S. 143 jedes Verhalten zu verstehen, „das einer Rechtspflicht zuwider läuft."

Dazu gehört auch die Verletzung der Pflicht zur Zahlung der Beiträge zur Erwerbslosenfürsorge, nicht dagegen die Verweigerung von Pflichtarbeit usw.

[3]) D. h. auch des Verwaltungsausschusses.

[4]) Die Strafgelder werden zur Verminderung der Lasten der Erwerbslosenfürsorge zu verwenden sein.

[5]) Von 1 bis 150 Goldmark, jetzt Reichsmark (vgl. § 2 Abs. 1 der II. VO. zur Durchführung des Münzgesetzes vom 12. Dezember 1924, RGBl. I S. 775).

[6]) Das Strafrecht besteht nur gegenüber Privatpersonen, nicht aber z. B. den Krankenkassen gegenüber. Gegen letztere kann nur im Wege der Dienstaufsichtsbeschwerde vorgegangen werden (vgl. Anm. 3 zu Art. 1 der Ausf.-Vorschr. vom 2. Mai 1925).

§ 45.

In den Bezirken der Stadt Berlin und des Freistaats Hamburg können die Verwaltungsausschüsse der Landesämter für Arbeitsvermittlung ganz oder teilweise die Aufgaben [1]) übernehmen, die nach dieser Verordnung den Verwaltungsausschüssen der öffentlichen Arbeitsnachweise obliegen. Im Beschwerdeverfahren tritt dann an die Stelle des Verwaltungsausschusses des Landesamts der Verwaltungsrat des Reichsamts für Arbeitsvermittlung.

[1]) Vgl. § 10 Abs. 1, §§ 14—16, § 29 der VO.

IV. Anhang.

Gewährung von Unterstützungen an ehemalige, auf Grund der Personal-Abbau-Verordnung vom 27. Oktober 1923 (Reichsgesetzbl. I S. 999) in der Fassung der Verordnung vom 28. Januar 1924 (Reichsgesetzbl. I S. 39) ausgeschiedene Reichsbeamte der allgemeinen Reichsverwaltung (Reichsbesoldungsblatt S. 283).

---

1. Arbeitsfähigen und arbeitswilligen ehemaligen Reichsbeamten, die auf Grund der Personal-Abbau-Verordnung ohne laufende Bezüge aus der allgemeinen Reichsverwaltung entlassen werden mußten und keine Erwerbslosenunterstützung gemäß § 4 der Verordnung über die Erwerbslosenfürsorge vom 16. Februar 1924 (Reichsgesetzbl. I S. 127) erhalten können, wird auf Antrag nach Maßgabe dieser Bestimmungen eine jederzeit widerrufliche Unterstützung gewährt, wenn sie trotz Inanspruchnahme des öffentlichen Arbeitsnachweises ihres Wohnortes gänzlich oder teilweise erwerbslos sind und sich infolgedessen in bedürftiger Lage befinden. Ein Rechtsanspruch auf die Unterstützung besteht nicht.

2. a) Eine bedürftige Lage ist insoweit anzunehmen, als die Einnahmen des zu Unterstützenden einschließlich der in seinem Haushalt lebenden Familienangehörigen derart geringe sind, daß er nicht imstande ist, damit den notwendigen Lebensunterhalt zu bestreiten, und als ihm keine familienrechtlichen Unterhaltsansprüche zustehen,

deren Erfüllung den notwendigen Lebensunterhalt ermöglichen würde.

b) Kleinerer Besitz (z. B. Spargroschen, Wohnungseinrichtungen) darf für die Beurteilung der Bedürftigkeit nicht in Betracht gezogen werden.

3. a) Die Unterstützung ist zu versagen oder zu entziehen, wenn der ehemalige Beamte sich weigert, eine nachgewiesene Arbeit anzunehmen, die auch außerhalb seiner bisherigen Tätigkeit und seines Wohnortes liegen darf und ihm nach seiner körperlichen Beschaffenheit zugemutet werden kann. Die Weigerung kann nur damit begründet werden, daß für die Arbeit nicht angemessener ortsüblicher Lohn gezahlt wird, die Unterkunft sittlich bedenklich ist und daß bei Verheirateten die Versorgung der Familie unmöglich wird.

b) Bei Beschäftigung außerhalb des Wohnorts gilt § 13 Abs. 2 und 3 der Verordnung vom 16. Februar 1924 sinngemäß.

4 a) Die Unterstützung kann frühestens von dem auf den Fortfall des Diensteinkommens folgenden Tag ab gewährt werden.

b) Falls dem Ausgeschiedenen eine Abfindungssumme gemäß Artikel 5 der Personal-Abbauverordnung gezahlt worden ist, kommt die Bewilligung einer Unterstützung erst von dem Tage ab in Frage, der auf den nach Monatseinkommen bemessenen Zeitraum folgt, der der Berechnung der Abfindungssumme zugrunde gelegt worden ist.

5. Die Art und Höhe der Unterstützungssätze werden durch den Reichsminister der Finanzen bekanntgegeben.

6. a) Die Unterstützung darf nur für die 6 Wochen-

tage einschließlich etwaiger Wochenfeiertage und höchstens für die Dauer von insgesamt 26 Wochen gewährt werden.

b) Abweichungen bestimmt der Reichsminister der Finanzen. Insbesondere kann er die Höchstdauer der Unterstützung für solche ehemaligen Beamtengruppen, deren Unterbringung auf dem Arbeitsmarkt wegen ihrer bisherigen Tätigkeit besonders günstig liegt, bis auf 13 Wochen beschränken, für solche, deren Unterbringung besonders ungünstig liegt, über 26 Wochen hinaus ausdehnen.

c) Zur Vermeidung unbilliger Härten kann auch in Einzelfällen die Fürsorge ausnahmsweise über die nach Abs. a und b zulässige Höchstdauer hinaus durch die obersten Reichsbehörden verlängert werden, jedoch nicht um mehr als 13 Wochen.

7. a) Zuständig für die Bewilligung sowie für die Versagung und Entziehung der Unterstützung ist die oberste Reichsbehörde. Sie kann diese Befugnis, mit Ausnahme der Entscheidung zu 6 c, auf höhere Reichsbehörden übertragen; gegen die Entscheidung der höheren Reichsbehörde ist die Beschwerde an die oberste Reichsbehörde zulässig.

b) Die nach Abs. a) für die Entscheidung zuständigen Behörden haben von sich aus zu prüfen, ob die für die Bewilligung usw. erforderlichen Voraussetzungen gegeben sind.

8. Vor Bewilligung der Unterstützung ist der für den Wohnort des ausgeschiedenen Beamten zuständige öffentliche Arbeitsnachweis zu hören, ob der Beamte den öffentlichen Arbeitsnachweis in Anspruch genommen

hat und keine geeignete Beschäftigung finden konnte. Die Entscheidung darüber, ob eine angebotene Beschäftigung eine geeignete war oder nicht, steht der bewilligenden Behörde zu.

9. a) Die Unterstützungssätze sind wöchentlich am ersten Werktage der Woche für die abgelaufene Woche zu zahlen.

b) Vor jeder Auszahlung einer Unterstützung hat der Beamte den Nachweis zu führen, daß er trotz Bemühung beim öffentlichen Arbeitsnachweis eine geeignete Stelle nicht hat erhalten können. Schlußsatz der Nummer 8 gilt sinngemäß.

10. Die bewilligenden Behörden haben den zuständigen öffentlichen Arbeitsnachweisen jede Bewilligung oder Entziehung einer Unterstützung mitzuteilen.

11. Die Unterstützungen sind nach § 12 Nr. 11 des Gesetzes vom 29. März 1920 (Reichsgesetzbl. S. 259) von der Reichseinkommensteuer frei.

12. Vorstehende Grundsätze treten am 1. Oktober 1924 in Kraft.

Berlin, den 20. September 1924.

Der Reichsminister der Finanzen
Dr. Luther.

Der Präsident
der Reichsarbeitsverwaltung.

Berlin, den 5. November 1924.

An die öffentlichen Arbeitsnachweise.

Betrifft: Fürsorge für erwerbslose abgebaute Beamte.

Am 1. Oktober 1924 ist die Anordnung des Herrn Reichsministers der Finanzen vom 20. September 1924 (Reichsarbeitsblatt S. 374) in Kraft getreten, wonach ehemaligen Reichsbeamten, die auf Grund der Personalabbauverordnung ohne laufende Bezüge aus der allgemeinen Reichsverwaltung entlassen werden mußten und gemäß § 4 der Verordnung über Erwerbslosenfürsorge vom 16. Februar 1924 keine Erwerbslosenunterstützung erhalten können, auf Antrag eine jederzeit widerrufliche Unterstützung aus Reichsmitteln gewährt werden kann. Die Unterstützung ist an die Voraussetzung geknüpft, daß der Antragsteller arbeitsfähig und arbeitswillig und daß er trotz Inanspruchnahme des öffentlichen Arbeitsnachweises seines Wohnortes gänzlich oder teilweise erwerbslos und daher in bedürftiger Lage ist. Für die Beurteilung der Bedürftigkeit und für die Pflicht der Arbeitsannahme sind Grundsätze aufgestellt, die denen des § 7 Abs. 1 und 6 sowie des § 13 der Verordnung über Erwerbslosenfürsorge entsprechen. Die Unterstützung ist wöchentlich am 1. Werktage der Woche für die abgelaufene Woche zu zahlen und darf nur für die sechs Wochentage und regelmäßig höchstens auf insgesamt 26 Wochen gewährt werden.

Die Unterstützungshöchstsätze decken sich zur Zeit mit den für die Erwerbslosenfürsorge geltenden (Anordnung über die Höchstsätze in der Erwerbslosenfürsorge vom 9. August 1924, Reichsarbeitsblatt S. 314, zu I); sie sind zusammen mit weiteren Ausführungsbestimmungen des Herrn Reichsministers der Finanzen im Reichsbesoldungsblatt Nr. 52 vom 29. September 1924 unter Nr. 1007 abgedruckt.

Der Antrag auf Unterstützung ist an diejenige Behörde zu richten, bei der der Antragsteller zur Zeit der Entlassung tätig war; dieser Behörde liegt auch die Auszahlung ob. Für Bewilligung, Versagung und Entziehung der Unterstützung ist die oberste Reichsbehörde zuständig. Sie kann diese Befugnisse auf höhere Reichsbehörden übertragen, gegen deren Entscheidung Beschwerde an die oberste Reichsbehörde zulässig ist. Vor Bewilligung der Unterstützung muß der für den Wohnort des Antragstellers zuständige öffentliche Arbeitsnachweis darüber gehört werden, ob der Antragsteller den Arbeitsnachweis in Anspruch genommen hat und keine geeignete Beschäftigung finden konnte. Ferner hat der Antragsteller vor jeder einzelnen Unterstützungszahlung den Nachweis zu führen, daß er trotz Bemühung beim öffentlichen Arbeitsnachweis eine geeignete Stelle nicht hat erhalten können.

Die zuständigen Reichsbehörden haben dem zuständigen öffentlichen Arbeitsnachweis jede Bewilligung oder Entziehung einer Unterstützung mitzuteilen.

Ich bemerke hierzu folgendes:

1. Der Antragsteller ist beim öffentlichen Arbeits-

nachweis seines Wohnortes als Arbeitsuchender einzutragen.

2. Der Arbeitsnachweis bestimmt nach pflichtmäßigem Ermessen unter Berücksichtigung der Umstände des Einzelfalls, unter welchen Voraussetzungen dem Antragsteller die für jede Unterstützungszahlung vorgeschriebene Bescheinigung über seine Arbeitsbemühungen erteilt werden kann. Persönliche Meldungen des Antragstellers auf dem Arbeitsnachweis sind nur in dem Umfange zu fordern, in dem dies nach der Arbeitsmarktlage im Interesse seiner Unterbringung in Arbeit geboten erscheint. Von der Einbeziehung der Antragsteller in die allgemeine Erwerbslosenkontrolle (insbesondere Aushändigung und Abstempelung einer Erwerbslosenkontrollkarte, Prüfungen der persönlichen Verhältnisse, etwa durch Entsendung von Prüfern in die Wohnung) ist abzusehen. Dagegen wird es zweckmäßig sein, die Antragsteller in einer besonderen Liste zu führen, aus der die für die Durchführung der Anordnung wesentlichen Tatsachen ersichtlich sind. Härten sind tunlichst zu vermeiden. Soweit der Arbeitsnachweis begründete Bedenken gegen die Arbeitsfähigkeit oder Arbeitswilligkeit des Antragstellers hegt oder ihm Umstände bekannt werden, die auf den Mangel der Bedürftigkeit schließen lassen, ist der zuständigen Behörde entsprechende Mitteilung zu machen.

3. Die Entscheidung darüber, ob eine angebotene Beschäftigung eine geeignete war oder nicht, steht nach ausdrücklicher Vorschrift ausschließlich der bewilligenden Reichsbehörde zu. Sofern daher der Antragsteller bereits eine angebotene Arbeit abgelehnt hat, wird der

Arbeitsnachweis bei der erstmaligen Aeußerung oder in der für jede Auszahlung auszustellenden Bescheinigung die Art der angebotenen Arbeit, die Höhe der Entlohnung und alle sonstigen für die Beurteilung ihrer Geeignetheit wesentlichen Umstände genau zu bezeichnen haben.

4. Ich bitte, Sorge zu tragen, daß die hiernach erforderliche Mitwirkung der öffentlichen Arbeitsnachweise bei der Fürsorge für abgebaute Beamte in jedem Falle mit der gebotenen Beschleunigung und Sorgfalt geschieht. Es bedarf keiner Hervorhebung, daß auch weiterhin in erster Linie die Bemühungen um die Unterbringung der Abgebauten, die ich den öffentlichen Arbeitsnachweisen in wiederholten Rundschreiben besonders ans Herz gelegt habe, tatkräftig fortzusetzen sind.

Dr. Syrup.

Gesetz[1]) über eine Erhebung in der Erwerbslosenfürsorge.

Vom 25. Juni 1926 (RGBl. I S. 316).

Der Reichstag hat das folgende Gesetz beschlossen, das mit Zustimmung des Reichsrats hiermit verkündet wird:

§ 1.

Der Reichsarbeitsminister wird ermächtigt, durch die Arbeitsnachweisämter eine Erhebung über die Wirkungen zu veranstalten, die sich aus einem Lohnklassensystem in der Erwerbslosenfürsorge ergeben würden. Die gewonnenen Unterlagen sind von den öffentlichen Arbeitsnachweisen dem Präsidenten der Reichsarbeitsverwaltung (Reichsamt für Arbeitsvermittlung) zu übersenden und von ihm zu bearbeiten.

§ 2.

Die Erwerbslosen und ihre früheren Arbeitgeber sind verpflichtet, bei der Erhebung mitzuwirken, insbesondere die nötigen Auskünfte zu erteilen.

§ 3.

Der Vorstand der Gemeinde ist befugt, bei Zuwiderhandlungen gegen dieses Gesetz und die zu seiner Durchführung erlassenen Vorschriften Ordnungsstrafen

---

[1]) Vgl. die Erläuterungsvorschriften dazu vom 22. Juni 1926, RABl. S. 210.

zugunsten der Gemeindekasse bis zur Höhe von 150 Reichsmark für jeden Fall festzusetzen.

§ 4.

Die Kosten der Erhebung gelten als Verwaltungsaufwand der Erwerbslosenfürsorge. Die Kosten, die beim Reichsamt für Arbeitsvermittlung entstehen, werden aus Reichsmitteln der Erwerbslosenfürsorge gedeckt.

§ 5.

Dieses Gesetz tritt mit dem auf die Verkündung folgenden Tage in Kraft.

Berlin, den 25. Juni 1926.

Der Reichspräsident.
von Hindenburg.

Der Reichsarbeitsminister.
Dr. Brauns.

Gesetz über die Fristen für die Kündigung von Angestellten.

Vom 9. Juli 1926 (RGBl. I S. 399).

Der Reichstag hat das folgende Gesetz beschlossen, das mit Zustimmung des Reichsrats hiermit verkündet wird:

§ 1.

Die Vorschriften dieses Gesetzes finden Anwendung auf Angestellte, die nach § 1 des Versicherungsgesetzes für Angestellte versicherungspflichtig sind oder sein würden, wenn ihr Jahresarbeitsverdienst die Gehaltsgrenze nach § 3 des Versicherungsgesetzes für Angestellte nicht überstiege.

§ 2.

Ein Arbeitgeber, der in der Regel mehr als zwei Angestellte, ausschließlich der Lehrlinge, beschäftigt, darf einem Angestellten, den er oder, im Falle einer Rechtsnachfolge, er und seine Rechtsvorgänger mindestens fünf Jahre beschäftigt haben, nur mit mindestens drei Monaten Frist für den Schluß eines Kalendervierteljahres kündigen. Die Kündigungsfrist erhöht sich nach einer Beschäftigungsdauer von acht Jahren auf vier Monate, nach einer Beschäftigungsdauer von zehn Jahren auf fünf Monate und nach einer Beschäftigungsdauer von zwölf Jahren auf sechs Monate. Bei der Berechnung der Beschäftigungsdauer werden Dienstjahre, die vor Vollendung des fünfundzwanzigsten Lebensjahres liegen, nicht berücksichtigt.

Die nach Abs. 1 eintretende Verlängerung der Kündigungsfrist des Arbeitgebers gegenüber dem Angestellten berührt eine vertraglich bedungene Kündigungsfrist des Angestellten gegenüber dem Arbeitgeber nicht.

Unberührt bleiben die Bestimmungen über fristlose Kündigung.

§ 3.

Kündigungen, die zwischen dem 15. Mai 1926 und dem Inkrafttreten dieses Gesetzes mit kürzerer als der im § 2 Abs. 1 vorgesehenen Frist ausgesprochen sind, gelten als mit dieser Frist erfolgt.

Berlin, den 9. Juli 1926.

Der Reichspräsident.
von Hindenburg.
Der Reichsarbeitsminister.
Dr. Brauns.

Während der Drucklegung eingegangen.

Der Reichsarbeitsminister. Berlin NW. 40,
IV 10500/26. den 14. Aug. 1926.

An

a) die obersten Landesbehörden für Erwerbslosenfürsorge (einschließlich der Vertretungen der Länder in Berlin),

b) die Finanzressorts der Länder.

Betrifft: Erleichterung öffentlicher Notstandsarbeiten.

I. Die Erleichterungen für die Durchführung der Notstandsarbeiten, die ich im Einvernehmen mit den Regierungen der Länder durch meinen Erlaß vom 5. Januar 1926 — IV 120/26 — eingeführt habe, haben den gewünschten Erfolg erreicht. Es ist gelungen, die Zahl der Erwerbslosen, die bei Notstandsarbeiten beschäftigt werden, von 27 910 am 25. Dezember 1925 auf ein Vielfaches dieser Zahl im Sommer 1926 zu steigern.

Auch im Rahmen der verstärkten Arbeitsbeschaffung, wie sie jetzt von Reich und Ländern betrieben wird, sind nach dem Ergebnis der Besprechungen vom 23. und 24. Juli wesentliche Aenderungen der Förderungsbedingungen nicht notwendig. Nur in einzelnen Punkten sind für die besonders betroffenen Bezirke weitere Milderungen angebracht. Dabei sind als Bezirke, die besonders durch die Arbeitslosigkeit betroffen sind, diejenigen Länder und preußischen Provinzen anzusehen, in denen die Zahl der Hauptunterstützungsempfänger 2 % der Einwohnerzahl übersteigt, und ferner in den Ländern und Provinzen mit geringerer durchschnittlicher Erwerbslosigkeit als 2 % diejenigen Gemeinden, in denen die Zahl der Hauptunterstützungsempfänger 5 % der Einwohnerzahl übersteigt.

II. Für Notstandsarbeiten in diesen Bezirken oder für Notstandsarbeiten, bei denen überwiegend Erwerbslose aus diesen Bezirken beschäftigt werden, gilt in Zukunft (d. h. für Arbeiten, die nach Herausgabe dieses Erlasses als Notstandsarbeiten anerkannt werden) folgendes:

1. **Obere Grenze für die Förderung** (einschließlich der Grundförderung) ist in den Notstandsbezirken allgemein (also nicht nur wie bisher im besetzten und geräumten Gebiet) das Sechsfache der ersparten Unterstützung. Ueber 80 % der Gesamtkosten der Notstandsarbeiten darf jedoch die Förderung wie bisher nicht hinausgehen. In ganz besonderen Ausnahmefällen, in denen aus sozialen und politischen Gründen dringend notwendige Notstandsarbeiten andernfalls unterbleiben müßten, darf in den besetzten und geräumten Gebieten wie bisher eine Förderung bis zu 90 % der Gesamtkosten bewilligt werden.

Wegen der Höhe der Grundförderung verbleibt es bei den Vorschriften des § 12 der Bestimmungen über öffentliche Notstandsarbeiten vom 30. April 1925.

2. Als untere Grenze für den **Zinssatz** der Darlehen aus Reichs- und Landesmitteln (verstärkte Förderung) ist in den genannten Bezirken allgemein (also nicht nur wie bisher in den besetzten und geräumten Gebieten) 4% anzusehen.
3. Die **Tilgungsdauer** der Darlehen darf in Ausnahmefällen bis zu 15 Jahren (ausschließlich 1—2 tilgungsfreier Jahre) betragen.
4. Von der Zustimmung der Reichsarbeitsverwaltung zu Förderungen, die sich auf einen **längeren Zeitraum als 6 Monate erstrecken** (§ 20 Ziffer b der Bestimmungen vom 30. April 1925), kann bei den Notstandsbezirken in Zukunft abgesehen werden. Es muß aber nach wie vor in jedem Einzelfall geprüft werden, ob eine Förderung über eine Frist von 6 Monaten hinaus tatsächlich zweckmäßig und notwendig ist.

III. Wie Ihnen bereits bekannt ist, sollen die Mittel, die das Reich über den Haushaltsansatz hinaus für die Zwecke der produktiven Erwerbslosenfürsorge zur Verfügung stellt, auf dem **Anleihewege** beschafft werden. Dieser Betrag von 100 Mill. RM. kann daher nur für solche Anlagen verwandt werden, die im volkswirtschaftlichen Sinne unbedingt produktiv sind; soweit wie irgend möglich, muß er für werbende Anlagen verwandt werden. Ich glaube davon ausgehen zu können, daß diese Bedingung für einen erheblichen Teil der öffentlichen Notstandsarbeiten, die jetzt bereits gefördert werden, erfüllt ist. Um für die Zukunft die strenge Beachtung dieses Gesichtspunktes und eine örtliche und zeitliche Verteilung der vorhandenen Mittel nach dem jeweiligen Maß der Arbeitslosigkeit sicherzustellen, halte ich es für zweckmäßig, daß für jedes Notstandsgebiet im Sinne der vorstehenden Ausführungen ein Programm von Notstandsarbeiten aufgestellt wird, die dieser Bedingung entsprechen. Die Entscheidung über diese Programme soll die Reichsarbeitsverwaltung im Einvernehmen mit den Regierungen der Länder treffen; die Programme sollen der Ministerialkommission für Arbeitsbeschaffung zur Kenntnis gebracht werden. Ich bin bereit, für die Durchführung der Notstandsarbeiten, die in diesen Programmen enthalten sind, den beteiligten Ländern über die bereits verteilten 100 Millionen RM. hinaus Reichsmittel in Höhe von insgesamt 50 Millionen RM. zur Verfügung zu stellen, soweit die schon bereitgestellten Mittel nicht ausreichen und das Land in der Lage ist, einen entsprechenden Betrag aus eigenen Mitteln aufzuwenden. Die Beträge, die den einzelnen beteiligten Ländern zugewiesen werden, wird die Reichsarbeitsverwaltung gleichzeitig mitteilen.

IV. Die Erleichterung des Geldmarkts, die im Laufe des Jahres eingetreten ist, ermöglicht es, den Wirkungsgrad der Mittel der produktiven Erwerbslosenfürsorge auch noch auf einem anderen Wege zu erhöhen. In vielen Fällen werden öffentliche Körperschaften in der Lage sein, sich die Kredite, die sie zur Durchführung von Unternehmungen benötigen, selbst zu beschaffen, vorausgesetzt, daß die Verzinsung sie in erträglicher Weise belastet. Es erscheint daher richtig, aus Mitteln der produktiven Erwerbslosenfürsorge den Trägern derartiger Arbeiten in geeigneten Fällen durch Zuschüsse zu dem Zinsaufwand die Zinslast zu erleichtern. Da Erfahrungen über diese Form produktiver Erwerbslosenfürsorge bisher nicht vorliegen, halte ich es für nötig, sie zunächst auf umfangreiche Arbeiten von besonderem volkswirtschaftlichen Wert zu beschränken. Die Zinsverbilligung, die auf diese Weise gewährt wird, wird in der Regel eine Senkung der Zinsen um 4%, die Frist, für die sie gewährt wird, eine Dauer von 3 Jahren nicht übersteigen können. Bedingung für eine derartige Beihilfe muß natürlich sein, daß die Durchführung der Arbeit eine merkliche Entlastung des Arbeitsmarktes zur Folge hat; dies ist nach Möglichkeit durch besondere Bindungen des Trägers der Arbeit sicherzustellen; zum mindesten muß erreicht werden, daß die Arbeitskräfte, die bei dem Unternehmen neu eingestellt werden, abgesehen von der nötigen Anzahl von Stammarbeitern vom öffentlichen Arbeitsnachweis entnommen werden. Eine solche Verwendung der Mittel der produktiven Erwerbslosenfürsorge ist nach § 32 der Verordnung über Erwerbslosenfürsorge zulässig. — Diese Regelung hat nur solange Geltung, als sich nicht aus der weiteren Entwicklung des Geld- und Anleihemarktes finanz- oder währungspolitische Bedenken gegen die Aufnahme der Anleihen ergeben.

Dieser Erlaß wird im Reichsarbeitsblatt veröffentlicht.[1])

1) Abgedruckt RABl. 1926 S. 283.

In Vertretung
Dr. Geib.

Der Präsident der Reichsarbeitsverwaltung (Reichsamt für Arbeitsvermittlung) II P 5405/26.

Berlin NW. 40, den 20. Aug. 1926.

An

den Preußischen[1]) Herrn Minister für Volkswohlfahrt,

Berlin.

Betrifft: Arbeitsbeschaffung; verstärkte Förderung des Landarbeiterwohnungsbaues.

1. Im Rahmen des Arbeitsbeschaffungsprogramms der Reichsregierung liegt die verstärkte Förderung des Landarbeiterwohnungsbaues aus Mitteln der produktiven Erwerbslosenfürsorge mit dem Ziel der Ablösung der ausländischen Landarbeiter und deren Ersatz durch deutsche Arbeitskräfte. Um diese Maßnahme möglichst wirksam zu fördern, erhöhe ich mit Zustimmung des Herrn Reichsarbeitsministers die durch mein Schreiben vom 26. November 1925 — II P 5378/25 — (Reichsarbeitsblatt S. 2) bestimmten Einheitssätze[2])

		bei Werkwohnungen	bei Eigenheimen
1. für 1 qm Wohnfläche	auf	45 RM.	60 RM.
2. „ 1 „ Stallfläche	auf	30 „	40 „
3. „ 1 „ Scheunenfläche	auf	15 „	20 „

Die Erhöhung bezieht sich nur auf Bauten der Maßnahme 1926, die am 1. April ds. Js. noch nicht be-

1) Der Erlaß wird auch für andere Länder noch in Kraft gesetzt werden. Vergl. den Aufsatz von Wahrburg, Landarbeiterwohnungsbau und Arbeitsbeschaffung, RABl. 1926, Nichtamtl. Teil S. 565.

2) Abgedr. S. 290.

gonnen waren. Sie haben die neuen Sätze mit meinem Einverständnis bereits Ihrem Erlaß vom 21. Juli 1926 — III R IV 943 — zu Grunde gelegt.

2. Ueber die unter 1 für Werkwohnungen festgesetzten Einheitssätze hinaus können Zusatzdarlehen in Höhe von 10.— RM. je qm Wohn- und 5 RM. je qm Stallfläche gewährt werden, falls durch die Erstellung der Werkwohnungen eine entsprechende Anzahl ausländischer Landarbeiter zu Gunsten deutscher Landarbeiter tatsächlich abgelöst wird. Ferner kann in diesem Fall in begründeten Ausnahmefällen die Tilgungsfrist bis auf 15 Jahre festgesetzt werden.

3. Zur Erleichterung der Tilgungszahlung bitte ich anzuordnen, daß sowohl bei Werkwohnungen als auch bei Eigenheimen als Zahlungstag der Tilgungsrate nicht wie bisher der 1. Oktober, sondern der 15. November bestimmt wird. Ich stelle anheim, diese Erleichterung auch schon für die an sich am 1. Oktober 1926 fälligen Raten zuzulassen.

4. In Zukunft können Mittel der produktiven Erwerbslosenfürsorge auch für Domänen gewährt werden. Ein Erlaß des Herrn Reichsarbeitsministers in dieser Frage steht bevor.

5. Aus Ihrem Schreiben vom 14. August 1926 — III R I 3594 — habe ich davon Kenntnis genommen, daß Sie im Sinne der Entschließung des Landwirtschaftlichen Fachausschusses der Reichsarbeitsverwaltung auch Um- und Erweiterungsbauten für die Unterbringung deutscher Landarbeiterfamilien in den Kreis der geförderten Maßnahme, wenn auch mit gewissen Einschränkungen, einbeziehen. Die praktische Handhabung wird im einzelnen Fall nach Möglichkeit entgegenkommend

erfolgen müssen, um den beabsichtigten Zweck zu erreichen. Die von mir für den Bau von Landarbeiterwohnungen zur Verfügung gestellten Mittel stehen auch für die Einrichtung von Behelfswohnungen zur Verfügung, falls diese Behelfswohnungen zur vorläufigen Unterbringung solcher landwirtschaftlicher Arbeiterfamilien erforderlich sind, für die ein Wohnungsbau gefördert wird, aber im Frühjahr 1927 noch nicht bezugsfertig ist.

6. Um die von der Reichsregierung beschlossene und ganz besonders auch von der Preußischen Regierung geforderte Einschränkung der Ausländerbeschäftigung in der Landwirtschaft möglichst ohne Schädigung der landwirtschaftlichen Produktionsinteressen durchführen zu können, bedarf es meines Erachtens eines planmäßigen Zusammenarbeitens der Landesämter für Arbeitsvermittlung, denen die Genehmigung der ausländischen Landarbeiter obliegt, mit dem Träger der Baumaßnahme. Ich werde die Landesämter für Arbeitsvermittlung anweisen, umgehend eine verstärkte Werbetätigkeit für den Bau von Landarbeiterwohnungen unter Hinweis auf die bevorstehende Herabsetzung der Ausländerzahl zu entfalten und der Erstattung der nach Artikel 2 meiner Ausführungsbestimmungen vom 22. März 1925 notwendigen Gutachten ihre besondere Aufmerksamkeit zuzuwenden. Diese Gutachten sind in Zukunft nur nach eingehender Prüfung durch die öffentlichen Arbeitsnachweise zu erstatten; die Gutachten müssen sich für Ablehnung der Anträge aussprechen, wenn nicht einwandfrei nachgewiesen wird, daß der Wohnungsbau zur Verdrängung ausländischer Landarbeiter oder zur sichtbaren Verminderung der Erwerbs-

losigkeit dient. Ferner wird das Genehmigungsverfahren für die Zulassung ausländischer Landarbeiter, das sonst erst am Ende des Jahres durchgeführt wurde, für das Jahr 1927 bereits jetzt in Angriff genommen werden, um die Landwirte nach Möglichkeit noch im Herbst des Jahres zu einer verstärkten Bautätigkeit anzuregen. Hierbei werden die Landesarbeitsämter neben ihrer allgemeinen Werbetätigkeit für den Landarbeiterwohnungsbau die Arbeitgeber noch einmal bei Uebersendung der für das Jahr 1927 erteilten Beschäftigungsgenehmigungen auf die zu besonders günstigen Bedingungen zur Verfügung stehenden Darlehen hinweisen.

. . . . . . Dr. Syrup.

Der Präsident der Reichsarbeitsverwaltung (Reichsamt für Arbeitsvermittlung)
Tgb. Nr. II P 5405/26 II. Ang.

Berlin NW. 40, d. 2. Septbr. 1926.

An den
Preußischen Herrn Minister für Volkswohlfahrt
Berlin.

Betrifft: Arbeitsbeschaffung. Verstärkte Förderung des Landarbeiterwohnungsbaues.

Im Nachgange zu meinem Schreiben vom 20. August 1926 — II P 5405/26 — erkläre ich mich ergebenst damit einverstanden, daß bei Landarbeitereigenheimen in besonders gelagerten Ausnahmefällen, in denen nachweislich die jährliche Belastung des Eigenheimerbauers durch Verzinsung und Tilgung der Hypotheken für diesen untragbar werden würde, eine Tilgungsdauer [1]) bis zu 30 Jahren zugelassen wird. Dr. Syrup.

1) Vgl. S. 281 Ziff. 3.

V. Sachverzeichnis.

Die Zahlen hinter den Worten bedeuten die Seitenzahlen.
Abkürzungen: A = Anmerkung; AN = Arbeitsnachweis; EF = Erwerbslosenfürsorge; KF = Kurzarbeiterfürsorge; NA = Notstandsarbeiten.

A

G

M

N

O

V

Z

VIII. 26. — 15 000.

Nr. 13. Konkurs-O. u. Anfechtungs-G. Von R. Sydow. Fortges. von L. Busch und O. Krieg. 14. Auflage. — 1926. Rm 10,—

Nr. 14. Gerichtsverfassungsgesetz. Von R. Sydow. Fortgeführt von L. Busch. 10. Auflage. 1925. Rm 6,—

Nr. 15. Das deutsche Gerichtskostengesetz. Von R. Sydow. Fortgeführt von L. Busch u. F. Koehler. 11. Aufl. In Bearb.

Nr. 16. Rechtsanwaltordnung. Von R. Sydow. 5. Auflage v. M. Jacobsohn. Mit Nachtrag von 1910. — 1907. Vergriffen.

Nr. 17. Gebührenordn. f. Rechtsanw. u. d. Pr. Gebührengesetz. Von R. Sydow. Fortges. v. L. Busch u. O. Krieg. 13. Aufl. In Bearbeitung.

Nr. 18. Reichsstempelgesetz. Von P. Loeck. Vergriffen. Wird durch Kapitalverkehrssteuerges. ersetzt. Erl. Ausg. in Bearb.

Nr. 19. Die Seegesetzgebung. Von W. E. Knitschky. 5. Auflage von O. Rudorff. — 1913. Rm 8,—

Nr. 20. Krankenversicherungsgesetz siehe **Nr. 107, 161.**

Nr. 21. Die Konsulargesetzgebung. Von Ph. Zorn. 8. Auflage von K. Zorn. — 1911. Rm 4,50

Nr. 22. Patentgesetz. Von R. Lutter. 8. Auflage. — 1920. Mit Nachtrag. — 1924. Rm 4,—. Nachtrag apart Rm 0,40

Nr. 23. Gewerbe-Unfallversicherungsgesetz s. **Nr. 108, 161a.**

Nr. 24. Aktiengesellschaft u. Kommanditgesellschaften auf Aktien. Von H. Keyßner und H. Veit Simon. 7. Aufl. In Bearbeitung.

Nr. 25. Brausteuergesetz. Von A. Düffe. 2. Aufl. — 1910. Rm 2,— (Siehe auch Reichsgesetz Nr. **54** Bd. II.)

Nr. 26. Münz- und Notenbankwesen. Von R. Koch. 7. Aufl. von Reichsbankpräsident Schacht. 1925. Rm 14,—

Nr. 27. Gesundheitswesen im Deutschen Reich. Von C. Goesch und J. Karsten. — 1888. Vergriffen.

Nr. 28. Bau-Unfallversicherungsgesetz siehe **Nr. 108.**

Nr. 29. Erwerbs- und Wirtschaftsgenossenschaften. Von L. Parisius und H. Crüger. 18. Auflage. — 1925. Rm 4,—

Nr. 30. Invalidenversicherungsgesetz s. **Nr. 109, 161** u. **161a.**

Nr. 31. Gewerbegerichtsgesetz. Von W. Cuno. Vergriffen, Siehe auch **Nr. 112, 112a.**

Nr. 32. Gesellschaften mit beschränkter Haftung. Von L. Parisius u. H. Crüger. 17. Aufl. — 1926. Rm 3,50

Nr. 33. Vereins- und Versammlungsrecht. Von E. Ball. 2. Auflage von F. Friedenthal. — 1907. Rm 2,—

Reichs-Vereinsgesetz vom 19. April 1908 siehe **Nr. 88.**

Nr. 34. Die Abzahlungsgeschäfte. 3. Auflage von E. Wilke. — 1910. Rm 1,20

Nr. 35. Die Reichs-Eisenbahngesetzgebung. Von W. Coermann. — 1895. (Siehe auch **Nr. 66.**) Rm 2,—

Nr. 56. **Bekämpfung gemeingefährlicher Krankheiten.** Von B. Burkhardt. — 1900. Rm 1,20

Nr. 57. **See-Unfallversicherungsgesetz** siehe Nr. **108** u. **161 a.**

Nr. 58. **Recht der unehelichen Kinder.** Von H. Jastrow. — 1901. Mit Nachtrag 1925. Rm 1,60

Nr. 59. **Beurkundung des Personenstandes und die Eheschließung.** Von F. Fidler. 2. Auflage. — 1912. Rm 2,30

Nr. 60. **Das Urheberrecht an Werken der Literatur und der Tonkunst.** Von O. Lindemann. 4. Auflage. — 1921. Rm 1,80

Nr. 61. **Verlagsrecht.** Von B. Marwitz. 3. Auflage. — 1922. Rm 1,60

Nr. 62. **Private Versicherungsunternehmungen.** Von H. Könige. 3. Auflage. Im Druck.

Nr. 63. **Gesetzestafel des deutschen Reichsrechts.** Von H. Bruhns. 2. Auflage. — 1913. Rm 3,—

Nr. 64. Gesetzsammlung, betr. den **Handel mit Drogen und Giften.** Von H. Sonnenfeld. 3. Auflage. — 1926. Rm 12,—

Nr. 65. **Weingesetz.** Von G. Lebbin. 2. Aufl. — 1909. Rm 2,— (Siehe auch Reichsgesetz Nr. **54** Bd. II.)

Nr. 66. **Die Eisenbahn-Gesetzgebung.** Von W. Pietsch. 2. Auflage. — 1913. (Siehe auch Nr. 91.) Vergriffen.

Nr. 67. **Militär-Strafgesetzbuch.** Von A. Romen und C. Rissom. 3. Auflage. — 1918. Rm 5,—

Nr. 68. **Fleischbeschaugesetz.** Von G. Lebbin und G. Baum. — 1903. Vergriffen.

Nr. 69. Reichsgesetz über die **Naturalleistungen der bewaffneten Macht im Frieden.** Von W. v. Hippel. — 1903. Rm 1,—

Nr. 70. **Das Reichs-Haftpflichtgesetz.** Von G. Eger. — 1903. Vergriffen. — (Als Ersatz Kommentar von Seligsohn. — 1920. Rm 8,—, geb. Rm 9,50)

Nr. 71. **Kinderarbeit in gewerblichen Betrieben.** Von H. Spangenberg. 2. Auflage. — 1904. Rm 1,20

Nr. 72. **Unfallversicherungsgesetz** siehe Nr. **108** und **161 a.**

Nr. 73. **Entschädigung für unschuldig erlittene Verhaftung und Bestrafung.** Von A. Romen. — 1904. Rm 1,70

Nr. 74. **Die Kaufmannsgerichte.** Von M. Apt. 3. Auflage. — 1904. (Siehe auch Nr. **112** und **112 a.**) Vergriffen.

Nr. 75. **Konsulargerichtsbarkeit.** Von A. F. Vorwerk. 2. Ausgabe, mit den Schutzgebietsgesetzen. — 1908. Rm 1,60

Nr. 76. **Die Rechtshilfe im Verkehr mit den ordentlichen Gerichten.** Von A. Friedländer. — 1906. Rm 1,50

Nr. 77. **Das Erbschafts-StG.** Von B. Henckel. 1920. Rm 5,— Neue Fassung v. H. Schachian. 3. Auflage. — 1925. Rm 2,50

Nr. 78. **Zigarettensteuergesetz.** Von Cuno. Vergriffen.

Nr. 79. Die Militärpensionsgesetze. Von A. Romen.
a) I. Teil: **Offizierpensionsgesetz. — 1907.** Rm 2,—
b) II. Teil: **Mannschaftsversorgungsgesetz.** Mit **Kapitalabfindungsgesetz.** — 1908. Rm 2,—
Militärversorgungsgesetze siehe auch **Nr. 152** und **152a.**

Nr. 80. Gerichtliche Registerführung. Von O. Lindemann. — 1906. Rm 2,40

Nr. 81. Urheberrecht an Werken der bildenden Künste und der Photographie. Von L. Fuld. 2. Auflage. — 1926. Rm 6,—

Nr. 82. Reichsbeamtengesetz. Von A. Arndt. 3. Auflage. —1923. Mit Nachtrag, enth. die Änderungen bis 1924. Rm 3,50

Nr. 83. Versicherungsvertrag. Von P. Hager und E. Bruck. 5. Auflage. — 1926. Rm 14,—

Nr. 84. Sammlung kleinerer privatrechtlicher Reichsgesetze. Von G. Müller. — 1908. Rm 5,50

Nr. 85. Scheckgesetz. Neue Auflage im **Druck.** (Siehe auch Reichsgesetze Nr. **5** und **162.**)

Nr. 86. Die Auslieferungsverträge des Deutschen Reiches. Von A. Cohn. — 1908. Rm 4,—

Nr. 87a. Das deutsche Warenzeichenrecht. Von Freund und Magnus. 6., neubearb. Aufl. von Jüngel und Magnus. Teil I: **Die internationalen Verträge.** — 1924. Rm 9,—

Nr. 88. Vereinsgesetz. Von A. Romen. 5. Aufl. — In Bearb.

Nr. 89. Vogelschutzgesetz. Von L. v. Boxberger. — 1909. Rm 1,—

Nr. 90. Die Haager Abkommen über das **Internationale Privatrecht.** Von G. Bogeng. — 1908. Rm 2,—

Nr. 91. Eisenbahn-Verkehrsordnung. Von E. Blume. 3. Auflage von Weirauch. Im Druck.

Nr. 92. Verkehr mit Kraftfahrzeugen. Von R. Kirchner. 3. Auflage. — 1915. Mit Nachtrag, enth. alle Neuerungen bis Ende 1925. Rm 5,—. (Nachtrag einzeln Rm 1,50)

Nr. 93. Sicherung der Bauforderungen. Von E. Harnier. 3. Auflage. — 1912. Rm 1,50

Nr. 94. Die Beamtenhaftpflichtgesetze des Reiches und der Länder. Von H. Delius. 3. Auflage. — 1921. Rm 3,20

Nr. 95. Die Berner Übereinkunft über **Internationales Urheberrecht.** Von H. Dungs. — 1910. Rm 1,—

Nr. 96. Branntweinsteuergesetz. — **Branntweinmonopolgesetz** siehe Nr. **54** Bd. II.

Nr. 97. Schutzgebietsgesetz. Von J. Gerstmeyer. — 1910. Rm 2,50

Nr. 98. Sechs Haager Abkommen über Internationales Privatrecht. Von H. Dungs. — 1910. Rm 1,50

Nr. 122. **Belagerungszustand.** Von H. Pürschel. 1916. Rm 3,50

Nr. 123. **Warenumsatzstempel.** Von Lindemann. — 1916. (**Umsatzsteuergesetze** siehe Nr. 132.)

Nr. 124. **Todeserklärung Kriegsverschollener.** Von J. Partsch. — 1917. Rm 2,—

Nr. 125. **Vaterländischer Hilfsdienst.** 3. Auflage. — 1917. Rm 1,—

Nr. 126. **Besitzsteuergesetz.** Von A. Mrozek. Vergriffen.

Nr. 127. **Geschäftsaufsicht zur Abwendung des Konkurses.** Von G. Klien u. Ernst Jaeger. — 1917. Durch Nachträge ergänzt. Rm 3,—

Nr. 128. **Verhaftung und Aufenthaltsbeschränkung.** Von A. Romen. — 1917. Rm 1,20

Nr. 129. **Zivilrechtkriegsgesetze.** Von Fischer. — 1918. Rm 1,50

Nr. 130. **Ersatzlebensmittelverordnung.** — 1918. Rm 1,50

Nr. 131 a. **Reichsfinanzgesetzgebung 1918.** Bd. I. **Getränkesteuern.** Von G. Mayer. — 1918. Rm 2,50

Nr. 131 b. **Reichsfinanzgesetzgebung 1918.** Bd. II. **Einkommen, Umsatz** usw. Von G. Mayer. — 1919. Rm 1,50

Nr. 132. **Umsatzsteuergesetz.** Von Otto Lindemann. 4. Auflage. — 1926. Rm 10,—

Nr. 133. **Reichswuchergesetzg.** Von Ad. Lobe. — 1918. Rm 2,80

Nr. 134. **Der Ostfrieden.** Von Karl Strupp. — 1918. Rm 3,—

Nr. 135. **Erbbaurecht.** Von H. Günther. — 1919. Rm 2,—

Nr. 136. **Militärvers.-Ges.** Von H. Günther. — 1919. Rm 2,30

Nr. 137. **Reichsverfassung.** Von Arndt. 2. Aufl. — 1921. Rm 2,50

Nr. 138 a. **Arbeiterschutz und Arbeitsrecht.** Von A. Günther. 1920. Rm 5,—

Nr. 138 b. **Betriebsrätegesetz.** Von A. Günther. — 1920. Vergr.

Nr. 139. **Grunderwerbsteuergesetz.** Von Otto Lindemann. 2. Auflage. — 1926. Im Druck.

Nr. 140. **Die Siedelungsgesetzgebung im Reich und in Preußen.** Von W. Holzapfel. — 1920. Rm 3,—

Nr. 141. **Sozialisierungsgesetze.** Von Reier. — 1920. Rm 2,20

Nr. 142. **Wirtschaftliche Demobilmachung.** Von Gg. Fischbach. — 1920. Rm 1,—

Nr. 143. **Reichsabgabenordnung.** Von Nieberl. — 1922. Mit Nachtrag, enth. die Änderungen von 1924. Rm 4,—

Nr. 144. **Versicherungsgesetz für Angestellte.** Von Lippmann. — 1920. Neue Fassung siehe S. 12.

Nr. 145. **Steuer- und Kapitalflucht.** Von E. H. Meyer. 2. Auflage. — 1921. Rm 1,60

Nr. 146. **Tabaksteuergesetz.** Von Wündisch. — 1920. Mit Nachtrag 1925. Rm 4,—

Nr. 147. **Filmzensur.** Von Szczesny. — 1920. Rm 1,50

Nr. 148. **Reichsausgleichsgesetz.** Von Decke. — 1920. Rm 1,50

Nr. 149. **Reichsnotopfergesetz.** Von Friedmann und Wrzeszinsky. — 1921. Rm 4,—

Nr. 150. **Reichsschädengesetze.** Von Adolf Hohenstein und Wenzel Goldbaum. — 1922. Rm 4,—

Nr. 151. **Einkommensteuer und Körperschaftsteuer.** Von Hollaender. — 1926. Im Druck.

Nr. 152. **Wohlfahrtsgesetze.** Von Behrend und Stranz-Hurwitz. Teil I. 1923. Rm 5,—

Nr. 152a. Desgl. Teil II. 1925 Rm 9,—

Nr. 152 und 152a zusammen bezogen Rm 12,—

Nr. 153. **Zwangsanleihegesetz.** Von Simon und Beutner. 1923. Rm 8,—

Nr. 154. **Jugendwohlfahrtsgesetz und Jugendgerichtsgesetz.** Von Drewes und Sandré. — 1923. Mit Nachtrag, enth. die Ergänzungen bis April 1924. Rm 6,—

Nr. 155. **Reichsknappschaftsgesetz.** Von Max Reuß und Fritz Hense. 2. Auflage. — 1926. In Bearbeitung.

Nr. 156. **Mietrecht und Wohnungsmangelgesetz.** Von Krieg. 3. Auflage. — 1925. Rm 7,—

Nr. 157. **Dritte Steuernotverordnung v. 14. 2. 1924** mit den Vorschriften über **Aufwertung.** 2. Auflage unter dem Titel: **Aufwertungsgesetze.** Von Michaelis — 1925. Rm 16,—

Nr. 158. **Strafprozeßordnung.** Alte und neue Fassung synoptisch gegenübergestellt. Von Reichsanwalt Feisenberger. — 1925 Rm 4,50

Nr. 159. **Industriebelastungsgesetz.** Von Höpker. Rm 4,—

Nr. 160. **Fürsorgepflicht.** Von Sandré. — 1925. Rm 6,—

Nr. 161. **Reichsversicherungsordnung.** Von Lippmann. Rm 11,—

Nr. 161a. Desgl. **Ergänzungsband,** enthaltend die neue Fassung des **Unfallversicherungsgesetzes** sowie die Änderungen der übrigen Bücher der RVO. Von Lippmann. Rm 4,—

Nr. 162. **Handelsrechtliche Nebengesetze.** Von Schreiber. — 1926. Rm 14,—

Nr. 163. **Notariatsrecht.** Von Szkolny. — 1925. Rm 8,50

Nr. 164. **Aufwertung von Versicherungsansprüchen.** Teil I: **Lebensversicherungen.** Von Berliner und Pfaffenberger. — 1926. Rm 6,50

Nr. 164a. Desgl. Teil II: **Sach-** (Feuer-, Glas-, Wasser- usw.) **und Transportversicherung, Unfall- und Haftpflichtversicherung.** — 1926. Rm 3,50

B. Preußische Gesetze.

Nr. 1. **Die Verfassung des Freistaats Preußen.** Von A. Arndt. — 1921. Rm 2,—
Ausführlicher Kommentar von Stier-Somlo. — 1921. Rm 5,—

Nr. 2. **Preußische Beamten-Gesetzgebung.** Von K. Pfafferoth. 5. Auflage. — 1916. Rm 2,40

Nr. 3. **Nottestamente.** Von E. Kurtz. — 1904. Rm 1,50

Nr. 4. **Gebührenordnung für Notare.** Vom 28. Oktober 1922. Von Rausnitz. 6. Auflage. — 1925. Rm 7,—

Nr. 5—9 vergriffen.

Nr. 10. **Einkommensteuergesetz** siehe Reichsgesetze Nr. 151.

Nr. 11. **Gewerbesteuergesetz.** Von A. Fernow. Vergriffen.

Nr. 12. **Allgemeines Berggesetz.** Von Schlüter und Hense. 4. Auflage. — In Vorbereitung.

Nr. 13. **Ergänzungssteuergesetz.** Von A. Fernow. 5. Aufl. Rm 3,—

Nr. 14. **Kommunalabgabengesetz.** Von F. Adickes. 6. Auflage von Falk. — 1922. Rm 3,50

Nr. 15. **Die Kreisordnungen.** Von O. Kolisch. — 1894. Vergriffen.

Nr. 16. **Konzessionierung gewerblicher Anlagen.** Von W. v. Rüdiger. 2. Auflage. — 1901. Vergriffen.

Nr. 17. **Preußisches Gerichtskostengesetz.** Von P. Siméon. 8. Auflage. In Vorbereitung.

Nr. 18. **Preußisches Stempelsteuergesetz.** Von P. Loeck und W. Seyffarth. 10. Auflage von Eiffler. — In Bearbeitung.

Nr. 19. **Jagdscheingesetz.** Von F. Kunze. 2. Aufl. — 1899. Rm 2,—

Nr. 20. **Die preußischen Erbschaftssteuergesetze.** Von U. Hoffmann. — 1905. Rm 8,—
(**Reichs**-Erbschaftssteuergesetz siehe Seite 12.)

Nr. 21. **Handelskammern.** Von F. Lusensky. 2. Auflage. — 1909. Rm 3,—

Nr. 22. **Anstellung und Versorgung der Kommunalbeamten.** Von W. Ledermann. 2. Auflage von L. Brühl. — 1914. Rm 2,—

Nr. 23. **Ausführungsgesetze zum Bürgerlichen Gesetzbuche.** Von P. Siméon. 3. Auflage. — 1914. Rm 2,20

Nr. 24. Die Hinterlegungsordnung (1879). Von G. Bartels. 2. Auflage. — 1908. Rm 2,—
Abänderungsgesetz vom 21. April 1913 siehe Nr. 53.

Nr. 25. Preußische Kommunalbeamtengesetzgebung. Von F. Kremski. — 1901. Rm 3,—

Nr. 26. Diensteinkommen der Lehrer und Lehrerinnen. Von E. Cremer. — 1900. Rm 2,20

Nr. 27. Warenhaussteuer. Von G. Strutz. — 1900. Rm 1,20

Nr. 28. Die Fürsorgeerziehung Minderjähriger. Von P. F. Aschrott. 3. Auflage. — 1917. Rm 2,80

Nr. 29. Ärztliche Ehrengerichte, das Umlagerecht und die Kassen der Ärztekammern. Von F. Fidler. — 1901. Rm 1,50

Nr. 30. Preußisches Staatsschuldbuch und **Reichsschuldbuch.** Von J. Mücke. — 1902. Rm 2,—

Nr. 31. Die preußischen Gesindeordnungen. Zwei Bände. Von St. Gerhard.

31 a. Altpreußische Provinzen und Rheinland. 2. Auflage. — 1914. Rm 3,—

31 b. Hannover, Schleswig-Holstein, Hessen-Nassau und Hohenzollern. — 1902. Rm 2,50

Nr. 32. Städteordnung. Von W. Ledermann und L. Brühl. 2. Auflage. — 1913. Rm 6,—

Nr. 33. Rentenguts- und Anerbenrechts-Gesetzgebung. Von M. Peltasohn und B. Peltasohn. — 1903. Vergriffen.

Nr. 34. Sammlung der wichtigsten **preußischen Strafgesetze.** Von Lindemann. 2. Auflage. — 1912. Rm 3,50

Nr. 35. Geschäftsordnung für Gerichtsvollzieher Von E. Exner. — 1904. Rm 3,—

Nr. 36. Polizeiverordnungen in Preußen. Von O. Lindemann. — 2. Auflage. 1912. Rm 2,50

Nr. 37. Enteignung von Grundeigentum. Von O. Meyer. 2. Auflage. — 1911. Vergriffen.

Nr. 38. Kreis- und Provinzial-Abgabengesetz. Von F. Schmidt. — 1906. Rm 1,20

Nr. 39. Unterhaltung der öffentlichen Volksschulen. Von A. Marcks. — 1906. Rm 1,80

Nr. 40. Verwaltungsstrafverfahren. Von R. Katzenstein. — 1907. Rm 3,50

Nr. 41. Die preußischen Jagdpolizeigesetze. Von F. Kunze und R. Kühnemann. 2. Auflage. — 1907. Vergriffen.

Nr. 42. **Allgemeine Landesverwaltung und Zuständigkeit der Verwaltungs- und Verwaltungsgerichtsbehörden.** Von K. Friedrichs. 2. Auflage. — 1921. Rm 3,—

Nr. 43. **Verschuldungsgrenze** für land- und forstwirtschaftlich benutzte Grundstücke. Von R. Leweck. — 1908. Rm 2,40

Nr. 44. **Quellenschutzgesetz.** Von E. Voelkel. — 1909. Rm 1,—

Nr. 45. **Rechtsverhältnisse der Juden in Preußen.** Von M. Kollenscher. — 1910. Rm 2,40

Nr. 46. **Austritt aus der Landeskirche.** Von H. Caro. — 1911. Rm 2,40

Nr. 47. **Feuerbestattung.** Von W. Lohmann. — 1912. Rm 1,50

Nr. 48. **Zweckverbandsgesetz für Groß-Berlin.** Von L. Brühl, K. Gorban und W. Ledermann. — 1912. Rm 4,—

Nr. 49. **Gesetze gegen die Verunstaltung landschaftlich hervorragender Gegenden.** Von O. Goldschmidt. — 1912. Rm 2,40

Nr. 50. **Gesetz, betr. die Anlegung und Veränderung von Straßen und Plätzen in Städten und ländlichen Ortschaften.** Von O. Meyer. — 1913. Rm 3,—

Nr. 51. **Das preußische Disziplinargesetz für die nichtrichterlichen Beamten.** Von E. v. Dultzig. — 1914. Rm 4,20

Nr. 52. **Preußisches Wassergesetz.** Von G. Wulff und F. Herold. — 1913. Rm 4,50

Nr. 53. **Hinterlegungsordnung** von 1913. Von Hagemann. — 1914. Rm 2,20

Nr. 54. **Anlegung von Sparkassenbeständen in Inhaberpapieren.** Von H. Döhring. — 1914. Rm 2,80

Nr. 55. **Preußisches Wohnungsgesetz.** Von B. Schmittmann. — 1918. Rm 2,60

Nr. 56. **Das preußische Tumultschadengesetz.** Von Bruno Friedländer. — 1919. Rm 0,80

Nr. 57. Gesetz über **Landeskulturbehörden.** Von W. Holzapfel. — 1919. Rm 2,—

Nr. 58. **Arbeitsnachweis.** Von P. Wölbling. — 1920. Rm 1,—

Nr. 59. **Bildung der neuen Stadtgemeinde Berlin.** Von P. Wölbling. 2. Auflage. — 1920. Rm 1,40

Nr. 60. **Umlegungsordnung.** Von W. Holzapfel. — 1921. Rm 1,80

Nr. 61. **Preußische Verwaltungsgebührenordnung.** Von K. Eiffler. Mit Nachtrag. — 1925. Rm 6,—

C. Textausgaben

ohne Anmerkungen **mit** Sachregister.

Aufwertungsgesetze mit Einleitung. Von Michaelis. Rm 1,50
Betriebsrätegesetz. Vergriffen.
Bürgerliches Gesetzbuch. 14. Auflage. Rm 5,—
Erbschaftssteuergesetz. Neue Fassung von H. Schachian. 3. Auflage. Rm 2,50
Freiwillige Gerichtsbarkeit. — 1920. Rm 1,—
Handelsgesetzbuch mit **Seerecht.** 11. Auflage. — 1924. Rm 2,60
Konkursordnung. 2. Auflage. — 1915. Mit Nachtr. 1925. Rm 1,—
Militärstrafgerichtsordnung m. **Einführungsges.** — 1901. Rm 1,80
Militär-Strafgesetzbuch. 2. Auflage. — 1916. Rm 0,50
Reichsfinanzgesetze von 1909. — 1909. Rm 2,60
Reichsmietengesetz. — 1922. Rm 0,50
Reichsnotopfergesetz. Vergriffen.
Reichssteuergesetze 1925 (Steuerüberleitungsgesetz mit Durchführungsbestimmungen — Einkommensteuer, Körperschaftsteuer, Reichsbewertungsgesetz, Vermögensteuer, Erbschaftssteuer). Rm 4,—
Reichsversicherungsordnung. Vergriffen.
Strafgesetzbuch. — 1925. Rm 3,—
Strafprozeßordnung. 5. Auflage. — 1924. Rm 2,50
Umsatzsteuergesetz. — 1920. Vergriffen.
Verkehrs- u. Kohlensteuer u. Kriegssteuerzuschlag. 1917. Rm 0,60
Verfassung des Deutschen Reiches. Vergriffen.
Verfassung des Freistaates Preußen. Rm 0,60
Versicherungsgesetz für Angestellte. — 1924/25. Rm 2,—
Wechselordnung. — 1908. Rm 0,50
Wehrbeitrag und **Besitzsteuer.** — 1913. Rm 0,50
Zivilprozeßordnung mit **Gerichtsverfassungsgesetz** und **Einführungsgesetzen.** — 1924. Rm 3,50
Zuwachssteuergesetz. — 1911. Rm 0,50
— **Ausführungsbestimmungen.** — 1911. Rm 0,40
Preuß. Ausf.-Anweis. zur **Gewerbeordnung.** — 1904. Rm 1,—

Schlagwort-Register

R. — Nummer der Sammlung Deutscher Reichsgesetze.
P. — Nummer der Sammlung Preußischer Gesetze.
S. — Seite.

Schlagwort-Register. (R. — Reichsgesetz, P. — preuß. Gesetz.)

Schlagwort-Register. (R. — Reichsgesetz, P. — preuß. Gesetz.)

Schlagwort-Register. (R. = Reichsgesetz, P. = preuß. Gesetz.)

MIX
Papier | Fördert gute Waldnutzung
FSC® C083411

Kolibri 360 GmbH
Ferdinand-Jühlke-Straße 7
99095 Erfurt, Deutschland
produktsicherheit@kolibri360.de